古川孝順
社会福祉学著作選集

第5巻

社会福祉原論

中央法規

第5巻　はしがき

かつて一九九四年に筆者は『社会福祉学序説』（本著作選集に第3巻として収録）を刊行したが、吉田久一教授に、この著作に言及して、一言、「理論の展開はむしろ今後出版されると思われる『本論』に求められる」というコメントを頂戴した（吉田久一『日本社会福祉理論史』勁草書房、一九九五年、二〇九ページ）。「序説」では評価の対象として扱いようがない、という趣旨であろうと思いつつも、理論を展開した「本論」を期待していただいたわけで、いまでは有り難い思い出になっている。

本書『社会福祉原論』（本著作選集第5巻）は、特にそのことを意識していたわけではないが、『社会福祉学序説』以後の流れからいえば、恐る恐るではあるが吉田教授のいわれる「本論」にあたる、ということになる。そのことは、本著作選集収録の第4巻『社会福祉学』のはしがきにも記した通りである。吉田教授は一三年前、二〇〇五年に天寿を全うされた。その前々年、教授が第三七回仏教伝道功労賞を受賞された折には、筆者も授賞式に同道させていただいた。その時はすでに本書の刊行後であったかと思う。しかし、残念ながら、本書についてのコメントを頂戴する機会にはならなかったように記憶している。

本書にたいするコメントといえば、先輩の高澤武司教授にも本書を進呈した。旬日を過ぎるころ、教授特有の書体による返信を頂戴した。それによると、内容はよいと思うが、語句の統一その他について一層の整理が必要ではないかということであった。もっともというべきご指摘であった。

その高澤教授のご指摘に応えてというわけではないが、本書原本の刊行後二年が経過し、第二刷を刊行する機会が与えられたとき、語句の統一や記述の整合性をとるためかなり手を加えるという成り行きになった。ただし、本書の構造に関わるほどの変更を加えたわけではないということもあり、あえて改訂版とはせず、タイトルに「第2版」という字句を挿入することで済ませることにした。語句の統一その他の整理については、此度の収録にあたっても校正を引き受けてくれた後述のお二人に両三度にわたって点検をお願いし、整合性をたかめる努力をおこなった。そのこともあって、今回はタイトルは初版のままとしたものの、筆者の意図は、いわば「復刻補訂版」というところにある。その点、了としていただければ幸いである。

本書は、準備段階では先行研究にたいする批判的なレビューを行っている。しかし、執筆の段階においては、すでに筆者の手中に社会福祉原論なるものがあって、それを順序立て記述するというスタイルをとっている。そのことを可能にするため、使用する概念や用語、枠組、取りあげるべき事項などについて、それなりに丁寧に準備して取りかかったつもりである。しかし、いざ執筆してみるとあちこちに齟齬や矛盾が起こり、社会福祉の全体を系統立てて記述することの困難さを改めて思い知らされることになった。高澤教授のコメントはその弱点を突いたものであった。その点、今回の補訂においてさらに念入りに整備したつもりであるが、果たして高澤教授のかつてのご指摘に応えうるような内容になっているかどうか、いまも懸念がないわけではない。不十分なところが残っているとすれば、むろんその責は筆者が負うべきものである。

いま一つ、ご了解をえておかなければならないことがある。それは、本書において紹介している情報ネットワークの事例や財政に関する記述の大半が、すでに一五年以前の過去に属する事例や状況になってしまっているという事実である。しかし、そうはいっても、その部分だけを新たに執筆し、置き換えるというのでは、一冊の著作としての秩序を損なうようなことにもなりかねない。そのため、この部分については、執筆時のままとし、語句の整理や文脈の確保にのみ留意することにした。その点、読者諸氏のご了解がえられれば幸いである。

弁解じみた話が続いてしまったが、本書を刊行してすでに一五年になる。この間、わが国の社会も、グローバル社会も、そして社会福祉も、歴史的といってよいほどの大きな変動を経験してきた。実は、本書を刊行したとき、仲村優一教授に、口頭ではあったが、いろいろ問題はあるが、話題になる本になっているのではないか、と評していただいたことがある。問題を残していたことはまさに仲村教授ご指摘の通りである。他方、確かに社会福祉学の研究者の間で話題にはしていただけたかと思う。ただし、それまでの社会福祉の理論とはかなり異質なもの、という受けとめられかたが多かったように思う。いまにして思えば、筆者なりの議論を十分に展開しきれていなかったということであろう。

本書の刊行から一五年、その間、国の内外を含めた社会とそのもとにおける社会福祉の変化にたいして、本書の視点や枠組をアップデートし、議論の射程を延ばすような試みが求められてきた。二〇〇九年に刊行した『社会福祉の拡大と限定』(本著作選集第7巻)は、そのような研究的な要請にたいする筆者なりの対応であった。しかし、それから数えても、はや一〇年の歳月が経過している。時代と状況の流れは早い。もはや、本書の手直しでは、加速度的に変動する時代と状況に置き去りにされかねないであろう。

こんにち改めて、わが国の社会福祉学研究は、社会福祉の研究者に、社会福祉原論の再構築を求めているように思われる。筆者は、及ばずながら、その要請に少しでも応えたいと思い、本著作選集の第1巻として『社会福祉学の基本問題』を書き下ろした。なお意を尽くしたというには程遠いものではあるが、本著作選集第4巻の『社会福祉学』、第5巻の本書『社会福祉原論』、第7巻の『社会福祉の拡大と限定』、そして第1巻に戻って『社会福祉学の基本問題』と読み続けていただければと願っている。そのなかから、これまでそれなりの時間と労力をかけて構想し、論じてきた『社会福祉学』について、読者諸氏なかでも若手の研究者諸氏に多少ともご理解を深めていただけるところがあるとすれば、筆者として望外の喜びというべきであろう。

本書の刊行については、多数の人びとにお世話をいただいた。なかでも、校正については門美由紀（東洋大学非常勤講師）氏と西田恵子（立教大学教授）氏にご協力をお願いした。校閲その他については、中央法規出版編集部の照井言彦氏と鈴木涼太氏のご尽力を頂戴した。あわせ記して感謝の意を表したい。

二〇一九年一月

古川　孝順　記す

目次

初出

社会福祉原論

発行日：2003年4月1日
発行所：誠信書房
判　型：A5判
頁　数：434頁

■はしがき

本書『社会福祉原論』は、著者が二〇〇二年の二月に刊行した『社会福祉学』(誠信書房)の直接的な姉妹編にあたる。前著の『社会福祉学』は、刊行の時点における著者の社会福祉学の全体像を理論的・体系的に明らかにすることを意図したものであった。しかし、そこには、社会福祉学の全体像を示すといいながらも、既刊の論稿を収録した論文集的な色彩が随所に残っていた。もとより、各章を構成する論稿には相当に筆を加えたつもりである。しかし、かつて個別の論文として執筆した折りの痕跡を拭い去ることはできなかった。

これにたいして、本書では、当初から第1章から第12章まで各章順を追って体系的に構成し、執筆することを心掛けたつもりである。いわゆる尾頭付きの首尾一貫した構成を意図したつもりである。その分、本書は前著の『社会福祉学』に比較して、著者の社会福祉学の全体像を、理論的かつ体系的に、よりよいかたちで示しえているのではないかと思っている。

実際、本書においては、各章ともあらためて加筆推敲しており、書き下ろしといってよい内容になっている部分も多い。なかでも、社会福祉の基本的性格を扱っている第3章、対象を扱っている第5章、援助活動を扱っている第9、10章には、今回はじめて公にする見解も含まれている。

しかし、それでも、本書においても、ここ数年のあいだに執筆した著書論文の痕跡を反映する部分が少なからず残っている。すなわち、本書の各章には、『社会福祉の運営』(有斐閣、二〇〇一年)、「社会福祉援助の価値規範——社会と個人の交錯するところ」(岩崎晋也、稲沢公一、児島亜紀子との共著『援助するということ』有斐閣、二〇〇二年、所収)、

「社会福祉学研究の曲がり角」（鉄道弘済会『社会福祉研究』第八二号、二〇〇一年）において公にした論稿の一部を活用して論述した部分が含まれている。そのことはあらかじめ明らかにしておかなければならないであろう。

幸い前著の『社会福祉学』は多数の読者を獲得することができ、先般重版が決定したばかりである。書肆と読者諸氏にあらためて感謝しなければならない。本書の読者で『社会福祉学』を未読の諸氏にはぜひ一読されるようお勧めしたい。『社会福祉学』と本書『社会福祉原論』両々相まち、われわれの社会福祉学についての理解を深めていただけるものと思う。

さらに、この際本書に関連する先行研究を紹介しておきたい。理論研究としては『社会福祉学序説』（有斐閣、一九九四年）、『社会福祉のパラダイム転換』（有斐閣、一九九七年）が、歴史的研究としては『子どもの権利――イギリス・アメリカ・日本の福祉政策史から――』（有斐閣、一九八二年）、『社会福祉の歴史（新版）』（右田紀久恵、高澤武司との共編、有斐閣、二〇〇一年）所収の執筆各章が、そして実際的な研究としては『児童福祉改革』（誠信書房、一九九一年）、『社会福祉改革』（誠信書房、一九九五年）、『社会福祉基礎構造改革』（誠信書房、一九九八年）がある。あわせて参照していただければ著者として望外のことである。

なお、理論書としては決して適切なことではないが、本書においては、あえて注記を付さないこととした。紙幅が大幅に増大し、大部の書物になったという事情もあるが、テキストとしての活用も視野に入れ、全体の流れを中断しないようにしたいと考えたからである。末尾に参考図書として関連する文献を掲載するにとどめさせていただいた。幸いにして将来改訂の機会に恵まれるようなことがあれば、その折りに必要な注記を加えることにしたい。

この度、われわれがこのようなかたちで『社会福祉学』に引き続いて、短期日のうちに社会福祉学を世に問うことにしたことにたいする評価は、もとより読者諸氏の判断に委ねるべきことである。幸いにして本書が『社会福祉学』と同様、社会福祉ならびに社会福祉学の世界に広く受けいれられ、読者諸氏の忌憚のないご批判、ご叱責をいただくことができるとすれば、著者として喜びこのうえもないことである。

いつも最後のことになるが、本書の刊行は、誠信書房社長の柴田淑子氏の社会福祉学にたいする深いご理解とご支援の賜である。柴田社長は前著の『社会福祉学』に引き続き、採算には程遠い本書の刊行をご承諾いただいた。厳しい出版事情のなかでのご高配であり、感謝するにその辞を知らない。

編集事務については、これまたいつものように、長林伸生氏をはじめとする関係者諸氏にお世話になった。衷心から御礼を申しあげる。校正および索引の作成については、東洋大学大学院社会学研究科社会福祉学専攻博士後期課程の野口友紀子氏、所貞之氏の労苦を惜しまぬ献身に負うている。あわせ記して感謝の意を表する次第である。

二〇〇三年　新春

著　者

序章
総合と複合の科学としての社会福祉学

わが国における社会福祉学の研究は、戦前を含めればおよそ八〇年から九〇年の歴史をもっている。戦後に限定しても、すでに六〇年の歳月を重ねている。この間、わが国では少なからぬ社会福祉学研究の成果が蓄積されてきた。

本書は、そのような蓄積のあれこれの部分を継承することを前提に、社会福祉の、さらには社会福祉学の、全体像を描きだそうとする試みである。その試みが首尾よく成功しているかどうか、その最終的な判断は読者の判断に委ねるほかはない。そのことは否めないことであるが、われわれは、われわれの社会福祉学にたいする理解が少しでも深まることを願いつつ、社会福祉学の基本的な性格についてのわれわれ自身の考え方を明示することから議論をはじめようと思う。

1. 岐路に立つ社会福祉学研究

ここ数年、わが国における社会福祉学研究は、着実に新しい段階を迎えつつある。戦後このかた、わが国の社会福祉学研究は、歴史論、政策論、援助技術論、社会福祉運動論、福祉労働論、経営論など、多様な研究の領域において、少なからぬ成果をあげてきた。

われわれには、一方において、そうした先行研究の成果を継承し、発展させることが求められている。しかし、他方において、戦後日本における社会福祉学の中心的な課題であり続けてきた「社会福祉における政策と援助（技術）」の問題——それは、社会福祉の本質は政策と援助のいずれの側に存するのかという設問からはじまり、やがて社会福祉における政策論と援助論をいかに統合するかという問題に移行してきた――も、少しずつ争点としての魅力を喪失しつつあるように思える。

その背景には、政策と援助をソーシャルポリシーとソーシャルワークに置き換え、英米においてはソーシャルポリシーとソーシャルワークはもともと異なった研究の領域として発展してきたものであり、それをいずれに本質があるかと問うたり、統合しようなどという発想それ自体、視野狭窄的、近視眼的な議論で意味のないことであるという批判が存在する。その一方には、わが国においては、もはや政策としての社会福祉を批判的に問い、施策の充実や新しい施策を求める時代は終わりを告げ、分権化、地域化を前提とする地域福祉の推進が謳われ、新しい公共の実現が求められるという状況のなかで、いまこそソーシャルワークの時代が到来したのだという指摘もなされている。

はたまた、若手研究者たちのなかには、社会福祉の本質論争など聞いたことがないという人があれば、知識としては聞いているが取り立てての関心はないという人も存在している。アメリカで発展したソーシャルワークを普遍的な、あるいはグローバルな価値をもつ体系として捉え、そこに何の疑いも抱かない若手研究者もうまれてきている。

2. 社会福祉学の対象としての社会福祉的事象

そうしたなかで、われわれが本書において意図していることは、伝統的な手法にもとづいて本質論争に決着をつけることでもなければ、政策と援助の直接的な統合を試みるということでもない。われわれの脳裏にあるのは、社会福祉の本質をめぐる議論がどうであろうとも、政策としての側面、援助としての側面、さらにはそれらを媒介する部分を同時的にあわせもつ、社会福祉とよばれる社会的な事象がそこに存在している、という否定しがたい事実のみである。

この、社会福祉とよばれる社会的事象は、歴史、価値、対象、政策、運営、援助、社会行動など、さまざまの要素を包摂しつつも、単なるその集合物ではない。それは、内部的には多様な要素からなるシステムとしての体系をもち、同時に外部にたいしてはより高次の、あるいは広範なシステムの構成要素である、一つの全体として存在している。われわれは、そのような社会福祉の全体像を、可能な限り一定した視点と枠組みを基盤に、理論的に把握するとともに、そこに解釈を加え、体系的に記述することを意図してきた。その試論的な産物がほかならぬ本書である。

社会福祉学の成立の可能性と性格については多様な議論が存在する。周知のように、その一方の極には、社会福祉学の固有性を主張する岡村重夫の立場がある。そして、もう一方の極には、社会福祉学の成立の可能性を全面的に否定する星野信也の立場がある。この問題についてのわれわれの立場は、社会福祉学は、一定の条件のもとにおいて成立するというものである。その根拠と内容については本書の各章に委ねるとして、基本的な構想は概略以下の通りである。

社会福祉学の成立の根拠と性格、すなわち社会福祉学のアイデンティティを尋ねる際に援用するキー概念は、応用科学、学際科学、課題解決科学、法則定立科学、そして総合と複合の科学、である。

3. 応用科学と学際科学

社会福祉学は社会学や経済学の応用科学としてはじまっている。なかでも、社会学との関連が深い。歴史的にみると社会学と社会福祉学は、犯罪、貧困、密住、売春などの社会問題にたいする関心から出発しているといって過言ではない。その後の発展の過程において、社会学はより理論志向的になり、社会福祉学は実践志向を貫いてきたが、両者の密接な関係はこんにちにおいても維持されている。そのことは、社会福祉学の学科や専攻が社会学部や社会学科に設置されている事実をみれば明らかである。

他方、社会福祉学は経済学とも密接な関連をもってきた。わが国においては、経済学のなかでも社会政策論との関係が深い。わが国における社会福祉学と社会政策論との結びつきは戦前にはじまっているが、それは戦後に継承され、一九五〇年代から六〇年代にかけて社会福祉学研究の分野に一大潮流を形成することになる。いわゆる社会福祉政策論の系譜である。この系譜に触れずに、わが国における社会福祉学研究について語ることは不可能である。

このような社会学や経済学との関わり以外にも、社会福祉の研究は、哲学、宗教学、法学、心理学などの応用領域とみなされてきたし、現在もみなされている。しかし、社会福祉の研究は、そうしたあれこれの関連諸科学の応用領域という範疇に収まり切れるかといえば、そうではない。近年、ますます多様な側面と複雑な内容をもつようになった社会福祉を理論的に把握し、分析し、理解するには、単一の科学の領域を超え、多様な関連諸科学の動員を必要とするようになってきている。実際、こんにち、社会福祉の研究には、社会学、経済学に限らず、哲学、宗教学、法学、政治学、行政学、心理学、教育学、医学、看護学、工学など広い範囲に及ぶ科学が援用されている。

もはや社会学や経済学などの関連する科学のどれか一つをとりあげ、応用するという方法では、社会福祉の全体像を解明することは不可能である。多様な科学を動員することが必要とされる。その意味では、社会福祉の全体像の把握をめざす社会福祉学は、一科学の応用領域、すなわち応用科学の範疇を超える学際科学として位置づけられる。

4. 課題解決科学と法則定立科学

さて、社会福祉の領域においては、何よりも、利用者個々人や地域社会のかかえる具体的な問題を的確に認識するとともに、その解決をめざして処方箋を作成し、行動を起こすことが求められる。この側面に留意していえば、社会福祉学は問題ないし課題の解決をめざす科学、課題解決科学である。ミッション（使命）志向の科学という意味では、実践科学といってもよい。

社会福祉において実践活動という言葉は、一般には援助活動を意味する。しかし、それを広い意味で捉えれば、援助活動のみならず、施設や団体を運営することも、政策を策定すること、制度を運用すること、事業を実施することも、新しい制度や計画の策定を求めて社会行動を展開することも、社会福祉の実践活動である。

社会福祉における実践活動は、その萌芽期にあっては、その場その場の課題に対応する過程のなかで培われてきた経験的な手法によって展開されてきた。しかし、やがて慈善事業が組織化され、社会改良がめざされるようになると、社会福祉の実践活動は徐々に科学化されはじめる。社会学や経済学などの関連諸科学が動員され、応用されるようになるのはこの時期からのことである。もし、社会福祉における実践活動がこの段階にとどまるのであれば、社会福祉は関連諸科学にたいする応用領域の域を超えることはなかったであろう。

しかし、社会福祉の実践者たちは、関連諸科学の応用的な実践活動にとどまらず、徐々にみずからの実践活動が対象としている問題状況やその背景、すなわち利用者にみられる生活習慣や行動の特徴、その基盤にある心理的、身体的な属性など、利用者のかかえている課題＝問題状況とそれに関与しているさまざまな要因、さらにはそのような要因を産出する社会的、経済的、政治的、文化的な背景について巨細に観察し、分析を加え、そこから法則的な傾向性に関する知識を抽出し、蓄積しはじめたのである。

こうした法則的な知識はおそらくは経験知の蓄積として萌芽したであろうが、やがては関連諸科学を主体的意識的に援用するようになり、みずからの実践活動とその所産のなかにある法則的な傾向性を抽出し、そこでえられた知識を体系的に整理しようとする試みに発展する。こうして、社会福祉の実践活動は、関連諸科学の知識を援用する科学化のレベルを超え、みずからの実践経験を意識的に収集分析するとともに、そこからえられた知識を体系化し、理論化する科学的労働のレベルに到達する。

こんにちの社会福祉学は、いまなお関連諸科学の成果を援用するという側面をもつが、その中核部分には独自固有の法則定立をめざす科学的労働が存在し、そこで蓄積された知識の体系が存在する。その意味において、社会福祉学は法則定立の科学である。そして、そうであってはじめて、関連諸科学の援用も意識的、効果的になされうるのである。

5.　総合と複合の科学としての社会福祉学

社会福祉学は、社会学、経済学、法学あるいは心理学などと同列に位置する科学であるかと問われれば、その答えは否というほかないであろう。しかし、そのことは、社会福祉学が一個の科学であることを否定するものではない。これまでの行論からあきらかなように、こんにちの社会福祉学は、関連諸科学の応用科学としての範域にとどまらない、それ自体のうちに法則定立科学としての性格を包摂している学際科学である。さらにいえば、これからの社会福祉学がめざすべきは、総合と複合の科学としての社会福祉学である。

社会福祉学の起点は、個人や地域社会にたいする社会的な生活支援である。そのことは言葉にすれば簡単であるが、その基本的な性格は、実に人間と社会の生死、存廃に及ぶ問題状況に関わっている。社会福祉学は、多様な社会福祉実践を基盤に、みずから構築し蓄積してきた法則的な知識と技術を核に、社会学、経済学、哲学、宗教学、法学、政治学、行政学、心理学、教育学、医学、看護学、工学など広い範囲に及ぶ諸科学の成果を、そのような人間と社会の生死、存廃にかかわる問題状況に即して絞り込み、援用し、直面する課題の解決を志向する科学である。社会福祉学は、人間と社会の根幹に関わる社会的生活支援という一点に、関連する諸科学の知識や技術を総合化し、一体化して適用する総合と複合の科学であり、そこに社会福祉学の基本的な性格が存在している。

第1章 社会福祉研究の課題

現代社会にとって社会福祉はなくてはならない施策・制度であり、また援助活動になっている。しかし、その社会福祉とは何かということになると、短い言葉で的確に説明することは容易ではない。大層身近な存在であり、多くの市民がそれを利用しているにもかかわらず、社会福祉の全体像について知り、その性格や機能を的確に理解することには困難がつきまとう。

われわれは社会福祉の探求を始めるにあたり、まず最初に社会福祉についての理解を深めるうえで考察されるべき課題について整理する。つぎに、そのことを前提に、先行する研究を参考にしながら、社会福祉の概念規定について検討する。そして最後に、社会福祉を分析し、理解するのに必要と思われる基本的な視点について論じることにしたい。

第1節 社会福祉研究の論点

われわれは、社会福祉を分析し、理解を深めようとするにあたって、何を論じ、何を明らかにすればよいのであろうか。そのためには、どのような議論の切り口が必要とされるのであろうか。

1. 社会福祉の基本的な性格と構成

まず、そして最終的には、社会福祉とは何か、すなわちその基本的な性格、存立の根拠と基盤、それを構成している価値、対象、施策制度と援助活動、利用支援制度、社会行動などの諸要素について、それぞれの内容や特性、そして相互の規定関係を明らかにすることが必要とされる。これまでも社会福祉の研究は、このような課題の解明を機軸に展開されてきた。

2. 社会福祉の歴史的社会的性格

社会福祉はその最初からこんにちのような姿かたちをもって存在したわけではない。社会福祉は、長い時間と一定の必然性をもって、歴史的社会的に形成されたものである。社会福祉がいかなる背景のなかどのようにして形成され、発展してきたかを明らかにすることは、社会福祉を理解するうえで欠くことのできない重要な課題である。

3. 社会福祉の対象

歴史的社会的な施策・制度としての社会福祉が働きかける対象、あるいは客体について解明することは、社会福祉研究のいわば起点である。社会福祉の対象は一方においては個人、家族、集団などからなる利用者として、あるいは地域社会として捉えられるが、他方においては生活問題や福祉ニーズなどの課題状況として捉えられる。

4. 社会福祉の施策・制度の基本的な体系と性格

社会福祉は多様な施策・制度の体系である。社会福祉の理解を深めるためには、それらがどのような原理や法則によって構成されているのか、またそれぞれの個別の施策・制度がどのような意味をもっているかが明らかにされなければならない。

5. 社会福祉援助活動の基本的な体系

社会福祉の最終的な課題は利用者にたいする援助の提供であり、それによる課題状況の解決や充足、あるいは緩和や軽減である。社会福祉における援助活動は、そのことを目標として、さまざまな場や枠組みにおいて、一定の方法なり技術なりを駆使して展開される。援助活動の形態や内容、技術の解明は、社会福祉研究の中心的な課題の一つである。

6. 社会福祉を運営実施する組織・機関・施設

社会福祉は大きく施策・制度を設計し、策定するレベル、それらの施策・制度を運営管理するレベル、施策・制度の具体化されたものとしての援助活動を展開するレベルに分類することができる。なかでも、社会福祉をその事業というレベルで理解するには、社会福祉事業ないし福祉サービスを実施し、運営管理する機関や施設等について理解することが重要である。

7. 社会福祉利用の手続きと利用支援の方法

人びとが社会福祉の利用を実現するには、援助提供に権限をもつ機関とのあいだで一定の手続きを行うことが必要とされる。従来、社会福祉の利用は「措置」とよばれる手続きを通じて実現されたが、近年手続きの方式は多様化してきている。また、それにともない、社会福祉の利用の手続きや過程を支援する制度や活動の重要性が強調されるようになっている。

8. 社会福祉援助活動の担い手

社会福祉はどのような知識、技術、資格をもった人びとによって担われているのであろうか。社会福祉は多様な専門職や事務職、さらにはボランティアなどによって担われているが、その中軸的な部分は社会福祉についての一定の知識や技術をもった社会福祉専門職によって担われている。社会福祉を解明するには、その担い手の資格や養成課程についての研究が不可欠とされる。

9. 社会福祉援助活動にかかわる知識と技術

社会福祉の援助活動についての専門的な知識や技術は一般にソーシャルワークとよばれるが、利用者の施設居住を前提とするレジデンシャルワークや居宅を前提とするホームヘルプサービスについても専門的な知識や技術が必要とされる。これまでそれぞれの領域においてそれなりの知識が蓄積されているが、今後これらの領域における研究、なかでも実践的な研究の重要性が一層強調されることになろう。

10. 社会福祉の情報

近年、情報化社会という枠組みのなかで情報の重要性が強調されているが、そのことは社会福祉の領域においても変わるところがない。社会福祉の領域における情報は、政策情報、制度・サービス情報、利用者情報などに分類することができる。情報を収集し、提供するシステムや個人情報保護のありようなどが重要な研究の課題となる。

11. 社会福祉の財政

社会福祉の施策・制度とそのもとにおける援助活動を開発し、維持運営する費用はどのようにして調達され、運用されるのであろうか。また、社会福祉の利用には費用がともなうのであろうか。社会福祉を理解するには、その財源や支弁、費用徴収、受益者負担などの仕組みについての分析が必要とされる。

12. 社会福祉に関わる社会行動

その歴史をみると、社会福祉の発展には、時代の転機や節目において、生活上の障害や困難の解決・緩和、損失・被害の補償を求める社会行動の生成や拡大が重要な契機となっている。そのような社会行動は、住民運動や市民運動、社会福祉運動あるいはソーシャルアクションなどとよばれるが、社会福祉についての理解を深めるにはこうした社会行動の背景、経過、成果などについて明らかにする必要がある。

13. 社会福祉に関連する諸施策

社会福祉には関連する多数の施策が存在する。たとえば、年金保険、雇用保険などの所得保障、保健医療、教育、更生保護、住宅政策、都市計画などがそうである。これらの関連する諸施策と社会福祉との関連について解明するとともに、連携や調整の方策や技術について考察することが求められる。

14. 社会福祉の国際比較

社会福祉は社会的歴史的所産であるといわれるが、そのありようには国境を越えた普遍性とともに、国の違いによる、また同じ国でも地域による特殊性・固有性が認められる。社会福祉における社会的歴史的普遍性と特殊性・固有性について、その背景や理由を明らかにすることは社会福祉研究の重要な課題である。

第2節 社会福祉概念の探求

社会福祉学の研究にかぎらず、分析や総合の道具・手段となるのはターム（用語）とその概念である。われわれが研究にもちいられるタームの意味内容や使い方に厳密になるのは、それが医学研究を進めるうえでのメスにも顕微鏡にも比較されるからである。

社会福祉というタームについてもその意味内容を確定しようという試み、すなわちその概念を明確に規定しようとする試みが繰り返しなされてきた。ここでは、第二次世界大戦後のわが国における社会福祉研究を代表する四通りの概念規定を紹介するとともに、われわれ自身の概念規定を試みる。

社会福祉の概念規定について考察するには、それぞれの概念規定において社会福祉の対象、主体、方法、さらには関連施策・制度との関係がどのように捉えられているかに着目することが重要である。

1. 社会福祉の古典的規定：社会事業研究所

まず、第二次世界大戦直後の一九五〇年に作成された中央社会事業協会の社会事業研究所による社会福祉——原文においては社会事業であるが、以下ここでは社会福祉と社会事業を便宜的に同義語として扱う——の概念規定について検討する。

> 社会事業とは、正常な一般生活の水準より脱落背離し、またはそのおそれのある不特定の個人または家族に対し、その回復保全を目的として、国家・地方公共団体あるいは私人が、社会保険・公衆衛生・教育などの社会的増進のための一般政策とならんでそれを補い、あるいはそれに代わって個別的・集団的に保護助長などの処遇を行う社会的・組織的活動である。

この概念規定においては、社会福祉の対象は「正常な一般生活の水準より脱落背離し、またはそのおそれのある不特定の個人または家族」であり、主体は「国家・地方公共団体あるいは私人」である。また、社会福祉は個人や家族の生活水準の「回復保全」を目的とし、「個別的・集団的に保護助長などの処遇」をその方法とする。さらに、この概念規定においては、社会福祉が「社会保険・公衆衛生・教育などの社会的増進のための一般政策とならんでそれを補い、あるいはそれに代わ」るものとして捉えられていることに留意したい。

2. 社会福祉の政策論的規定：孝橋正一

孝橋正一は、後出の岡村重夫とともに、第二次世界大戦後におけるわが国の社会福祉研究を先導してきた研究者である。孝橋は、社会事業を以下のように規定している。

社会事業とは、資本主義制度の構造的必然の所産である社会的問題にむけられた合目的・補充的な公・私の社会的方策施設の総称であって、その本質の現象的表現は、労働者＝国民大衆における社会的必要の欠乏（社会的障害）状態に対応する精神的・物質的な救済、保護及び福祉の増進を、一定の社会的手段を通じて、組織的に行うところに存する。

孝橋の場合、社会福祉の対象は、本質的には「資本主義制度の構造的必然の所産である社会的問題」であるが、それは現象的には「労働者＝国民大衆における社会的必要の欠乏（社会的障害）状態」として表出する。社会福祉の主体は「公・私の社会的方策施設」という性格づけからすれば「公・私」——国・地方公共団体および私人——ということになろう。社会福祉の目的は「精神的・物質的な救済、保護及び福祉の増進」とされているが、方法については「一定の社会的手段」とあるのみで具体的には示されていない。他方にこの規程においては、社会福祉が「合目的」であるとともに「補充的」なものとして捉えられていることに留意しておかなければならない。

3. 社会福祉の技術論的規定：竹内愛二

竹内愛二の社会福祉のとらえ方は社会事業研究所や孝橋とは明確に異なっている。竹内は、社会福祉をその主体である「施設・団体の職員」としての「専門職業者」が「側面から援助する過程」として捉えている。そのような立場からの概念規定である。

個別・集団・組織社会事業とは個人・集団・地域社会が有する社会（関係）的要求を、その他の種々なる要求との関連によって自ら発見し、かつ充足するために能力・方法・社会的施設などあらゆる資源を自ら開発せんとするを、専門職業者としての個別・集団・組織社会事業者がその属する施設・団体の職員として側面から援助する過程をいう。

竹内の概念規定によれば、社会福祉の対象は、「社会（関係）的要求」を担う「個人・集団・地域社会」ということになろうか。社会福祉の目的は、個人・集団・地域社会による社会（関係）的要求の発見、充足であり、方法はそのために必要とされるあらゆる資源の開発にたいする側面からの援助である。関連施策にたいする言及はみられない。

4. 社会福祉の固有論的規定：岡村重夫

岡村重夫の社会福祉理解は、孝橋や竹内とは異なっている。孝橋の社会福祉理解は、社会福祉を基本的には資本主義国家による政策として捉えていることから「政策論」とよばれている。竹内の社会福祉理解は、専門職業者による援助の過程とそこにおける技術の役割を重視していることから「技術論」とよばれている。これにたいして、岡村の社会福祉理解は社会福祉の固有性を強調していることから「固有論」とよばれる。岡村は社会福祉をつぎのように捉えている。

社会福祉は、全国民が生活者としての主体的社会関係の全体的統一性を保持しながら生活上の要求を充足できるように、生活関連施策を利用、改善するように援助するとともに、生活関連の各制度の関係者に個人の社会関係の全体性を理解させて、施策の変更、新設を援助する固有の共同的行為と制度であるということができる。

このような岡村による社会福祉の概念規定にしたがえば、その対象は「生活者」としての「全国民」であり、目的は「生活上の要求」を充足するための生活関連施策の利用、改善にたいする援助ならびに生活関連の各制度の関係者にたいする施策の変更、新設の援助である。方法についてはそのような援助のためになされる「固有の共同的行為と制度」ということになろうか。関連施策との関係についていえば、関連制度の関係者に「個人の社会関係の全体性を理解」させ、施策の変更、新設を援助するとしていることに留意しておかなければならない。社会福祉は制度として固有のものであり、社会事業研究所や孝橋とは異なり、関連施策にたいしてそれらを補充し、あるいは代替するという位置づけはなされていない。

5. 社会福祉の総合複合論的規定：古川孝順

最後に、われわれ自身の社会福祉の概念規定である。これまでみてきた社会福祉の概念規定はそれぞれに特徴を備えている。社会事業研究所による概念規定においては、社会福祉は社会保険・公衆衛生・教育などの一般政策を補充したり代替するものとして位置づけられていた。この規定は孝橋の概念規定に継承されている。その孝橋による概念規定の特徴は、社会福祉の本質を資本主義社会の構造と結びつけて理解しているところに求められる。竹内による概念規定の特徴は、社会福祉が援助の過程や技術として把握されていることである。岡村による概念規定の特徴は、人びとの社会関係の主体的側面に着目するとともに、社会福祉を固有の援助活動（共同的行為）ならびに制度として捉えようとしているところにある。

以下の規定は、このような先行研究による概念規定その他先学の社会福祉研究の成果を継承するとともに、第二次世界大戦後の六〇年に及ぶ社会福祉の量的質的な発展と転換を含む展開の過程を踏まえ、社会福祉の現状をできるだけ総合的包括的に把握することを意図したものである。

社会福祉とは、現代社会において、人びとの自立生活と自己実現を支援し、社会参加を促進するとともに、社会の包摂力と統合力を高め、その維持発展に資することを目的に展開されている一定の歴史的社会的な施策の体系であり、その内容をなすものは、人びとの生活上の一定の困難や障害、すなわち福祉ニーズを充足あるいは軽減緩和し、最低生活の保障、自立生活の維持、自立生活力の育成、自立生活の援護を図り、さらには社会参加と社会的包摂を促進すること、またそのために必要とされる社会資源を確保・開発することを課題に、国・自治体ならびに民間の諸組織によって設置運営されている各種の制度ならびにその実現形態としての援助活動の総体として捉えられる。

この規定においては、社会福祉の対象は「人びとの生活上の一定の困難や障害、すなわち福祉ニーズ」であり、その主体は「国・自治体ならびに民間の組織」である。社会福祉の目的は、「自立生活の支援、自己実現と社会参加の促進」、そして「社会の包摂力と統合力の維持発展」である。方法は、「生活上の一定の困難や障害＝福祉ニーズの充足・軽減緩和」「最低生活の保障」「自立生活の維持、自立生活力の育成、自立生活の援護」「社会資源の確保・開発」を目指して展開される援助活動である。関連施策との関係についての言及は直接的にはなされていないが、その含意は社会福祉を相対的に独自固有の施策・制度そして援助活動として捉えることにある。こうした社会福祉理解の詳細は本書の全体を通じて明らかにされる。

第3節　社会福祉把握の視点

これまでの議論からも明らかなように、社会福祉とよばれる社会的事象は必ずしも明確な輪郭をもっているとはいえず、またその内容も複雑多岐にわたっている。そうしたこともあってか、これまで社会福祉はとかく理解し難い存在、理論的な解明に馴染み難い存在として扱われてきた。ここで、そうした社会福祉を幾分かでも理解しやすいものにするため、やや議論を先取りすることにもなるが、あらかじめ社会福祉を捉える視点を設定しておきたい。

1. 自存的固有性

社会福祉は、伝統的に、慈善的救済の事業として固有の出自をもちながらも、関連諸施策・制度の存在を前提に、それらを補充・補完しあるいは代替する施策・制度として位置づけられてきた。しかし、こんにちの社会福祉を理解するためには、むしろそれを社会の第一線に位置づけられ、それ自体としての固有性を備える特有の施策・制度、そしてそのもとにおいて展開される独自の援助活動の体系として把握することが基本的な前提となる。

2. 歴史的社会的形成性

社会福祉は一夜にして形成された施策・制度と援助活動ではない。それは人類の歴史とともに始まる長い前史的な過程をもちつつ、一九世紀から二〇世紀への転換期において成立する社会事業を前駆形態に、第二次世界大戦後において形成され、発展してきた。このような社会福祉を理解するには、それを歴史的社会的な文脈のなかで理解する視点が不可欠である。

3. 公益性

社会福祉の意義は、それが本来的に公益的な性格をもち、私的利益の追求とは遠い存在であるところに求められる。こんにち社会福祉は基本的には国や自治体による公共的な事業として展開されているが、そのことは社会福祉のもつ公益性に由来している。歴史的にみれば、社会福祉はその発展を民間の宗教家や篤志家による献身的な努力に負う部分も多いが、そこでも社会福祉は公益的なものとして捉えられ、その推進は社会的な使命として認識されていた。

4. 実践志向性

社会福祉の基本的かつ最終的な課題は、その対象（客体）となる生活問題や福祉ニーズにはたらきかけ、それらを解決、軽減緩和することによって利用者の自立生活と社会参加を支援し、さらにそのことを通じて社会の統合と安定を確保し、促進することにある。社会福祉の基本的な性格は、その実践志向性にある。社会福祉についての研究と教育が要請されるのもそのためである。

5. 個別的支援性

社会福祉の援助は、扶助、手当、貸与などの形態をとる購買力の提供、人的サービス、物的サービス、システム的サービスを内容とする生活支援サービスや社会的便益という形態をとる生活便益の提供から構成される。社会福祉の特色は、その援助を利用者の課題を個別的、質的に捉えたうえで的確に提供し、その解決緩和をめざすところに認められる。

6. 生活者視点性

社会福祉に関わる諸問題は、施策・制度も、そのもとで展開される援助活動も、生活者の視点から把握分析され、認識される必要がある。人びとは社会生活において社会、経済、政治、文化などの多様なシステムとの関係において地域住民、職業人、市民、文化活動の参加者、家族など多様な役割を演じつつ生きているが、そのような生の営みの基軸の部分に位置し、全体を統合しているのは「生活する人間」、すなわち生活者である。社会福祉を理解し、そのありようを論じる起点はその意味での生活者の視点である。

7. 市民主体性

従来、社会福祉の領域においては、人びとはもっぱら社会福祉を利用する人、受益者として位置づけられてきた。しかし、人びとは社会福祉にたいして利用者として接点をもつだけではない。社会福祉は、基本的には、国（中央政府）の市民にたいする生活権保障施策の一つとして形成され、運営される。しかし、その具体的な展開の過程は、市民の自己統治の機構としての市町村（自治体政府）を基軸としつつ、社会福祉の利用者（当事者）を含む市民による多様な個別的、組織的な民間主体的な自主活動によって支えられ、維持されている。これからの自立と共生の社会における社会福祉のありようを展望するには、そのことに留意しなければならない。

社会福祉の長い発展の過程と複雑多岐にわたる現状を十分に理解し、将来への展望を拓り開くためには、多様な視点から、その基本的な性格や特徴について、また構造や機能について、多面的かつ複合的に分析し、考察することが求められる。

第2章 社会福祉の展開と理念

社会福祉が歴史的社会的所産であることはすでに示唆してきたところであるが、われわれはまず、社会福祉の歴史的な展開の過程をどのように把握し、分析すればよいかという課題について考察する。つぎに、そのような社会福祉の展開の過程を規定し、方向づけてきた理念や思想について整理する。

第1節 社会福祉の歴史的展開

社会福祉という概念は広義、狭義に多様にもちいられる。いまは歴史的な展開に限定していえば、最広義の社会福祉のなかには、その先駆形態である社会事業、感化救済事業、慈善事業はもとより、中世社会や古代社会における相互扶助や援助活動が含まれている。社会福祉の歴史を理解するうえでもっとも幅の広い概念である。これにたいして、社会福祉の起点を近代社会の成立の時点に求める見解、さらには社会福祉の範囲を一九三〇年代以後、なかでも第二次世界大戦以後に展開した政府および民間組織による施策・制度と援助活動に限定する見解も存在する。

社会福祉の歴史についての理解を深めるためには、われわれはこのような社会福祉の捉え方の違いについて整理を試みることからはじめなければならない。

1. 社会福祉の通歴史性と特殊歴史性

1) 社会福祉史における普遍性と特殊性

ここではまず、社会福祉の概念を広義、狭義どのように把握すればよいかという問題を社会福祉史における普遍性と特殊性の問題として考えてみたい。

広義の社会福祉の歴史という概念は、社会福祉の起点を古代社会、さらにはそれにさかのぼる原始社会に求める考え方である。いわば、社会福祉の歴史は人類の歴史とともにはじまるという考え方である。人間は一人の力では生命や活力を維持再生産することができず、生きるためには仲間をつくり、協力しあわなければならない。人類は本来的に相互に扶けあわなければならない存在である。そのことは人類が偉大な文明を発展させ、さまざまな社会制度をうみだしたこんにちにおいても変わりはない。社会福祉の原点は、そのような人類に普遍的な扶けあいの行動、すなわち相互扶助に求めることができる。社会福祉の歴史に関する第一の見解である。

これにたいして、社会福祉の歴史に関する第二の見解は以下のようなものである。たしかに、近代社会以前にも乞食、病人、棄児、障害者などを救済する活動が行われてきた。しかし、そのような救済活動は、中世以前の自給自足的な経済や地縁、血縁、身分などを基礎に築かれた社会の内部において行われる相互扶助か、あるいはそのネットワークから脱落したり、逸脱したりした人びとにたいする救済活動であって、資本主義的な市場経済を基礎とし、個人の自由や平等、生活にたいする自己責任を前提とする近代社会におけるそれとは基本的に異なっている。

近代社会以降の慈善事業、感化救済事業、社会事業そして社会福祉とよばれる施策・制度は、古代社会や中世社会における宗教家の慈善精神や君主や領主の慈恵精神にもとづいて恣意的一時的に行われる援助活動とは明確に異なっている。社会福祉は、自治体や国家によって組織的体系的に展開される援助活動であり、両者のあいだには明確な違いが存在し、相互に区別されるべきものである。

社会福祉の歴史に関する第三の見解は、社会福祉を、近代社会の歴史のなかでも一九三〇年代以後、より限定的にいえば第二次世界大戦以後に成立した、近代社会の初期に慈善事業としてはじまった政府や民間組織による施策・制度と援助活動の最終的な発展の段階を意味する概念として限定的にもちいるべきだとする見解である。

このように並べてみると、社会福祉の歴史をめぐる三通りの見解は、互いに相容れるところのない、相互に対立しあう見解のようにみえる。しかし、これら三通りの見解は、相互に対立する、互いに相容れることのない見解だというわけではない。たしかに、こんにちの社会福祉の源流は、第一の見解のいうように、人類の歴史とともにはじまる相互扶助である。相互扶助は、人類誕生の時代にみられたであろうまさにお互いが生き残るための扶けあいの行動から、こんにちの政府や市民組織によって展開されている組織的体系的な施策・制度と援助活動にいたる、社会福祉の歴史を通底している行動原理である。

しかしながら、そのような歴史を超えて普遍的な相互扶助の具体的な表出の形態は、時代や社会によって一様ではない。それは、それぞれの時代の、社会、経済、政治、文化に規定されて、独特の現れ方をする。その意味において、近代社会における社会福祉をそれ以前の社会における援助活動と区別して捉えることには、十分に妥当性を認めることができる。社会福祉は、人類以来の相互扶助という行動原理を継承しつつ、しかも近代社会にみられる特有の社会、経済、政治、文化に規定されて発展してきた施策・制度であり、その具体化された形態としての援助活動の体系である。そして、その限りにおいて、まさに社会福祉は特殊歴史的な存在である。

こうして、社会福祉を、そしてその援助活動を、よりよく理解するためには、普遍性と特殊性という二つの側面に留意しつつ、これを総合的に捉えることが必要とされる。

表 2-1　社会福祉の時期区分と特徴　　古川孝順　作成

時代区分	時期区分	援助原理	施策等の名称	課　題
古代社会 中世社会	――	馴致主義	慈善活動	宗教的政治的馴致と支配
近代社会	生成期	家父長主義	慈善事業	抑制的救済と社会秩序維持
	発展期	自己責任主義	感化救済事業	求援の抑制と国民の感化
	成熟期	社会責任主義	社会事業	社会宥和と人口資源の涵養
		国家責任主義	社会福祉	社会発展と生存権の保障
現代社会	転型期	社会協同主義		社会統合と自立生活の支援

2) 社会福祉の前史と本史

われわれの社会福祉の歴史を捉える視点は、こうした第一、第二の見解を継承しつつ、最終的には第三の見解に立つというものである。社会福祉の歴史をまず近代社会成立の以前と以後に区別し、近代社会成立以前の古代社会、中世社会における援助活動を慈善活動とよび、さらに近代社会成立以後の展開のうち、慈善事業、感化救済事業、社会事業を社会福祉の前史として捉え、一九三〇年代以降なかでも第二次世界大戦以降の展開を社会福祉の本史として位置づけることにしたい。**表2－1**は、そうした視点から、近代社会を中心に、時代区分と社会福祉との関係を整理したものである。

社会福祉の歴史を適切に把握するために、**表2－1**では社会の発展を基本的には古代・中世社会と近代社会に区別するという方法を採用し、近代社会についてはさらに、経済システムとしての資本主義の展開を参照しながら、生成期、発展期、成熟期、転型期に区分するという方法を導入している。最後に現代社会を置き点線で区別したのは、一九八〇年代以降、第二次世界大戦後の世界を特徴づけた資本主義体制と社会主義体制との冷戦構造の終焉もあり、世界史は旧来の資本主義社会でも社会主義社会でもない新たな時代に向かう転型期を迎えているように思われるからである。それぞれの時期における援助原理、施策・制度の名称や援助活動の特徴、課題の違いなどについては、それぞれの時期について具体的に考察する過程において言及することにしよう。

2. 近代以前の慈善活動

古代社会や中世社会における貧困者その他の社会的な弱者にたいする救済は、家族、親族、部族、近隣社会などの共同体内部の相互扶助活動、宗教家や篤志家による慈善活動、国王や領主による慈恵活動によっておこなわれた。一般には、慈善活動と慈恵活動を一括して慈善活動とよぶ。

慈善活動とつぎの時期における慈善事業との違いは、古代社会や中世社会における慈善活動が近代初期におけるそれに比較し、組織性、継続性に欠け、また活動の規模も小さいことによる。

1) 相互扶助

ヨーロッパにおいても、わが国においても、古代社会や中世社会においては、身寄りのない幼弱者、傷病者、障害者、高齢者などの救済は共同体内部の相互扶助によるのが通例である。相互扶助活動は、金銭的な報酬を期待しない自発的な活動であるが、長期的には援助者と被援助者がどこかでお互いの利益がつりあう互酬の関係にあるところにその特徴が認められる。

たしかに、相互扶助は身分的制約や武力による強制をともなわない自発的な活動である。しかし、血縁や地縁を紐帯とする共同体の内部においては相互扶助にたいする期待を避けて通ることはできず、その意味では強制力をともなう活動である。

さらに、相互扶助は消費的な生活領域のみならず生産的な領域においても期待され、そのような活動として共同体の行動原理に組み込まれている。その限りにおいて、古代社会や中世社会における相互扶助はこんにちの社会福祉の源流ではあっても、こんにちにおける民間互助団体による活動とは区別されるべきものである。

2) 慈善活動

しかし、相互扶助がどのような性格をもっていたにしても、古代社会や中世社会における貧困者たちは共同体内部の相互扶助によってその生命と活力を維持することが可能となった。しかし、そのような共同体に属さない貧困者、すなわち行旅病者、難破船員、共同体から逸脱した浮浪者、乞食などには相互扶助による救済の恩恵は及ばなかった。

こうした貧困者に対応したのが教会や宗教的活動家、篤志家たちによる慈善活動である。慈善活動は宗教的愛他主義を基盤とする救済活動であり、慈善活動家たちは貧困者を神の子としてその境遇を憐れみ、愛し、神の恩寵に報いようとして献身的な努力を惜しまなかった。しかし、そのような慈善活動は、一面においては信者獲得のための布教の手段となり、あるいは慈善活動家たちが天国に行くための免罪符として意味をもっていた。宗教的な動機にもとづく慈善活動のなかにもしばしば世俗的な動機が紛れ込んでいたのである。

3) 慈恵活動

古代社会や中世社会においては、飢饉や災害などで大量の被災者や難民がうまれたときには、国王や封建領主が一時的な救済措置をとった。そのような国王や封建領主による政治的な家父長主義にもとづいた恩恵的な救済活動が慈恵活動である。

たとえば、わが国では、飢饉や災害のときだけでなしに、領主が日常的に領民の善行に一時金を与えたり、孤児を養育する者に養育料を与えるなどの例も数多くみられた。そうした領主はしばしば名君として称賛されることになった。しかし、そうした領主のなかには一方において過酷な年貢や賦役を課していた者も多かった。

国王や封建領主のなかには領民の生活を改善し、社会の安定を増進することに寄与した者がいたことも事実である。しかし、直接的に生産に関与しない支配階級を維持するために、領民の信頼を獲得し、彼らを服従させる手段として慈恵活動を行った例も少なくないのである。

3. 慈善事業

1) 組織的慈善事業の形成

中世社会はやがて近代社会へ移行することになるが、その過渡期的な状況のなかから少なからぬ浮浪者や乞食がうみだされ、すでに発展しつつあった都市部に流入してその法と秩序を脅かすにいたった。こうした状況は、かつての任意的、短期的、非組織的な慈善活動によってよく対処しうるものではない。

このため、生成期の近代社会においては、伝統的な慈善活動がより組織的、継続的に展開されるところとなり、そこに慈善事業が形成される。同時に、この時期には、イギリスの救貧法に典型的にみられるように、国王の政府によって、都市や町、あるいは村、教区などの地域団体にたいして浮浪者や乞食に対処する権限を与える法令が制定されている。この法令に依拠する貧困者への対応は一般には救貧事業とよばれ、民間人による慈善事業と区別される。しかし、その救貧事業も、実質的には対象についての認識、運営組織のありよう、処遇の方法など慈善事業と大差はない。ここでは、慈善活動の伝統を継承する慈善事業と公的な救貧事業を総称して広義の慈善事業として扱うことにする。

2) イギリスにおける初期救貧事業

まず、イギリスを例に、近代社会の初期に登場した救貧事業について考察する。イギリスにおける救貧事業の成立は一五三一年に制定された救貧法を契機とする。この救貧法という名称は容易に貧困者の救済を目的とする法律を想像させる。しかし、その実態は浮浪者や乞食などの貧困者の救済ではない。むしろ、貧困者を処罰し、抑圧するための法律であった。

中世社会から近代社会への移行期には、都市や町あるいは村の有力者（役人）が、教会とも協力しながら、それぞれのやりかたで貧困者に対応する慣行が成立しつつあった。しかし、貧困者が増加するとともにそれなりの費用が必要となり、対応にしても統一した方法が必要になってきた。貧困者はそれぞれの都市、町、村の内部からも発生したが、大多数は近隣の都市、町、村から流入してきた人びとであった。そうした貧困者の増加にたいして、それぞれの都市、町、村は、金銭や労力の負担を少なくし、社会の秩序と安寧を維持するために、全国的に統一された貧困者対策を求めるようになった。

こうして登場した救貧法は、「教区」とよばれる地域社会を単位とし、その責任のもとに貧困者救済のために役員（貧民監督委員）を選任し、必要とされる費用についてそれぞれ教区内の有力者に課税することを認めた。初期救貧法の貧困者にたいする処置は、浮浪者や乞食を捕らえて鞭で打ち、出生地もしくはかつて合法的に居住していた場所に強制的に追放し、その途上で浮浪する場合には耳の半分を切り取り、さらに繰り返せば縛り首にするという過酷なものであった。しかし、その後、徐々にこうした処罰と追放による処置では効果の薄いことが理解されるようになり、浮浪乞食を防ぐために、労働力のある貧困者については定住させ、仕事をさせるという方法が導入される。

このような救貧施策のありようは、基本的には、産業革命を経て救貧法の大幅な改正が行われるまで継承された。その間の一時期には、貧困者の移動を制限する定住制度や貧困者を強制的に収容し、就労させる労役場の制度が導入されている。また、一八世紀の末期には、収入のない貧困者はもとより、収入があってもそれが最低の生活費に不足する貧困者についても、院外（在宅）において生活費を支給する賃金補助制度（スピーナムランド制度）が導入されている。この寛大な賃金補助制度はやがて救済費の高騰を招き、そのことがきっかけとなって、救貧事業はかつてないほどの強い社会的批判にさらされることになった。

3) わが国における初期救貧事業

わが国の貧困者一般にたいする救貧事業は一八七四（明治七）年の恤救規則にはじまっている。イギリスと同様、わが国においても封建的幕藩体制から近代社会へ移行する時期には、東京、大阪、京都などの都市部を中心に、浮浪者、乞食、孤児など多数の貧困者がうみだされ、都市社会の安寧を脅かした。これにたいして、明治政府は、貧困者の救済は本来的に「人民相互ノ情誼」、すなわち「親族による協救活動」や「近隣社会による相扶活動」に頼るべきであるとしながらも、応急的な対応策として恤救規則を制定したのである。

恤救規則は、廃疾者、老衰者、病弱者、身寄りのない幼弱者について、米相場における下米の価格を基準に設定された額の生活費を支給した。また、東京市は、恤救規則に先立ち、一八七二（明治五）年に養育院を設置し、市中の浮浪者や乞食を多数収容した。

4) 慈善事業と博愛事業

近代社会の初期にうみだされてきた浮浪者、乞食、孤児、行旅病人などの多数の貧困者の形成は、すでにみてきたように、一方において都市、町、村、教区などによる公的な救貧事業をうみだし、他方において伝統的な慈善活動の組織化そして事業化をもたらすことになった。慈善事業は、宗教的な理念や目的、動機にもとづいて行われる救済事業であるが、古代社会や中世社会における慈善活動の期間が数年から長期にわたっても活動家の一代で終わっているのに比べ、近代にはじまる慈善事業のなかには、設置主体の名称や機能などに若干の変化をみせながらも、こんにちにいたるまで存続している施設も存在している。

わが国の場合、明治時代の初期から中期にかけて成立した慈善事業には孤児を収容養育した育児施設（孤児院）が多いが、困窮者や障害児・者を収容する施設も設立された。この時期を代表する慈善事業家としては、岡山孤児院を設立した石井十次、家庭学校の設立者となった留岡幸助、滝乃川学園を開設した石井亮一、あるいは孤児の救育に尽くした瓜生岩子などが著名である。こうした人びとのほかにも、仏教やキリスト教などの影響のもとに多数の人びとが貧困者の救済に取り組んだ。

さらに、近代社会の初期には、慈善事業のほかに、貧困者のみならず広い範囲の市民を対象に救済事業や教育啓蒙の事業に携わる地主や篤志家、後には産業家たちが登場してきた。こうした人びとによる事業や活動はしばしば博愛事業とよばれるが、イギリスにおける慈善学校運動やわが国における渋沢栄一による幅広い救済活動はその好例である。

5) 家父長主義の貧困者対応

近代社会の初期における貧困者への対応は、基本的には、国王やその政府、地主、事業家、篤志家などによる家父長主義的な抑圧と救済の措置であった。貧困者には地域社会における秩序を維持するために、定住と就労が強制され、それに服従する限りにおいて最低限の救済をうけることができたのである。

4. 感化救済事業

一八世紀のなかば過ぎから一九世紀の中葉にかけて、産業革命を契機に資本主義経済を基盤とする近代社会が確立するとともに、勤勉、努力、節約、節制などの規範的諸価値とそれにもとづく生活意識、生活習慣、生活様式が定着する。そうしたなかで、産業発展の過程でうみだされてきた失業者、貧困者、浮浪者、乞食などを無能力者、性格欠陥者とみなす道徳主義的、自己責任主義的な貧困観が形成され、貧困者の救済を極力抑制し、否定するこの時期に特有な救貧事業と慈善事業が展開される。

1) 新救貧法体制

一九世紀の初頭、イギリスの農村地帯では低賃金と農業機械の導入にたいする農業労働者の不満が強まり、労役場の打壊しや農業機械の破壊が続出するなかで、救貧税の負担を回避しようとする新興中産階級は、賃金補助制度にたいする批判を一層強めていった。そのような新興中産階級の利害は一八三二年の選挙法の改正によって議会に直接反映されるようになり、三四年の「救貧否定の救貧法」ともよばれる新救貧法の制定に結びついた。

新救貧法は、第一に、全国的に均一の救貧行政を実施するために、中央行政機関として救貧法委員会を設置するとともに、教区連合ごとに貧民救済委員会を設置し、救貧行政の末端地方機関とした。第二に、新救貧法は、窮乏のテストとしての労役場制度を復活させ、労働可能貧民にたいする院外救済を厳しく制限した。第三に、新救貧法は、求援抑制効果をあげるために劣等処遇の原則を導入し、労役場における救済の水準を自活している最底辺の労働者の生活の水準以下に設定した。

このような新救貧法は、資本主義経済の確立がもたらした自己責任主義、自由放任主義的な風潮のなかで徹底した求援抑制のための施策として機能した。以後、貧困は個人の罪とみなされ、「働く貧民」たちは低賃金労働者と被救恤的窮民に二極分解されることになる。

2) 世俗的慈善事業の発展と弊害

一九世紀を通じて、公的救貧事業は抑制の対象となり、その規模は縮小させられた。しかし、その一方において、一九世紀のなかば以降、労働組合、生活協同組合、友愛組合、慈善組織の著しい発展がみられ、政府もまたこれを奨励した。なかでも、政府は、友愛組合を保護奨励し、救貧法による救済費の支出を節減しようと試みた。

この時期の慈善事業を特徴づけるのは、その世俗的な性格である。産業革命にはじまる産業資本主義の発展のなかで巨万の富と社会的な地位を獲得した新興中産階級は、みずからの獲得した富や地位にともなう義務として、富と地位を象徴する活動として、また過酷な自由競争の犠牲者にたいする罪悪感を軽減するために、慈善事業に従事し、あるいは資金を提供した。そうした人びとの一部には「慈しみ深き貴婦人たち」とよばれる、慈善事業を娯楽として楽しむ新興中産階級の妻たちも含まれていた。

こうした世俗的慈善事業家たちは無原則的に救済活動を展開した。慈善事業は、それを実施する側の動機や関心を優先させ、救済を受ける側に与える影響や結果にたいする配慮を疎かにし、濫救や漏救、さらには救済をあてにして生活する職業的乞食生活者をうむという弊害をもたらした。

このような状況のなかで一八六九年には、「首都における貧民救済に関する覚書」(ゴウシェン覚書)が公布された。この覚書は、救貧法による救済をすでに貧窮状態にある者の救済に限定するとともに、慈善事業による救済は貧窮の予防のために活用されるべきものであって救貧法による救済の受給者には与えられるべきではないとし、慈善事業と救貧法の役割分担を明確化しようとした。また、この年には、慈善事業を行う団体組織のあいだで「被救済者名簿」を交換し、濫救や漏救、乞食生活の弊害を除去することを目的に「慈善の組織化と乞食生活を抑制するための協会」(翌年「慈善組織協会」に改称)が設立されている。

3) 感化救済事業

わが国においても一八九〇年代になると産業革命がはじまり、貧困や失業の拡大、スラムの形成などの社会問題に直面するなかで、恤救規則にかわる救貧施策の導入が模索しはじめられる。しかし、一八八九(明治二二)年の窮民救助法案、九七(明治三〇)年の救貧税法案、九八(明治三一)年の窮民法案は、いずれも「人民相互の情誼」を醇風美俗とみなす強固な儒教的救済思想や濫救による惰民の要請を危惧する自由主義的貧困観を乗り越えることができなかった。

それどころか、事態はむしろ逆の方向をたどることになる。一九〇〇(明治三三)年に社会防衛の目的と不良青少年の保護的処遇を意図して制定された感化法の普及をめざして展開されはじめた感化事業講習会を契機に、しだいに救貧政策の課題は「救貧」から国民の「感化」による「防貧」に転換させられていった。

日露戦争後の恐慌は、この傾向に一層の拍車をかけた。一九〇八（明治四一）年、明治政府は、「済貧恤窮ハ隣保相扶ノ情誼ニ依リ互イニ協救セシメ国費救助ノ濫救矯正ノ件」にもとづき、貧困者の救済は隣人間の相互扶助によるべきことを改めて強調し、恤救規則以来の制限的抑制的な公的救済制度の一層の引き締めが行われた。

他方、この一九〇八年には、わが国でもイギリスの慈善組織協会にならい中央慈善協会が設立された。ただし、中央慈善協会は、民間の慈善事業団体の内発的、自発的な発意というよりも、先進国における救済政策や民間慈善事業の動向に通じた内務官僚の指導によって、上から組織された。また翌〇九（明治四二）年には、成績優良な私設の慈善施設・団体にたいして国庫による奨励金・助成金が交付されている。

公的救済費の抑制と民間救済団体への依存はイギリスにおいてもみられたところであるが、わが国の感化救済事業を特徴づけていたのは、天皇制を媒介に国家によって推進される国民の感化と民間慈善事業にたいする規制・誘導であった。

4) 自己責任主義と貧困者の感化

イギリスにおける新救貧法の制定はまさしく救貧政策における経済的自由主義の勝利というにふさわしいものであった。新しい救貧政策によって、失業者や貧困者には自己責任──自立（Self-independence）と自助（Self-help）──の生活が強要され、救貧法による救済は極力制限された。

このような救貧政策は、貧困の原因を個人の性格の欠陥や能力の欠落にもとめ、救済受給者を健全な市民生活の脱落者とみなす道徳主義的ないし自由主義的な貧困観を一般化することに貢献した。同時に、この時期には公的な救済費の負担を回避するため友愛組合や慈善事業などの自発的救済組織の拡大が奨励されたが、そこでも基本にある救済原理は道徳主義的、自己責任主義的な貧困観であった。慈善事業における救済のねらいは、貧困者を高尚にすること、すなわち貧困者の性格、生活習慣を感化、矯正し、彼らを善良な市民の水準に引き上げることに向けられていた。

道徳主義的、自己責任主義的な貧困観による公的救済の引き締めと他方における民間救済活動の奨励がこの時期のイギリスの救済事業を特徴づけていた。わが国における感化救済事業にも、基本的にはそれと同一の傾向性を見て取ることができるのである。

5. 社会事業

一九世紀末から二〇世紀の初頭にかけて、イギリスでは貧困問題にたいする社会的な施策が飛躍的に発展し、自由社会改良の時代が訪れた。

この時期、ブース（Booth, C.）やラウントリー（Rowntree, B.S.）らによって貧困調査が実施され、貧困者の予想以上の多さと貧困原因に社会的な要素が深く関与している事実が明らかにされた。これを契機に、イギリスでは従来の個人責任主義的な貧困観が社会責任主義的な貧困観に転化し、新しい防貧的施策が創設され、伝統的な救貧事業や慈善事業もまた変革を遂げることになった。

1) 防貧的施策の形成と社会事業

一九世紀末から二〇世紀の初頭にかけてイギリスでは長期化する不況のなかで失業が増加し、高齢者や児童を中心に貧困が拡大した。実際、ブースやラウントリーによる貧困調査は、当時の都市人口のおよそ三割が貧困状態にあることを明らかにした。こうした状況は、労働者階級にとってはもとより、支配者階級にとっても大英帝国の根幹を揺さぶる深刻な事態として認識された。そうした状況を背景として、自由党と労働党の協力のもとに展開された自由社会改良政策は、多様な防貧施策を成立させていった。

一九〇八年には無拠出老齢年金制度が成立し、以後、〇九年には職業紹介所が、一一年には健康保険制度と失業保険制度が成立した。これらはいずれも防貧を目的とする施策であったが、児童保護の領域においても〇六年の学校給食法、〇七年の学校保健法、〇八年の児童保護法と防貧的な意味をもつ施策が制定され、旧来の救貧法についても改革のための救貧法委員会が設置された。しかし、一九世紀の後半に発展した慈善組織協会の関係者や救貧法関係者は伝統的な抑制的な思考にとらわれ、救貧事業の改革に強い抵抗を示した。

一九〇五年に設置された救貧法委員会は、〇九年に多数派報告と少数派報告という二種類の報告書を提出したが、伝統的慈善事業の優先と救貧法の微温的改革を内容とする多数派報告はあまりにも彌縫《びほう》的であり、逆に救貧法の解体を求める少数派報告はあまりにも急進的であった。結局この時期には救貧法の根本的な改革は実現しなかったものの、居宅保護制度の導入、労役場制度の改善が試みられるなど、なし崩し的に改革が進行した。他方、慈善事業は、防貧制度としての社会保険の導入によって現金給付による貧困者救済の機能を大幅に縮小させ、以後、家族関係の相談・調整を内容とする家族福祉事業、児童保護事業、障害者保護事業などとして存続することになった。

2) 大正デモクラシーと社会事業

わが国においても、イギリスにくらべて時期は少し遅れるが、第一次世界大戦後の大正デモクラシーの時代に社会事業が成立した。そのきっかけとなったのは第一次世界大戦後に各地で起った米騒動であり、これによって社会問題対策が急速に進展することになった。

一九二〇（大正九）年、国のレベルにおいて失業、貧困などの社会問題に対応する部局として内務省に社会局が設置され、続いて二一（大正一〇）年に職業紹介所法、二二（大正一一）年に健康保険法、二三（大正一二）年に工場労働者最低年齢法など防貧的な色彩の濃い施策が推進された。しかし、救貧制度の系譜についてみると、この時期においても新しい救貧施策は実施されず、依然として明治初期以来の恤救規則に依存する状態が続いた。

漸く恤救規則にかわる救護法が制定されたのは、昭和恐慌前夜の一九二九（昭和四）年のことであった。しかも、その救護法も恐慌にともなう慢性的な不況のなかで経費不足を理由にその施行は延引された。救護法の実施促進を働きかける方面委員の社会運動もあり、競馬法の改正によって財源の確保に見通しがついたときにはすでに法制定後三年の歳月が経過していた。

その後、一九三三（昭和八）年には少年教護法と児童虐待防止法が、三七（昭和一二）年には母子保護法が制定され、また三八（昭和一三）年には厚生省が設置され、私的社会事業の規制と補助に関する社会事業法が制定されるなど、わが国の社会事業も徐々に制度的な整備が行われていった。しかし、その時期を境にして、わが国の社会事業は戦時下の健民健兵政策のなかに飲み込まれ、厚生事業に変質する。

3) 慈善事業の組織化・科学化・専門職化

一八七〇年代以降のおよそ四〇年間に活発に活動したイギリスの慈善組織協会は、その自己責任主義的、道徳主義的な貧困観、援助観による制約から免れることができず、第一次世界大戦前夜には社会福祉史の表舞台から遠ざかることになった。しかし、その一方において、慈善組織協会は、慈善事業の組織化、科学化、専門職化に先鞭をつけることによって社会福祉の発展に貢献した。先にみたように、慈善事業の組織化は、直接的には慈善事業の弊害を除去することを目的として取り組まれたとはいえ、その進展は慈善事業の運営に社会性、継続性、安定性をもたらすことになり、その科学化、専門職化に基盤を提供することになった。

慈善事業の科学化は慈善組織協会による友愛訪問活動にはじまった。しかし、慈善事業の科学化、なかでも援助活動の専門的技術化という課題は、慈善組織協会運動の母国であるイギリスにおいては十分な成果をあげることができず、ニューヨーク、ボストン、バッファローをはじめとするアメリカ東海岸の諸都市に移植された慈善組織協会の活動を通じて達成されることになった。リッチモンド（Richmond, M.E.）によるケースワークの体系化は、慈善事業の近代化、科学化を象徴する事跡であった。

慈善事業の専門職化は、このような慈善事業の組織化、科学化を促す潮流の一部であり、また帰結であった。慈善事業の組織化、科学化の進展は、それまで友愛訪問員として活動してきた中産階級の家庭婦人に代えて、慈善事業なかでも友愛訪問の方法について体系的な教育を受けた専門的な活動家を必要とするようになった。そして、この慈善事業の専門職化が、やがて慈善事業に関わる専門職教育制度の発展をもたらすことになるのである。

4) 社会事業の基本的性格

社会事業をそれに先行する感化救済事業と区別するものは、第一に感化救済事業を特徴づけていた自己責任主義的、道徳主義的貧困観、援助観が克服され、社会責任主義的な貧困観、援助観が前提になっているということである。第二に、社会事業は、他方における防貧政策としての社会保険の存在を前提にして自己のありようを規定し、自己変革を試みたということである。旧来の救貧事業は防貧施策としての社会保険の存在を前提にそれを補完する事業となり、慈善事業は非金銭的な援助を課題とする事業に転換し、そこに救貧事業から分離した児童保護事業や障害者保護事業などが付け加わることによって新しい社会事業の全体が構成されることになった。第三に、社会事業は、慈善組織協会運動がもたらした慈善事業の組織化、科学化、専門職化の成果を継承し、ケースワークやコミュニティオーガニゼーションを、社会事業を支える社会的な技術として発展させることになった。

こうして、社会事業の成立は、慈善事業にはじまる社会福祉の歴史が重要な転機を迎えたこと、すなわち社会福祉がその前史における最高の発展段階に到達したことを意味していた。しかしながら、人びとは皆その必要に応じて社会事業をみずからの権利として利用することができるという社会的な合意はいまだ形成されていなかった。

6. 社会福祉

こんにちの社会福祉は、人びとがそれを利用する権利を有しているという認識を前提に、貧困階層・低所得階層に限らず、一般階層を含むすべての人びとにたいして利用の機会が開かれている政策・制度そして援助活動の体系として位置づけられている。

社会福祉が社会事業の段階を離脱し、このようなものとして位置づけられるようになるには、社会権的生存権の成立と国家観の転換が不可欠であった。

1) 社会権的生存権の成立と国家観の転換

一七世紀のイギリスの市民革命にはじまる近代社会の発展は、市民一人ひとりに私的所有の権利、法の下における平等、そして信教、思想、交通、居住、職業などの自由を求める権利から構成される市民権的基本権の主体として位置づけることを前提としていた。しかし、現実には、そのような市民としての権利を享受しえたのは貴族、地主、産業家など家産や家業をもつ一部の人びとに限られ、一般庶民にたいしてはその手足を縛る桎梏《しっこく》となった。なかでも、産業革命の担い手となった賃金労働者たちは「労働契約の自由」というたてまえによってかえって過酷な労働条件のもとに縛りつけられることになった。

こうした状況にたいしてイギリスでは、一九世紀の後半以降、労働者にたいする普通選挙権の承認、団結権、団体交渉権、ストライキ権の保障、最低賃金制度、労働基準の制定を通じて市民権的基本権の部分的な修正が行われ、社会権的基本権が承認されていったが、その最後に位置するものが社会権的生存権の保障であった。

社会権的生存権を憲法規定として最初に承認したのは、第一次世界大戦後に成立した共和国ドイツの憲法であるワイマール基本法である。その後、この権利思想は、アメリカのニューディール改革の経験やイギリスのベヴァリッジ報告を媒介として、わが国を含む先進諸国に浸透し、第二次世界大戦後は社会保障や社会福祉の法令上の根拠として位置づけられることになった。

このようなイギリスやドイツ、そしてアメリカにおける社会権的基本権の承認と拡大は、別の観点からみれば、それぞれの国の政治システムや経済システムにおいて徐々に国家の役割が拡大してきたことを意味している。なかでも、労働者や貧困者の救済という領域においては、保護介入者としての国家にたいする期待が拡大していった。

こうした傾向のなかで決定的ともいえる転機をもたらしたのは、一九二九年にはじまるアメリカの大恐慌とそれに対応するニューディール政策の登場とロシア革命の進展であった。伝統的に州に固有の権限を認め、地方分権的な傾向の強いアメリカにおけるニューディール政策の登場と一定の成功、そしてロシア革命によるソヴィエトロシア社会主義体制の一定の成功は、資本主義諸国における国家観に大きな転換をもたらすことになった。

アメリカのニューディール政策は国家独占資本主義のはじまりとされるが、そこに形成されていたのは、国家が政治や経済のみならず、社会や文化、さらに生活のありよう全般について強力な指導力を発揮して社会総体の維持発展を図るという、新たな国家主導型のシステムであった。この新たな国家システムは、第二次世界大戦後なかでもソヴィエトロシアを中心とする社会主義体制の拡大にともない冷戦構造が深刻化する過程において、わが国を含む資本主義諸国に受け入れられ、それが福祉国家体制を下支えする基盤となった。

2) 福祉国家体制と社会福祉

第二次世界大戦後、イギリスでは、戦時下の一九四二年に策定されていたベヴァリッジ報告にもとづき、福祉国家が成立した。

福祉国家の青写真となったベヴァリッジ報告は、時期的にはアメリカにおける社会保障法の制定に遅れをとった。しかし、その内容は伝統的な社会保険と救貧法の抗争に終止符をうつ画期的なものであった。一九四六年の国民保険法と四八年の国民扶助法からなる新しい社会保障の体系は、五巨人悪（窮乏、疾病、無知、隘陋《あいろう》、無為）の一つである窮乏に対応する所得保障の制度であり、社会保険を中心に位置づけそれを国民扶助によって補足するというものであった。

さらに、そのような社会保障の前提となる施策として、一九四五年には家族手当法が制定され、四六年には国民保健サービス法が制定されていた。その後においても、イギリスでは、六〇年代から七〇年代のなかばにかけて、六六年には補足給付法、七〇年には地方自治体社会サービス法、七五年には児童給付法が制定され、福祉国家政策の一層の進展が図られた。

福祉国家という概念は、第二次世界大戦後ベヴァリッジ報告が具体化される過程で、ドイツを戦争国家とよび、自国を福祉国家とよぶ慣行が定着したことにはじまるが、より一般的には、民主主義体制、公教育体制、完全雇用制度を前提に、所得保障、医療保障、社会福祉など、市民の生活の安定を第一義的な政策目標とする施策の整備をめざす国家体制のありようを意味している。

3）戦後社会福祉体制の成立と発展

第二次世界大戦後のわが国においては、国民生活の安定と社会的秩序の確保が喫緊の課題であった。

わが国ではまず、戦後混乱期の大衆的窮乏に対処するため一九四六（昭和二一）年に旧生活保護法、四七（昭和二二）年に児童福祉法、四九（昭和二四）年に身体障害者福祉法が、それぞれ制定された。さらに五〇（昭和二五）年には新生活保護法が、五一（昭和二六）年には社会福祉事業法が制定され、ここに、①無差別平等の原則、②国家責任の原則、③公私分離の原則、④最低生活保障の原則、を近代化の理念とする戦後社会福祉の基本的な骨格が成立することになった。

さらに、高度成長期に入って一九五八（昭和三三）年には国民健康保険法が、翌五九（昭和三四）年には国民年金法が制定され、国民皆保険皆年金体制が成立した。以後、わが国の生活保障制度は社会保険を中心に展開しはじめる。社会福祉の領域では生活保護の比重が低下しはじめ、六〇（昭和三五）年には精神薄弱者福祉法（九八〈平成一〇〉年に知的障害者福祉法に改称）が、六三（昭和三八）年には老人福祉法が、六四（昭和三九）年には母子福祉法（八一〈昭和五六〉年に母子及び寡婦福祉法に改正改称）が成立した。七一（昭和四六）年には長年の課題であった児童手当法が成立し、わが国はこれによってようやく福祉国家に仲間入りすることができた。

4) 福祉国家批判

しかし、そのときには、世界史のレベルでいえば、福祉国家はすでにピークの時期に到達していた。一九七〇年代の後半になると、オイルショックを契機に現実化した世界的な経済的不況のなかで、新自由主義あるいは新保守主義とよばれる思潮が台頭し、福祉国家は一転して見直しの対象となっていった。

福祉国家にたいする批判は二通りの側面から展開された。第一の側面は、福祉国家は、租税の拡大、預貯金の縮減、政府による規制の強化と政府への依存、民間活力の低下を招き、資本主義経済の停滞を招いたという批判である。第二の側面は、福祉国家は、行政国家に不可避的な中央集権主義や官僚主義の拡大、それにともなう停滞と非効率、民間による活動の縮減を招いており、期待された成果をうみだしていない、という批判である。

このような福祉国家批判のうち第一の側面からの批判は、市場原理の復活、民間活力の活用、自己責任の強調をもたらすことになった。第二の側面からの批判は、福祉国家の発展する過程において国家主導のシステムに吸収されてしまった民間の自主的、非営利的な活動を再生させ、福祉社会の活性化を求める主張となった。そこには、誤った福祉国家政策が本来車の両輪の関係にあるべき福祉社会の空洞化を招いているという危機意識があった。

7. 福祉改革

このような福祉国家批判の潮流はわが国にも及び、一九八〇年代なかばには行財政改革と並行するかたちで福祉改革がはじまった。

わが国における福祉改革は、当初のうち、国庫補助金の削減、受給資格の引き締め、受益者負担の拡大、民間活力の活用などを中心に推進された。しかし、九〇年代になると、「福祉関係八法改正」を手はじめに、社会福祉の分権化、多元化、脱規制化、地域化など、戦後社会福祉の骨格を抜本的に見直し、現代および将来の福祉サービス需要に質量ともに対応することのできるような施策の構築をめざす基礎構造改革が開始された。

まず、一九九七（平成九）年六月には児童福祉法が改正され、同年一二月には介護保険法が成立した。さらに、同じ九七年八月には「社会福祉事業等の在り方に関する検討会」が設置され、戦後以来のわが国の社会福祉の骨格に迫る社会福祉基礎構造改革の議論が開始された。その成果が二〇〇〇（平成一二）年六月の社会福祉事業法等の一部を改正する法律であるが、そこに内包されている基礎構造改革の理念は、①自立生活の支援、②利用者民主主義の推進、③サービスの質的向上、④地域福祉型社会福祉の推進、の四点に整理することができる。

基礎構造改革にいう「自立生活の支援」は、「個人が人としての尊厳をもって、家庭や地域のなかで、その人らしい自立した生活が送れるように支える」ことである。利用者民主主義は、利用者の権利――利用者による社会福祉援助のメニューやサービス提供事業者の選択と決定、利用の申請、認定や決定に対する不服の申し立てや再審査の請求、苦情の申し立てなどの諸権利――を尊重する社会福祉提供のあり方を確立することを意味している。さらに、基礎構造改革では「利用者の信頼と納得が得られるサービスの質」を確保するとともに、「効率性」を高めることが謳われている。最後に、基礎構造改革は、地域福祉の推進を基礎構造改革を総括する課題として設定し、その実現にむけて、①地域の特性をいかすこと、②地域における多様な主体――住民、ボランティア団体、民間非営利団体、社会福祉法人、生活協同組合、農業協同組合、さらには企業――の参加を促すこと、③住民本位の施策や活動を推進すること、を求めた。

8. 二一世紀の社会福祉

帝国主義的な膨張主義、社会主義体制の成立とそれに対抗する資本主義体制の変容、両体制間に形成された冷戦構造、そして社会主義体制の崩壊と新保守主義の台頭とめまぐるしい変化を経験してきた二〇世紀から二一世紀へ、こんにちの社会はこれまでにない未知の状況に直面させられている。そうしたなかで、二一世紀の社会と社会福祉はいったいどこに向かおうとしているのか。

ここでは二通りのことに言及しておきたい。第一に、これからの社会福祉のなかでは民間セクターが重要な役割をもつことになろう。ドイツの社会学者であるテンニース（Tönnies, F.）は、社会をゲマインシャフト（共同社会）とゲゼルシャフト（利益社会）に類型化し、社会発展の方向を共同社会から利益社会への発展として定式化したことで有名であるが、ここではさらにその先に彼がゲノッセンシャフトと名づけた社会類型を想定していたことに留意しておきたい。テンニースはゲノッセンシャフトの例として労働組合や生活協同組合をあげているが、いずれも独立した個人が選択意志による契約を基盤につくりあげた組織である。われわれは、そのようなゲノッセンシャフトを共同社会と利益社会の弁証法的な発展物として位置づけ、協同社会とよぶことにしよう。これからの社会福祉においては、社会福祉法人に加え、生活協同組合、農業協同組合、互助団体、ソーシャルサポートネットワークなど、多様な民間非営利組織の果たす役割が一層重要視されることになろう。これらの組織はまさにテンニースのいうゲノッセンシャフトにほかならない。

第二に、二一世紀の社会においてはグローバリゼーションとコミュニナリゼーションが重要な意味をもつことになろう。紆余曲折はあるにせよ、二一世紀の社会は、国際的にも国内的にも、グローバリゼーションの影響を避けて通ることは不可能である。そこに期待される社会は、異質なものを異質なものとして認め、尊敬し、受容しながら、人びとがともに生きることのできる共生社会である。しかし、その一方において、これからの社会には、人びとがみずからの生活課題を自分たちにもっとも身近な政府（基礎自治体）や地域社会を通じて自主的、民主的に解決することのできる自立社会であることが期待される。

こうして、二一世紀の社会福祉には、共生的かつ自立的な地域社会とその政府である市町村を単位とする自治分権型、地域型の社会福祉としての発展が求められることになろう。

第2節　社会福祉理念の発展

ここまでの考察から明らかなように、社会福祉は、それが形成される過程において、さまざまな価値規範や理念、思想や理論による影響のもとにおかれてきた。つぎに、そのような価値規範、理念、思想、理論のうち社会福祉の歴史、現状、さらには将来を分析し、展望するうえで重要な意味をもつ、相互扶助と相互支援、生活自助の原則、道徳主義的貧困観と社会的貧困観、社会権的生存権、選別主義と普遍主義、インテグレーションとノーマライゼーション、居宅主義の思想、自己決定と自己実現の思想、自立生活の支援、申請主義と利用支援という諸概念について敷衍しておきたい。

1. 相互扶助と相互支援

しばしば、社会福祉の淵源あるいは源流として農村型社会における相互扶助活動に関心が寄せられる。人類はその生命と活力を維持再生産するには日常的に自然に働きかけ、必要な生活資料を獲得する必要に迫られたが、その試みは決して単独ではなしえなかった。人類はその誕生とともに夫婦や親子、親族、同族などの血縁的地縁的なつながりを紐帯とする共同体を構成し、相互に助け合い、支え合いながら生活を維持してきたのである。

こんにちの社会福祉の基盤にあるのは、このような人間の生活に不可欠な要素としての相互扶助活動であるといってよい。しかし、そのような自然発生的な相互扶助活動のみによってこんにちの社会福祉を解き明かすことは不可能である。

人類の歴史が進むにつれ、かつての農村型社会は後退し、市場を前提とする商品経済の求める任意性、選択性、対等性、経済性（収益性）を特徴にする新たな社会関係を基盤とする都市型社会が形成される。こんにちの社会福祉の基盤にあるのは、そのような都市型社会における相互扶助活動である。

都市型社会における相互扶助活動は、歴史的には農村型社会の相互扶助活動を継承している。しかし、伝統的な相互扶助活動そのものではない。それは、都市型社会が形成される過程において、主体的、任意的、そして選択的な社会関係として、すなわち人為的な社会関係として、新たに再生、再構成された相互扶助活動にほかならない。

いま、そのような都市型社会における相互扶助活動を、伝統的なそれと区別し、相互支援活動とよぶことにしよう。こんにちにいう社会福祉は、そのような相互支援活動の高度に社会化され、組織化された形態である。

2. 生活自助の原則

こんにち、自分自身や家族の生活を維持する責任が自分自身や家族にあるということに疑問をもつ人はまずいない。しかし、人びとが自分自身や家族の生活の維持について第一義的な責任を負うという思想は、近代市民社会になってからのものである。人びとが自分自身の生活にたいして責任をもつという思想の誕生は、人びとが自己の生命や財産にたいする権利、信教、思想、交通、居住の自由、身分的な平等などの市民としての権利を確立してきたことにかかわっている。

人びとは、近代市民社会の主体として、市民革命を通じて、財産権、平等権、自由権という市民権的基本権を確立することができた。人びとは、中世封建社会の身分的政治的束縛から解放されたのである。しかし、人びとは、そのことと引き換えに、中世封建社会を特徴づけていた家父長主義的な保護からも解放され、市民一人ひとりが自分自身や家族の生活にたいして全面的に責任を負うことが求められるようになった。

こうして、市民一人ひとりは、一方において市民権的諸権利を享受することになる。しかし、他方においてその生活に関しては私的領域に属するものとして市民一人ひとりが責任を負うという近代市民社会の生活原理が成立することになった。社会福祉は、そのような生活にたいする自己責任という生活原理の抽象的、形式的な適用が人びとの生活上にもたらす困難や障害を克服し、人びとの生活の安定と質的向上を図ろうとする長年にわたる社会的努力の成果にほかならないのである。

3. 道徳主義的貧困観と社会的貧困観

近代市民社会において、市民は市民権的基本権の主体である。しかし、市民革命を経験した社会においても、市民のすべてがそのような市民権的基本権のもたらす恩恵を享受しえたわけではなかった。市民権的基本権の利益をわがものにしえたのは貴族、地主などの家産をもつ人びとや商人、手工業者などの家業をもつ人びとであり、農民や職人などそれ以外の無産の人びとの生活は相変わらず困窮のなかにあった。さらに、産業革命とともに登場してくる労働者たちは未曾有の苦汗労働、失業、浮浪、乞食生活に苦しめられた。

しかも、こうした庶民の苦境は、生活自助原則のもとで、失業者や貧困者たち個人の無能力、怠惰や無気力、浪費によるもの、ひとことにしていえば「個人の罪」とみなされた。罰的な処遇や道徳的・人格的感化の必要性が強調されることになったのである。いわゆる道徳主義的貧困観ないし自由主義的貧困観である。

社会福祉の発展のためには、そのような貧困観が否定され、貧困の背景や原因に社会的な要因が重要な役割を演じていることを認める社会的貧困観の登場が必要とされる。一九世紀末、世紀転換期のイギリスにおいては、貧困や失業が多くの場合劣悪な労働条件や作業環境、低賃金など個人の対処能力を超える社会的、経済的な要因によってうみだされる事実を明らかにする貧困調査が実施され、そのことが契機となって貧困や失業の予防、労働条件の改善、密住環境の改善などをめざす社会改良政策が推進される。社会福祉の先駆形態である社会事業はそのような社会改良政策の一環として成立した。

4. 社会権的生存権

そのような社会改良政策は、市民権的基本権のもつ形式性や抽象性を克服しようとする社会的努力の所産であるが、労働者たちの市民権的基本権を実質化し、その政治的、経済的、社会的な立場を資本家や資産家、地主たちのそれに近づけようとする思想や社会運動は、やがて社会権的基本権、なかでも国民一般にたいして最低限度の生活を保障することを国家の責任として位置づける社会権的生存権の思想をうみだすことになった。

イギリスでは、一九世紀の最後の四半世紀以降になると、多数の労働者が選挙権を行使し、二〇世紀の初頭には労働者階級がみずからの政党をもち、自分たちの代表者を国会に送り出した。労働者たちは、議会を通じて自分たちの政治的利害を表現する手段をもつことになったのである。また、同じ時期、労働者たちは団結権、団体交渉権、ストライキ権を獲得し、賃金の引き上げや労働条件の改善がもたらされた。さらに、弱小零細の事業所に勤務する交渉力のない労働者のためには最低賃金制度や労働基準が制定され、国家が介入するかたちで賃金や労働条件の最低限が保障された。

このような政治的、経済的同権化の推進によって生活自助原則は部分的に修正され、労働者たちの生活は徐々に改善されていったが、高齢や障害、傷病を理由に労働市場から分離された労働者たちや貧困な寡婦、児童などの生活は取り残されたままであった。そうしたなかで、一九一九年に制定されたドイツ・ワイマール共和国の基本法（憲法）において、歴史上はじめて、社会権的生存権に関する規定が設けられた。社会権的生存権は、労働者の政治的、経済的同権化をもってしても人間としての尊厳を維持するに必要な最低限度の生活水準を確保し得ない人びとについて、国家がその責任において最低限度の生活を保障するという思想である。第二次世界大戦後、福祉国家体制が発展する過程において、社会福祉は、このような国の責任を遂行する施策の一つとして制度化され、運営管理されることになった。

5. 選別主義と普遍主義

第二次世界大戦後における社会福祉の最大の課題は、救貧法以来の伝統的な選別主義から離脱し、普遍主義を確立することにあった。選別主義は、社会福祉による援助の提供の範囲を資力調査を適用し、貧困階層に限定する救貧法以来の伝統的な援助配分の方式であり、そこから社会福祉にたいする反感やスティグマがうみだされてきた。

これにたいして、社会福祉による援助――購買力や福祉サービス――の提供を低所得者や貧困者に限定せず、そのような購買力や福祉サービスにたいする必要性の有無のみにもとづいて配分する方式が普遍主義とよばれるものである。現代社会において、児童、高齢者、障害者、女性などが直面させられている生活上の障害や困難は、所得水準の高低を超える問題であり、低所得・貧困階層のみならず一般階層にたいしても購買力や福祉サービスの提供が求められる。

歴史的にみると、福祉サービスは貧困階層にたいする公的扶助の一部分としてあるいはその代替的な手段として提供されてきた。しかし、一九六〇年代以降、生活の多様化、複雑化が進展するにともない、福祉サービスは公的扶助から分離され、普遍主義にもとづいて提供される独自の自立生活支援の領域として発展してきた。

6. インテグレーションとノーマライゼーション

ノーマライゼーションという思想は、一九五〇年代末のデンマークにはじまり、ヨーロッパやアメリカにおける発展を経て、わが国にも紹介された。わが国では国連による障害者年の設定を契機に八〇年代を通じて広く受容されるようになり、こんにちにおいては障害者福祉の領域のみならず社会福祉全般の理念として定着している。

障害者にたいする社会的な対応は、入居型の施設を設け、そこに障害者を収容保護することからはじまった。障害者施設の建設は障害者にたいする専門的な援助を提供し、安心して生涯を送れる安住の場を提供することであると説明されてきた。しかし、障害者施設の実態は障害者を社会から排除・隔離し、差別的に取り扱うための社会的装置であった。

ノーマライゼーションは正常化ではない。ノーマライゼーションは、日常的な生活から分離され、障害者のみから構成される施設生活を解体し、障害の有無・種別・程度を人種、民族、性別、年齢、体重や身長、能力などの違いと同様に、個人の個性として捉え直し、人びとの個性をあるがままに受け入れることのできるような社会を実現するということである。

インテグレーションとは、そのような最終目標を実現する過程であり、またその過程においてとられる施策や援助活動を意味している。すなわち、社会的に差別され、あるいは隔離されている人びとを再び社会のなかに受け入れ、統合し、その権利を擁護すること、そのための施策や援助活動を展開することがインテグレーションの意味である。そして、そのようなインテグレーションを通じて差別や隔離のない平常な社会の状態を実現し、社会のもつ統合性を向上させること、またそのための施策や援助活動を展開する営みがノーマライゼーションである。

7. 居宅主義の思想

社会福祉における居宅主義の最初の試みは、居宅による貧困者保護の実施である。貧困者にたいする居宅保護は現金による給付を前提とする。その背景には、施設入所という援助形態にともなう懲罰的処遇や長期間の施設居住にともなう弊害を除去するとともに、被保護者の主体性を尊重し、選択の自由、自己決定権を許容するという思想の発展がある。

居宅主義の現代的な形態はコミュニティケアの思想であるが、その一般化は、一九六〇年代以降のイギリスにおける地域精神医療や地域社会における予防的な施策を重視する非行青少年対策の導入を嚆矢とする。すなわち、居宅主義の思想は、沿革的には、施設入所による懲罰的処遇や長期間の施設居住による弊害を避けるという思想にはじまるが、こんにちにおいてはそれは社会福祉の利用者に生活の日常性と継続性を保障し、その人格や自己決定権を尊重する思想に発展している。さらに、居宅主義は、利用者、保護者、支援者、地域住民による社会福祉援助の提供過程への参加やボランティア活動その他の自主的主体的な支援活動を包摂する援助活動のあり方として、その重要性が強調されている。

ただし、このような居宅主義の思想は、居住型施設の意義を一面的に否定するものではない。こんにちでは、居住型施設は、地域社会を基盤とする社会福祉の新たな体系のなかで、居宅型の援助を提供する拠点的な施設として捉え直されている。

8. 自己決定と自己実現の思想

従来、わが国の社会福祉援助は、申請主義を原則とする公的扶助を除けばいずれも措置方式によって運営管理され、利用者による福祉サービス利用の申請（申し出）も福祉サービスの種類やその提供施設の選択も認められていなかった。生活自助原則を前提とする近代市民社会においては、社会福祉の利用は、原理的にいえば、人びとの生活にたいする自己責任の部分的ないし全面的な解除を意味していた。そして、そのことのゆえに利用者の自己決定権もまた解除されてきた。あるいは、利用者の自己決定権が解除されることは当然のこととみなされてきた。たとえば、つい最近まで、ほとんどの社会福祉関係者は、社会福祉施設に居住する利用者にたいして信仰の自由、通信の自由、プライバシーの自由を制限することに何の疑問も抱かなかった。

これからの社会福祉においては、利用者の生活のあらゆる側面において選択権や自己決定権を含む市民権的基本権が尊重され、確保される必要がある。そして、さらに、そのような利用者の選択権や自己決定権は自己実現の権利にまで高められなければならない。成熟した社会においては、人種、民族、性、年齢、心身の機能、能力などに関わる差異が個性として認められるとともに、市民一人ひとりにそのような個性を十分に発揮し、人間の存在に関わる価値、希望や目標を実現するための機会や手段が保障されていなければならない。

9. 自立生活の支援

わが国の社会福祉の理念ないし目標は、第二次世界大戦以後、要保護者の保護、育成、あるいは更生として規定されてきた。社会福祉基礎構造改革のなかで提起された自立生活の支援という概念は、明らかにそれらとは異なる概念であり、これからの社会福祉を構想するうえで中核になる概念である。

自立生活の支援という概念は、ややもすれば、自立した生活に向かわせる支援、あるいは可能な限り独りで生活を維持していけるように仕向ける支援、として理解される。しかし、自立生活の支援という概念は、戦後の社会福祉行政を支配してきた自立助長の概念とは明確に区別されなければならない。自立助長という概念は、社会福祉のなかでも生活保護の領域においては、社会福祉の援助を必要としない状態になるように支援する、という意味でもちいられてきた。ひとことでいえば、自助的自立が求められてきたのである。

これにたいして、自立生活の支援にいうときの自立生活は、独力で維持される生活という意味だけではない。そこには、社会福祉その他の社会サービス、家族、友人、近隣、ボランティアによる援助など、フォーマル、あるいはインフォーマルに提供される多様な援助を利用しながら維持される生活の自律が含まれている。自立助長の概念に含まれる自助的自立と区別していえば、自立生活支援の概念でいう自立は多様な援助を利用することを前提として維持される生活の自律を含んでいる。自立生活の支援という概念には、この社会サービスを利用することによって維持される生活の自律、すなわち依存的自立の概念が含まれていなければならない。

10. 申請主義と利用支援

第二次世界大戦後、わが国の社会福祉においては、利用の方式として申請主義と職権主義が併置されてきた。すなわち、生活保護の利用は、利用者による利用（受給）の申請を契機として実現されるものとされてきた。他方、福祉サービスの利用については、援助提供機関に付与された職権による援助の決定によって実現するものとされてきた。いわゆる措置制度である。

これにたいして、社会福祉基礎構造改革のなかで、福祉サービスのかなりの部分について、従来の措置制度を改め、利用者による施設選択権、利用申し込み権、支援費支給申請権、要介護度認定申請権、再審査請求権など、利用者の自己決定権や福祉サービス申請権を尊重する手続きが導入された。このことは、福祉サービスの提供過程を利用者本位のものにするという意味で評価されてよい。

ただし、そこには重大な難点が含まれている。申請主義は、利用者が社会的にも、能力的にも自分自身による選択と申請が可能な状況にあることを前提としている。しかし、福祉サービス利用者がいつでも選択や申請が可能な状況にあるわけではない。保護者や家族があればあるいはそうした事態を回避することができるかもしれないが、保護者や家族がいなかったり、いても適切な判断がなされえない場合には、福祉サービスの利用が実現しないということにもなりかねないのである。

こうした事態を防止するためには、申請主義を前提にしながらも、利用者による福祉サービス利用の過程を積極的に支援することが必要とされる。自己決定能力の低い高齢者や障害者については、福祉サービスの利用を促進するような援助が必要とされる。さらに、福祉サービスの利用を躊躇する人びと、福祉サービスの内容や利用手続きについての情報に欠ける人びとなどについては、福祉ニーズを掘り起こし、福祉サービスの利用を促進する活動が不可欠である。また、児童や高齢者の虐待については、福祉サービスの提供者がより直接的積極的に介入し、児童や高齢者の人権を確保することが必要とされる。

第3章 社会福祉の基本的性格

ここまで、社会福祉の概念、その歴史的展開の過程、そしてそれぞれの時代の社会福祉を方向づけてきた理念について論じてきた。ここでは、社会福祉を現代社会になくてはならない生活支援システムの一つとして把握するという観点から、その基本的な性格について考察する。そのような社会福祉の起点となるのは、現代社会における生活維持システムとそのありようである。

第1節 現代社会のシステム構成

これまでの考察から明らかなように、歴史的社会的所産としての社会福祉は、経済、政治、文化などさまざまな側面ないし位相をもつ現代社会とかかわりながら存在している。しかし、社会福祉はそのような現代社会から直接的にうみだされてくるわけではない。社会福祉の最初の契機は、現代社会を構成するさまざまな側面や位相とかかわりながら形成され、展開する生活維持システムとそこに形成される生活支援ニーズのうちにある。

ここでは、まず、現代社会を構成する四通りの位相、それらと相互に規定しあう関係にある生活維持システムそして生活支援システムの構成や内容に関する議論からはじめ、社会福祉の基本的な性格について考察する。

1. 現代社会のマクロシステム

社会福祉がそこにおいて成立し、展開する現代社会は、「社会システム」「経済システム」「政治システム」「文化システム」という四通りのマクロシステムから構成されている。あるいは、社会福祉の前提となる現代社会は、社会システムとしての共同社会、経済システムとしての資本主義社会、政治システムとしての市民社会、文化システムとしての文明社会の四通りの社会から構成されているといってもよい。

これらの四通りのシステムないし社会は相互に独立した四通りの存在ではない。それらは、現代社会のもつ四通りの位相である。すなわち、人びとがそこで生活し、社会福祉が形成され、展開する舞台としての現代社会は、共同社会、資本主義社会、市民社会、文明社会という四通りの位相をもつ「四相構造社会」としてこれを把握することができる。

ここで「四相構造社会」という場合の「四相」は「四通りの位相から構成されている」という意味であって「四層」ではない。歴史的社会としての現代社会は一般に資本主義社会とよばれる。現代社会がそのようにいわれるのは、現代社会がその基底の部分において資本主義的な経済システムに規定されているからである。

たしかに、現代社会の四通りの位相のうちもっとも強い規定力をもつのは、その資本主義社会としての位相であろう。しかし、現代社会のそれ以外の位相、共同社会としての位相、市民社会としての位相、文明社会としての位相が資本主義社会としての位相によって全面的に規定されているわけではない。現代社会のもつ四通りの位相は、それぞれに固有の原理をもち、しかも相互に規定しあうという関係にある。そのことを前提に、それぞれの位相のもつ規定力の強弱、そして規定の方向や内容は、時代や社会の違いによって異なったものとなる。

図3－1は、このような「四相構造社会」としての現代社会の概念図である。三角錐の基底の部分は、それなくしては実体としての社会そのものが成り立ちえない共同社会である。そのうえに、資本主義社会、市民社会、文明社会が、相互

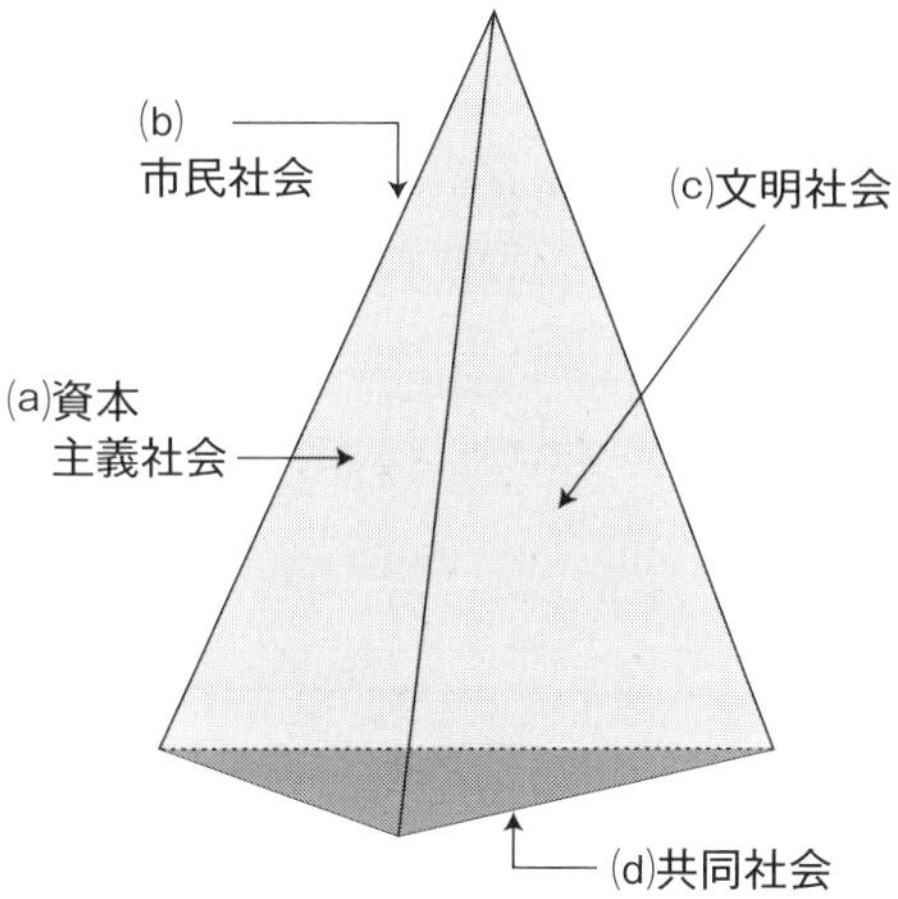

図 3-1　現代社会のシステム構成　　古川孝順　作成

に依存し、相互に規定しあう関係をもちながら残りの三通りの位相を構成しているのである。

社会福祉は、一定の目的、歴史、機能をもつ社会的な政策・制度、そしてまた援助活動の体系として固有の領域を構成している。しかし、社会福祉はそれとして自己完結的に存在しているわけではない。社会福祉は、一方において、そのマクロ環境としての社会、経済、政治、文化という諸要素の影響のもとにおかれ、他方においてそのような社会、経済、政治、文化のありように一定の影響を及ぼしている。

2.　現代社会の生活システム

社会福祉は、現代社会を構成する社会、経済、政治、文化というそれぞれのシステムと一定の関係をもちつつ、同時にそれ自体が一つのシステムを構成している。その文脈でいえば、社会福祉は現代社会を構成する多様なサブシステムの一つである。

他方、そのような社会福祉は現代社会における生活支援システムの一部分であるが、その最初の契機は生活維持システムのうちに求められる。生活維持システムは、人びとの生命や活力の維持・再生産にかかわる、人びとの生活にとってもっとも重要なシステムであり、それが十全に機能しえないときに登場し、形成されるもの、それが生活支援システ

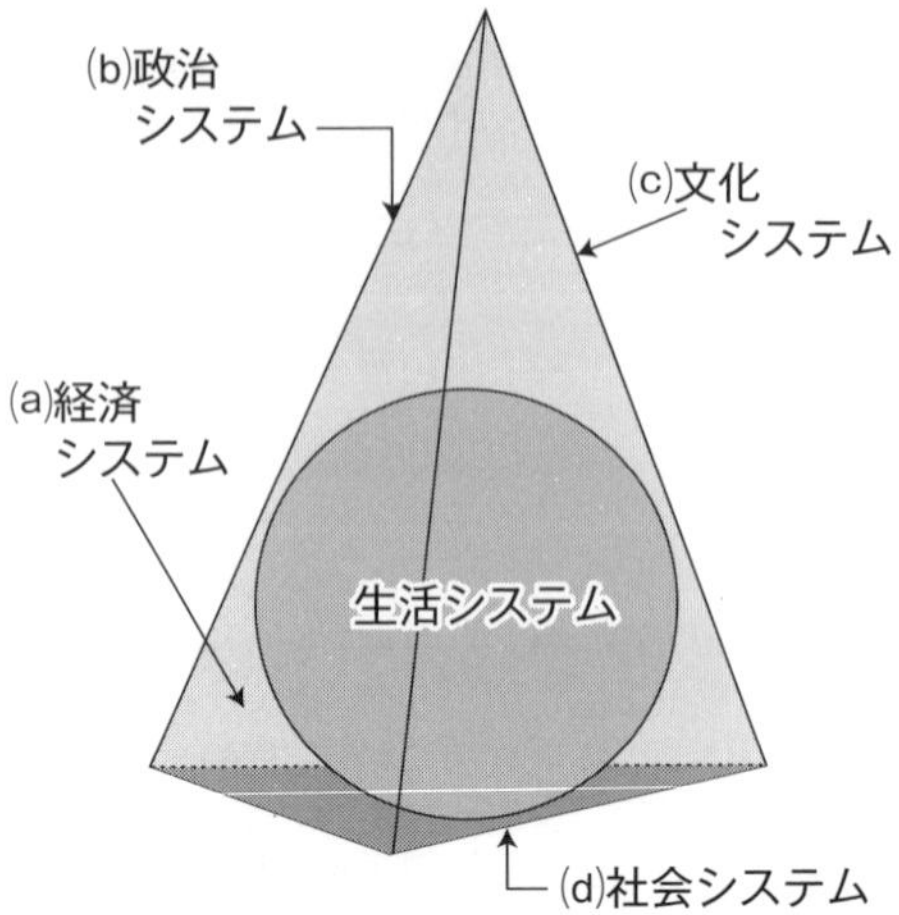

図 3-2　現代社会と生活システム　古川孝順　作成

ムである。

生活維持システムは、人びとの生活にとって、どのような社会をとっても、いつの時代においても、基本的、第一次的な意義をもつシステムである。これにたいして、生活支援システムは、社会や時代の制約をうける派生的、第二次的なシステムである。しかし、それは、現代社会にとっては不可欠なものとなっている。

ここでは、そのような生活維持システムと生活支援システムから構成されるシステムの全体を生活システムとよぶことにしたい。生活システムは、現代社会の基底をなす社会システムとしての共同社会を基盤に、経済システムとしての資本主義社会、政治システムとしての市民社会、文化システムとしての文明社会と密接にかかわりながら維持されている。**図3-2**は、現代社会と生活システムのかかわりを示す概念図である。

すなわち、社会の基本的、第一次的システムである生活維持システムとそれを補強しあるいは補完するという関係にある生活支援システムから構成される生活システムは、一定の構造と機能をもっている。生活システムの内容は、一方において生活システムの主体としての生活者のもつ年齢、性別、身体的・精神的状況、家族の規模や構造、居住する地域社会の特性などの個別的な諸条件によって規定される。同時に、他方において、それは現代社会を構成する社会システム、経済システム、政治システム、そして文化システムというマクロシステムのありようによって規定されている。

生活システムは、人びとの生活を規定する環境的諸条件と主体的諸条件とが相互に接触し、規定しあい、生活のありようを定め、方向づける場であり、またその過程である。生活者は一方においてそのような生活システムを媒介として現代社会の規定を受けるが、同時に現代社会にたいして主体的にはたらきかける存在である。

第2節　生活維持システムとその構成要素

さて、人びとの生活とは何か。生活とは、それをもっとも一般的に規定すれば、人びとがその生命と活力を維持・再生産しようとする営みであり、そこには人びと自身の生命と活力の維持・再生産の営みとつぎの世代を産み育てるという生命と活力の世代的な維持・再生産の営みが含まれている。

1.　生活維持システム

人びとは、そのような生活を維持するためには、外部環境を構成する「物質的生活環境（＝自然的・地理的・物理的諸条件）」や「社会的生活環境（＝社会的、経済的、政治的、文化的諸条件）」と接点をもち、社会的な代謝関係を取り結ばなければならない。そこに形成されるのが生活維持システムである。

すなわち、生活維持システムとは、個々の生活主体についてその生命と活力を維持し、再生産するという営みとそれを支える社会的代謝関係を中心に構成される、一定の空間的ならびに時間的な広がりをもったシステムの総体として把握される。そして、そのような生活維持システムを起動し、方向づけ、稼働させているのは、人びとの自己の生命と活力を保全し、自己実現、社会参加をはかろうとする基本的な欲求である。また、その基盤となっているものは、人びとの存在にとって不可避的な他者との関係性と協同性のネットワークとしての家族や地域社会である。

つぎに、そのような生活維持システムを構成する要素として生活主体としての生活者、物質的生活環境、社会的生活環境、そして生活世界について考察することにしよう。

2. 生活主体=生活者

生活の主体は、個人、家族、集団（学校、寮、青年団など）、世代、近隣社会、地域社会など多様なレベルにおいて設定されうるが、ここでは個人や家族について考察する。

ここに生活者というのは、生活維持システムの主体としてみずからの生命と活力を維持・再生産するために、自然と関わり、社会と関わり、その影響をうけつつ、逆に自然と社会に働きかける存在である。生活者は、社会システムとの関連でいえば、所与の社会にその構成員としてうまれ、継承者を産み育む存在である。経済システムとの関連でいえば、生産者、労働者、消費者として接点をもち、政治的システムとの関連においては選挙権を行使する市民であり、また被統治者あるいは受益者として接点をもっている。文化システムとの関連においては文化の継承者であり、また創造者である。

生活者は、生活の外部環境を構成する諸条件による規定を逸かれることはできない。しかし、生活者はそのような諸条件による規定に埋没し支配される存在ではない。全的な生活の主体として、主体的、自立的に自己の生活を組織し、展開しようとする、生活システムの主人公として行動する人間として把握されなければならない。

3. 物質的生活環境

生活者はその存在自体が一つの自然であり、その内なる自然にかかわる生命や身体の維持・再生産のためには、外なる自然との新陳代謝が不可欠の要件となる。そのような外なる自然のうち、生活者の生活に直接的にかかわる部分を抽出したものが物質的生活環境である。

簡潔にいえば、物質的生活環境には、まず大気、水、河川、海、平野、森林、山岳、気候などの自然的環境が含まれている。従来、このような自然的環境は、大気汚染、水質汚濁、樹木の過剰伐採による砂漠化の進展、河川、海、土地への有害物質の沈澱などの、いわゆる公害問題と結びつけてとりあげられてきたが、こんにちでは、そのような公害問題はもとより、近年話題になることの多い地球温暖化問題などを契機に、自然の温存、自然と人間との共存、自然的資源と経済開発との調和や均衡、食品の安全性の確保、道路や建築などの構造物の段差解消など、人びとの生活の基盤となる物質的諸条件の確保や改善の必要性が強調されている。

われわれは、生活維持システムのもっとも根源的、基底的な部分に物質的な環境基盤が存在し、そのありようによって生活維持システムが規定されている事実に留意しておかなければならない。また、人びとの生活は、風土という概念にも象徴されるように、その拠点としている土地、地域の自然的な環境基盤を構成する諸条件による強い制約のもと営まれている。さらに、都市化や人口の流動化が進展し、自然や土地との結びつきが希薄化する一方において巨大な人工的構造物が林立する、という現代社会において、生活と物質的生活環境とのかかわりのありようは一層重要な意味をもつようになっている。

4. 社会的生活環境

社会的生活環境は、生活者の生命を維持・再生産し、主体的で自立的な生活の質を維持・向上させるために、社会的に整備され、共同での利用に供されている方策、施設、設備の総体である。それらは、現代社会のマクロシステムとしての社会システム、経済システム、政治システム、文化システムの直接的な一部分であり、あるいはそれらが複合的にうみだした派生的、第二次的な社会的施策・制度のうち、人びとの生活に直接的に接点をもつ部分から構成される、それ自体としてメゾ的な位置にある組織、施策、制度、さらには文物である。

社会的生活環境を構成する要素には、宮本憲一の社会資本論を援用していえば、およそつぎのようなものが含まれる。

①人びとの生活の基盤となる社会的集団や組織
――家族、親族、近隣社会

②人びとが生活の基盤となる所得を確保するために関係をもつ組織
――企業、団体、行政機関など

③人びとの都市的生活を支えるために必要とされる共同消費手段
――共同住宅、エネルギー施設（ガス、電気）、上・下水道、清掃施設

④人びとの健康や生活力（労働能力）を保全するための施策・施設
――医療保障、保健所、衛生設備

⑤人びとの生活力（労働能力）の資質や技術の向上のための施策や制度
――教育（幼児教育、普通教育、高等教育）、科学・技術研究

⑥人びとが生活の質・利便性を確保するために利用する交通・通信手段
——街路、鉄道、電信・電話施設
⑦人びとが生活の質を高めるために利用する文化・娯楽施設
——図書館、音楽堂、劇場、公園、緑地帯、体育館、運動場
⑧人びとの生活を支援する施策・制度
——社会福祉、所得保障、雇用保障

これらの社会的生活環境の重要性は、生活者のもつ属性によって異なっている。生活者が賃金稼得者である場合には、労働力の維持・保全・向上に関わる生活環境条件が重要な意味をもつことになる。雇用、住宅、医療、文化施設などがそうである。生活者が高齢者、障害者、傷病者、母子、児童などの場合には、保健、医療、教育、交通・通信手段、文化・娯楽に関わるような生活環境条件が重要となろう。

ここで社会的生活環境に含めている社会福祉、医療保障、所得保障については、われわれの研究課題である生活支援システムそのものである。これから考察しようとしている事象をあらかじめ議論の一部に取り込むことについてはあるいは疑義があるかもしれない。しかし、すでに生活支援システムが成立しているという状況を想定すれば、生活者やその家族にとって既存の生活支援システムのありようは社会的生活環境の一部として重要な意味をもつことになる。社会福祉、医療保障、所得保障は、生活者やその家族にとって不可欠の社会的共同消費手段だからである。

5. 生活世界

たびたび言及してきたように、人びとの生活は、社会システム、経済システム、政治システム、そして文化システムと

いう四通りの位相をもつ現代社会のなかで営まれている。いま少し生活の実態に近いところでいえば、人びとの生活は、現代社会の基底にあり、人びとの生活と直接的に関わりをもっている物質的生活環境ならびに社会的生活環境とのあいだに代謝的な相互作用を繰り返しながら営まれている。

しかし、ここで留意しておかなければならないことは、人びとが現代社会のもつ四通りの位相、そして物質的生活環境や社会的生活環境と接点をもち、代謝関係を取り結ぶといっても、人びとが相互作用を行う客体は客観的な実在としての物質的生活環境や社会的生活環境そのものではないということである。人びとが接点をもち、代謝関係を取り結ぶ客体は、人びとにとって意味のある、あるいは意味のあるものとして認識されたかぎりでの物質的生活環境や社会的生活環境である。

人びとは、客観的な現代社会の存在を前提にしつつも、その内部に、個々の生活者によってそれぞれに固有の意味をもつ生活の空間、すなわち生活世界を構成し、そのような私的に解釈され、再構成された空間領域において固有のしかたで生活を営んでいる。第三者には客観的なものとみえる現代社会の社会システム、経済システム、政治システム、文化システムも、メゾシステムとしての物質的生活環境や社会的生活環境も、そのような生活世界に摂取され、組み込まれることによって、個々の生活者にとって固有の意味をもつ世界として存在している。

行論を先取りしていえば、社会福祉、なかでも社会福祉の援助提供のありようにとって重要なのは、そのような個々の生活者にとって固有な意味をもつ生活世界を可能な限り適切に読み解くことである。そのことがなされなければ、十分な社会福祉援助は展開されえない。

6. 生活主体の内部構成

生活者は、成長発達の過程において、その内部に、それぞれに固有の生命―身体システム、人格―行動システム、生活関係—社会関係システムをつくりあげる。これら三通りのシステムのありようは、生活者のもつ主体的条件を構成し、生活維持システムさらには生活支援システムのありようを分析するうえで重要な意味をもつことになる。

1）生命—身体システム

生活者は、年齢、性差をはじめとして、気質、体質、体型、容貌、機能などについて、部分的には遺伝的な要素をそれぞれの濃淡において親から継承しつつ、物質的生活環境や社会的生活環境との代謝行動を通じて、それぞれに個性的な生命—身体システムを形成する。

生活者の生涯は、基底の部分において、それぞれの生活者のもつ生命—身体システムのありようによって規定されているといって過言ではない。年齢は、自活の能力に欠ける児童や労働市場からの引退を余儀なくされる高齢者にみられるように、生活を規定する基底的な要因になる。性差は、職業選択をはじめ生活者の生活意識や生活様式を規定している。一部の運動選手にみられるように、優れた骨格や筋肉は高い所得や社会的名声に結びつきやすい。逆に、病弱、心身の機能や形態に関わる損傷などは生活上の重大な障害や困難に結びつくことが多い。

2）人格—行動システム

生活者は、その成長の過程において親によるしつけや社会的生活環境との接触による社会化を通じて、それぞれに固有の人格（パーソナリティ）を形成するとともに、特有の行動の様式を発展させる。すなわち人格—行動システムの形成である。

生活者のもつ人格—行動システムは、生命—身体システムと物質的生活環境ならびに社会的生活環境によって規定される。人格—行動システムは、まず何よりも、生命—身体システムと調和し、それに奉仕するものでなければならない。人格—行動システムは、物質的生活環境や社会的生活環境と接触し、その規定をうけながら、この目的を達成しようとする。しかし、同時に、人格─行動システムは、生命─身体システムのありようを規定するとともに、物質的生活環境や社会的生活環境にたいして働きかけ、それらを変革しようとする。最後に、このようにして形成される人格─行動システムの一部は外在化され、それぞれの社会と時代を特徴づける文化として、人びとのあいだに共有されることになる。

3) 生活関係─社会関係システム

生活関係─社会関係システムは、生活者が生活を営む過程において家族や他者を含む社会的生活環境とのあいだに形成するシステムである。

生活関係は、生活者が配偶者、子、親、きょうだい、親族、仲間などとのあいだに取り結ぶ私的で緊密な人間関係である。この生活関係は多かれ少なかれ情緒的な色彩をもつ紐帯、相互作用のシステムであるが、それにとどまらない。夫婦、親子間の生活の保持、扶養、保護、援助は、この生活関係が基盤となっている。それゆえに、この生活関係の喪失や障害はすぐさま生活の保持、扶養、保護、援助の喪失や障害をもたらすことになる。

社会関係は、生活者がそのような生活関係の外側において、あるいはそれを超えて社会的生活環境とのあいだに形成する諸関係によって形成されるシステムである。たとえば、生活者と社会システムとの関係の不調は、独居、孤立、排斥、差別などを通じて生活システムに影響を及ぼすことになる。経済システムとの関係の不調を意味する、失業、低賃金、過酷な労働条件などは、ただちに生活者の生活システムに影響を及ぼし、そのありようを規定する。政治システムとの関係不調は、政治的差別、抑圧、排斥などを通じて生活システムに影響を及ぼし、文化システムとの関係不調は、情報の欠落や格差、差別、非行、犯罪などを通じて生活システムに影響を及ぼすことになる。

生活者のよって立つ生活維持システムを十全に理解するためには、このような生命─身体システム、人格─行動システム、生活関係─社会関係システムという、生活者のサブシステムのそれぞれについて分析を深めることが必要とされる。

第3節　生活維持システムの循環方式

生活維持システムを構成する要素は以上の通りであるが、つぎの課題はそのような要素からなる生活維持システムがどのようにして維持されるのか、その機構（メカニズム）と過程について考察することにある。すなわち、より具体的にいえば、生活維持システムの主体としての生活者と物質的、社会的生活環境との社会的代謝の機構と過程について明らかにすることである。

1.　生活維持と社会的代謝関係

生活者はその生活維持システムを維持し存続するには、物質的生活環境ならびに社会的生活環境とのあいだに代謝的な関係を取り結ばなければならない。生活維持システムは空気・水・食物などの自然的要素を摂取し、それを内在化することによって生命と活力を維持再生産するとともに、物質的生活環境に働きかけ、その維持再生産の過程を促進する。同様に、生活者はさまざまな水路を通じ、社会的生活環境を構成する社会、経済、政治、文化というマクロシステムや教育、医療、娯楽、交通・通信などにかかわるメゾシステムとのあいだに代謝的な関係をもつことになる。

生活者が社会システムと接点をもつのは、生活者が家族の一員として、そして地域社会の一員として、生命をえたときである。生活者は、家族、世代、地域などの社会システムの一員としてうまれ、それを構成し、世代的に継承するつぎの世代を産み育てる営みを通じて、社会システムとのあいだに代謝関係を取り結ぶ。

生活者は、その生活を支える源泉となる所得（収入）を獲得するために、労働力の所有者でありかつ販売者として、あるいは市場に供給する商品の生産者として、また生産手段や生活手段（生活資料ならびに生活サービス）の購買者（消費者）として、製造、流通、金融などにかかわる経済システムと接点をもつことになる。

生活者が政治システムと接点をもつのは、生活者が市民権的な、あるいは社会権的な諸権利の主体として登場してきたときである。生活者は選挙権の主体として中央議会や地方議会の議員や地方政府の首長の選出にかかわる。また、生活者は行政サービスの受益者として行政と接点をもち、必要に応じて行政に関与し、行政をチェックする。

生活者が文化システムと接点をもつのは、生活者がその成長の過程において、家庭や学校における教育を媒介としながら、人びとのあいだに世代的に継承されてきた文化を内面に摂取するときであり、また新しい文化の創造者として文化システムに新たな発展を付け加えるときである。

このように、生活維持システムの主体としての生活者は、総体社会を構成するマクロシステムとしての社会システム、経済システム、政治システム、文化システム、そしてそのようなマクロシステムの一部を含みながら形成されるメゾシステムとしての物質的生活環境や社会的生活環境とのあいだに代謝的な関係を取り結ぶことによって、その生命と活力を維持再生産し、自己実現と社会参加をめざすのである。

2. 通社会的な生活維持システム

つぎに、生活維持システムと物質的、社会的生活環境との代謝関係がどのようにして維持存続されていくのか、そのメカニズムを生活維持システムの循環方式として考察する。より具体的にいえば、ここでの課題は、生活者はいかなる手段ならびに方法を通じてみずからの生命と活力の維持に必要とされる生活手段――生活資料とサービス――を獲得することが可能となるのか、その方式について考察するということである。

ここでは、副田義也の生活構造論に関する見解を援用する。**図3−3**は副田がどのような社会においても共通にみられる生活構造を図式化して表示したものである。**図3−3**で副田が生活構造としている部分を生活維持システムの循環方式

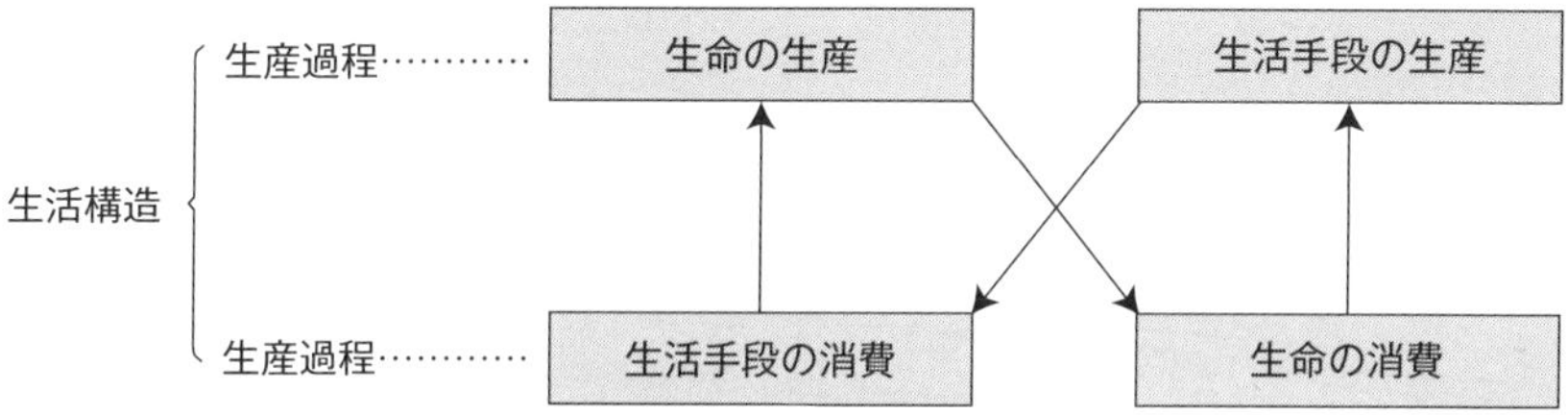

図 3-3　生活構造――あらゆる社会形態にかかわらない場合
（副田義也「生活構造論」〈青木他、1971 所収〉）

に置き換えてみよう。

生活者はその生命と活力を維持するには生活手段を必要とするが、その生活手段の生産は生命と活力の消費（労働すること）によって可能となる。つぎに、生活者は、その生産された生活手段を消費することによって生命と活力を再生産することが可能となるが、生活が維持され続けるためには再生産された生命と活力はつぎの生活手段の生産のために消費されることになる。

生活維持システムは、このように「生命・活力の生産と消費」という生活者の主体的な要素と「生活手段の生産と消費」という生活環境という生活者にとって客体的な要素とのあいだに「生命・活力の生産」⇩「生命・活力の消費」⇩「生活手段の生産」⇩「生活手段の消費」⇩「生命・活力の生産」⇩……という循環方式（代謝関係）が成り立つことによって維持存続が可能となるのである。

この循環方式では、生活手段の生産がどのような社会関係のなかで行われたかは問うていない。原始社会では生活手段の獲得は木の実や野草の採取や狩猟によって行われたであろうし、古代社会や中世社会においては自給自足的な生産活動や被支配者の生産した生活手段の収奪によって行われたであろう。それでは、資本主義経済を基盤とする近代社会においてはどうか。

3.　資本主義社会における生活維持システム

図3－4は、資本主義社会における生活構造である。ここでも生活構造を循環方式に置き

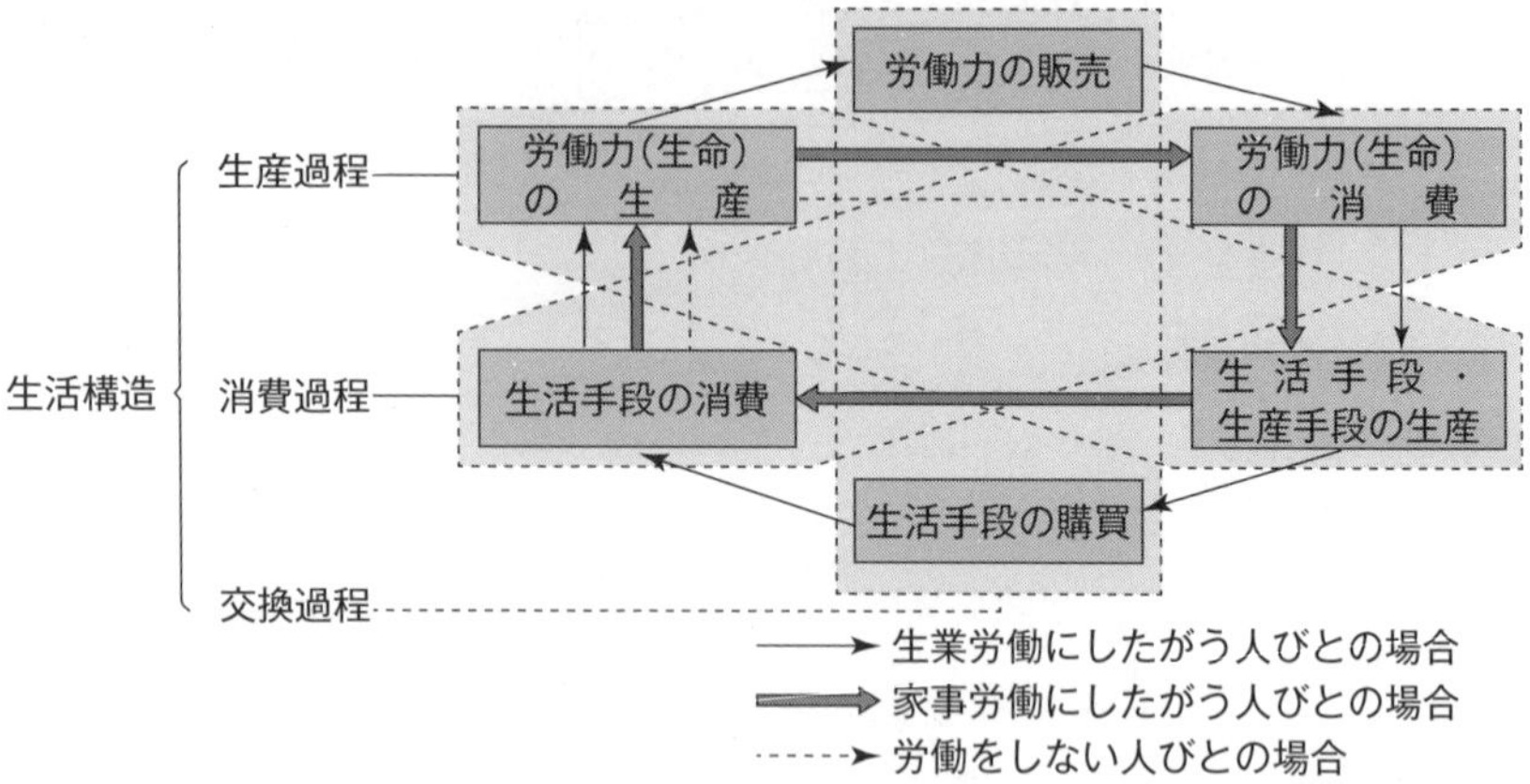

図 3-4　生活構造――資本主義社会の場合
（副田義也「生活構造論」〈青木他、1971 所収〉より一部修正）

換える。資本主義経済にみられる重要な特徴の一つは、生活者の生命と活力の一部が市場を通じて労働力として販売され、その代価として獲得される賃金（所得）によって労働力を消費して生産された生活手段――副田は生活手段とサービスを併置しているが、ここでは生活手段を生活資料とサービスの総体を意味する概念としてもちいる――を購買するところにある。

　このため、資本主義社会における生活構造――われわれの概念でいえば、生活維持システムの循環方式――は、さきの**図3―3**に「労働力の販売」という要素と「生活手段の購買」という要素をつけ加え、かつ生産労働にしたがう人びとの場合、家事労働にしたがう人びとの場合、労働をしない人びとの場合にわけて生活構造が図示されることになる。

　生業労働にしたがう人びとの場合、その生活維持システムは「労働力（生命）の生産」⇩「労働力の販売」⇩「労働力（生命）の消費」⇩「生活手段（生活資料とサービス）・生産手段の生産」⇩「生活手段（生活資料とサービス）の購買」⇩「生活手段（生活資料とサービス）の消費」⇩「労働力（生命）の生産」⇩……という方式で循環する。

　家事労働にしたがう人びとの場合、その生活維持システムは「労働力（生命）の生産」⇩「労働力（生命）の消費」⇩「生活手段（生活資料とサービス）・生産手段の生産」⇩「生活手段（生活資料とサービス）の消費」⇩「労働力（生命）の生産」⇩……という方式で循環する。家事労働にしたがう人びとの場合には、「労働力の販売」と「生活手段（生活資料とサービス）の購買」というステージが欠落している。所得の獲得やそれによる生活手段の購買というステージは、生産労働にしたがう人びとによる扶養という行為によって補完されている。

労働をしない人びとの生活維持システムは「生活手段（生活資料とサービス）の消費」⇩「労働力（生命）の生産」というステージのみから構成され、そこでは生活維持システムとしての循環は成立していない。労働をしない人びとの場合、その生活維持システムは生産労働にしたがう人びとや家事労働にしたがう人びとによる扶養というかたちで維持存続されることになる。

こうして、こんにち、家事労働にしたがう人びと、労働をしない人びとを含む勤労者の家族は、賃金稼得者が日々の労働を通じて獲得した所得によって必要なだけの生活手段を購買し、それを消費することによって家族構成員の生命と活力を維持しているのである。ちなみに、ここにいう生活手段は生活資料とサービスから構成されているが、そのうち生活資料は、住宅、生活機器、衣類、食料などをさしている。サービスは人的サービスの意味であり、教育サービスや医療サービスなどのように社会的生活環境から取得されるサービスと家庭のなかで生産される家事サービスが含まれている。家族の生活においては家事サービスが不可欠であり、一般に食料などの生活資料はそのままでは消費に適さず、炊事という家事サービスを媒介として消費される。炊事以外に、生活維持の営みのなかで育児、洗濯、掃除などの家事サービスが重要な意味をもつことはあらためて指摘するまでもないであろう。

さらに、近代社会においては、このような生命と活力の生産から再生産にいたる生活維持システムの循環が生活自己責任原則のもとにおいて継続されていることに留意しておかなければならない。近代社会においては、家族の生活は、私的領域として公権力を含む他者による干渉や介入から保護される。しかし、その半面、そこにおいて自己完結することが求められる。家族は、その構成員の就労の状態、年齢、性別、健康状態、生活能力、生活意識、生活習慣、生活様式、などの主体的な条件の許す範囲で生活を維持しようとするし、またそのことが期待されるのである。

こうした状況のなかで維持存続される生活維持システムは、その過程においてさまざまの属性を獲得する。そのような生活維持システムにみられる属性、簡潔にいえば生活の属性は、「社会的被規定性と自存自律性」「自己保存性と目的志向性」「履歴継承性と歴史的一回性」「分節構造性と全体統合性」「社会的普遍性と個別固有性」という五対の属性に整理することができる。

第4節　生活維持システムの属性

1.　社会的被規定性と自存自律性

しばしば、人びとの生活は社会的、歴史的に被規定性の強い事象として理解される。たしかに、生活は生活主体にとって外部環境を意味する物質的生活環境ならびに社会的生活環境、内部環境を意味する生命―身体システム、人格―行動システム、生活関係―社会関係システムによる規定のもとにおかれている。なかでも、本来的に社会的な存在としての生活者にとって社会的生活環境による規定は重要な意味をもち、その限りにおいて生活のもつ社会的歴史的被規定性が強調されることは理由のないことではない。

しかしながら、生活の被規定的な側面のみを強調することは適切ではない。生活は多様な外部的内部的な環境条件による規定を受けつつも、それらの影響を離れ、それ自体として存立し、機能するという意味において自存性をもっている。また、生活はそれ自体の固有の論理によって自己を組織化し、自己運動するという意味において自律性をもっている。生活は多様な外部的内部的諸条件による規定のもとにおかれながらも、みずからの論理によって判断し、決定を下し、外部環境や内部環境にはたらきかけ、そのありようを方向づけようとする傾向と力（パワー）をもっている。

2. 自己保存性と目的志向性

自存自律的な傾向をもつ生活はまた自己保存性をもっている。一定の期間、一定の状態において維持されてきた生活は、何らかの事情によってその調和と均衡が損なわれようとするとき、それに抵抗しようとする傾向性をもっている。一時的に調和と均衡が失われるようなことがあっても、もとの状態に復帰しようとする強い傾向性が備わっている。復元力といってよいかもしれない。

このような生活の自己保存性はしばしば生理現象に認められるホメオスタシスの原理を援用することによって説明される。すなわち、人びとは体内における水分が欠乏することによって生理的な調和と均衡の状態が失われたときには喉に渇き（水分にたいする生理的ニーズ）を覚え、水分を摂取することによって再びもとの調和と均衡の状態を回復させようとする。水分の不足に限らず、多量に発汗したのちに塩分が欲しくなることなども、同じホメオスタシスの原理によって説明することができる。

このような生活における自己保存性――ホメオスタシス的現象――は、生理現象のみならず、人びとの日常生活一般に認められるところである。しかし、人びとの生活は調和や均衡を求める傾向性だけから構成されているわけではない。人びとはしばしばより高次の生活の質や価値の実現をめざして、自らの手で生活の調和や均衡を覆すことがある。たとえば、人びとは従前の水準における生活の安定を一時的には放棄してでも、新たな資格の取得を試みるなど、より高次の水準における自己実現を求めて自らに新たな試練を課すことがある。生活における目的志向性である。

3. 履歴継承性と歴史的一回性

人びとの生活は過去における生活の経験によって規定される。しばしば、一度広がった生活の規模を縮小することや、一度上昇した生活水準を引き下げることは容易なことではないといわれる。実際、この履歴効果ともよばれる現象はかなり根強いものである。人びとの生活は過去における生活の積み重ねのうえに構築されている。

もとより、生活に履歴継承性があるといっても、現在の生活が過去の経験によって一面的、宿命的に規定されるというわけではない。むしろ、現在の生活はその時点その時点における諸条件によって規定され、現在における必要に即応しつつ展開されている。その意味では、人びとの生活はその時点その時点における対処の連続として形成される。しかも、同じ生活が再び繰り返されることは決してありえない。

すなわち、生活における歴史的一回性である。過去における生活のありようは、このような生活の歴史的一回性のなかにおいて、その内容や方向性を規定する諸条件の一つとして応分の規定力をもつのである。生活の分析は、ここにおいても、履歴継承性と歴史的一回性という相反する方向に作用する二つの特性に留意して行われなければならない。

4. 分節構造性と全体統合性

人びとの生活は相互に独立した分節（領域）から構成されている。たとえば、食生活、住生活、衣生活、職業生活、学校生活、余暇生活などということばの存在は、そのまま人びとの生活が分節構造をもつことを物語っている。このほかにも宗教、健康、家族関係、近隣関係などがそれぞれに分節を構成する可能性をもつ領域として存在している。もとより、このような分節の数や種類は、個々人の年齢、性別、職業、社会的地位、関心の所在などによって異なっている。幼児の生活はほとんど分節をもたないであろうし、壮年の働き盛りといわれる年齢層にあたる人びとの生活は多数の分節をもっていることが予想される。

通常、これらの個々の生活の領域、すなわち分節は、相互のあいだにつくられる壁によって区分されている。たとえば、職場における職業活動と家族関係は相互に独立した生活の領域として維持される。基本的には、それぞれの領域におけるできごとは、それぞれの領域内部のできごととして処理される。

しかし、その半面、生活のそれぞれの領域は独自の領域を形成しつつも相互に影響しあい、生活の全体を構成している。生活は、多数の領域から構成されていながらも、それ自体として一つのまとまり、統合性をもっている。たとえば、職業生活という一領域におけるできごとが、両者を隔てる壁のありようによっては容易に家族関係に影響を及ぼすことになる。逆に、傷病という健康の領域における弱点は別の領域における活動の強化によって補われるという状況がしばしばみうけられる。

5. 社会的普遍性と個別固有性

人びとの生活のなかから形成されてくる生活意識、生活習慣、生活様式には、個々人によって異なるという側面と、社会や時代によって共通するという側面が含まれている。

社会福祉においては伝統的に、利用者の担う生活上の困難や障害（福祉ニーズ）を個別化して捉えることが求められてきた。個々人の生活のもつ個別性に留意してのことである。しかし、生活は個別性とともに社会的歴史的普遍性をもつことに留意しなければならない。

生活には一定の集団に普遍的に共有されている特性が存在する。日本人の生活意識、生活習慣、生活様式は明らかにイギリス人のそれとは異なっている。国内においても、出身の県や地方による生活意識、生活習慣、生活様式には共通する特性がある。明治人や戦前世代という言葉が通用するのも、生活にはある時代にうまれた人びとによって共有されている特性が認められるからである。生活における個別固有性は、そのような社会や時代によって形成される、母集団の生活のなかに認められる共通性、普遍性のなかでの個別性であり、また固有性である。

第5節　生活支援システムの形成

さて、このような特徴をもつ生活維持システムは、通常は、生活主体のもつ条件の変化や生活環境の変化を折り込みながら、自己組織的、自律的に更新され、維持され続ける。しかし、そのような生活維持システムも、長い生涯のうちには、しばしば安定性を失い、崩壊の危機におびやかされる。そうしたときに利用され、あるいはあらたに形成されるものの、それが生活支援システムである。

1.　自助的生活

すでにみてきたように、通常の場合、人びとの生活は、一定の水準と内容をもちながら自律的に維持・再生産されている。しかし、人びとの自立的生活は、その基盤となる就労の状況、所得の程度、居住の態様、家族の構成、年齢、健康状態、生活能力、生活意識、生活習慣、生活様式などさまざまな要因に制約される。生活は容易に緊張を強いられ、妨げられ、あるいは損なわれる。こうして、人びとの生活は、その程度や内容に違いがあるとはいえ、しばしば困難や障害に直面することになる。

しかし、通常、人びとの生活は、そうした困難や障害に直面しても、生活維持システムの主体である個人や家族の自助

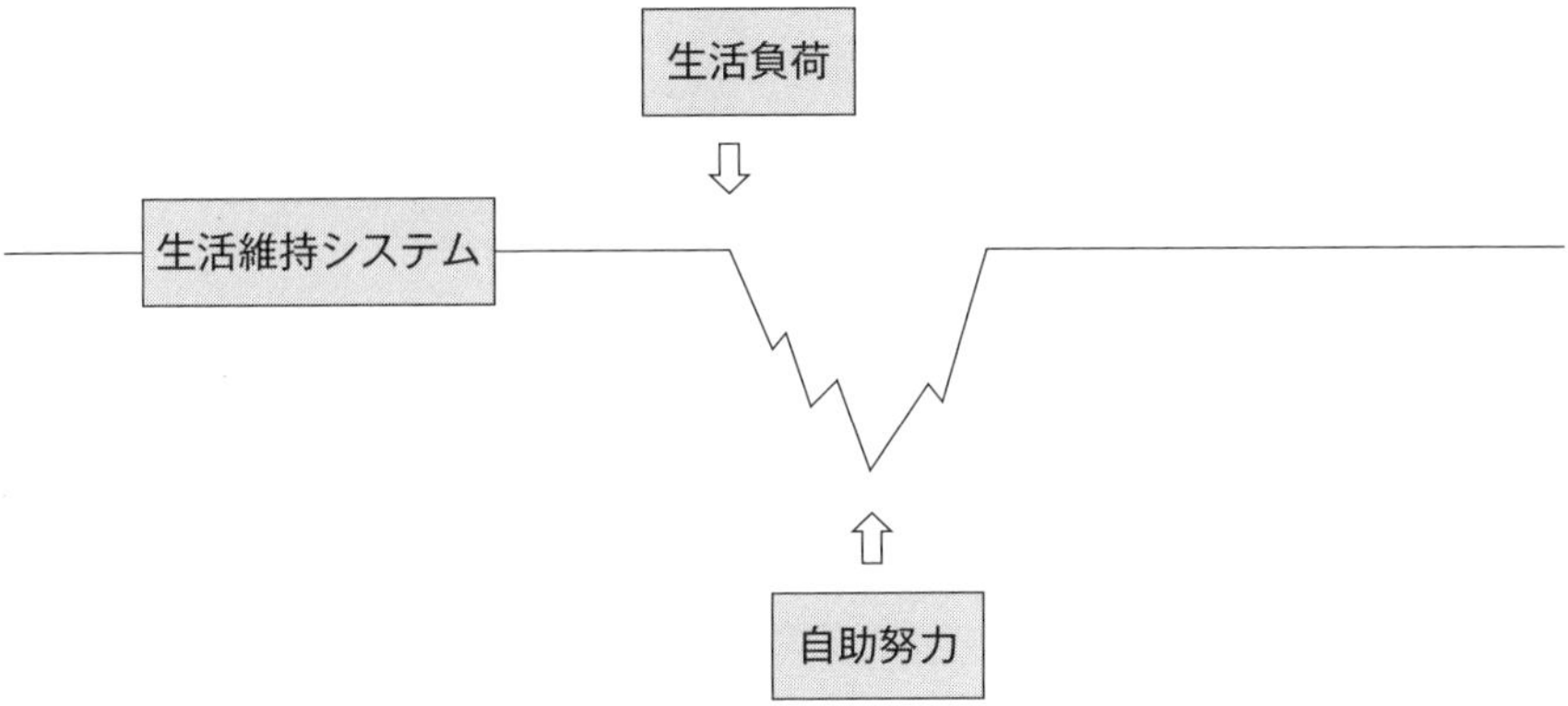

図 3-5　自助的生活の概念図　　古川孝順　作成

努力によって、一定の水準や内容を保って維持され続ける。**図3−5**は、そのような自助的な生活を意味する概念図である。

それまで一定の水準や内容をもって安定的に維持されてきた生活維持システムに失業、疾病、障害などの何らかの生活障害要因によって負荷（ストレス）がかかった場合、生活水準が低下したり、生活習慣や生活様式に混乱が生じることがある。しかし、そうした場合にも、生活水準の低下や生活意識や生活習慣の混乱を克服するのに必要かつ適切な自助努力がおこなわれれば、生活維持システムはかつての状態に回復することができる。

もとより、かつての状態に回復するといっても、完全にもとの状況に復帰するというわけではない。さらに、その回復がどの程度のものであり、どのような内容のものになるかは、おのずとそれまで維持されてきた生活の状況や生活者をめぐる外部環境的ならびに内部環境的な諸条件によって異ならざるをえないという事情がある。しかし、それでも、人びとの生活は自助努力の範囲でかつての状態かあるいはそれに近い状態に復帰することが多い。そして、それが日常的な生活維持システムの一般的なありようである。

2.　生活支援システムの性格

たしかに、一般的には、人びとの生活は困難や障害に直面しても自助努力によってそれを克服しながら維持されている。しかし、人びとの生涯にわたる生

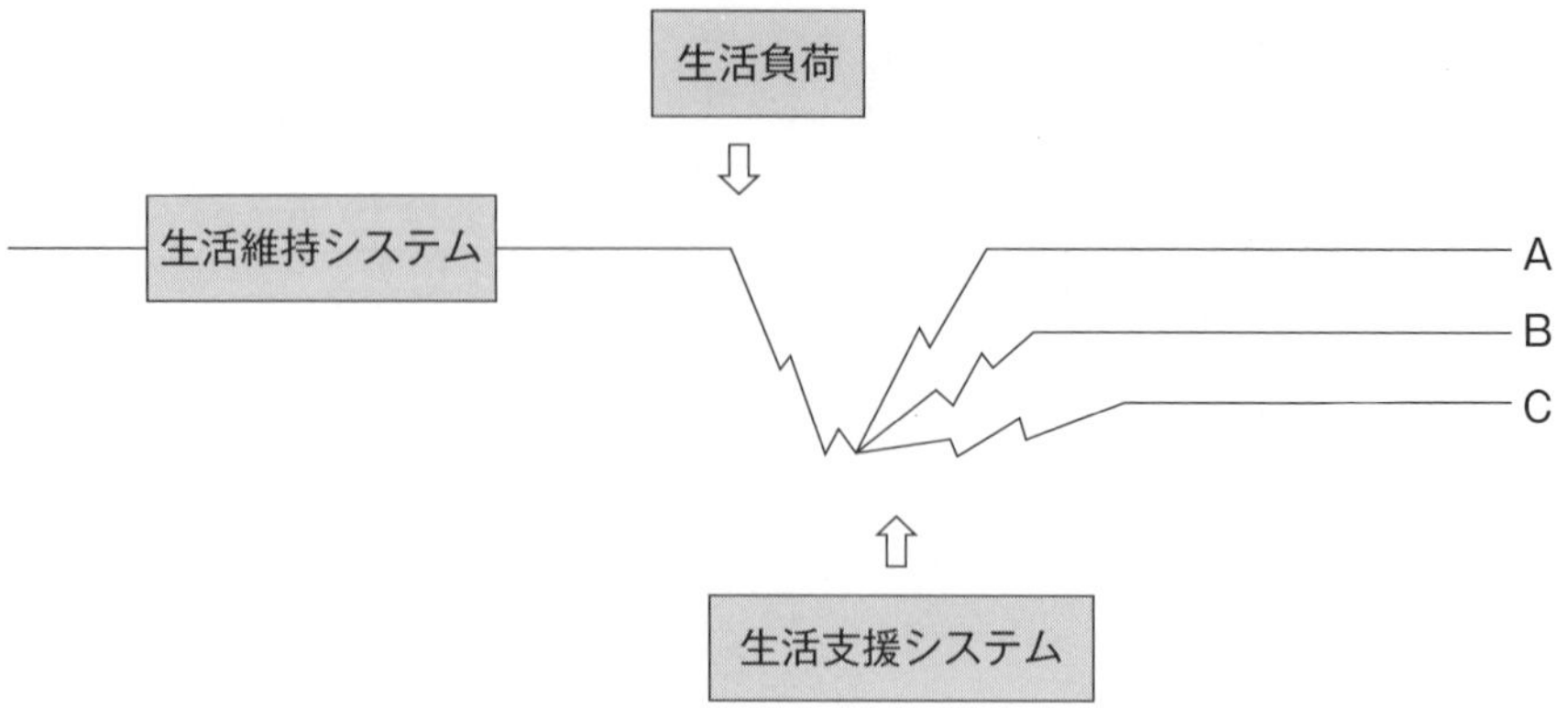

図 3-6　要支援生活の概念図　　古川孝順　作成

活の過程においては、生活維持システムにたいする生活負荷が一般的な状況を超えていたり、生活主体がそれを適切にうけとめ、克服するだけの外部的内部的諸条件をもちえていないことも少なくない。そこに、独力では生命と活力の維持再生産が困難になるような状況が生じてくる。

図3－6は、そのような生活維持システムが適切に機能しえないときに形成される要支援生活の概念図である。ある時期まで一定の水準と内容において維持されてきた生活維持システムに何らかの要因が作用して生活負荷がかかるとき、そこに生活水準の低下、あるいは生活習慣や生活様式の混乱がうまれ、生命と活力の維持再生産が脅かされる。しばしば、生活維持システムは破綻し、自助努力によっても回復を期待しえない状況がうまれてくる。そして、そのような状況に対応して生活支援システムが形成される。

生活支援システムの利用によって生活維持システムの窮状がどれほど改善されうるかは、生活を阻害する要因の種類や程度、生活維持システムがうけた影響の種類や程度などによって一様ではない。短期間の生活支援システムの利用によって**図3－6**のAのレベルに回復することもありうるであろうし、生活支援システムの経常的な利用が可能であればBレベルの生活を期待することができるということもありうるであろう。しかし、状況によっては、生活支援システムに全面的に依存したCレベルの生活で推移せざるをえないということも十分ありうることである。

要約すれば、生活維持システムは、人びとがその生命と活力を自助的に維持再生産しようとする過程において形成されるシステムである。それにたいして、生活支援システムは、何らかの事情によってそのような生活維持システムが機能不全の状況に陥ったときに登場し、人びとの生命と活力の維持再生産を可能にするためのシステムである。

かつて、このような生活支援システムは、慢性的な不況による失業や貧困の拡大という市場の混乱や家族の疾病や退職などによる緊急事態において必要とされ、社会の前面に登場するが、市場や家族が順調に機能している場合には社会の背景に後退する施策・制度として捉えられてきた。たしかに、生活支援システムは、その成立の過程からいえば、社会にとって派生的で、第二次的なシステムである。しかし、こんにちの家族規模の縮小、勤労による家計維持、女性の就労の増加、少子高齢化、家族機能の外部化などによって特徴づけられる現代社会の生活においては、生活支援システムは、社会の基盤に常駐するセーフティネットとして機能することが期待される存在になっている。

第6節　生活支援サービスとしての社会福祉

このような生活支援システムは、理論的には生活維持システムにうまれる危機的な状況に対応する活動や施策・制度として形成される多様な生活支援サービスから構成される。そのようなサービスの一部は社会サービスとよばれるものである。

われわれは、ここで社会福祉をそのような社会サービスの一つとして位置づけるとともに、各種の社会サービスと社会福祉との関係について、これを社会福祉のL字型構造として把握することにしたい。

1. 生活支援システムの構成

生活支援システムは、主体、形態、内容を異にする多様な生活支援サービスから構成されている。それらは、大づかみにいえば、①自発的生活支援サービス、②民営生活支援サービス、③民間生活支援サービス、④社会的生活支援サービスに分類することができる。

自発的生活支援サービスは、親族、知人、友人、隣人などによって提供されているボランタリー（自発的）で、インフォーマル（任意的）な援助活動である。民営生活支援サービスは、営利を目的とする各種事業者（会社や私人）によって提供されている援助活動である。民間生活支援サービスは、特定非営利活動法人や生活協同組合、農業協同組合などの公益を目的とする法人やその他の団体によって提供されている援助活動である。社会的生活支援サービスは、自治体や国の設定する一定の枠組みのなかで提供されている援助活動で、そのなかには自治体や国の直営による援助活動、認可取得民営事業者、民間団体によって提供されている援助活動が含まれる。

近年、わが国の生活支援システムは、こうした多様な生活支援サービスによって構成されるようになっている。しかし、その中心に位置するのは、社会的生活支援サービスである。歴史的にみると、先進諸国はその近代化の過程において、所得維持、医療保健、教育、雇用、住宅など生活の多様な側面に対応するかたちで社会サービスあるいはソーシャルポリシー（社会政策）とよばれる多様な施策を発展させてきた。そして、それらの施策は、内容的には多様であっても、いずれも社会的生活支援サービスを提供するという側面において共通する特質を備えている。われわれがここでいう社会福祉もそのような施策の一つである。以下、社会サービスの全体像、類型や性格に言及するとともに、その一部分としての社会福祉の特質について順次考察する。

2. 社会サービスの類型

さて、社会的生活支援サービスとしての社会サービスはつぎのような諸施策から構成されている。すなわち、所得保障、保健医療保障、そして社会福祉である。これら三通りの施策以外に、社会サービスには、雇用保障、教育保障、司法更生保護、住宅保障、都市計画が含まれる。さらに、公衆衛生や権利擁護制度などを含めることも可能であろう。社会サービスを広義にもちいるときは、これらの施策や制度の全体が含まれる。これにたいして、狭義の社会サービスは、所得保障、保健医療保障、社会福祉から構成され、それらがわれわれのいう社会的生活支援サービスの中軸に位置する。

ところで、ここでいう広義の社会サービスは、イギリスやアメリカを中心にソーシャルポリシーともよばれている。その構成についてみると、たとえばバフ（Baugh, W.E.）はイギリスにおける社会サービスの領域として、①国民保険、②補足給付、③児童給付、④家族所得補足、⑤待機手当、⑥国民保健サービス、⑦コミュニティケアサービス（パーソナルソーシャルサービス）、⑧児童サービス、⑨教育サービス、⑩青少年サービス、⑪雇用サービス、⑫住宅政策、⑬都市計画、⑭更生保護サービス、をあげている。他方、カーン（Kahn, A.J.）とカマーマン（Kamerman, S.B.）はアメリカにおける社会サービスとして、①教育、②所得移転、③保健、④住宅政策、⑤雇用訓練、⑥パーソナルソーシャルサービス、をあげている。

バフの社会サービス類型とカーンとカマーマンの類型はほぼ重なりあっている。両者の違いはバフの類型のほうが小分けになっていることである。そのことを除けば、イギリスにおいてもアメリカにおいても、一つのカテゴリーを構成するものとして扱われる社会的施策のグループが存在しているということである。しかし、その一群の社会的施策をどのように規定するかについては必ずしも十分な研究の蓄積があるわけではない。

そのことを前提にすれば、バフによる「ニーズをもつ人びとにたいして社会によって提供されるサービス」という社会サービスの規定はまさに簡にして要をえたものというべきであろう。社会サービスとして範疇化されている施策群の特徴は、①それらが人びとのニーズに対応する施策であること、そして②そのような施策が社会的に提供されていること、に求めることができる。第一の論点であるニーズとは何かという問題についての考察は第5章にゆずり、ここでは第二の論点に関連させつつ社会サービスの特徴を整理しておきたい。

まず、第一に、われわれが社会のマクロシステムとよぶ社会システム、経済システム、政治システム、文化システムが社会を構成する基本的、第一次的なシステムであるとすれば、社会サービスは社会にとって、派生的、第二次的なメゾシステムである。第二に、社会サービスは、われわれのいうマクロシステムの一つあるいは二つ以上に属する側面をもちながらも、それぞれの施策がそれとしての自律性をもつ固有の領域を構成している。第三に、社会サービスは、生活の消費的な側面にかかわっている。生産的な側面に接点をもっている雇用サービスも、その内容は雇用のための技能の習得や雇用の斡旋であり、直接的に生産的側面に関与する施策ではない。第四に、社会サービスを構成する施策群は、その目的、対象、形成の契機と過程を異にしている。たとえば、社会サービスには、教育、雇用サービス、都市計画などのように国民一般を対象にし、社会がより積極的に関与、発展させてきた施策と、更生保護サービスやパーソナルソーシャルサービスのように対象が限定され、社会の関与が消極的で必要に迫られて発展してきた施策とが含まれている。

3. 社会サービスとしての社会福祉

さて、わが国の社会福祉にあたる施策は、イギリスやアメリカにおける社会サービスの類型においてはパーソナルソーシャルサービスとして捉えられている。もとより、厳密にいえば、わが国にいう社会福祉とパーソナルソーシャルサービスとを完全に一致する施策として捉えることには異論もありえようが、ここではほぼ重なりあう施策として扱うことにしたい。ちなみに、わが国ではパーソナルソーシャルサービスは対人福祉サービスと訳されることが多い。しかし、パーソナルソーシャルサービスの原義を尊重すれば訳語は個別的社会サービスとすべきである。パーソナルソーシャルサービスの原義は、それぞれの利用者の担うニーズをそれぞれに個別独自なものとして理解し、個別的に援助するところに特徴をもつ社会サービスという意味であり、対人福祉サービスという訳語は個別的対応性というパーソナルソーシャルサービスの基本的な性格を適切に把握していない。

わが国では、伝統的に社会福祉を社会サービスの一部分としてその共通性、普遍性に着目することよりも、社会福祉と他の社会サービス——以下、ここでは社会福祉以外の社会サービスを総称して一般社会サービスとよぶことにしたい——との異質性、特殊性を抽出することに多大の関心を払ってきた。そこでえられた結論は、社会福祉は一般社会サービスにたいしてそれらを代替あるいは補充するという性格をもち、そのことが社会福祉の本質を構成しているという理解であった。

たしかに、歴史的にみれば、社会福祉は、一般社会サービスが未発達・未成熟であるという状況のもとにおいては、それらを代替するという性格をもっていた。むしろ、逆にいえば、人びとのニーズに対応するためにまず社会福祉が形成され、その一部分が普遍性を獲得して一般社会サービスに発展し、その段階において社会福祉は逆に一般社会サービスを補充する機能をもつようになったというべきであろう。たとえば、所得保障の一部分である社会保険、障害児教育、公営住宅などはそのよい例であろう。

しかし、こんにちでは、一般社会サービスが発達し、多様な少数者集団のニーズに対応しうるように成熟してきたことによって、社会福祉が一般社会サービスの代替的な機能や補充的な機能を担うことは少なくなってきている。そして、逆に、施設福祉型から在宅福祉型へという援助方法の転換がなされてきたこととあいまち、介護サービス、障害者自立支援サービス、子育て支援サービス、虐待防止サービスなどを中心に、社会福祉は独自な制度としての側面を著しく強めてきている。

4.　社会福祉のL字型構造

こんにちの社会福祉は、一般社会サービスを代替補充するという側面をもちつつも、多様な領域において固有の視点、対象、課題、主体、そして援助の方法をもって展開されており、それらの特徴の総体において、社会福祉は社会サービスというそれを含むより包括的な施策群のなかで独自固有の特質をもつ施策として存立するようになっている。

図3－7は、そのようなこんにちにおける社会福祉の状況を概念図にしたものである。図中の縦の部分は社会サービスを構成する個々の施策を示している。そうしたなかで、社会福祉は縦棒の部分に加え、他の施策と重なりあう横棒の部分をもっている。

横棒の部分は社会福祉が一般社会サービスにたいして代替したり、補充したりしていることを示している。われわれは、このような社会福祉のみにみられる特有の構造を「社会福祉のL字型構造」とよぶことにしたい。かつての社会福祉はL字型の横棒の部分が中心であったのにたいし、近年における社会福祉はL字型の縦棒の部分が拡大し、横棒の部分が薄くなってきているといえばよいであろうか。

図3－7のL字型の横棒のAからGは社会福祉の事業のうち一般社会サービスを代替したり、補充したりする性格をもつ事業を例示したものである。代替的あるいは補充的事業の具体的な名称は図の下部に例示しておいた。

こうして、こんにちの社会福祉は、まず、一般施策にたいして、独自の視点、課題、援助の方法をもって並列的な位置関係において自存する施策・制度、援助活動として存在している。そして、それと同時に、社会福祉は一般施策にたいして、これを代替し、あるいは補充するという性格をもって存在している。

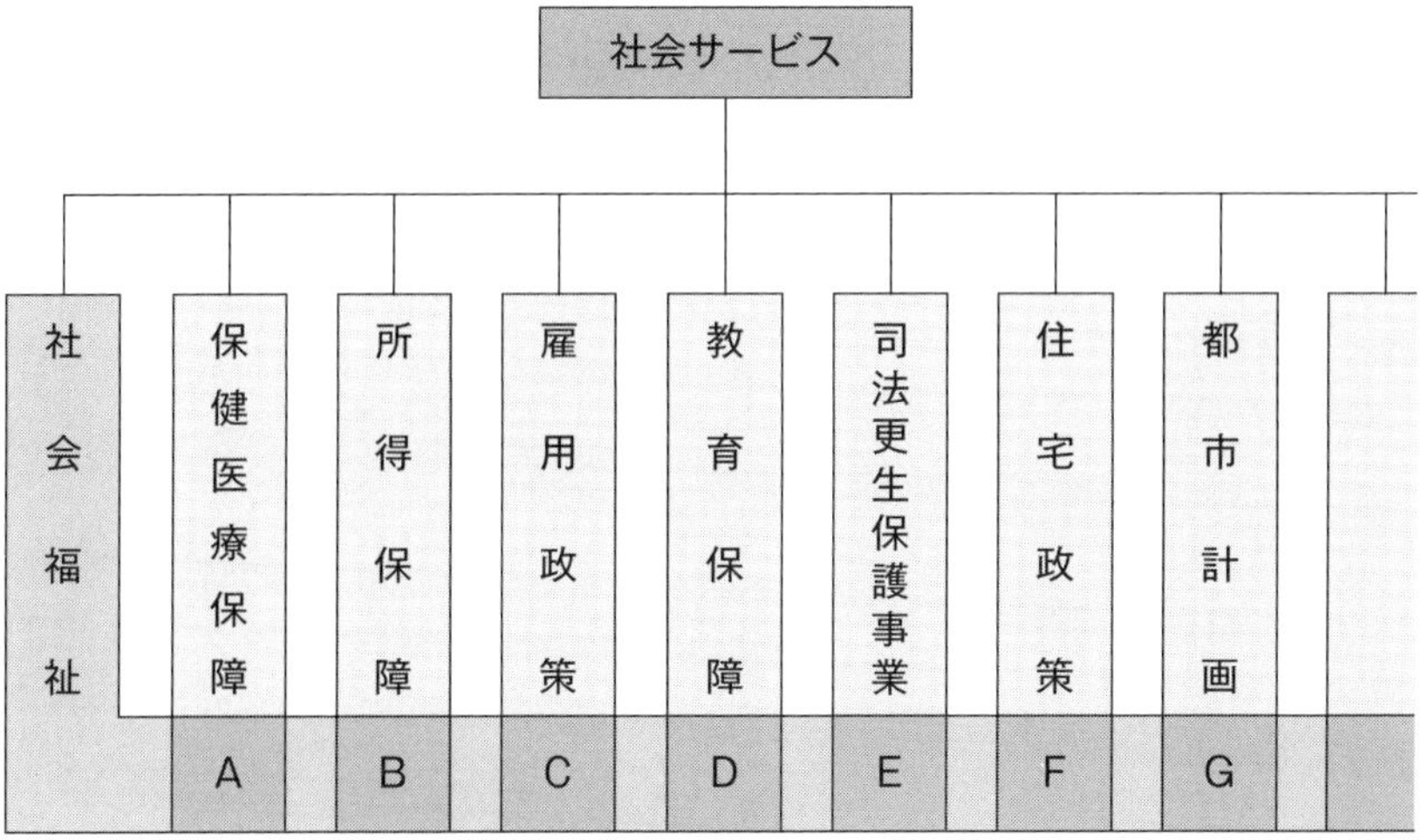

（例示）A　医療扶助・更生医療・育成医療等
B　生活保護・児童扶養手当・各種の居住型保護施設等
C　授産施設・作業所・福祉雇用等
D　知的障害児通園施設・知的障害児施設・肢体不自由児施設等
E　自立援助ホーム・授産施設等
F　低所得者住宅・高齢者住宅・母子生活支援施設等
G　福祉のまちづくり事業等

図 3-7　社会福祉のL字型構造　　古川孝順　作成

第7節　関連施策と社会福祉

社会福祉と一般社会サービスとの関連については概略以上のように理解される。しかし、この枠組みとは別に社会福祉の世界でしばしば論じられてきた課題がある。そのなかから、社会政策と社会事業、社会保障と社会福祉との関係について若干の整理を試みておこう。

1. 社会政策と社会事業

社会政策と社会事業との関係をどのように捉えるかという問題に大きな一石を投じたのは、第二次世界大戦前一九三八（昭和一三）年の大河内一男の「わが国における社会事業の現在および将来」と題する論文である。大河内はこの論文のなかで、社会事業は社会政策の以前と以後において特有の位置をもつと論じた。大河内の議論の骨子は、簡略にいえば、社会事業は社会政策以前――

社会政策が未成熟な段階――においては社会政策の代替的な機能を果たし、社会政策が登場した後においては社会政策を補充する機能を果たすというものである。

このような大河内の議論は、社会事業についての社会科学的な研究を刺激し、社会政策と社会事業の異同や位置関係をめぐってさまざまな議論が展開されることになった。さらに、この議論の影響は第二次世界大戦後に及び、孝橋正一による社会事業の政策論的な理解をうみだすことになる。孝橋によれば、社会問題のなかでももっとも基本的な問題が労働問題であり、そこから関係的に派生するのが社会的問題である。このうち労働問題に対応するのが社会政策であり、社会的問題に対応する社会事業はそのような社会政策にたいしてこれを代替補充するという関係にある。

このような大河内や孝橋による社会事業の特有の理解は、わが国の社会福祉研究に社会福祉は社会政策ないし一般政策にたいしてこれを代替補充する政策であるという理解を定着させることになった。しかし、もとより、社会事業は社会政策を代替補充するために生成発展してきた施策ではない。すでに第2章において言及したように、古代・中世社会に淵源をもつ社会事業の前史的な過程がまず存在していたのである。それが、防貧的性格をもつ社会政策――労働政策と社会保険――が登場したことに対応するかたちで自己変革をとげ、社会事業の成立をみたのである。

2. 社会保障と社会福祉

社会保障は、基本的には、社会政策として発展してきた労使関係を前提にする社会保険（職域保険）が自営者を対象とする国民保険（地域保険）と一体化するとともに、児童手当その他の生活の安定を目的とする施策を新たに包摂して成立した所得保障の施策であるが、これと社会福祉との関係については四通りの見解がみられる。第一に、社会保障と社会福祉を歴史的に別の淵源、沿革をもつ施策として相互に独立した施策の体系とみなす見解がある。第二の見解は、社会保障を社会福祉を含むより上位の概念に発展させ、社会保険、社会手当（児童手当）、公的扶助、福祉サービスをその構成要素とする見解である。第三の見解は、社会福祉のほうを上位概念に位置づけ、それを構成する要素として社会保険、社会手当（児童手当）、公的扶助、福祉サービスを位置づける見解である。第四の見解は社会保障を所得保障に限定し、社会福祉とともに社会サービスを構成する施策の一つとみなす所説であるが、ここではこの見解をとっている。

第8節　社会福祉とソーシャルワーク

最後に、社会福祉とソーシャルワークとの関係である。これについては、社会福祉における政策、制度、そして援助活動の関係を整理し、そのうえでソーシャルワークの整理を試みる。ここではソーシャルワークを広狭二義に分類し、広義のソーシャルワークを社会福祉における援助活動の全体を指す用語として再構成するとともに、狭義のソーシャルワークを援助活動の一部を構成し、かつ援助活動を円滑かつ効果的に推進するために活用される社会的技術として位置づけることにしたい。

1.　政策と制度と援助活動

社会福祉は基本的には一定の制度的枠組みのなかで提供されているが、その出発点は社会福祉にかかわる組織や団体によって策定される政策である。一般に、政策とは組織や団体が策定する行動の指針のことであり、その内容は一定の目標や目的を達成するために動員される手段と手続きの体系である。通常、このような意味での社会福祉の政策は、中央・地方の政府や民間の団体などによって策定されるが、社会福祉の利用という場合、利用者がこの政策そのものを利用するということはありえない。利用者が利用するのは社会福祉の制度であり、さらにいえば援助活動である。

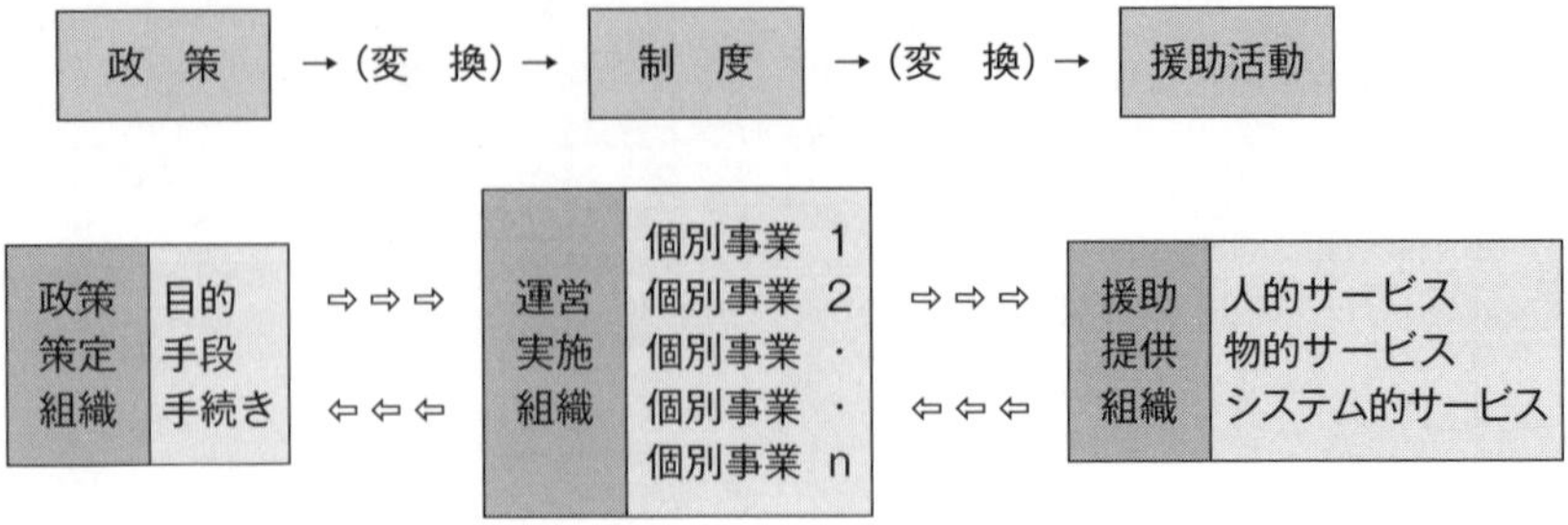

図 3-8　政策・制度・援助活動の関係　　古川孝順　作成

図3−8は、そのような社会福祉における政策、制度、援助活動の関係を示した概念図である。目的、手段、手続きから構成される社会福祉の政策は、まず制度に変換される。制度として具体化されるといってもよい。制度は、社会福祉を運営・実施・提供するためのシステムと個別の社会福祉事業から構成されている。さらに、利用者による社会福祉の利用が実現するためには、制度を構成する個々の事業が援助活動という形態に変換されなければならない。制度を利用するといういいかたはあるが、利用者が厳密な意味において利用しているのは制度ではない。利用者が利用しているのは、保育、養護、介護、相談指導、給食、入浴サービスなどの援助活動である。ちなみに、医療の領域でいえば、患者が利用しているのは医療制度ではない。患者が利用しているのは、医師による診療行為や看護師による看護行為にほかならない。

　すなわち、社会福祉に関わる政策の最終的な実現形態は援助活動である。その援助活動を構成しているのは、人的サービス、物的サービス、そしてシステム的サービス——これらの概念については第9章において考察する——である。社会福祉においては、政策がどのような成果をあげているかを判断するためには、利用者が人的サービス、物的サービス、システム的サービスとして実現される援助活動を利用することを通じてどのような利益（効用）をえているかをみなければならない。社会福祉における政策と援助活動は別のものではない。社会福祉における政策は援助活動という形態をとることなしにはその目的を達成することができないのである。

　もとより、政策から制度、さらに援助活動のすべてが同一の原理や法則によって駆動しているわけではない。相対的には、政策、制度、援助活動はそれぞれに固有の原理や法則によって駆動している。そのことを前提にしたうえで、政策から制度、援助活動にいたる過程を二度にわたる変換の契機を含みつつも一連の過程として把握する必要がある。そうでなければ、われわれは社会福祉を十全なかたちにおいて把握し、理解することは不可能である。

2. 援助活動とソーシャルワーク

わが国においては、社会福祉援助技術とソーシャルワークは同義的な概念として扱われることが多い。しかし、その場合も、社会福祉における援助活動ないし援助技術とソーシャルワークの異同や相互の関連が厳密に問われているわけではない。

ここでは、社会福祉における援助活動ならびにそのために活用される援助技術とソーシャルワークとの関係を明確にするため、まず、ソーシャルワークを広義のソーシャルワークと狭義のソーシャルワークに分類することにしたい。そのうえで、広義のソーシャルワークを福祉ニーズのアセスメントや認定、相談助言、保育、養護、介護、集団や地域にたいする援助、ホームヘルプサービス、配食サービス、入浴サービスなど多様な形態をとって行われている社会福祉の援助活動の全体を指す用語として位置づける。

つぎに、狭義のソーシャルワークのなかにはケアマネジメント、ケースワーク、グループワーク、コミュニティワークのように援助活動の一つの領域であるといってよい側面と援助活動を進めるにあたって活用される社会的な技術として捉えられる側面の両面をもつ部分が含まれている。他方、同じソーシャルワークでも、ソーシャルアドミニストレーション、ソーシャルリサーチ、ソーシャルプランニング、ソーシャルアクションについては、援助活動を円滑に進めたり、制度を改善したり、さらには政策に変更を求めたりするために活用される社会的な技術としての側面が強いように思われる。

すなわち、狭義のソーシャルワークには援助活動の一つの領域として捉えられる部分と援助のための技術として捉えられる部分が同時的に含まれているのである。こうして、狭義のソーシャルワークは、部分的には援助活動そのものであり、同時に援助活動を促進し、より効果的なものにするために活用される社会的技術の体系として位置づけられることになる。

第4章 社会福祉のシステム構成と機能

社会福祉は一つのシステムとして形成され、存在し、運動している。そのような社会福祉は、一方において現代社会の総体にたいしては数多いサブシステムの一つを構成し、他方においてそれ自体もまた内部にいくつものサブシステムを包摂している。社会福祉は総体社会というマクロシステムにたいしてはサブシステムであり、その内部にミクロシステムとしてのサブシステムを包摂しており、総体社会、社会福祉、そして社会福祉のサブシステムはいわば入れ子構造を構成しているといってよい。

ここでは、まず、社会福祉を総体社会のサブシステムとして位置づけるとともに、それ自体のシステム構成を明らかにする。つぎに、そのような入れ子構造をもつ社会福祉のもつ機能について考察する。

第1節 社会のサブシステムとしての社会福祉

現代社会の総体は、すでに言及しておいたように、社会システム、経済システム、政治システム、文化システムという四通りのマクロシステムから構成されている。それらはいわば社会福祉にとっての外部環境システムである。

1. 社会システムと社会福祉

1) 人口構造と社会福祉

社会システムの基底を構成するのは人口である。それぞれの社会がどのような構造をもつ人口集団によって構成されているかは、さまざまな要因によって規定されている。社会福祉との関連でいえば、多産多死型の人口構造をもつ社会においては妊産婦や乳幼児にたいする福祉サービスが必要とされる。逆に、少産少死型の少子高齢社会においては高齢者にたいする福祉サービスとともに、出生率の増加に結びつくような福祉サービスのありかたが期待されている。

2) 家族の構造・機能と社会福祉

近代社会においては、産業化、都市化、勤労者化が進むにしたがい、複合家族や三世代家族が減少し、核家族が増加する。一般に核家族化は家族機能の縮小をともない、社会福祉にたいする期待を拡大させる。たとえば、核家族化にともなう養育機能の低下や扶養機能の低下は児童福祉サービスや高齢者福祉サービスの充実を必要とする。就労する母親の増加、離婚・死別などにともなうひとり親家族、高齢の単身家族の増加も、児童福祉サービスや高齢者福祉サービスの充実を要請する。

逆に、社会福祉の充実が核家族化、共働き家族、ひとり親家族、高齢単身家族の増加をもたらしているという指摘もみうけられる。

3) 社会発展と社会福祉

社会の発展も社会福祉と密接に結びついている。社会の発展は、たとえば伝統志向型社会（＝農村型社会）から利益志向型社会（＝都市型社会）への発展として把握される。伝統志向型社会は、自給自足型経済や血縁、地縁、さらには身分的支配被支配の関係を紐帯とする社会である。通常、そこでは人びとの生活は、自給自足経済と身分的な人間関係に支配され、無告の幼弱者、病弱者、高齢者、障害者などの生活弱者たちの生活は相互扶助的に維持される。これにたいして、利益志向型社会は利潤達成動機の充足を唯一の紐帯とする競争社会であり、そこでは組織的に行われる民間の社会福祉や国・地方自治体による社会福祉などの人為的な生活支援システムが必要とされる。

伝統志向型社会（＝農村型社会）と利益志向型社会（＝都市型社会）という類型は歴史的な発展を大づかみにするうえでは便利であるが、現代社会における地域福祉を論じるには都市型社会、近郊型社会、農村型社会という類型も有効であろう。

4）社会階層と社会福祉

社会福祉はしばしば社会階層や階級と結びつけて論じられてきた。たとえば、社会福祉は支配階級が被支配階級を支配し、服従させるための方策手段として実施されてきた。このような社会福祉の捉え方は、古代社会や中世社会における社会福祉の前史的な活動や近代社会初期における家父長主義的な事業を分析するうえでは有効であろうし、現代においても社会福祉の隠された意図としてそのような要素がないとはいえないかもしれない。

こんにち社会福祉を論じるうえで採用されることの多い社会階層論として、国民を所得の水準を尺度にして一般階層、低所得階層、貧困階層に分類する方法がある。この階層類型をもちいていえば、社会福祉を構成する制度のうち公的扶助は貧困階層に対応する施策である。これにたいして、福祉サービスは、貧困階層に対応する施策として出発したが、徐々にその適用範囲を低所得階層に広げ、こんにちでは一般階層を適用範囲に含む施策となっている。

5) 社会組織と社会福祉

こんにち社会福祉資源の創出や配分に関わっている組織には、国・地方自治体（中央・地方政府）、伝統的民間組織、市場組織、民間非営利組織がある。

歴史的にみると、このうちもっとも初期の段階から社会福祉資源の創出や配分に関わってきたのは、地縁や血縁、家父長主義、愛他主義などを行動原理とする互助組織、民間救済団体やボランティア団体などの民間組織であり、その対応能力を超える課題については政治的・経済的・社会的利害の調整機関そして統治機関としての国・地方自治体が対応してきた。営利主義を行動原理とする市場組織は、長いあいだ利益に結びつかない、あるいは結びつきにくい社会福祉資源の創出や配分に関心を払ってこなかった。

これにたいして、近年、国・地方自治体が社会福祉資源の創出・配分を担う組織として十分に機能せず、弊害すらうみだしてきたことが社会的な批判の対象となり、逆に市場組織が社会福祉資源の創出・配分に関心を示しはじめている。さらに、人為的、第二次的な社会組織という意味において伝統的な民間組織と区別され、営利を行動原理としないという意味において民営組織とも区別される民間非営利組織にたいする期待が拡大してきている。

これからの社会福祉においては、これら国・地方自治体（中央・地方政府）、自発的（インフォーマル）組織、民間組織、民営組織という四通りの社会組織が相互にどのように役割を分担しあい、協力しあうかが重要な意味をもつことになろう。

6) ジェンダーと社会福祉

社会システムと社会福祉の関係を考えるうえで見過ごされがちな課題の一つにジェンダーの問題がある。社会福祉の利用者やその抱える問題状況にはジェンダーと関連する課題が多い。社会福祉の対象のモデルは単身の男性貧困者であり、女性に現出する貧困問題とのあいだには少なからず隔たりがある。社会福祉の施策も男性モデル型である。これからの社会福祉を構想するうえで、ジェンダーとその影響という問題は重要な意味をもっている。

2. 経済システムと社会福祉

1) 生産力と社会福祉

一般的にいえば、社会のもつ生産力の程度と社会福祉の水準は正の相関関係にある。社会のもつ生産力が一定の水準に達しなければ社会福祉の発展は期待できない。このことは古代・中世社会からこんにちにいたるまで適用可能な法則である。しかし、社会福祉の発展にとって生産力は必要条件ではあるが、十分条件であるとはいえない。たとえば、世界で最初に社会保険を制度化したのは資本主義の先進国であるイギリスではない。後発資本主義国のドイツである。ドイツは、後発資本主義国の急進化した労働問題に直面し、社会主義運動を弾圧し、労働者運動を宥和するために社会保険制度を制定した。

さらに、理解しやすい例を挙げれば、こんにちの世界で最大の生産力を誇るのはアメリカである。しかし、アメリカは社会保障の水準についていえば世界最高ではない。アメリカは、先進資本主義諸国のなかでもっとも生活自己責任主義を強調する国であり、制度的にも一般的な所得をもち労働可能な年齢に該当する国民を対象とする医療保険制度を欠落させている。世界最高水準の経済力をもつアメリカも、福祉国家としては半分福祉国家（躊躇する福祉国家）であるにすぎない。

わが国にしても先進国有数の生産力にみあう社会福祉の制度を整えているといえるかどうか、あらためて検討してみなければならない。社会福祉の水準は必ずしも経済的生産力の高さと正の相関関係にあるとはいえないのである。

2) 労使関係と社会福祉

そこで着目されるのが労使関係である。一般的にいえば、労働者の利害を反映しやすいシステムが形成されている国では社会福祉の水準が高い。逆に、労働者の利害が反映しにくいシステムをとっている国は社会福祉の水準が低い。われわれの用語法でいえば、労働者の政治的、経済的、社会的な同権化の進んでいる国は、そうでない国に比較し、社会福祉の水準が高い。

この視点は、社会民主主義をとるノルディック諸国における社会福祉の発展やアメリカにおける公的な社会福祉や社会保障の水準の低さを説明するうえで有効である。

3) 労働力の確保と社会福祉

経済システムと社会福祉との関係を理解するうえで、社会福祉が労働力の確保に有用であるという見解がある。たしかに、歴史的にみると、労働力さらには兵力が必要とされる時期に、社会福祉の顕著な発展がみられた。たとえば、一九世紀から二〇世紀にむかう世紀転換期のイギリスにおける乳幼児福祉サービス、学童にたいする保健サービスや給食サービスの発展、わが国の第二次世界大戦期における妊産婦・乳幼児保健サービス、高度経済成長期における妊産婦・乳幼児保健サービスや児童福祉サービスの発展は、この視点によってかなりの説明が可能となる。

4) 景気政策と社会福祉

社会福祉は、国民にたいする購買力の散布、それによる景気回復への期待と結びついたことがある。アメリカのニューディール期における社会保障制度の設立は大恐慌にともなう不況への景気刺激策（ポンプの呼び水政策）であったという見解は、そのことを示唆している。ニューディール期の社会保障制度を含め、社会福祉が景気刺激策としての効用をもつかどうかをマクロレベルで確認することは容易ではない。しかし、たとえば、特別養護老人ホームの建設が地域社会にたいして雇用と購買力の拡大をもたらすという指摘はしばしば行われている。

5）競争原理・規制緩和・起業と社会福祉

一九八〇年代以来の福祉国家批判、さらには経済の成熟にともなう成長の鈍化、税収の逓減を背景に、近年、社会福祉領域にたいする市場原理の導入、規制緩和による企業参入の拡大が求められ、社会福祉が新規起業の可能性をもつ有力なサービス産業分野として関心を集めている。

社会福祉と経済システムとの関係に新しい時代がはじまったといえようか。社会福祉の領域にたいする営利的事業体の参入がどのような状況をうみだすのか、それが社会福祉の発展に資するものといえるかどうか、慎重に推移を見極める必要がある。

3. 政治システムと社会福祉

1）政治体制と社会福祉

政治体制と社会福祉とは密接に関連している。ここでは、自由主義と社会主義、専制主義と民主主義という二通りの対向軸を援用して、政治体制と社会福祉の関係を整理しておきたい。

自由主義と社会主義という軸でいえば、社会福祉は自由主義体制を前提とする施策・制度である。社会主義体制をとる社会にも社会福祉に類似する、あるいはそれに対応する施策・制度が存在している。しかし、それらは理論的には社会福祉とは区別される。ただし、自由主義体制の内部でいえば、社会福祉は伝統的な自由主義よりも社会民主主義と強い親和性をもっている。

専制主義と民主主義という軸でいえば、社会福祉は専制主義よりも民主主義と強い親和性をもっており、民主主義の成熟と社会福祉の成熟は重なりあう関係にある。

2) 法体制と社会福祉

近代社会における法体制の成熟と社会福祉の発展はほぼ重なりあっている。

近代社会の法体制の基本は市民権的基本権であり、近代社会の生成期から発展期にかけては市民の財産権、自由権そして平等権を最大限に尊重し、確保することが求められた。しかし、近代社会が成熟期を迎える時期になると市民権的基本権の抽象性、形式性が批判の対象となり、個々の市民の社会経済的位置や年齢、身体的な状況などに留意し、市民権的基本権の部分的修正を意味する労働三権、最低賃金、労働基準、勤労権、生存権などの確立を内容とする社会権的基本権が形成される。

日本国憲法第二五条の規定に象徴的にみられるように、こんにち社会福祉はそのような社会権的基本権なかでも生存権（生活権）に対応する施策として位置づけられている。

3) 行政機構と社会福祉

その国の行政（政治）組織がどのような階層構造をとっているかによって社会福祉のありようは大きく異なっている。イギリスのように国政府と地方自治体政府（ローカルオーソリティ）という二層構造をとっている国とアメリカのように連邦（国）政府、州政府、地方政府という三層構造をとっている国とでは、社会福祉はおのずと異なった構造をもたざるをえない。

わが国の場合も、行政機構は、形態的には国、都道府県、市町村という三層構造をとっている。しかし、行政（政府）組織間の関係という側面では各層が高い自律性をもつアメリカと同列において論じることは困難である。

連邦制をとるアメリカの社会福祉は州権主義的な色彩が強い。アメリカでは社会福祉に関する権限の多くが州政府に割り当てられている。連邦政府は州政府の施策にたいして一定の条件の下に補助金を交付する。地方政府は一般扶助など一部に独特の制度をもつが、基本的には州制度の運用実施にあたっている。

これにたいして、わが国の社会福祉は、近年地方分権化が推進されてきたとはいえ、伝統的に中央集権的な色彩が強い。市町村に福祉サービスの実施に関する権限が委譲されたといっても、市町村が地方政府として独自の事業展開を行うというより、国による制度の実施機関にとどまろうとする傾向が強い。

4）行政参加と社会福祉

社会福祉のありようは、市民の行政参加の態様によっても異なっている。第二次世界大戦後のわが国でいえば、社会福祉行政における市民参加の態様は、大筋でいえば、①受益陳情型、②行政批判・要求型、③援助提供過程参加型、④意思決定過程参加型、という変化を経験してきたといってよい。

わが国に限らず、行政参加がどの程度、どのような経路と内容によって実現されているかを知ることは、社会福祉のありようについて論じるうえで重要な意味をもっている。

5）自治と社会福祉

さらに広くいえば、社会福祉のありようはそれぞれの社会における自治の伝統や内容によって異なっている。たとえば、一九八〇年代以降、ノルディック諸国における地域社会を基盤とする社会福祉がこれからの社会福祉を構想するうえで有力なモデルの一つとみなされてきた。ノルディック諸国においては、自治体（コミューン）における直接参加型の自治（自己統治）の伝統が社会福祉の発展を支える重要な要因となったと考えられている。

社会福祉基礎構造改革以降、わが国の社会福祉には地域福祉型の社会福祉としての発展が期待されているが、その帰趨を方向づけるのはわが国の自治体、その基盤となっている地域社会がどれほどの自己統治（セルフガバナンス）の能力を発揮しうるかにかかっているといってよい。それを支えるのは個々の市民のもつ自己統治の能力であり、自治参画への意欲である。

4. 文化システムと社会福祉

一般に、文化とは、人間が長い歴史のなかで自然に働きかけて形成してきた物と心、物質と精神の両面における所産の総体であり、人間生活の形成と内容に関わる科学、宗教、芸術、人間観や価値観、生活意識、生活習慣、生活様式、生産と消費にかかわる手段や技術などの総体として理解される。文明は、このように捉えられる文化のうち、生活意識、生活習慣、生活様式、生産と消費にかかわる手段や技術をさしている。

文化システムとはこのように捉えられる文化や文明の総体をさしている。近年一九八〇年代頃から、社会福祉を文化や文明の問題とかかわらせて把握することの重要性があらためて指摘されてきた。

1) 価値規範と社会福祉

社会福祉がそれぞれの時代と社会のもつ価値規範によって規定されることはすでに言及してきたところである。たとえば、一九世紀なかばの感化救済事業は自助、勤勉、効率、能力、進化などの価値を重視する時代精神の所産であり、一九世紀末から二〇世紀の初頭、さらには両大戦間、そして第二次世界大戦以後においては、人間の尊厳、社会的な公平や平等、社会的な権利を基盤とする社会福祉の成立と発展をみてきた。

しかし、冷戦構造の終焉以降、経済的停滞、新自由主義や新保守主義の潮流が台頭するなかで自助、勤勉、効率、能力、進化などの近代主義的な価値が再び強調されている。

こんにち、社会福祉と価値規範との関係についてあらためて考察することが求められている。

2) 文明としての社会福祉

しばしば、社会福祉のありようは一国の文明の成熟度を示すバロメーターであるといわれる。近代社会は文化システムという観点から捉えれば文明社会であるが、そのことは近代社会をさきにみたような価値、宗教、思想、生活意識、生活習慣、生活様式、生産や消費にかかわる手段や意識などの相互に関連する多様な要素から構成される文物の集積として捉え、さらにより高次の文化を追求し、それを実現しようとしてきた社会として捉えるということを意味している。

たしかに、歴史的な視点からいえば、社会福祉のありようは一国における文明の発展を象徴しているといってよい。社会福祉の発展のためには、経済的な意味での生産力のみならず、人権の尊重、社会的な公平や平等などを基盤とする社会制度や政治制度、経済的、社会的な技術の発展、医療保健の制度と技術など、社会のもつ総合的な力量の一定水準以上の発展が必要とされる。

その意味において、社会福祉は一国の文明の、さらにいえば西洋的近代が追求し、うみだしてきた文明の成熟度を示すバロメーターである。しかし、近年、地球的規模の環境条件の悪化、文明の衝突など、西洋的近代のもつ限界もまた明らかである。われわれも社会福祉に組み込まれている西洋的近代の功罪についてあらためて吟味してみなければならない。そこから社会福祉のありようを考察し直すことが求められている。

3) サブカルチャーと社会福祉

社会福祉の利用者は、子ども、高齢者、障害者、女性、外国籍居住者など、ある意味では社会のメインストリームから差異化されやすい人びとである。たしかに、彼らは日本社会のメインストリームを形成する成人男子の生活意識、生活習慣、生活様式とは多少とも異なった生活意識、生活習慣、生活様式をもっている。そして、近代社会においても、これらの特有の生活意識、生活習慣、生活様式をもつ人びとはしばしばマイノリティグループとして偏見や差別の対象とされてきた。

しかし、子ども、高齢者、障害者、女性、外国籍居住者などに認められる固有の生活意識、生活習慣、生活様式はメインストリームの一部分であり、同時に固有な文化――サブカルチャー――である。社会福祉は歴史的に、また理論的にそのようなサブカルチャーと直面させられることが多かった。

そうしたなかで、社会福祉には、子ども、高齢者、障害者、女性、外国籍居住者などを社会のメインストリームのなかに組み込もうとする側面がある。たとえば、インテグレーションの思想には一面においてそのような志向が含まれている。しかし、子ども、高齢者、障害者、女性、外国籍居住者などのもつ生活意識、生活習慣、生活様式にはサブカルチャーとしての独自性、固有性が認められる。社会福祉は、そのようなサブカルチャーをもつ人びとにたいしてどのように対応すればよいか、多様な価値や生活習慣や様式をもつ人びとを社会のなかにどのように包摂――ソーシャルインクルージョン――していけばよいのか、これからの社会福祉にとって重要な課題である。

4) 技術と社会福祉

近代社会における技術の進歩は、その一面において食品・薬品による公害、産業・交通事故などによる障害者の増加をもたらすなど、社会福祉の利用者を拡大させる傾向をもっている。しかし、同時に、技術の進歩は障害者の意思疎通機能や移動機能を改善することに貢献している。たとえば、近年における携帯電話の発達は、その開発者の意図とは別に、聴覚障害者間のコミュニケーションの能力を高めることに大きく貢献している。

社会福祉の立場からいえば、これからの技術には、社会福祉を必要とする人びとの増加を抑えるとともに、彼らのもつ身体的、精神的な機能障害や能力障害が社会的障害に転化することを防止するような方向での革新が期待される。

第2節　社会福祉のシステム構成

ここまで、社会福祉とそれをとりかこむ外部環境との関係をどのような視点から把握するかという問題について考察してきた。つぎに、社会福祉それ自体の内部構造について考察する。その場合の前提は、社会福祉をその内部に複数のサブシステムを包摂する一つのシステムとして把握するという視点である。社会福祉は総体社会にたいしては一つのサブシステムとして存立し、同時にそれ自体が内部に複数のサブシステムを包摂するという性格をもっている。

1. 社会福祉システムの構成

従来わが国の社会福祉研究においては、社会福祉を対象、主体、方法という三通りの要素に分割して議論するという分析の方法、枠組みがもちいられてきた。この場合、社会福祉の対象とは、社会福祉の働きかけるその客体を意味している。社会福祉の主体とは、社会福祉を創設・運営する、あるいは具体的な援助活動を担う組織・機関・施設、あるいは社会福祉の仕事に就いている人びとを意味している。社会福祉の方法とは、社会福祉の主体がその客体に働きかけるときにもちいる援助活動のありようやそこで活用される技術・知識の体系を意味している。このような社会福祉分析の枠組みは極めて簡潔であり、その限りにおいてわかりやすい。

しかし、社会福祉の内部に踏み込んで細部にわたる議論を試みようとすれば、このような三分法では、分析の枠組みとして大枠的に過ぎ、必ずしも有効なものとはいえない。そこで、われわれは、この対象、主体、方法という分割の方法を基本的には継承しつつ、そこに必要な限りでの補正を加え、新たな枠組みを構成することとした。**図4－1**の概念図がそうである。

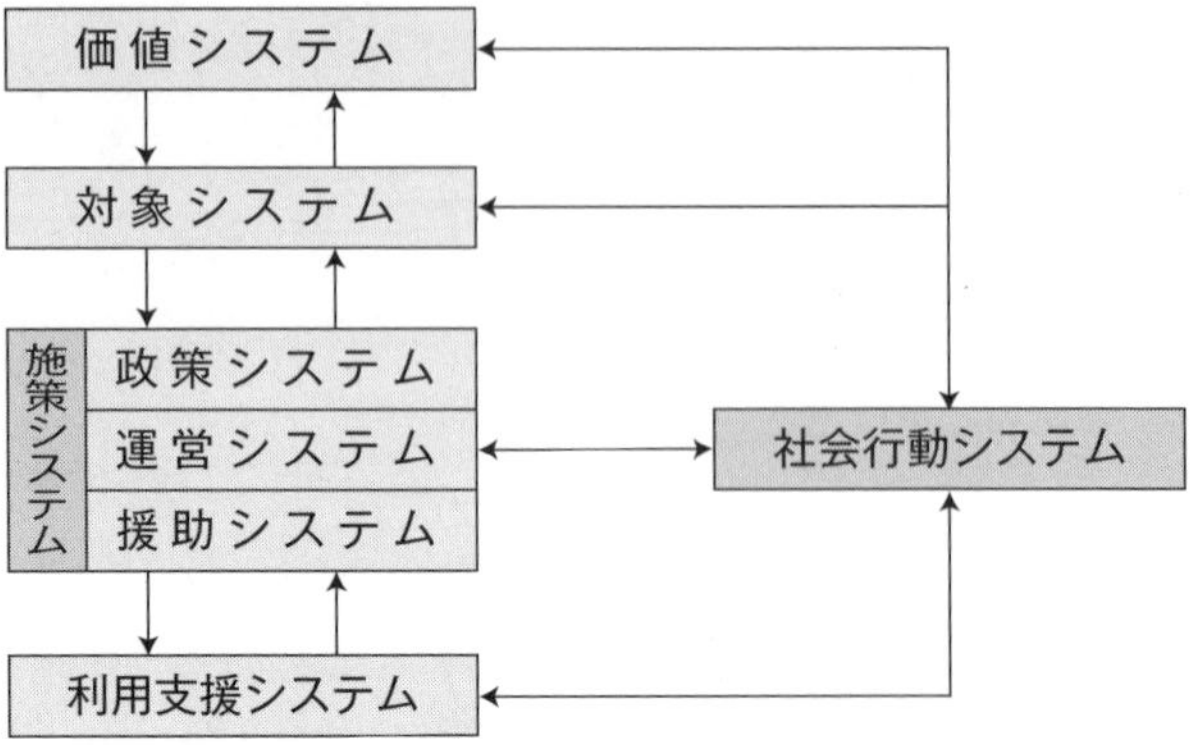

図 4-1　社会福祉のシステム構成　　古川孝順　作成

図4－1においては、社会福祉の総体を、社会福祉とよばれる施策・制度、そして援助活動の存立の基盤となり、そのありようを方向づけている①価値システム、社会福祉の働きかける客体としての②対象システム、社会福祉の本体部分としての③施策システム、社会福祉とその利用者を媒介する装置としての④利用支援システム、そして社会福祉のありようにたいして利用者や一般市民が働きかける水路、手段としての⑤社会行動システム、に分割して把握するという方法をとっている。

われわれはまず、社会福祉の総体を分析し、理解するための手順として、このような枠組みを前提に、それぞれのサブシステムについて分析する。そして、つぎの段階として、われわれは、それぞれのサブシステム相互の規定関係を明らかにする。そして、最終的には、そうした手続きを通じてえられた分析の結果を社会福祉の全体像として理論的体系的に再構成することにしたい。

それぞれのサブシステムについての立ち入った考察は関連する各章に譲ることになるが、以下、全体の枠組みを理解するために必要な範囲で簡単にコメントしておこう。

2. 価値システム

社会的な施策・制度・援助活動としての社会福祉が形成され、存続し、発展するためには、それがめざす価値、追求しようとしている理念や目標が社会にたいして明確に公示されるとともに、それが社会によって受容されていなければならない。そのような、いわば社会福祉の大義（コーズ）、あるいは存立基盤を表明したもの、それがほかならぬ社会福祉の価値システムである。

社会福祉の価値システムは、社会福祉の理念、社会福祉の目的、社会福祉の目標、社会福祉の課題から構成されている。このうち社会福祉の理念は、社会福祉のめざそうとしているもの、あるいはそれがめざすべきだとされているものを、もっとも一般的、普遍的、抽象的なかたちで表現したものである。社会福祉の目的は、そのような社会福祉の理念を多少とも具体的に表現したものであるが、その内容はなお概括的、包括的なレベルにとどめられている。社会福祉の目標は、社会福祉の目的を施策・制度という具体的なレベルにおいて表現したものである。そして最終的には、個々の事業や援助活動ごとにそれらが達成すべきねらいが設定され、社会福祉の課題として示されることになる。

もとより、社会福祉は歴史的かつ社会的な所産である。したがって、社会福祉の理念、目的、目標、課題は時代や社会によって異なっている。このうち、これまでの社会福祉の展開を支え、方向づけてきた理念については、すでに第2章において考察したところである。

3. 対象システム

社会福祉について理解を深めるには、何よりもその前提として社会福祉が働きかける客体となる対象についての行き届いた分析が必要とされ、それが出発点となる。単純化していえば、社会福祉が成立するためには、まずその対象が存在していなければならない。その対象の性格によって、さらにいえばその対象がどのようなものとして認識されるかによって、社会福祉の主体（施策・制度の策定・運営者や援助活動の提供者）が異なり、方法（援助活動のありよう）が異なってくる。その意味では、社会福祉の対象にかかわる議論が社会福祉をめぐるあらゆる議論の出発点となるといって過言ではない。

社会福祉の客体＝対象を捉え、記述するうえでもっとも簡便でわかりやすい方法は、社会福祉を利用する人びと――現実的ならびに潜在的な利用者たち――をその属性ごとに範疇化して示すことである。たとえば、社会福祉の対象は貧困者、低所得者、子ども、高齢者、障害者、ひとり親家族、あるいは女性であると規定するような場合がそれにあたる。しかし、このような対象の捉え方は、わかりやすい方法ではあっても、何故にそのような属性をもつ人びとが社会福祉の対象になるのかという問題を明らかにするには限界がある。

そこで、わが国では伝統的に社会福祉の対象を一定の問題状況――生活上の困難や障害――として把握する方法や福祉ニーズとして捉える方法がもちいられてきた。そして、そうした研究によりかなりの成果が蓄積されてきたことはたしかであるが、しかし必ずしも十分なものではない。詳細な議論はつぎの第5章において試みることにするが、社会福祉の対象については、問題状況ないし福祉ニーズの生成の過程からその内容や特徴、それが社会福祉の現実的な対象として覚知、認知、認定される過程に及ぶ総合的な考察が必要とされる。

4. 施策システム

施策システムは社会福祉の本体部分にあたる。施策システムは、政策システム、運営システム、援助システムから構成されている。施策システムについてはつぎの第3節において詳細に考察する。

5. 利用支援システム

ここでいう利用支援システムとは、社会福祉の援助を提供するシステム（＝施策システム）とそれを利用しようとする利用者や家族、支援者などが出会う場所や状況など、インターフェイス的な状況において構築され、展開されるシステムのことである。より具体的には、利用の申請のために必要とされる情報の提供、サービスや提供施設の選択や申請にあたっての助言、申請代行などのほか、サービス利用過程におけるモニタリング、さらには権利擁護、苦情対応、それらを実施する機関や職員とその活動を内容として構成されるシステムをさしている。

このような利用支援システムは、利用の方式が措置方式から利用方式に転換されたことによって重要視されるようになってきた。詳細については第8章の第6節において考察する。

6. 社会行動システム

市民が社会福祉の政策システムに影響力を及ぼす水路としては、選挙権の行使がもっともフォーマルなものである。しかし、同時に、より限定的な、あるいは当面する課題を実現するためには、議会や行政庁にたいする請願や陳情という方法がとられたり、労働運動や市民運動の一部としての社会福祉運動というかたちでの社会的圧力行動、すなわち政策批判行動や抵抗行動がとられることも多かった。この後者の水路は、こんにちにおいてもアドボカシー（代弁）、ソーシャルアクション、社会運動というかたちで継承されている。

他方、近年、市民による社会福祉の政策決定の過程や運営管理の過程にたいする直接的な参加・参画がみられるようになってきた。市民参加・参画の形態は、社会福祉の援助提供過程の一部分を担うボランティアとしての参加から、審議会や委員会の委員としての参加、あるいは市民フォーラムへの参加などを通じて行われる政策決定過程への直接的な参加・参画へと拡大してきている。

今後における社会福祉の分権化や地域社会化の拡大を展望していえば、市民（地域住民）によるアドボカシー、ソーシャルアクション、政策決定過程や援助提供過程への直接的な参加・参画などを内容とする社会行動システムの役割は一層重要性をもつことになろう。社会行動システムについては第7章における一連の考察も参照されたい。

第3節　施策システムの構成

政策・制度・援助の体系としての社会福祉の本体部分をなすもの、それが施策システムである。ここでの課題は、そのような施策システムの構成について考察することである。その際、社会福祉の政策・制度・援助を構成するもっとも基礎的な要素についても言及する。

1. 施策システムの構成

施策システムの内部構成についてはすでに**図4-1**においてその大枠が示されている。それについての説明を含めて、ここでもう少し詳しくみておきたい。**図4-2**は、**図4-1**の社会福祉の総体システムから施策システムだけを抽出し、その内部構造を示したものである。

図4-2では、縦軸方向に、施策システムが①政策システム、②運営システム、③援助システムに分割されているが、そのうち政策システムと援助システムについてはそれぞれ二つのサブシステムをもつシステムとして設定されている。すなわち、政策システムは政策策定システムと政策運用システムから構成され、援助システムは援助提供システムと援助展開システムから構成されている。

これにたいして、運営システムは事業実施システムを中心に、政策システムの一部分である政策運用システムと援助システムの一部分である援助提供システムを取り込むかたちで構成されている。**図4-2**にみるように、政策運用システムは政策システムと事業実施システムの接点に位置し、援助提供システムは事業実施システムと援助システムとの接点に位置している。運営システムは、事業実施システムを中核にしつつ、このような二つの接点部分をみずからの内部に取り込

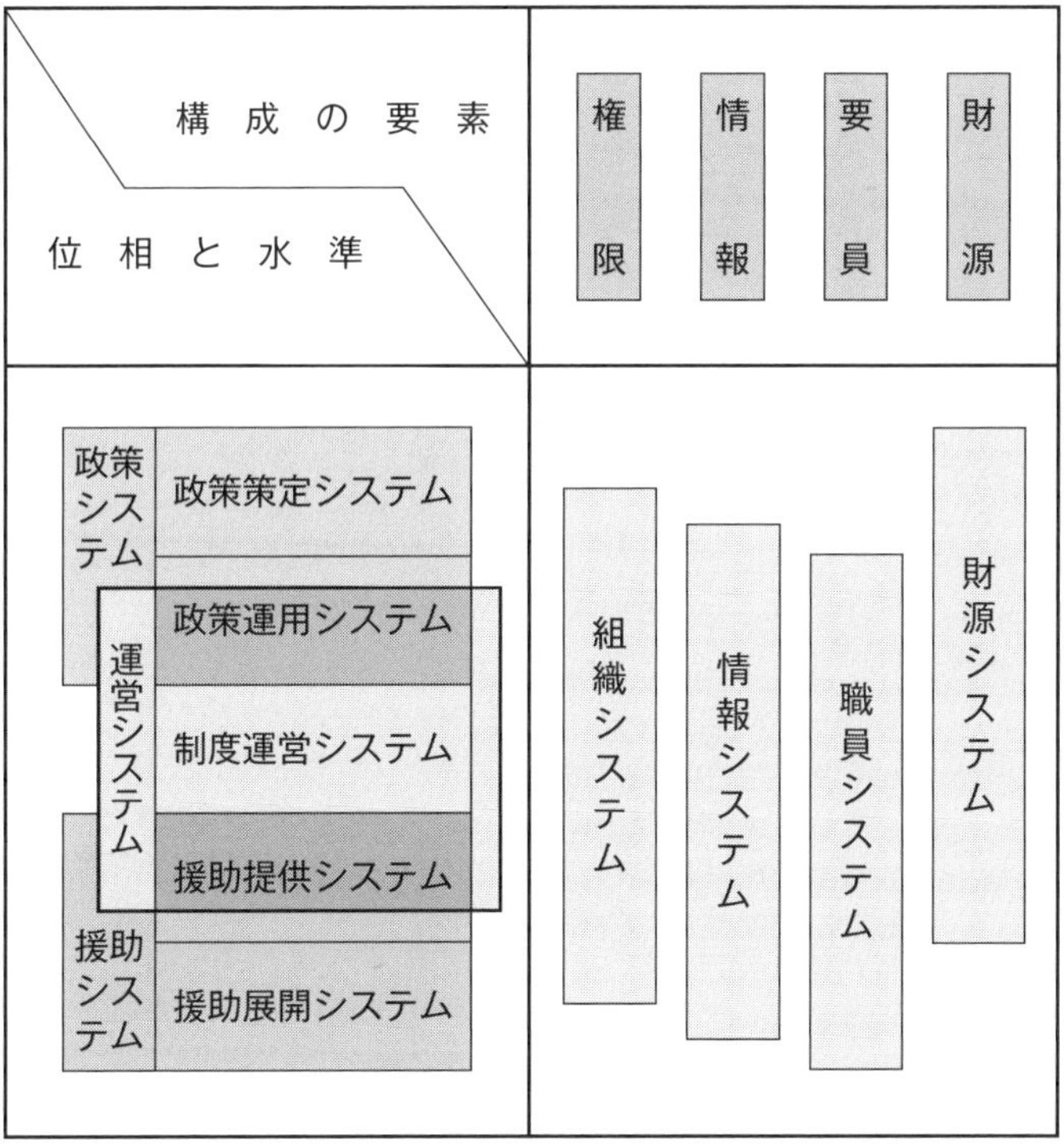

図 4-2　施策システムの構成　　古川孝順　作成

むことによって、政策システムと援助システムを全体として結合するという重要な役割をもつことになる。

他方、社会福祉の政策・制度・援助を構成する要素として、①権限、②情報、③要員、④財源、という四通りの要素が設定されている。しばしば、事業を行うに際しての不可欠の要素として、あるいは事業の成否を左右する要素として、「ヒト、モノ、カネ」という表現がもちいられる。この表現はすこぶる簡潔かつ直截で、まさに事柄の核心をとらえたものといわなければならない。社会福祉もまた一つの事業であれば、当然同じ論理が成立する。社会福祉の政策・制度・援助活動を構成する要素としての「権限、情報、要員、財源」は、「ヒト、モノ、カネ」の「モノ」の部分を社会福祉の実情に適合するように捉え直すとともに、より理論的な議論に耐えうるような表現に改めたものである。

図4-2の①組織システム、②情報システム、③職員システム、そして④財源システムという四

通りの下位システムは、このような社会福祉の基礎的な構成要素と施策システムのそれぞれのレベルとの対応、なかでも運営システムとの対応に着目しつつ、設定されている。組織システム、情報システム、職員システム、そして財源システムは、その範囲を突き抜ける部分をもちながらも、基本的には運営システムの内容を構成している。

このような、施策システムを構成するそれぞれのシステムについては、残りの各章において詳論されるが、社会福祉本体の構造を理解しやすいものにするため、あらかじめ簡潔に紹介しておこう。

2. 政策システム

総じていえば、社会福祉の政策システムは、社会福祉の制度的な枠組みを設定する部門である。社会福祉の政策は、国や自治体の社会福祉に関わる基本計画、それを具現化する法律、政令、省令あるいは条例というかたちで表現されるのが一般である。政策の策定には、政府・政権党関係者による公式、非公式の方針や利害、野党による批判的言説、経済界の意見表明、研究者の意見、社会福祉事業の経営者、従事者などによる社会行動など、多様な要因が影響力をもっている。

政策システムは政策策定システムと政策運用システムから構成される。政策策定システムは、国や地方の議会、議員、行政の長（首相、都道府県知事、市町村長）、政府・行政委員、審議会、参考人、法案、説明、質疑、意見聴取などの諸要素から構成され、国、自治体、民間団体など各レベルごとに社会福祉に関する政策の策定が行われている。政策運用システムは、行政計画、政令、省令、通達、通知、条例、議員、行政の長、行政職員などの諸要素から構成され、法律、条例などとして具体化された政策を実際に運用可能なように省令、通達、通知、要綱などの補助的な規則や規程を制定し、政策運用の条件整備を行う。

社会福祉に関わる政策およびその具現化としての制度についての立ち入った考察は第6章において試みる。

3. 運営システム

社会福祉の運営システムは、政策システムと援助システムとを媒介・連結し、政策システムによって設定された社会福祉の制度的枠組みを実体化させる組織と過程から構成されている。すなわち、運営システム、なかでもその中核的部分を構成する事業実施システムは、政策システムによって策定された政策的枠組みを、一定の権限、情報、職員、財源の組み合わせ、制度として実体化させるとともに、それを実際に駆動させ、運営し、管理することを課題とする。

より具体的にいえば、運営システムは、利用者にたいする購買力、人的サービス、物的サービス、社会的便益からなる社会福祉援助の提供を実現させるために、施設設備を準備し、必要な職員を雇用し、利用の資格や手続きを定め、申請・相談を受理し、利用資格を審査・認定し、援助提供を委託するなどの手続きを行うシステムである。

この運営システムについての詳細な考察は、第7章、第8章において行う予定である。

4. 援助システム

社会福祉の援助システムは、社会福祉の利用者に、購買力、人的サービス、物的サービス、社会的便益を実際的に提供し、その自立生活の維持、自己実現、社会参加を援助するシステムである。

援助システムは援助提供システムと援助展開システムから構成される。援助提供システムは、援助を提供するに必要とされる機関・施設、設備、職員組織、利用者、ボランティアなどから構成される。援助展開システムは、購買力、人的サービス、物的サービス、社会的便益がまさに提供され、利用される過程に形成されるシステムであり、各種の援助、職員、利用者、援助にともなう知識や技能、援助の過程などから構成される。

援助システムの詳細は第9章、第10章において考察する。

5. 権限システム

社会福祉で「モノ」という表現の仕方をした場合、まず想定されるのは施設や設備等の営造物——国や地方自治体が公共の利用のために設置する物的施設——のことであろう。社会福祉のハードウェアとでもよべばよいであろうか。しかし、そのようなハードウェアだけが「モノ」ではない。より重要なのは、そのような「モノ」を含んで成り立っている組織である。

もとより、社会福祉の制度を構成する機関、施設、設備等の重要性は指摘するまでもない。しかし、重要なのは機関、施設、設備それ自体ではない。より重要なのは、それらを企画設計し、設置し、運営する権限がどこに、どのように配分されているかということである。社会福祉のありようを理解する方法の一つは、誰によって、誰にたいして、いかなる権限が与えられているのか、そしてその権限が誰によって行使され、誰によってチェックされているのかということ、すなわち社会福祉の組織システムを権限のネットワークとそのような権限を行使する手続きの過程として捉えるという方法である。

社会福祉にかかわる機関、施設、設備はいずれも法律という形態において社会的に承認された権限に基づいて設置、供給されている。また、そのような機関、施設、設備などを利用しうる資格についても、一定の権限に基づいて決定されている。

このようにいえば、権限を社会福祉を構成する要素として論じることが可能なのは国や地方自治体による公的福祉セクターに限定されるという印象を与えるかもしれない。しかし、同様のことは民間福祉セクターについても、さらには民間営利セクターについても指摘することが可能である。そのような領域においても、誰かが一定の規程によって賦与された権限とその行使の手続きに基づいてサービスを提供しているからである。組織システムに関する詳細については第7章、第8章を参照されたい。

6. 情報システム

つぎに情報システムであるが、「情報」はそれ自体「モノ」であるとともに「ヒト」にも関わっている。新しい制度を設けようとすれば、それが対応しようとしている対象（客体）、すなわち生活問題あるいは福祉ニーズについての情報が必要であるし、類似の制度の効用や欠陥についての情報、動員し得る専門職員や財源についての情報が必要となる。従来、これらの情報は独立した要素として扱われてこなかったが、現代はまさに情報の時代である。情報の必要性と重要性は社会福祉においても十分に認識される必要がある。詳細については第11章第1節において考察する。

7. 要員システム

要員とは社会福祉を支える職員であり、通常、社会福祉従事者（職員）とよばれる人びとの総体である。マンパワーといってもよい。

社会福祉従事者は多様な職種にわたっているが、その中核的な部分は社会福祉専門職によって構成されている。社会福祉にとって要員という要素は特に重要な意味をもつが、それは社会福祉、なかでも福祉サービスは最終的には社会福祉従事者による労働＝人的サービスという形態において、あるいは社会福祉従事者による労働＝人的サービスを通じて、実現されるからである。詳細については第11章第2節の議論を参照されたい。

8. 財源システム

社会福祉の財源は、伝統的、基本的には、租税と利用者による受益者負担、助成金、寄付金によって構成されてきた。しかし、新しい福祉サービスの制度として二〇〇〇年四月から実施されている介護保険制度は、財源調達方式として部分的に社会保険方式が採用されている。国民に保険料の負担を求める介護保険制度は明らかに社会福祉の財源調達方式に新しい展開をもちこむものである。

福祉サービスの財源調達方式を租税方式によるかそれとも社会保険方式によるかという問題は、今後とも重要な論点のひとつになろう。民間社会福祉の財源に関しては、措置委託費、共同募金の配分金、助成金、寄付などに関わる諸問題が重要な論点となる。詳細については第11章第3節において検討する。

第4節 社会福祉の機能

ここまでの議論は社会福祉のいわば構造に関する議論である。以下、社会福祉の機能について考察する。

社会福祉の機能についてはすでに多数の優れた先行研究が存在しているが、ここでは社会福祉の機能をまず基本的に、①社会的機能と②福祉的機能に分類し、多角的に考察する。

社会福祉の社会的機能は、社会福祉が社会にたいしてもつ機能である。それは、社会の側が社会福祉にたいして期待する機能といってもよい。いわば、社会福祉の外在的機能である。これにたいして、社会福祉の福祉的機能は、社会福祉の本来的機能あるいは即自的機能である。社会福祉の福祉的機能という表現は同義反復的であるが、意味するところは社会福祉が本来的にもっている機能あるいは社会福祉に本来的に期待されている機能ということである。社会福祉を社会福祉たらしめている機能といってもよい。

1. 社会福祉の社会的機能

その長い歴史のなかで、社会福祉はしばしばそれを利用する人びとのためというよりは、むしろ社会の側の必要を満たすために創出され、活用されてきた。戦後のわが国における社会福祉研究を代表する潮流の一つである社会福祉政策論がつとに注目し、その重要性を強調してきたのは、社会福祉のこのような側面であった。社会福祉は、それぞれの時代と社会のなかで、政治的な統治、治世の手段＝道具として、あるいは経済的な必要を充足する手段＝道具として位置づけられてきたのである。すなわち、社会福祉の社会的機能とは、社会福祉がその一面に備えている「政治的・経済的・社会的な手段＝道具としての機能」のことにほかならない。

このような意味での社会福祉の社会的機能は、さらに、社会制御的機能と社会統合的機能に分類される。

1) 社会制御的機能

まず、社会福祉のもつ社会制御的機能について考察する。社会制御的機能とは、社会福祉が政治的、経済的、あるいは社会的な目的を達成するうえで発揮する有用性を意味している。近代以降に限定しても、社会福祉には、その生成発展の過程を通じて、①社会的秩序の維持、②近代的賃金労働者の創出、③健全な兵力と労働力の育成、④国民にたいする購買力の散布など、さまざまな政治的、経済的、そして社会的な課題に寄与することが期待されてきた。

より具体的にいえば、すでに第2章においてみてきたように、近代社会生成期のイギリスにおける旧救貧法は貧民の救済というよりも貧民から社会を守り、その秩序を維持することに関心を払っていた。一九世紀の前半に成立した新救貧法は、産業資本主義成立の基盤となった工場制度に適合する近代的な賃金労働者の創出に貢献した。一九世紀から二〇世紀の転換期に成立した社会事業においては、帝国主義的政策を支えるに必要な兵力や労働力の源泉として「効率的な国民」を育成確保することが目標となっていた。さらに、第一次世界大戦と第二次世界大戦との戦間期のアメリカで成立した社会保障制度には、国民に広く購買力を補給し、大不況から脱出する契機になることが期待されていた。

このように、社会福祉は、歴史的にみると、その時々の社会が必要とする政治的、経済的、社会的その他の課題を達成するための方策、手段として位置づけられ、そのようなものとして機能することが期待されてきたのである。

2) 社会統合的機能

これにたいして、第二次世界大戦以後になると、先進資本主義諸国は、社会福祉を社会の求心力を強化し、その統合性を高めるための手段として積極的に評価し、その施策を拡大させてきた。すなわち、社会福祉のもつ社会統合的な機能の追求である。

すでにみたように、第二次世界大戦以後、先進資本主義諸国は一様に福祉国家の建設を基本的な政策理念として位置づける。福祉国家の建設には、社会主義的な理念の実現が資本主義体制のもとにおいても可能であるということを、一方においては社会主義体制をとる国家にたいして、他方においては国内の社会主義勢力にたいして、示すという意図が込められていた。資本主義諸国はそうすることによって国内における階級的対立を緩和克服し、社会としての、また国家としての統合性を高めようと努めてきたのである。

冷戦構造という外枠的な枠組みを前提に、資本主義（自由主義）体制を維持するというねらいと連動させられていたとはいえ、そこにおいては社会福祉のもつ社会統合的な機能が意図的に追求され、活用されてきたといってよい。

2. 社会福祉の福祉的機能

社会福祉の福祉的機能とは何か。それは、社会福祉の内在的な機能であり、利用者にたいして何らかの直接的な効用をもたらす機能である。すでにみてきたように、社会福祉の利用者は、一時期の例外的な措置を除き、長いあいだ処罰の対象、抑制の対象とみなされてきた。利用者にとっての効用に関心が向けられたことはなかったといってよい。そのような処遇のありようが積極的なそれに転換しはじめるのは、二〇世紀になってからのことであり、社会福祉の機能が利用者により積極的な効用をもたらすことであると認識されるようになったのは第二次世界大戦以後のことであった。

さて、そのような社会福祉の福祉的機能を一般的に規定するにあたり、二つの先行研究に言及することからはじめたい。

1) 福祉的機能の一般的規定

表現の違いを別にすれば、ここでいう社会福祉の福祉的機能について最初に本格的な議論を展開しているのは岡村重夫である。岡村は「社会福祉の一般的機能」について分析を試み、その内容を①評価的機能、②調整的機能、③送致的機能、④開発的機能、⑤保護的機能として整理している。これらの機能はいずれも、岡村のいうところの「社会関係の主体的な側面」に生起する生活困難を解決するために動員される機能である。ここでこれら五通りの機能について論じることはしないが、岡村の「社会福祉の一般的機能」は社会福祉そのものの機能というよりは、社会福祉の援助過程において発揮される、あるいは活用される機能に焦点が絞られている。

これにたいして、社会福祉そのものの機能を重視するという観点からいえば、三浦文夫の社会福祉の政策目的に関する規定が参考になる。三浦は、社会福祉の政策目的を「要援護者の自立の確保と、社会的統合を高めること」であると規定している。この三浦の議論は、直接的に社会福祉の機能について論じたものとはいえない。しかし、社会福祉の政策目的に関する議論はおのずと社会福祉の機能に関する議論に行き着かざるをえない。三浦は、社会福祉の政策目的について論じながら、その機能について①要保護者の自立を確保すること、②社会的統合を高めること、として捉えているのである。

これら二通りの機能のうち前者、自立の確保はわれわれのいう社会福祉の福祉的機能として把握することができる。後者については、要保護者の「社会への統合」なのか「社会の統合」なのか必ずしも明確ではない。「社会の統合」というニュアンスが高いように思えるが、そうだとすれば「社会的統合」はすでにみてきた社会福祉の社会的機能に該当する。「社会への統合」という意味であれば、それは福祉的機能に含まれる。

ここでは、このような岡村や三浦の言説にも留意しながら、社会福祉の福祉的機能をまず一般的に、さまざまな理由にもとづいて自立生活を維持しえない状況にある人びとにたいしてその自立生活と自己実現を支援し、それらの人びとの社会参加と社会的包摂を促進すること、そしてそのために必要とされる社会福祉資源を開発することとして規定することからはじめたい。すなわち、福祉的機能の第一は、自立生活を維持することが困難な状況にある人びとにたいしてその自立生活・自己実現を支援することである。福祉的機能の第二は、それらの人びとの社会参加、そして社会的包摂を促進することである。福祉的機能の第三は、第一、第二の機能を遂行するうえで必要とされる社会資源を開発する機能である。

2) 社会福祉の生活支援機能

社会福祉のもつ第一の福祉的機能である自立生活・自己実現支援活動は、大別すれば四通りの機能に類型化することができる。すなわち、①最低生活保障機能、②自立生活支持機能、③自立生活力育成機能、④自立生活援護機能、である。

(1) 最低生活保障機能

自立生活支援機能の第一の類型は、社会福祉以外の制度、資産、家族や親族・友人による援助など、自己の利用しうる資源だけをもってしては最低限度の生活を維持することのできない利用者、すなわち貧困者にたいして、最低限度の生活を保障する機能である。

社会福祉の福祉的機能のうち、もっとも原初的な機能である。通常、この機能は現金の提供その他の手段によって購買力を提供することによって遂行される。

(2) 自立生活支持機能

自立生活支援機能の第二の類型は、福祉ニーズをもつ人びとの自立生活を維持するための支援活動である。たとえば、何らかの理由によって下肢機能や上肢機能の低下した利用者に装具や生活機器を提供したり、買い物、炊事その他の家事機能を代替・補充するためにホームヘルプサービスを提供したりするような場合がこれにあたる。

自立生活支持機能は、利用者にその生活を側面的に支える手段を提供することによって自立生活の維持存続をはかる機能である。生活にたいして支柱的な援助を提供することといえばよいであろうか。

(3) 自立生活力育成機能

自立生活支援機能の第三の類型は、福祉ニーズをもつ人びとの自立生活力を育成するための支援活動である。子ども、傷病者、障害者などに働きかけ、それらの人びとが自立生活の基盤となる身体的、精神的、社会的さらには経済的な諸能力を、みずからの主体的な努力のなかで獲得し、回復させ、あるいは開発し、向上させる過程を側面的に援助し、促進する援助活動である。子どもにたいする保育や養護、傷病者にたいする医療の提供、障害者にたいする医療や職業訓練の提供などは、この意味での自立生活支援である。

(4) 自立生活援護機能

自立生活支援機能の第四の類型は、利用者の自立生活を全面的に支援することである。通常、この機能は利用者を居住型施設（二四時間生活型施設）に受け入れることによって遂行される。居住型施設で提供されるサービスは、利用者の自立生活を全面的に支援するというかたちで提供される。

もとより、居住型施設においても利用者の状況に応じて自立生活支持機能や自立生活力育成機能が遂行される。しかし、その利用者の生活は生活手段（生活資料・生活サービス）の確保からその消費にいたるまでサービス提供者による全面的な援護によって支えられている。

3) 社会福祉の社会参加・社会的包摂促進機能

社会福祉のもつ第二の福祉的機能である福祉ニーズをもつ人びとの社会への参加と包摂の促進は、社会福祉利用者の社会にたいする参加と社会によるその包摂を支援し、そのための環境の整備に努めることである。すなわち、社会福祉的な支援を必要とする人びとのインテグレーション（統合化）とノーマライゼーション（常態化）、さらにはソーシャルインクルージョン（社会的包摂）を実現するということである。

ノーマライゼーションとは児童や障害者や高齢者を差別的な状態から解放し、年齢、性別、能力、信念など、多様な差異をもった人間がともに生活する普通の、平常な社会生活の実現のなかに統合するということであり、インテグレーションはそのための働きかけとその過程を意味している。ノーマライゼーションのなかには、社会福祉の利用者にたいする直接的な自立生活と自己実現を支援するとともに、都市の物理的環境の改善、住宅の改造、社会的な偏見の除去などの生活環境条件を改善する努力が含まれている。ソーシャルインクルージョンは、インテグレーションやノーマライゼーションをさらに発展させ、社会から分離され排除（エクスクルージョン）されやすい人びとを積極的に社会の一員として包摂し、その自立生活と自己実現を支援することを意味している。

4）社会福祉の社会資源開発機能

一般に、社会福祉の援助を実施するうえで動員される機関・施設・設備、資金・物資・情報、親族・友人・知人、さらには地域の住民や集団・組織のもっている知識や技能を総称して社会資源という。社会福祉に関わる資源が社会資源の中心であることはいうまでもないが、医療、保健、教育、住宅政策、更生保護などの隣接領域の資源をはじめ、地域の商店や企業、宗教団体などのもつ資源も社会資源のなかに含まれる。

近年、社会福祉の領域では利用者による福祉サービスの選択と申請の権利が重視され、利用申請者による選択や申請を側面から支援するケアマネジメントの技術が広く活用されるようになっているが、その過程においては多様な社会資源も選択の対象となる。

社会資源は既存のものだけが利用の対象になるわけではない。つねに新しい社会資源を開発し、利用の可能性を広げることは社会福祉の重要な機能の一つである。

第5章　社会福祉の対象

社会福祉の対象をどのように理解するかは、社会福祉における政策、制度、そして援助のありようを規定する。社会福祉における対象の理解は社会福祉を理解するうえで決定的な意味をもつといって過言ではない。ここではまず、社会福祉の歴史を振り返りながら、社会福祉における対象理解のもつ意味について検討する。つぎに、戦後のわが国における代表的な対象理解の方法について批判的に検討する。そして最後に、これらの社会福祉の対象に関する歴史的ならびに理論的な考察を踏まえながら、新たな対象理解の方法について考察する。

第1節　社会福祉発展の契機としての対象理解

社会福祉の発展の過程では、利用者やその抱えている問題の発生の原因と経過についてそれをどのように認識するかが重要な意味をもっている。一九世紀の中葉から二〇世紀の初頭にかけての貧困者および貧困の生成の原因と経過についての認識の変化、それに対応する社会福祉の感化救済事業から社会事業への展開を事例にしながら、その意味するところについて考えてみよう。

表 5-1　要生活支援状態についての認識と生活支援　古川孝順　作成

要生活支援状態についての認識			生活支援の類型
A	個人的な性格をもつ要生活支援状態	——	個人的な生活支援
B	個人的な性格をもつ要生活支援状態	——	社会的な生活支援
C	社会的な性格をもつ要生活支援状態	——	個人的な生活支援
D	社会的な性格をもつ要生活支援状態	——	社会的な生活支援

1. 要生活支援状態についての認識と生活支援の方法

一般に、生活支援のありようを考えてみると、それは生活支援を必要とする状態（要生活支援状態）がどのような背景からうみだされてきているかということについての認識と深く結びついている。まず、要生活支援状態についての認識を個人起源的な性質のものと社会起源的な性質のものとに区分する。つぎに、生活支援の側も個人的な性格のものと社会的な性格をもつものとに区分する。そのうえで、要生活支援状態についての認識のありようと生活支援の性格を組み合わせてみよう。そこには、**表5－1**に示す四通りの組み合わせが成立する。

これら四通りの組み合わせのうち、組み合わせとしてもっとも理解しやすいのは、AとDの場合である。要生活支援状態が個人的な性格をもつのであれば、生活支援も個人の範囲でおこなわれればよいのであり、取りたてて問題にはならない。要生活支援状態が社会的な性格をもつのであれば、援助もまた社会的なものでなければならない。個人的に対応すべき問題ではないということで容易に理解がえられるであろう。

逆に、議論になりうるのは、そしてさまざまに議論がなされてきたのはBとCの組み合わせである。個人的な性格をもつ要生活支援状態にたいして社会的な生活支援を提供することはいかにして正当化されうるのか。また、社会的な性格をもつ要生活支援状態にたいして個人的な生活支援が求められるのはなぜか。こうした議論は、社会福祉の歴史のなかで何度となく繰り返されてきた。さらにやっかいなのは、個人的な性格をもつ要生活支援状態のなかにも実際には社会的な性格をもつ要生活支援状態が含まれていることである。また、実態的には社会的な性格をもつ要生活支援状態でありながら、なかなかそれがそのようなものとして認識され難いということである。
社会福祉の対象である要生活支援状態を、社会福祉の関係者たちが、そして彼らを含む社会全体が、いかなる性格のものとして認識するかということ、そのことが社会福祉援助の展開過程を根源的に規定してきた。

2. 個人責任主義的貧困観

1) 徳目としての自助

一九世紀中葉のイギリスで刊行され、こんにちなお読み続けられている著作にスマイルズ（Smiles, S.）の『自助論』がある。それは、イギリスの産業革命後の産業資本主義全盛の時期に巨万の富や社会的な名声を手にすることのできた成功者たちの成功者物語、立身出世物語であり、文学史や思想史にさしての意味があるわけではない。ここでそのような『自助論』を紹介するのは、それが「天は自ら助くる者を助く」（Heaven helps those who help themselves）という箴言から書きはじめられていて、出版当時、つまり産業革命後の資本主義発展期におけるイギリス社会の気分をよく伝えているからである。

「天は自ら助くる者を助く」という箴言の意味は、自らを助ける者たち、すなわち自助に努める者たちは天もこれを助けるであろう、簡単にいえば努力をする者たちは必ず報われる、ということである。刊行の時以来一五〇年を経過した資本主義社会にすむわれわれにとっては、どうということのない、あたりまえのことに思える言葉である。

しかし、この箴言の意味するところは当時の人びとにはきわめて重要な意味をもっていた。自助は、勤勉、節約、節制などとならんでまさに時代を象徴する徳目——道徳的価値——であった。箴言の表の意味は「努力をする者は必ず報われる」である。しかし、この箴言の逆を読めば、そこに隠されている意味は、「努力をしない者」は報われない、そしてそれで当然である、という認識であった。もう少し一般化していえば、そこには資本主義発展期において確立される近代社会の生活原理である「生活自助原則」あるいは「生活自己責任原則」を強調する時代精神が隠されているのである。『自助論』は、一方において資本主義発展期のイギリスにおいて大いなる成功を収めることのできた産業家たちを称賛し、人生の模範、目標とすべきことを説きつつ、他方において自助をなしえなかった所得の低い、自活しえない人びとの生活、貧困状態は自助をなしえなかった本人の責任であり、当然の結果であると主張しているのである。『自助論』が刊行された時代、功成り名を遂げた人びとに限らず、一般の市民たちは、貧困はその状態に陥った者本人の能力の欠如、勤勉性に欠ける、辛抱が足りないなどの性格的欠陥、浮浪、飲酒や浪費などの不適切な生活習慣によってもたらされたものとみなしていた。いわゆる、個人責任主義的貧困観あるいは道徳主義的貧困観である。

2）救済の抑制

もし個人責任主義的貧困観が説くように、人びとが貧困に陥る原因がその人びとの能力の低さ、性格の偏りや未熟さ、悪しき生活習慣にあるとすれば、貧困状態はその人個人の問題だということにならざるをえない。そうした人びとの存在にたいして社会的な支援など必要とはみなされないであろう。かつて『人口論』のなかでマルサス（Malthus, T.R.）が主張したように、「貧困者はただ辱めておけばよい」のである。貧困者が自分たち自身の貧困状態を恥じ、能力を高め、性格を矯正し、生活習慣を改める努力をするのを待てばよい。貧困者に哀れみをかけることはかえって事態を悪化させるだけなのである。

しかし、そうはいっても実際的な問題としては多数の貧困者を放置するわけにはいかない。社会の秩序や安寧を保たなければならないし、社会を維持し、再生産するうえでも差し障りが多い。外聞も悪い。一定の範囲での対応策は必要悪である。ただし、それは民間の個人的な努力によらなければならない。慈善事業による対応が優先されるべきであり、その対象になりえない者についてのみ抑制的な公的救貧制度で対応すればよい。

このような個人責任主義的あるいは道徳主義的貧困観は一九世紀の慈善事業や救貧法に一般的にみられたものである

が、このままでは社会事業は成立しない。社会事業が成立するためには、個人責任主義的貧困観が社会責任主義的貧困観によって克服されなければならない。個人責任主義的貧困観が乗り越えられてはじめて、公的救済を社会の責任、より具体的には市町村さらには国の責任とみなす社会事業が成立するのである。

3. 社会責任主義的貧困観

個人責任主義的貧困観が貧困の原因を個人の能力、性格、生活習慣に求めたのにたいして、社会責任主義的貧困観は貧困の原因を社会の仕組み、構造に求めた。個人責任主義的貧困観の担い手は、慈善事業家たち、なかでもロンドンで一八六九年に設立された慈善組織協会に結集した慈善事業家たちであり、社会責任主義的貧困観の旗手は一八八一年に設立された民主連盟やその後継団体である社会民主連盟などの社会主義団体に結集していた社会主義者たちであった。慈善事業家たちと社会主義者たちは、貧困原因の捉え方をめぐって激しく対立した。なかでも、一八八〇年代の大不況下、失業と貧困の拡大するなかで展開された両者の論争は、広く社会的な関心をよぶことになった。

1) ブースのロンドン調査

この時期に登場して大規模な社会調査を実施し、貧困原因の捉え方とその後の貧困対策のありように根源的ともいえるような大きな影響を与えた偉大な人物がいる。リバプール出身の大海運業者であるブース（Booth, C.）である。ブースは海運業者として成功を収めるかたわら、アイルランド系移民のスラムを訪れ、スラム住民の無知、貧困、密住を目のあたりにした経験を通じて、労働者の労働条件や生活条件の改善に関心を深めていた。

そうした折、一八八五年に社会民主連盟が労働者階級の四分の一以上の者は貧困のために人間としての健康を維持するにも不適切な生活状態にあると主張する調査の結果を公にした。ブースはこの調査結果に大きな疑問をもち、貧困に関わる客観的な事実を明らかにし、合理的な対策を提示するとともに、自分自身の実業家としての信念や経営観の正当性を確認しようとしてみずからの力で大規模な貧困調査を実施した。

ブースのロンドン調査は一八八六年から一九〇二年までの一七年間に及び、その結果は『ロンドン民衆の労働と生活』全一七巻として出版された。ブースは、最終的にはロンドンの民衆を、①最下層、②極貧、③貧困、④労働者階級、⑤中産階級およびそれ以上に分類し、構成比を明らかにしている。それによれば、ロンドン民衆のうち、①最下層に属するものが〇・九%、②極貧七・五%、③貧困二二・三%、④労働者階級五一・五%、⑤中産階級およびそれ以上が一七・八%となっている。このうち、貧困とされているのは、①最下層、②極貧、③貧困の三つの階層であり、合計三〇・七%に達した。

この三〇・七%という数字はロンドンに居住する庶民階級の三分の一弱にあたり、労働者階級の四分の一が貧困状態にあるという社会民主連盟の数字を超えていた。この数字は、当時救貧法の適用を受ける者が全人口の一%前後であったことからすれば、救貧事業関係者のみならず、社会全体を驚かせて余りあるものであった。

2) 貧困の社会的起源

さらに、ブースは貧困の原因について分析を試みている。①最下層と②極貧をあわせた「極貧」層が貧困に陥った原因は、臨時的労働、不規則労働・低賃金、少額所得からなる「雇用の問題」が五五%、飲酒、酩酊または浪費家からなる「習慣の問題」が一四%、病気または病弱、大家族、不規則労働に関連する病気または大家族からなる「環境の問題」が二七%であった。「貧困」層についてみると、「雇用の問題」が六八%、飲酒、酩酊または浪費家からなる「習慣の問題」が一三%、病気または病弱、大家族、不規則労働に関連する病気または大家族からなる「環境の問題」が一九%であった。貧困原因のうち、個人責任主義的貧困観が期待した「習慣の問題」は、極貧層で一四%、貧困層で一三%であった。

この事実は、貧困の原因として習慣の問題が一定の比率をもっていることを物語っているものの、全体からすればそれは六分の一弱にすぎない。むしろ、貧困の最大の原因は、極貧層の場合も貧困層の場合も「雇用の問題」、すなわち社会責任主義的貧困観の信奉者たちのいう社会の仕組みに関わる問題であった。しかも、貧困のいま一つの原因である「環境の問題」も基本的には「雇用の問題」に関わっていた。

3) 社会事業への展開

こうして、一九世紀から二〇世紀にかけての転換期における貧困の原因は個人の能力、性格、生活習慣という個人的な問題よりも、雇用の問題という社会の仕組みによるものが圧倒的に多いことが調査結果という客観的な事実によって確認されたのである。

これ以後、イギリスの貧困対策は、一九世紀の慈善事業と救貧法を中心とする感化救済事業から二〇世紀初頭に成立する無拠出制老齢年金、医療保険、失業保険を中心とする防貧的施策に転換する。かつての慈善事業と救貧法は、それらの防貧策を補完しつつ、独自の課題を追求する施策・制度・援助活動としての社会事業に転化する。

さて、ここまでの議論は貧困者とその担う貧困問題に限定して進めてきた。しかし、この議論の基調は、子ども、障害者、高齢者とその抱える諸問題についてもそのまま適用することが可能である。もとより、子ども、障害者、高齢者の担う諸問題については、幼少や加齢という年齢に関わる条件や身体や精神の機能に関わる条件が重要な意味をもつことになり、相対的には独自の認識の方法が必要とされる。重要なことは、子どもの問題であれ障害者の問題であれ、また高齢者の問題であれ、その解決や緩和に社会的な生活支援が必要とされるということを主張するためには、問題それ自体の社会的な性格——問題形成の社会的メカニズム——が明らかにされなければならない、ということである。

第2節　対象理解の方法

それでは、貧困者、子ども、障害者、高齢者の担う諸問題――要生活支援状況――の社会的な性格を解明するためには、どのような議論の立て方、分析の方法が必要とされるのか。つぎの課題は、対象理解の方法について理論的な手がかりをつかむことである。

1. 対象論の課題

社会福祉対象論の課題は、社会福祉利用者をめぐるつぎのような疑問にたいして回答を与えようと試みることにある。

①社会福祉の利用者はどのような人びとなのか。
②それらの人びとはいかなる状況におかれた人びとなのか。換言すれば、彼らはいかなる資格において社会福祉を利用し、あるいは利用しようとしているのか。
③社会福祉利用者のおかれている状況、あるいは彼らがかかえている課題状況はいかなる性格をもっているのか。
④そのような課題状況はどのような背景や経緯のもとに形成されるのか。

2. 属性集団としての対象

社会福祉の対象あるいは客体を示すもっとも簡便な方法は、貧困者、子ども、高齢者、障害者というように、利用者を年齢、性別、身体的あるいは知的機能の状態など一定の属性を共有する人びとから構成される集団として記述することである。この方法は対象把握の方法として大変理解しやすい。しかし、属性集団として記述するだけでは、対象論としてはとんどなにも語っていないに等しい。

貧困者、子ども、高齢者、障害者などが社会福祉の対象であることは事実である。しかし、貧困者、子ども、高齢者、障害者などが社会福祉の対象であると指摘しただけでは、それらの人びとが何故に社会福祉の対象となるかについては、まだ何事も語っていない。貧困者、子ども、高齢者、障害者といっても、現実には彼らのすべてが社会福祉の対象、すなわち利用者になっているわけではない。この事実はどのように説明されればよいのか。

3. 課題状況としての対象

このような問題を解決するには、属性論とは別の対象把握の方法が必要とされる。社会福祉の対象を「一定の課題状況」として把握するという方法である。すなわち、属性論において無前提的に社会福祉の対象として捉えられてきた貧困者、子ども、高齢者、障害者を、社会福祉の利用を必要とするような課題状況にある人びととして把握し、そのような課題状況の性格や形成の過程を解明するという方法である。この方法によれば、社会福祉の対象は単なる貧困者、子ども、高齢者、障害者という属性をもつ人びとの集団ではない。

彼らは社会福祉の利用を必要とするような「一定の課題状況」にある貧困者、子ども、高齢者、障害者として把握されてはじめて、社会福祉を利用する資格をもつ者とみなされうることになる。ここでいう「一定の課題状況」は、わが国の社会福祉研究の系譜のなかでは、「社会的問題」「生活問題」、あるいは「福祉ニーズ」とよばれてきた。

第3節　社会的問題の理論

最初にとりあげるのは孝橋正一の社会福祉の対象を「社会的問題」として捉える立場である。孝橋は、社会福祉の対象となる「社会的問題」は社会政策が対応する「労働問題」（社会問題）から関係的・派生的に形成されるという。

1.　社会問題と社会的問題

戦後のわが国において社会科学的な社会福祉研究に先鞭をつけた孝橋は、社会政策の対象と比較することを通じて社会福祉の対象を規定しようと試みた。孝橋によれば、資本主義社会は、資本家と労働者とのあいだに取り結ばれ、資本主義経済の機軸となる特有の生産関係のゆえに、不断に多様な社会的諸問題をうみだすことにならざるをえない。そのような社会的諸問題のうち、その中核に位置するのが労働問題である。労働問題は、資本家と労働者という資本主義社会の機軸的な社会関係から直接的にうみだされる問題であり、厳密にいえばこれこそが社会問題である。

これにたいして、そのような社会問題から「関係的・派生的」にうみだされてくる問題があり、これが社会的問題とよばれる。社会問題は社会にとっての「基本的・本質的な課題」であり、社会的問題は社会にとっての「関係的・派生的な課題」である。そして、社会問題に対応する社会的施策が社会政策であり、社会的問題に対応する社会的施策が社会福祉である。

2. 社会的問題論の限界

孝橋は、社会福祉の対象を労働問題から関係的・派生的に生起してくる社会的問題として把握しようとしたのである。このような孝橋の議論は、社会福祉の対象＝社会的問題を労働問題を媒介に労資関係という資本主義社会の機軸的な社会関係に関連させて解明しようとする試みであり、わが国の社会福祉対象論に新たな境地を切り開いた。しかし、孝橋は社会福祉の対象としての社会的問題の内容については必ずしも十分な議論を展開していない。孝橋は、社会的問題の内容を「社会的必要の欠乏」として把握し、その現象的な形態として、無知、怠惰、飲酒、疾病、自殺、麻薬、売春、浮浪などをあげているが、そのような諸問題の内実や形成過程についてはそれらが労働問題から関係的・派生的に形成されるという以上には論じていない。

孝橋の社会福祉対象論は、社会福祉が伝統的に対応してきた問題状況を資本主義社会の機軸的な社会関係のありように結びつけ、その一般的、基本的な性格を明らかにしようとする試みにとどまっていたといえよう。

第4節 生活問題の理論

これにたいして、社会福祉の対象となる課題状況のもつ一般的、基本的な性格を重視しつつ、その内容的な特殊性、固有性を追求したのが一番ヶ瀬康子による「生活問題」の理論である。一番ヶ瀬によると「生活問題」は「労働問題」の規定をうけるが、それ以上に独自の性格を有している。

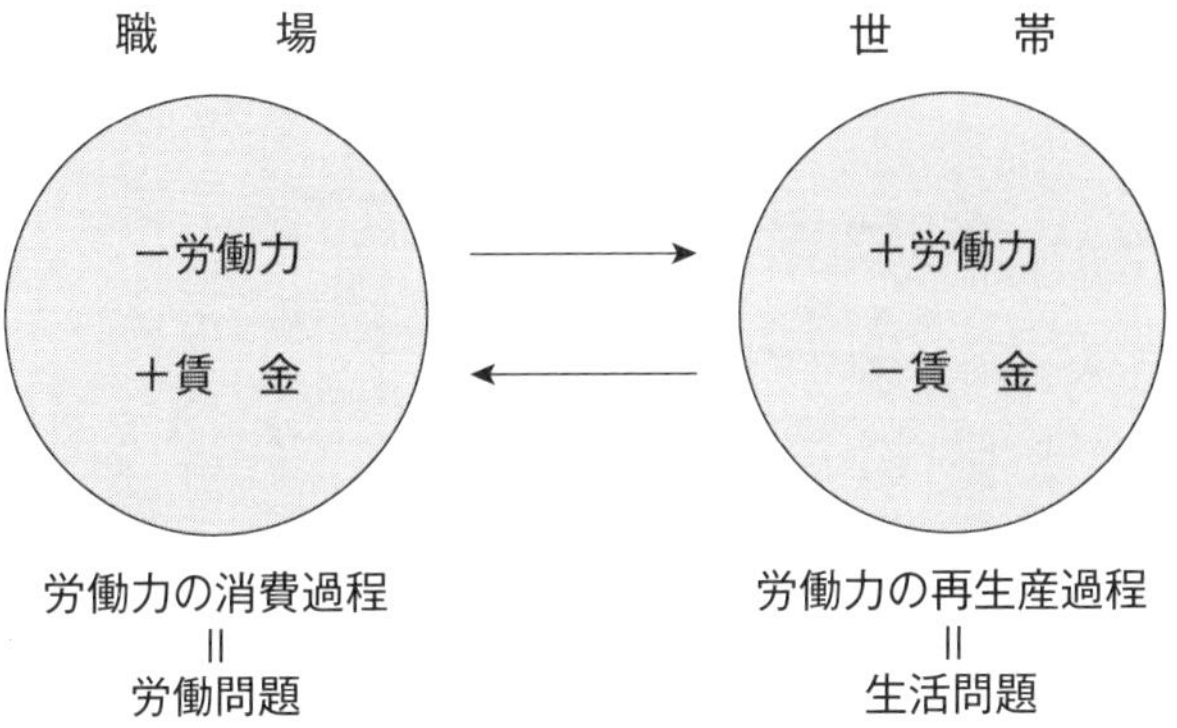

図 5-1　労働者の生活
（一番ヶ瀬康子、1964 より一部修正）

1. 生活問題の性格

一番ヶ瀬の生活問題論もまた、資本主義社会における労働者たちの生活とそこに生起する課題状況としての生活問題が、労働者にとっての唯一の資産である労働力の販売によってえられる賃金を基盤に、多様な労働諸条件による規定をうける事実から出発する。その限りでは、一番ヶ瀬の生活問題論と孝橋の社会的問題論は似通っている。しかし、生活問題は社会的問題の単なる別称ではない。一番ヶ瀬は、**図5-1**にみるような労働者の生活についての理解を前提に、労働問題を労働力の消費過程における問題とみなし、生活問題を労働力の再生産過程の問題として把握することによって、労働問題と生活問題の関係について孝橋とは異なった整理のしかたを試みている。

孝橋の場合、労働問題とそこから「関係的・派生的」に生起する社会的問題との関係は両者とも同一の次元に存在しながら、内容的には後者が前者から派生し、前者が後者のあり方を規定するという位置関係にあるものとして把握されている。これにたいして、一番ヶ瀬の場合は、同様に労働力の販売による生活の維持という契機を機軸としながらも、そこに労働力の消費過程と再生産過程という局面の違いを設定し、労働問題を労働力の消費過程に対応させ、生活問題を労働力の再生産過程に対応させるというかたちで、両者の位置と内容の違いをより明瞭に、立体的なかたちで再整理している。

2. 生活問題の相対的固有性

一番ヶ瀬がその生活問題を労働問題から明瞭に区別しようとするいま一つの理由は、生活問題が労働問題による規定をうけながらも、それが一方において労働者の自然的・本能的欲求に関わりをもち、他方において資本主義社会に特有の生活原理としての生活自助原則による規制をうけているという事実にある。労働問題という側面から労働者の生活を論じようとすれば、生活の主体としての労働者はあくまでも労働力という商品の担い手として捉えられ、事柄はすべて労働力の品質、その価格としての賃金、あるいはその消費過程を支配する諸条件などに収斂する問題として把握されざるをえない。しかし、労働者やその扶養する家族は、年齢、性別、健康状態、社会的な地位や役割を異にし、それぞれに固有な地域特性や文化をもつ地域社会に居住し、多様な生活の意識や様式をもちながら自立的に生活を営んでいる。生活問題は、労働問題による規定をうけつつも、このような複雑な背景に関わりながら生起してくる生活上の困難であり、また障害である。

こうして、人びとの生活は、主体性と自立性、そして自己責任性を前提にするものとなり、そこに一定の自律性が形成されてくる。人びとの生活には、それなりの多様性、個別性とともに、一定の生活の水準、様式、意識を維持していこうとする自律的な傾向性がうまれてくる。生活問題は、このような生活構造のあり方を前提とするものであり、そこに労働問題とはその範囲や深度において著しく異なる多様性、個別性がうみだされてくる。生活問題が労働問題の規定力に牽引される傾向の強い社会的問題と明確に区別される最大の理由は、ここにある。

表 5-2　労働力の態様による社会福祉対象の分類

	対象の類型	対象の性格		対応する社会福祉事業
原初的な問題	貧窮者	生活困窮者	労働力再生産の破壊	生活保護事業
		低所得者		経済保護事業
分化した問題	児　童	未来の労働力		児童福祉事業
	婦　人	市場価格の安い労働力		婦人保護事業 母子福祉事業
	老　人	衰退した労働力		老人福祉事業
	疾　病	一時的な欠損労働力		医療社会事業
	身体障害	永続的な欠損労働力		身体障害者福祉事業
	精神薄弱	永続的な欠損労働力		精神薄弱者福祉事業
	非　行	社会的不適応労働力		更生保護事業

（一番ヶ瀬康子、1964；社会福祉事業体系〈一番ヶ瀬試案〉より作成）

3. 労働力の態様による対象分類

このように、生活問題を労働問題から相対的に分離させ、その多様性や個別性を重視する一番ヶ瀬は、その一方において労働力の態様を基準に生活問題の類型化を試み、さらにそれを社会福祉の分野と結びつけ、体系化するという試みに発展させている。**表5－2**は一番ヶ瀬のそのような試み――「社会福祉事業体系」（一番ヶ瀬試案、一九六四年）――を、ここでの議論に必要な範囲で抜粋し、再構成したものである。

表5－2にみられるように、一番ヶ瀬はその「試案」のなかで、貧窮者問題＝労働力再生産の破壊、児童問題＝未来の労働力、婦人問題＝市場価格の安い労働力、老人問題＝衰退した労働力、疾病問題＝一時的な欠損労働力、身体障害問題＝永続的な欠損労働力、精神薄弱問題＝永続的な欠損労働力、非行問題＝社会的不適応労働力として、伝統的に社会福祉の対象とされてきた人びととその担う生活問題を、それらの人びとのもつ労働力の態様を基準にしながら類型化している。この生活問題の類型化は、孝橋の対象論には存在しない優れた試みであり、これを基準とする社会福祉分野の体系化も従来の法体系や行政区分による体系化を超えた成功を収めている。

しかし、この一番ヶ瀬「試案」が世に問われたとき、高齢者や障害者などの当事者を中心に、少なからぬ批判が寄せられた。それらは、たとえば、高齢者が「衰退した」労働力とされ、あるいは障害者が「永続的な欠損」労働力として記述されていることへの批判であった。もとより、このような反発や批判は、当事者による批判という範囲にとどまらず、理論的にみてそれなりに理由のあるものであった。ただ、そのことにふれる以前に一言しておかなくてはならない。

一番ヶ瀬の労働力の態様に関する認識は、貧窮者、児童、女性、高齢者、あるいは障害者などが労働市場においていかなる存在として遇されることになるのかという問題についての認識としては、十分に的確なものであった。また、社会福祉の政策――少なくとも一九六〇年代当時の政策――がその対象を把握する方法についての分析として、そしてそのような政策による対象認識のもつ問題性に関する分析としても、適切なものであったといってよい。そのことは評価される。しかし、そのことはそのこととして、貧窮者、児童、女性、高齢者、障害者などの担う生活問題のすべての側面を彼らの労働力の態様というその一点に収斂させ、結びつけることによって過不足なく把握しうるものかという問題は残らざるをえない。先の批判は、理論的には、そのことに関わっている。

4. 労働力態様規定説の制約

生活問題の類型をその担い手の労働力の態様を基準にして論じるという一番ヶ瀬の方法にたいする批判は、副田義也によって寄せられている。副田は、生活問題の担い手である子ども、高齢者、非行少年などについて、その労働力の態様という観点からみれば、彼らがそれぞれ「未来の労働力」「衰退した労働力」「社会的不適応労働力」であるという一番ヶ瀬の規定を承認する。しかし、同時に、副田は、子ども、高齢者、非行少年がそれぞれ「未来の労働力」「衰退した労働力」「社会的不適応労働力」であるという規定から出発して彼らを担い手とする個別の生活問題、すなわち児童問題、高齢者問題、非行問題の全体像を十全に説明し尽くすことができるのか、と問うている。

この、副田の批判は妥当なものであった。一番ヶ瀬の強調する生活問題の特質、すなわちその多様性や個別性を適切に把握するためには、労働力の態様を機軸にしながらも、さらに多様性や個別性を把握するための新しい概念装置が必要であった。副田は、生活構造という認識枠組みを導入するとともに、そこに生活水準、生活関係、生活時間、生活空間という契機を導入することによって、生活問題をより全体的、具体的に把握しようと試みている。

第5節 福祉ニーズ論の展開

さて、ここまでの議論は、いずれも社会福祉の対象を「一定の課題状況」として捉え、その形成の過程や内容をその担い手をめぐる社会的、経済的、政治的、文化的などの外部的な諸条件や対象となる人びとのもつ内部的諸条件に留意しつつ把握しようとするものであった。これにたいして、わが国の社会福祉対象論には岡村重夫、三浦文夫などによって展開されてきたいま一つの系譜が存在する。その社会経済的な形成の過程よりも、対象とみなされる課題状況の実態的、具体的な把握を重要視する福祉ニーズ論がそれである。

1. 社会生活の基本的欲求

まず、社会福祉の対象についても独自の議論を展開している岡村重夫の所説について検討する。

岡村は、社会福祉の対象を把握する場合にも、社会福祉固有の視点を強調する。岡村の議論は、「人間の基本的欲求」と「社会生活の基本的欲求」とを区別するところから出発する。人びとの生活は、空気、水、食料、種の保存、社会関係、自己実現などの諸欲求を充足することによって維持されるが、それらの心理学や社会心理学によって記述されている欲求は「人間の基本的欲求」ではあっても「社会生活の基本的欲求」ではない。

社会福祉が対応する「社会生活の基本的欲求」は「人間の基本的欲求」の一定の部分を個々の欲求と基本的社会制度との対応関係という文脈において捉えなおしたものである。すなわち、岡村によれば、「社会生活とは個人が社会制度との交渉関連によって、はじめて可能なものであるから」、人びとの社会生活の起点となる欲求は単なる「人間の基本的欲求」ではなく、社会制度との関連において把握され直した欲求でなければならない。岡村は、このような手続きを前提にしながら、最終的にはつぎのような七通りの欲求を「社会生活の基本的欲求」として措定している。すなわち、①経済的安定、②職業的安定、③家族的安定、④保健・医療の保障、⑤教育の保障、⑥社会参加ないし社会的協同の機会、⑦文化・欲求の機会、がそうである。

ただし、このような「社会生活の基本的欲求」がそのまま社会福祉の対象になるわけではない。そのような諸欲求が人びとと社会制度とのあいだに取り結ばれた社会関係のなかで十分に充足されえないとき、そこに一定の生活困難が形成される。より厳密にいえば、社会関係の主体的な側面において形成される生活困難、それが岡村のいう社会福祉の対象である。岡村は、そのような生活困難を、それが形成される原因に着目しつつ、①社会関係の不調和、②社会関係の欠損、③社会制度の欠陥、に分類している。

このような岡村の独特の対象論には、先にみてきた社会問題論を前提とする社会的問題論や生活問題論を社会関係の客体的側面を取り扱うものとして退け、議論を社会関係の主体的側面に限定するという難点が含まれている。また、議論の端緒となる欲求の分類や性格に関する議論も必ずしも明確なものではない。しかし、「人間の基本的欲求」と「社会生活の基本的欲求」とを区別する視点や社会関係における全体性や主体性の重視など、そこには対象論の再構築を試みるにあたって示唆的な部分が含まれている。

2. 政策科学的福祉ニーズ論

つぎに、社会福祉の対象論を福祉ニーズ論というかたちで展開する系譜のなかから三浦文夫の所説をとりあげる。三浦がニーズという用語によって社会福祉の対象や政策課題を論じる理由は、先行する社会的問題や生活問題という用語が、社会福祉の対象や政策課題を総体的に論じる場合には適しているとしても、政策科学的な手法によって社会福祉の運営——三浦の用語でいえば経営——の過程を論じるには適していない。端的にいえば、社会的問題や生活問題という概念は、その内容が抽象的かつ多義的で、社会福祉を利用する人びとの具体的、個別的な状態像を把握するには適していないということである。

1) 要援護性としての福祉ニーズ

三浦のニーズ論は、社会的問題や生活問題に関する議論についてのこのような認識を前提にするが、その内容はかなり重層的である。まず、三浦は、社会的ニーズあるいは社会福祉的ニーズ（以下、福祉ニーズという）についての議論をはじめるにあたって、一部の福祉ニーズ論にみられるような心理学的あるいは社会心理学的な基本的欲求（ニーズ）の分類やそのリストについて論じることを避け、むしろ福祉ニーズとよばれるもののなかに共通に認められる要素、すなわち要援護性という要素を抽出し、その要援護性をもって福祉ニーズの要件とみなすという方法を採用している。

三浦は、このような認識手続きの必要性を経済学が商品をその使用価値ではなく交換価値に着目し、それを経済学の対象として措定していることを例にあげて説明する。多少敷衍すれば、経済学にいう商品は個々の使用価値をもつモノそれ自体ではない。その所有者がそれを販売しようという意思をもち、購買者の出現を予想してそれを市場に投入するとき、そのモノははじめて商品となる。同様に、心理学あるいは社会心理学にいう基本的欲求（ニーズ）はそのままでは福祉ニーズとはなりえず、そのうちに含まれる要援護性という状態が社会的にみて一定の対応、すなわち社会福祉的な対応を必要とする状態にあると認められるときにはじめて、それは福祉ニーズとなる。

さらに三浦は、その要援護性についてつぎのように論じている。すなわち、福祉ニーズとは、「ある種の状態が、一定の目標なり、基準からみて乖離の状態にあり、そしてその状態の回復・改善等を行う必要があると社会的に認められたもの」である。そして、この規定の前段にいう「ある種の状態が、一定の目標なり、基準からみて乖離の状態」にあるものを「依存状態」あるいは「広義の福祉ニーズ」とよび、後段の規定にかかわって、そのような依存状態のうち「回復・改善等を行う必要があると社会的に認められたもの」を要援護性あるいは「狭義の福祉ニーズ」とよんでいる。

つぎに、三浦は、福祉ニーズの類型について論じ、そのなかで市場的ニーズと非市場的ニーズ、貨幣的ニーズと非貨幣的ニーズ、潜在的（客観的）ニーズと顕在的（主観的）ニーズの異同に言及している。また、三浦は、福祉ニーズの測定方法についても論じ、その基準として、①理論的基準、②政策目標とのかかわりで外在的に設定される基準、③専門家による判定、④横断的比較法、⑤時系列比較法、⑥統計的比較法、⑦ナショナル・ミニマム、をあげている。

2）三浦福祉ニーズ論批判

さて、このような三浦の福祉ニーズ論についてはさまざまに批判がある。ここではそのうちの二点について検討しておきたい。

第一の批判は、三浦が福祉ニーズを貨幣的ニーズと非貨幣的ニーズに分類したことである。三浦への批判はこの一点に収斂させられる観がある。三浦のもともとの意図は、福祉ニーズをニーズ「充足の形態・方法との関連」で分類しようとするところにあった。前者は「現金給付によって充足可能な」ニーズをいい、後者は「現物給付で対応する」ニーズを意味すると簡潔に説明されている。このかぎりでは、貨幣的ニーズと非貨幣的ニーズという分類は多様にありうる分類方法の一つであるにすぎない。

しかし、三浦が両者を「貨幣的ニーズから非貨幣的ニーズへ」というかたちで接続し、政策科学的なテーゼとしての意味を賦与したときから、この二つの概念は異なった受けとめ方をされはじめた。貨幣的ニーズは「貨幣にたいするニーズ」、すなわち「生活保護（公的扶助）にたいするニーズ」を意味し、非貨幣的ニーズは「非貨幣的なもの＝現物にたいするニーズ」、すなわち「福祉サービスにたいするニーズ」を意味するものとして実態論的に理解されはじめたのである。時代はまさに生活保護がその規模を縮小し、逆に福祉サービスの拡大が提唱されつつあった時期であり、このテーゼはさまざまの反発や批判を招くことになった。

第二の、そしてより根源的な批判は、三浦が社会的問題や生活問題という先行する社会問題論的な接近方法を退けたことに向けられている。社会問題論的な接近方法を退けた理由について、三浦は、社会的問題論や生活問題論は「どちらかというと問題発生の原因なり条件の追求とか、問題のもつ社会・経済的インプリケーションの解釈等に重点がおかれがち」であると述べている。ただし、念のためにいえば、三浦はその一方において、依存性あるいは広義の福祉ニーズについて、それが個人、集団あるいは地域社会の社会福祉対象の態様、当該社会の経済的、社会的構成あるいは状態、デモグラフィックな要因、地理的、物理的な、環境的またはエコロジカルな要因、さらには文化的要因等に規定されると指摘し、原因論にたいしてもそれなりに関心を示している。しかし、三浦はその規定のメカニズムやその態様について独自の分析を試みているわけではない。三浦の福祉ニーズ論は「問題発生の原因なり条件の追求」を欠落させた福祉ニーズ論にとどまっているのである。

第6節　福祉ニーズ論の再構成

つぎに、以上の考察を前提に、いわば原因論志向の対象論の系譜、すなわち社会的問題論や生活問題論と、状態論志向の対象論の系譜、すなわち福祉ニーズ論とをどのように連結するかという問題に移ることにしたい。

1. 生活問題論と福祉ニーズ論の相補的連結

従来、原因論志向の対象論と状態論志向の対象論とは相いれないもの、水と油の関係にあるものとみなされてきた。しかし、現実には、原因論志向の対象論のなかにも福祉ニーズ論に接点をもちうるような状態論が含まれていないわけではない。たとえば、孝橋は、社会的問題をあるときには「社会的必要の欠乏（社会的障害）状態」と言い換え、その「社会的必要（ソーシャル・ニーズ）」について「人間が社会生活を営むために必要な精神的・肉体的ならびに物質的な生活諸手段に対する需要の総称」であると注解している。一番ヶ瀬はときには福祉ニーズという用語も混えながら、子ども、障害者、高齢者、女性などのおかれた「状態」について精力的な分析を試みている。逆に、先にみたように、三浦の福祉ニーズ論にしても、原因論を否定しているわけではない。原因論を展開していないだけである。

しかし、孝橋にせよ、一番ヶ瀬にせよ、その所説は「社会的必要の欠乏（社会的欠乏）状態」や福祉ニーズなどの状態に関する理論展開としては十分ではない。十分でないということの意味は、社会的問題論も生活問題論も、たとえば社会福祉の援助を必要としている高齢者の社会的必要の欠乏や生活上の困難について、その内容やその程度を評価し、適切な援助計画（ケア・プラン）を立案し、その効果を測定するためのチェックリストやスケールとして活用しうるほど具体的には展開されていないということである。

この点に関しては、福祉ニーズ論に一日の長があるといわざるをえない。いうなれば、社会的問題論や生活問題論は総論的にすぎ、政策分析には効果的であっても、事業実施や援助活動の水準における議論としては有効性に乏しい、ということである。原因論に関わる理論的展開が十分になされていない福祉ニーズ論は、逆にマクロレベルの政策分析にたいしては有効性に乏しい。両者は相補的な関係において結合されなければならない。

その場合前提となるのは、つぎの諸点である。まず第一に、その基盤となる社会を、岡村のように一般的・抽象的な社会として捉えることを避け、共同社会、資本主義社会、市民社会、文明社会という多相的な構造をもつ歴史的な社会として把握し、福祉ニーズを論じるにあたってもそのような社会との接点を重視するということである。第二に、労働問題との関わりに留意しつつも基本的にそれと区別される生活問題という枠組を前提にするということである。ただし、この前提は労働問題の規定力が生活問題に及ぶことを否定するものではない。生活問題を労働問題の規定をうける側面をもちながらもそれに固有の構造と論理をもつ問題領域として把握するということである。そして、第三に、生活問題の議論を生活ニーズから出発させ、生活問題の内容を社会的生活支援ニーズさらには福祉ニーズとして把握するということである。ここで重要な意味をもつのは、ほかならぬ生活ニーズが最終的に福祉ニーズに転化するにいたるまでの過程とその社会的なメカニズムを明らかにするということである。

2. 要支援性としての生活支援ニーズ

1) 生活ニーズの規定

さて、一般に心理学や社会学においてニーズという用語がもちいられるとき、それは人間が生きるために充足されなければならない必要や欠乏、あるいは欲求のことを意味している。そのような意味でのニーズは、たとえば、空気、水、塩分、栄養などを求める生理的ニーズ、安全、愛情、自尊、承認、自己実現などを求める人格的ニーズ、職業、収入、友人、社会的地位、社会参加などを求める社会的ニーズなどとして分類される。

いまこのように分類されるニーズを一般ニーズとよぶことにすれば、人間の生存と生活にとって一般ニーズの存在と充足は不可欠の要件である。しかし、一般ニーズがそのまま社会福祉の対象になるわけではない。一般ニーズの存在と充足は社会福祉のいわば前提的な命題である。しかし、それが社会福祉の対象としての福祉ニーズに転化するには、その間にいくつもの媒介項が必要とされる。

ここではまず、一般ニーズのうち、①充足の有無が直接的に生命と活力の維持・再生産に関わっている、②充足が社会関係や社会制度との関わりのなかで行われる、という二つの条件を充たすものを生活ニーズとよぶことにしたい。社会福祉の対象に関する議論の出発点となるのは、このような意味での生活ニーズである。

伝統的な福祉ニーズに関する議論のなかには、「人間の基本的ニーズ」「社会生活の基本的欲求」などというかたちでニーズの分類を試みるような例もみうけられる。しかし、ここでは生活ニーズの分類表を作成することはしない。ニーズの分類表を作成してみても、その種類や内容は時代や社会によって異なるのが通例であり、必ずしも普遍性があるとはいえないからである。

2) 生活支援ニーズの形成

さて、ここで、第3章の第2節、第3節、第4節で論じたことを思い起こしてみよう。われわれは、社会福祉の理論的出発点として生活システムという概念を設定した。生活システムは生活維持システムと生活支援システムから構成されていた。生活維持システムを構成していたのは、生活主体としての生活者、物質的生活環境、社会的生活環境、そして生活世界であった。このうち、生活世界は、自分自身の存在を含め、生活者によって解釈され、再構成された物質的生活環境と社会的生活環境から構成されていた。一方、生活者自身も一つのシステムとして存在し、生命―身体システム、人格―行動システム、生活関係―社会関係システムから構成されていた。

生活は、このような枠組みのなかで、生活者自身の生活世界に読み込まれた限りでの物質的生活環境、そして社会的生活環境――総じていえば生活環境とのあいだで社会的な代謝活動を繰り返しながら、その生命と活力を維持し、再生産するシステムとして把握された。こうした枠組みのなかに、生活ニーズという概念を投入してみよう。そうすると、人びとの生活は、生命―身体システム、人格―行動システム、生活関係―社会関係システムという三通りの内部システムをもつ生活者自身と生活環境とのあいだの社会的代謝という関係のなかで多様な生活ニーズを充足させることを通じて維持、再生産される、ということになろう。

通常、生活者の生活ニーズは、このような生活者自身と生活環境との代謝関係のなかで過不足なく充足され、そこに一定の水準と内容をもった日常生活が形成される。しかし、生活ニーズはいつでも充足されるというわけではない。日常的に充足されてきた生活ニーズも、生活環境に変化が生じたり、生活者の内部システムに変化が生じたりしたとき、しばしばその充足は不十分なものとなり、あるいは完全に妨げられることになる。そこに形成されるのが、生活支援ニーズである。

すなわち、ここでいう生活支援ニーズは、生活者の生命や活力の維持再生産に不可欠とされる生活ニーズが通常の自助努力の水路によって十分に充足されえないところに形成されるニーズである。それは、いわば不充足の状況にある生活ニーズであり、その充足のために何らかの支援が必要とされる状況にある生活ニーズである。そのような生活支援ニーズのうち社会的な生活支援サービスが必要とされる部分が社会的生活支援ニーズであり、社会福祉の直接的な対象である福祉ニーズはさらにその一部分として位置づけられる。しかし、そのことに言及する以前に、生活支援ニーズの形成過程について考えておこう。

3. 生活支援ニーズの形成要因

生活支援ニーズの形成の基盤にあるのは社会的代謝関係の不調であるが、そこには主として物質的生活環境あるいは社会的生活環境における何らかの欠損や機能不全などの環境的要因による場合と主として生活者のもつ主体的要因による場合とがある。

1) 生活環境的要因

物質的生活環境に関わって生活支援ニーズを形成する要因としては、公害による大気や水質の汚染、薬品公害や食品公害、過疎や密住、寒暑や干ばつなどの過酷な自然条件、道路の狭隘や段差などを指摘することができる。これらの要因によってうみだされる課題状況は、それ自体として社会福祉の対象となるわけではない。しかし、そこからうまれる疾病、障害、健康の破壊、飢餓は重要な生活支援ニーズを形成する。そのことは、たとえば水俣病、砒素ミルク事件、サリドマイド事件、地震による被災者の発生などの事態を思い起こせば十分に理解されるであろう。

社会的生活環境の基底的な部分は、現代社会のマクロシステムとしての社会システム、経済システム、政治システム、文化システムである。そして、これらのマクロシステムは直接的間接的に生活支援ニーズの形成に関わっている。そのことは、少子高齢化にともなう人口構造や家族構造の変化、経済的不況、人権侵害、差別や偏見などのマクロシステムに関わる要因が生活者に及ぼす影響を指摘すれば容易に理解されるであろう。

しかし、生活支援ニーズの形成過程をさらに具体的に分析するには、われわれが社会的生活環境を構成するメゾ的なシステムとして位置づけた派生的、第二次的な社会的施策・制度に焦点をあてることが有効であろう。

われわれは、先にそのようなメゾシステムとして、①生活の基盤となる社会的集団や組織、②生活の基盤となる所得を確保するために関係をもつ組織、③人びとの都市的生活を支えるために必要とされる共同消費手段、④健康や生活力（労働能力）を保全するための施策・施設、⑤生活力（労働能力）の資質や技術の向上のための施策や制度、⑥生活の質・利便性を確保するために利用する交通・通信手段、⑦生活の質を高めるために利用する文化・娯楽施設、⑧生活を支援する施策・制度をあげておいた。これらの社会的施策や制度が欠損していたり、存在していても量的不足や低品質のため十分に機能していない場合や生活者のもつ個別的条件のために適切に利用できない場合などに、生活支援ニーズが形成されやすいのである。

2) 生活者の主体的要因

生活支援ニーズの形成には多様な個別的要因が関わっている。生命─身体システムに関していえば、生活者の年齢、性差、機能などの要素は幼弱、高齢、性差別、損傷などの状況を介して多様な生活支援ニーズを形成する要因になる。たとえば、児童虐待、高齢者虐待、性差別、生活能力の障害や生活関係の障害は、その基底の部分において生活者のもつ年齢、性差、機能などの要因が関与している。

人格─行動システムについていえば、生活者のもつ人格（パーソナリティ）のありようや精神的状況、非社会的あるいは反社会的な行動様式は生活支援ニーズを形成する重要な要因となる。ひきこもり、非行行動、犯罪行動などはその例である。

生活関係─社会関係システムのうち、生活者の配偶者、子、親、きょうだい、親族、仲間などとのあいだに取り結ぶ私的で緊密な人間関係である生活関係は情緒的な色彩をもつ紐帯、相互的な関係である。そのため、生活関係の欠落や不調は容易に生活支援ニーズを形成する。社会関係は、そのような生活関係の外側に形成される関係である。より具体的には、近隣社会、知人、友人、学校や職場、趣味のサークルなどとの関係であり、その欠落や不調は、独居、孤立、排斥、差別などを通じて生活支援ニーズを形成することになる。

4. 生活支援ニーズの属性

さて、以上のようにして形成される生活支援ニーズにはいくつかの特徴的な属性が認められる。ここでは、それを、要支援性、緊急性、社会性、規範性、覚知性、需要性として整理しておきたい。

1) 要支援性

当然のことであるが、要支援性は生活支援ニーズのもっとも基本的な属性である。生活支援ニーズは、生活主体の自助努力だけでは充足が難しい、あるいはそれが不可能であるところに成立する。誰かの支援がなければ充足されえない、生活支援ニーズはそういう状況において成立する。

2) 緊急性

生活支援ニーズは必ず充足されなければならない。生活支援ニーズが長期にわたって充足されないという状態が続けば、人びとの生活は従来の水準や内容、様式を維持することが困難となり、最終的には生命や活力の維持再生産が不可能になるような事態が考えられる。生活支援ニーズは、それ以前の段階において対応される必要があり、その意味において緊急性をもっている。

3) 社会性

生活支援ニーズは社会的に形成されるという性質をもっている。たとえば、すでにみてきたように、生活支援ニーズの一つである貧困は、多くの場合、失業や低賃金という社会的生活環境に関わる要因を主要因として形成される。生活支援ニーズの主要因が傷病にもとづく心身の障害であるようにみえる場合であっても、傷病の原因に社会的生活環境のもつ要因が関与していることが少なくない。それがない場合にも、心身に障害をもつ人びとの社会生活の質は物質的、社会的な生活環境のもつ諸条件に規定され、平均的な水準においてであれ満足な生活を実現できる可能性は制約されている。

4）規範性

生活支援ニーズは、それぞれの時代と社会において望ましい、あるいは容認されうるものとみなされている価値や基準、たとえば生存権の理念や人格の尊厳に照らして、それとは相容れない、矛盾する状態にある存在である。それゆえに、生活支援ニーズは、何らかの解消、緩和、解決を必要とする課題的な状況として認識される。

5）覚知性

生活支援ニーズの形成や存在はその担い手である生活者によって気づかれている場合と気づかれていない場合がある。たとえば、子どもや痴呆の高齢者の場合客観的にみれば生活支援ニーズが生成していても、そのことを認識していないことが多い。さらに、生活支援ニーズには、気づいていてもそのことが表明される場合とそうでない場合がある。生活に困窮していても何とかやりくりして、社会的支援を求めない貧困者や親による虐待を認めようとしない子どもなどの場合がそうである。

6）需要性

生活支援ニーズは、それが覚知されている場合は、支援を求める行動をともなう。そのような行動のなかには、家族・親族・友人・隣人などにたいする支援の要請、市場による生活支援サービスの購買、民間組織や行政によって提供される生活支援サービスの申請、さらには新たな生活支援サービスの創出を求める社会運動など、さまざまな態様とレベルが含まれる。需要性は生活支援ニーズの重要な属性の一つであり、社会福祉の原初的な契機ともいうべきものである。

第7節　社会的生活支援ニーズとしての福祉ニーズ

さて、これまで論じてきた生活支援ニーズは一定の条件の下において社会的生活支援ニーズに転化し、そこから福祉ニーズが抽出される。しかし、そのような福祉ニーズもそのすべてが社会福祉の対象になるわけではない。社会福祉の援助実施機関による認定というプロセスを通過してはじめて社会福祉の対象となる。より具体的にいえば、福祉ニーズの担い手による福祉サービスの利用が実現するには、利用の有資格者として認定されなければならない。

1. 社会的生活支援ニーズの成立

これまでみてきたように、生活支援ニーズの一部はやがて社会的生活支援ニーズに転化する。ただし、生活支援ニーズは、時間の経過とともに自動的ないし必然的に社会的生活支援ニーズに転化するというものではない。そこには一定の条件が必要である。

一般的にいえば、生活支援ニーズが形成された後においても、生活者は自助努力のなかで何とかしてその充足を図ろうとする。生活者は、家族、親族、知人、隣人などに援助を期待するかもしれない。まずは、インフォーマル（自発的）な生活支援サービスを期待するのである。あるいは、生活者は市場を通じて商品として提供されている生活支援サービスや民間の組織によって独自に提供されている生活支援サービスを利用しようとするかもしれない。そして、これらのインフォーマルな生活支援サービス、商品としての生活支援サービス、民間組織による生活支援サービスによって生活支援ニーズが充足されれば、生活者の生活は日常の状態に復帰することになる。

しかし、生活支援ニーズはいつでも自助努力によって充足されるわけではない。それはしばしば充足されないままに推移し、やがて社会的な生活支援サービスが期待されることになる。われわれが社会的生活支援ニーズというのは、このような状況にある生活支援ニーズである。社会的生活支援ニーズは、以下のような状況において形成される。

すなわち、社会的生活支援ニーズは、①親族・知人・隣人などによるインフォーマルな生活支援サービス、市場による生活支援サービス、民間組織による生活支援サービスでは充足されえない場合、あるいはそれらが欠落している場合に形成される。社会的生活支援ニーズは、②社会的生活支援サービスが期待できる場合、あるいはそれが現在存在していない場合でも社会的生活支援サービスの提供が必要であるという社会的な合意が成立する見込みがある場合に、それとして社会的に認知される。

生活支援ニーズと社会的生活支援ニーズとの関係は、海面に浮かぶ氷山にたとえることができる。社会的生活支援ニーズは、生活支援ニーズという大きな氷山のうち海上に露出している部分に相当する。生活ニーズという広い海中に形成される氷山＝生活支援ニーズの一部分は自助努力によって充足され、氷解する。その一方において、それに対応する社会的生活支援サービスが存在しなかったり、社会的な対応の必要性についての社会的認知がえられない生活支援ニーズは、そのまま海面下に滞留している。海面にでるかでないかの境界的な領域は、社会的生活支援サービスの必要性についての社会的な認知を求める個人的な、あるいは社会的な努力が展開される領域である。

2. 社会的生活支援ニーズとその類型

図5-2は、このような生活ニーズ、生活支援ニーズ、社会的生活支援ニーズの関係を示したものである。生活ニーズ、生活支援ニーズ、社会的生活支援ニーズは階層構造をもち、それぞれに市場による生活手段の提供、生活支援サービス、社会的生活支援サービスが対応している。

社会的生活支援ニーズのうち、所得保障ニーズは、所得保障サービスという社会的な施策による充足（購買力の補塡）

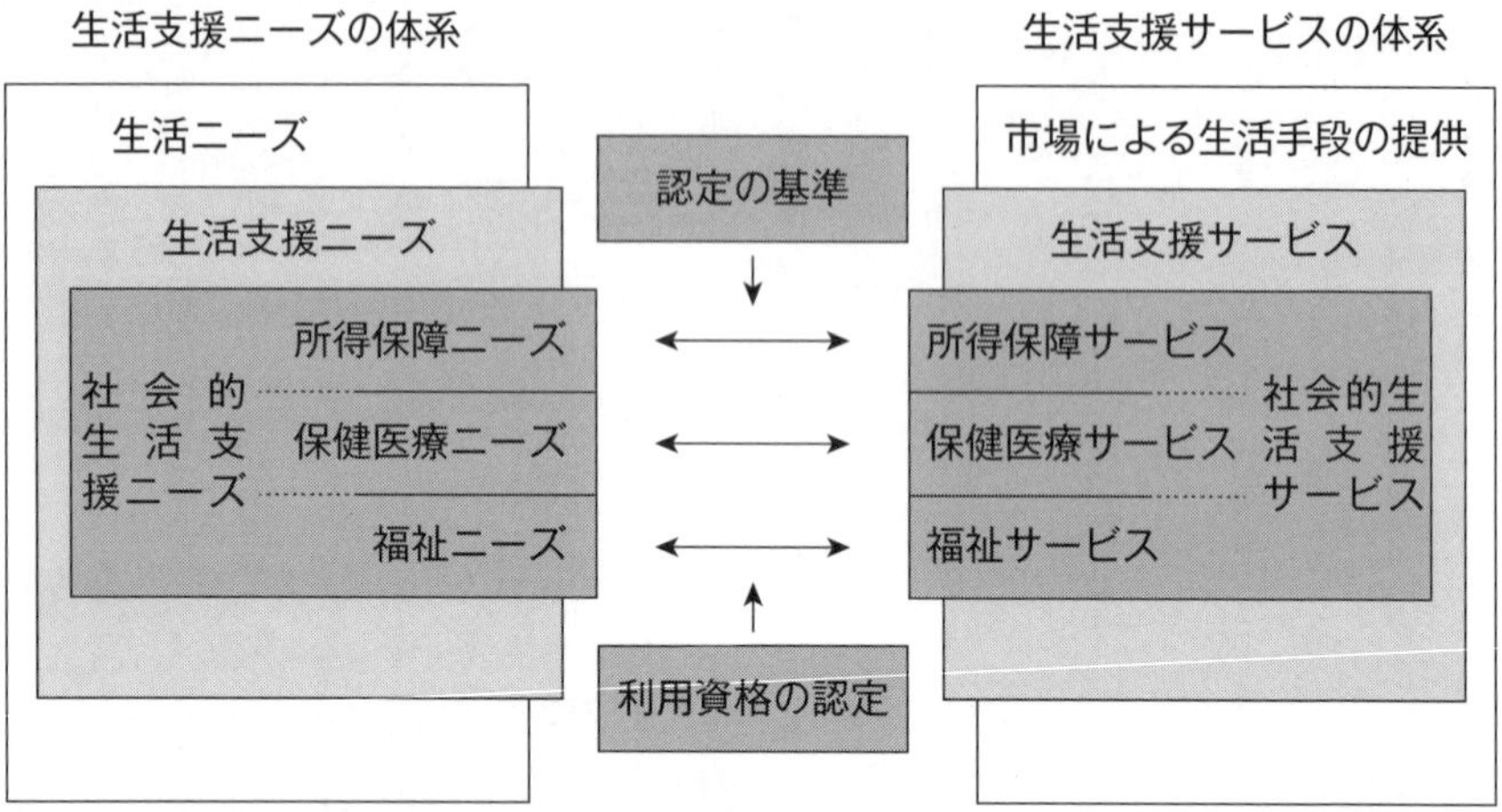

図 5-2　福祉ニーズと福祉サービスの対応関係　　古川孝順　作成

が期待される社会的生活支援ニーズである。医療保健サービスによる充足（健康の増進、疾病の予防、治療、アフターケア）が期待される社会的生活支援ニーズである。同様に、福祉ニーズは、福祉サービスによって充足（困難や障害の除去や緩和による生活支援、自己実現、社会参加の促進）が期待される社会的生活支援ニーズである。

所得保障ニーズ、医療保健ニーズ、福祉ニーズは、それらを充足する手段である各種のサービスとのあいだに明確な対応関係のある社会的生活支援ニーズである。さらにいえば、これらのニーズはサービスにたいするニーズという意味でサービスニーズとよぶことができる。

それぞれのニーズの内容的特徴について簡単にふれておこう。所得保障ニーズは、一定の水準において維持されてきた生活が、失業や退職による所得の中断や低下、疾病や育児による出費の増加などによって傾向的に低下するおそれのある状況を意味している。こうした状況は生活危険ともよばれる。これにたいして、生活不能とよばれる状況がある。生活不能とは、生活危険を引き起こした状況がさらに加速され、社会の構成員としての最低限度の水準を維持することもできないという状況を意味している。社会的施策との対応関係についていえば、所得保障ニーズのうち生活危険に対応するのは社会保険と児童手当などの社会手当であり、生活不能には公的扶助が対応している。

保健医療ニーズは、健康の増進や疾病の予防、治療、アフターケアなどの必要に関わって形成される社会的生活支援ニーズである。しばしば、疾病と貧困は悪循環するといわれる。疾病は二重の意味において費用をともなう。資本主義社会においては医療行為は商品として流通する人的サービスの一つであり、疾病を治療するにはそのような専門的な人的サービスを購入しなければならない。また、治療のために休暇をとれば賃金の減額という費用がともなう。手に入るべき所得が減少するのである。このため、低所得者ほど治療を後送りにする傾向が生じる。低所得者ほど健康を損ない、病気になりやすい。そして、治療が遅れ、その分医療費がかかりやすい。保健サービスや医療サービスにたいする生活支援ニーズは十分に充足される機会にめぐまれないままに社会的生活支援ニーズに転化する傾向が強いのである。

福祉ニーズは、人びとの生活における一定の困難や不全、不調、欠損、総じていえば生活障害にかかわっている。より具体的には、福祉ニーズは生活機能不全、生活能力不全、生活関係―社会関係の不全をその内容とする。生活機能不全は、生活障害の形成が加齢、重度の心身の障害、疾病などに起因する摂食、排泄、衣類の着脱、寝起き、移動などの身辺処理が適切に行われていないか、それが顕著に困難な状況にあることをさしている。生活主体の内部システムのうち、生命―身体システムにかかわる障害ないし不調である。

生活能力不全は、身辺処理能力を除き、日常生活の維持再生産、さらには自己実現や社会参加にかかわる能力が不十分な状況にあることをさしている。人格―行動システムにおける障害や不調である。成人についていえば、生活能力の中心は労働能力であるが、障害や疾病はそのような意味での生活能力の不全につながりやすい。成長過程における子どもの場合には、労働能力を含め、将来の生活を支える能力の獲得が損なわれるような状況である。退職した高齢者にとっては、就労による稼得能力を喪失したなかで、尊厳をもって自立生活を維持再生産し続けることが困難になるような状況である。

生活関係―社会関係の不全は、親子関係の欠落や不調、それにともなう児童や高齢者の遺棄や虐待、友人関係の不調に関わる不登校、非行、社会関係の欠落や不調にともなう社会的孤立、路上生活などの状況にかかわっている。

3. 社会的生活支援ニーズの対象化

このように、サービスニーズとしての社会的生活支援ニーズは多様な内容をもって形成されるが、それが具体的に社会的生活支援サービスと結合するためには個々の社会的生活支援ニーズが社会的生活支援サービスを構成する施策制度ごとに設定されている援助提供の基準――利用者の側からいえば援助利用の基準――に適合する状態として認定されなければならない。社会的生活支援ニーズの、いわゆる「対象化」（真田是）とよばれる過程が必要とされる。

たとえば、所得保障ニーズをもつ生活者が所得保障サービスの一つを構成する生活保護制度による生活扶助を受給することができるためには、その生活状態が生活保護制度の設定している保護基準に適合していなければならない。同様に、福祉ニーズに対応する施策の一つである保育所を利用するには、利用希望者の子どもが保育所入所基準にいう、いわゆる「保育に欠ける」状態になければならない。特別養護老人ホームを利用するには、利用者の心身の状態が特別養護老人ホームの利用を必要とする要介護状態にあることが認定されなければならない。

われわれは、社会福祉の対象に関する議論を、一般ニーズ、生活ニーズ、生活支援ニーズ、社会的生活支援ニーズ、福祉ニーズという順序で規定し、その内容や特性について考察してきた。その福祉ニーズも、最後の「対象化」の段階において、さらに限定される。その意味では、現実の社会福祉の対象は、課題状況としての社会的生活支援ニーズそのものではない。それは、一般ニーズから社会的生活支援ニーズにいたるニーズの独自の論理と対象化の論理によって合成措定され、限定された意味での課題状況にほかならないのである。

4. 社会的生活支援ニーズ認識の主体

このことは、より一般化していえば、社会的生活支援ニーズの形成や存在に関して、誰がそのことを認識し、解決や改善にむけて行動する主体となるのかという問題にかかわっている。社会的生活支援ニーズの形成を認識し、その充足（解決、改善、緩和、軽減）を求めて行動する最初の主体は、通常は、社会的生活支援ニーズを担う生活者本人やその家族、支援者などの関係者であろう。しかし、その社会的生活支援ニーズが社会福祉の援助をうける資格があるかどうかを決定する権限を有しているのは、より直接的には社会福祉援助の実施にかかわる自治体であり、最終的には政策主体としての国家である。

そして、国家によって設定されている利用基準のガイドラインや自治体の策定する実施基準の内容は、それぞれのレベルにおいて政治的、経済的、社会的、さらには文化的などのさまざまの要因によって規定されているのが常であり、必ずしも社会的生活支援ニーズを担う人びと、すなわち生活者本人や関係者たちの期待と一致するわけではない。ここに、社会福祉における社会行動システムのもつ重要性があらためて指摘されなければならない。社会的生活支援ニーズの認定の基準は常にニーズそれ自体の実態やニーズを担う生活者本人、関係者、専門家などによるチェックや評価によって改革されていかなければならないのである。

第6章　社会福祉の政策と制度

ここでの課題は、社会福祉の政策とはどのようなものか、また政策の具体化としての制度はいかなる体系をもって構成されているかを明らかにすることである。考察の対象となる論点は、社会福祉資源配分の基本的枠組み、社会福祉の政策・制度と援助、社会福祉における政策決定、社会福祉制度の基本的枠組み、社会福祉事業の範囲、社会福祉事業の要件、社会福祉事業範疇の再構成、社会福祉事業の体系、である。

第1節　社会福祉資源配分の基本的枠組み

社会福祉における政策と制度のありようについて考察するにあたって、まず、これまで社会福祉資源を配分する基本的な枠組みについてどのような議論が展開されてきたかを検討する。つぎに、そのことを前提にしながら、社会福祉における政策、制度、そして援助活動の関係についてあらためて考察することにしたい。

1. 福祉ミックス論の提起

社会福祉資源という概念は耳慣れた概念とはいえないであろう。ここでいう社会福祉資源は、社会福祉という名称でよばれる施策、すなわち政策・制度・援助活動に限らず、その周辺で展開されている各種の援助活動、さらには市場的に提供されている各種のサービスを含め、社会福祉に貢献しうると考えられるあらゆる資源のことをさしている。

一般に社会福祉というとき、そこではすでに国と自治体（中央政府と自治体政府）の関与するサービス、社会福祉法人や民間非営利団体によるサービスが存在し、また一部には営利事業によるサービスが存在しているという事実認識が前提となっている。この前提はそれ自体として間違いではない。しかし、われわれは、社会福祉の政策、制度、援助活動について深く理解しようとすれば、そのような経験的事実から出発する以前に、歴史的にみて社会福祉資源は誰によって配分されてきたのか、さらには誰によって配分されるのが妥当かつ適切であると考えられてきたかという問題を立ててみなければならない。

第2章で考察したように、第二次世界大戦以後、先進資本主義国では福祉国家の建設が最優先的な国家政策となり、それだけに国家（中央政府）が社会福祉資源の供給主体として積極的に行動することが妥当かつ適切であり、また当然のこととみなされてきた。しかし、このような前提が通用したのは一九七〇年代までのことであった。八〇年代になると福祉国家批判が急速に勢いを増し、そのなかで社会福祉資源の配分には誰があたるべきなのか、誰が中心になって社会福祉資源の配分が行われるべきかという問題があらためて提起されることになった。いわゆる「福祉ミックス」論である。

「福祉ミックス」論――「福祉の混合経済」論ともいう――の内容は論者によって一様ではないが、その骨子をなしているのは、**図6－1**にみるように、社会福祉資源の配分の主体として民間セクター、政府セクター、そして市場セクターという三通りのセクターを設定したうえで、いずれのセクターが主要な役割をとるべきか、あるいは各セクターは相互にどのように役割の分担を行うべきかという問題提起である。

すなわち、福祉ミックス論は、まず福祉国家体制は政府セクターが社会福祉資源の供給主体としての役割を独占し、そのことのゆえに行き詰まることになったと主張する。つぎに、福祉ミックス論は、そのような批判を前提に、政府セクターを縮小させ、民間セクターや市場セクター、なかでも市場セクターを拡大させるべきであると論じている。

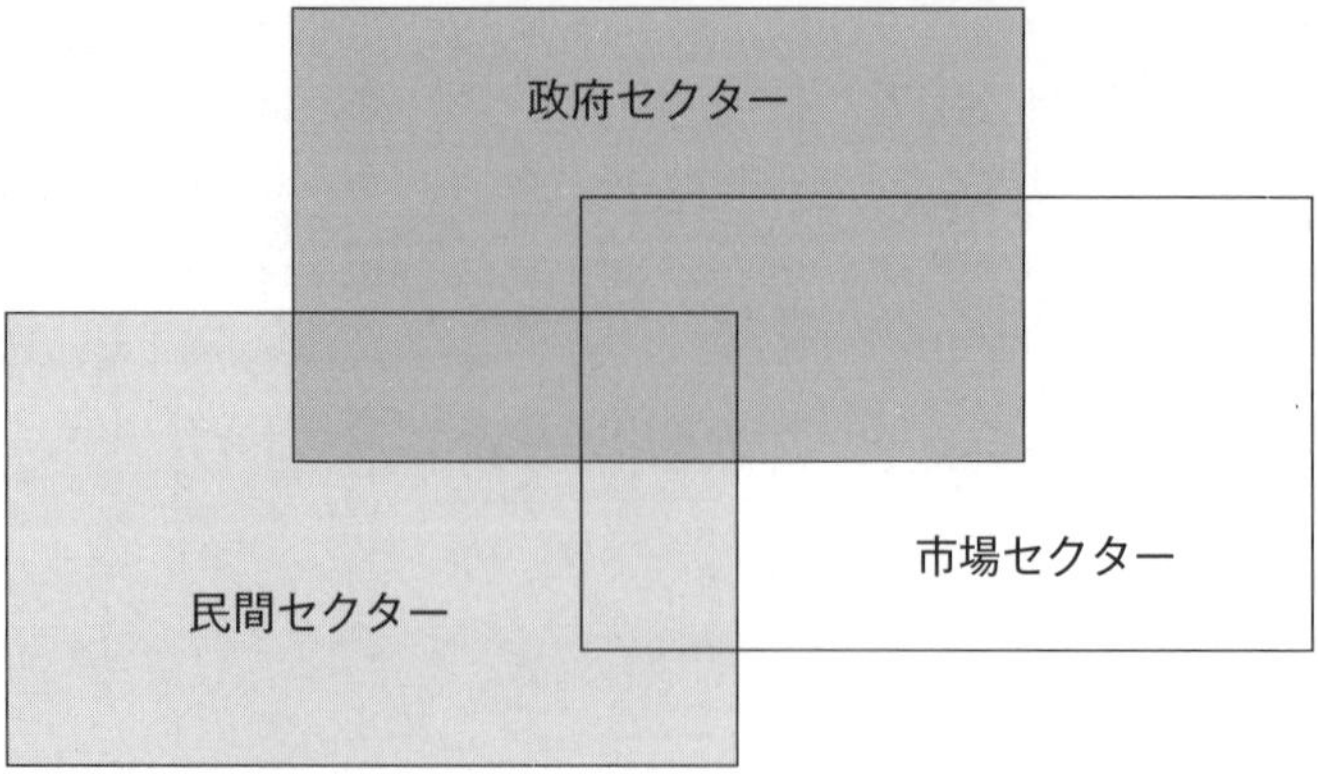

図6-1　社会福祉資源の配分セクター　　古川孝順　作成

たしかに、福祉国家体制のもとにおいて政府セクターが社会福祉資源の配分を事実上独占してきたことは事実である。そして、その過程において官僚主義、中央集権主義、民間セクターの政府セクターにたいする依存などの弊害が生じてきたこともまた事実である。そうした側面について厳しい批判が寄せられるのはもっともなことである。しかし、それでは、政府セクターを縮小させ、民間セクターや市場セクターの参入、なかでも後者の参入を促進し、その比重を増大させれば直ちに事態が改善されるものであろうか。

2.　政府セクターと民間セクターの役割関係

このような福祉ミックス論についての最終的な評価は歴史に委ねるとしても、その問題提起が、一九八〇年代にはじまる、わが国における社会福祉の戦後福祉改革以来の骨格構造の見直し、さらにはその再構築――社会福祉基礎構造改革――へという改革動向にたいする重要な契機となったことはたしかである。しかし、歴史的にみると、社会福祉資源の配分の枠組みに関する議論はなにも福祉ミックス論にはじまるわけではない。それは、二〇世紀の初頭以来、政府セクターと民間セクターの役割関係をどのように理解すべきか、あるいは位置づけるべきかというかたちで幾度となく繰り返されてきた議論の延長線上にある。

福祉ミックス問題についての理解を深めるため、二〇世紀の初頭以降における議論の展開を回顧し、その一端にふれておきたい。

1) 平行棒の理論と繰り出し梯子の理論

社会福祉における政府セクターと民間セクターの役割関係に関する議論は伝統的には社会福祉における「公私」関係論として展開されてきたが、その嚆矢ともいえる古典的な議論に、二〇世紀初頭のイギリスにおいて、救貧法による公的救済と慈善事業との関係をめぐって展開された「平行棒の理論」対「繰り出し梯子の理論」とよばれる論争がある。

ここでの論題に適合するように翻訳すれば、「平行棒の理論」は、政府セクターによる社会福祉資源の配分である公的社会福祉（救貧法）と民間セクターによる社会福祉資源の配分である民間社会福祉（慈善事業）とは、本来的にそれぞれに異なった性質をもつ課題に対応するための事業であり、両者が交錯し、混りあうことはありえないとする理論である。かつてイギリスの慈善組織協会が、慈善事業は「価値のある（救済に値する）貧民」の救済にあたり、「価値のない（救済に値しない）貧民」の救済は救貧法の課題であると主張したことを思い起こしておきたい。

これにたいして「繰り出し梯子の理論」は、民間社会福祉の役割は、その自主性と創意のもとに、常に先駆的、実験的な課題に挑戦し、その成果を安定的、組織的な事業展開を身上とする公的社会福祉に引き継ぎ、それを先導することにあるとした。貧困対策を救貧から防貧への転換を先導し、救貧法の解体をめざした人びとによる議論である。

このような公私の役割関係をめぐる議論は、こんにちにおいてもその意義を失ってはいない。民間セクターの役割を、その自主性と創意のもとに、常に先駆的、実験的な課題に挑戦するところに求めようとする議論は、社会福祉のほぼすべての領域が制度化され、そこに中央集権化、官僚主義化などの弊害が生じている現状に照らしていえば、一〇〇年前以上に有意義であるといってよい。

2) ベヴァリッジ報告の公私分担論

第二次世界大戦後のイギリスにおいて成立した福祉国家の青写真が一九四二年に提出されたベヴァリッジ報告であることはよく知られている。その報告書のなかで提起され、その後の先進資本主義諸国における福祉国家の発展に重要な貢献をした概念にナショナルミニマムがある。ナショナルミニマムは国民的最低限と訳されるのが一般であるが、国民の最低限度の生活について国家がその責任において保障することをさしている。

この概念は、もともと社会保険と公的扶助から構成される所得保障の制度を構築するにあたって、その達成目標として設定されたものであり、国家が所得保障制度によって保障する生活水準の最低限を意味していた。しかし、その後、この概念は、所得保障の範囲を超えて福祉国家政策一般の目標として理解される傾向がうまれてきた。また、ナショナルミニマムの概念が一般化される過程において、その意味内容のうち生活水準の最低限という側面よりもむしろ国家による保障という側面が強調されるようになった。特にわが国においては、そのような傾向が顕著であり、国家責任の観念がベヴァリッジ報告が想定していた範囲を超えて過度に強調されてきたという指摘もみられる。

たしかに、ベヴァリッジ報告は、国家の責任をナショナルミニマムの範囲に限定し、それを超える生活については個人の自発的努力に委ねている。ナショナルミニマムを超える生活の水準や豊かさを望むのであれば、それは自発的努力によって達成されるべきであるというのが報告書の立場である。国家の責任、つまり政府セクターの責任の範囲をどのように理解すべきかはナショナルミニマムの水準や内容をどのように設定するかによって異なってこようが、ベヴァリッジ報告が自発的努力の意義と役割に言及し、国家責任の範囲にある種の歯止めをかけていた事実にあらためて留意しておきたい。

3) 公私分離原則

わが国では、第二次世界大戦後、戦後改革の一環として社会福祉の再編成と近代化が推し進められる過程において「公私」関係をめぐって深刻な議論が展開された。すなわち、わが国の社会福祉は、戦後福祉改革の過程において、「無差別平等の原則」「公的責任の原則」「最低生活費保障の原則」からなる、いわゆるGHQ三原則の実現が求められた。ただし、三原則のうち第二原則の「公的責任の原則」は「国家責任の原則」と「公私分離の原則」から構成されており、そのレベルでいえば四原則ということになる。

これらGHQ三原則ないし四原則は、わが国の社会福祉の非軍事化、民主化を押し進め、その近代化に貢献するとともに、その後の社会福祉のありように多大な影響を残すことになった。なかでも、国家責任の原則は、社会福祉にたいする国の責任を確立するとともに、厚生省を頂点とし、機関委任事務および団体委任事務という枠組みを通じ、都道府県・市町村を実施機関とする社会福祉行政の体系をうみだした。

さらに、公私分離の原則は、公の支配に属さない教育、慈善、博愛の事業にたいする公金の支出を禁止する日本国憲法第八九条の規定ともあいまって、措置委託費制度と社会福祉法人制度の創設をもたらし、戦後社会福祉の発展の根幹にかかわる影響をもたらした。

このような歴史的経緯を継承して一九五一年に制定された社会福祉事業法は、公私関係に関し、その第五条（事業経営の準則）において①国、地方公共団体はその責任を他の社会福祉事業を経営する者に転嫁し、またそれらの者に財政的援助を求めないこと、②国、地方公共団体は他の社会福祉事業を経営する者の自主性を重んじ、不当な関与を行わないこと、③社会福祉事業を経営する者は不当に国及び地方公共団体の財政的、管理的援助を仰がないこと、と規定した。われわれの用語法に翻訳していえば、社会福祉事業法は、政府セクターと民間セクターは相互に責任の転嫁、干渉や依存のない自立した関係のなかで社会福祉資源の配分に従事することを求めたのである。

しかし、現実には、政府セクターは独力で戦後期における社会福祉の需要に対応することができず、民間セクターに依存するとともに、他方において措置委託費や補助金の支給を通じて民間セクターを規制し、支配するようになり、ここに政府セクターによる独占ともよばれるような社会福祉資源配分の体制が構築されることとなった。

4) 自助・互助・公助

こうした状況のなかで、一九八〇年代になると、補助金制度と機関委任事務制度の改革を中心に社会福祉行政の大幅な見直しと改革がはじまり、その延長線上に基礎構造改革が位置づけられる。八〇年代における改革は、高度経済成長の終焉とそれにともなう財政危機に端を発するものであり、その意味では社会福祉にとっては外在的な改革であった。これにたいして危機感をもったわが国の社会福祉界は、全国社会福祉協議会を中心に、社会福祉の内側から内在的な福祉改革の構想を提起することになった。

すなわち、全国社会福祉協議会に設置された社会福祉基本構想懇談会は、その報告書である「福祉改革の基本構想（提言）」（一九八六年）のなかで、「昭和二〇年代中頃につくられた社会福祉制度の基本的枠組み」から脱皮し、戦後社会福祉に伝統的な「公私機能分担に代わる公助・互助・自助の関係について、新しい体系を確立する必要がある」と指摘した。社会福祉基本構想懇談会のいう公助は、国や自治体による援助、つまりここでいう政府セクターによる社会福祉資源の配分のことであり、互助は民間セクターによる相互扶助的な社会福祉資源の配分のことであるといってよいであろう。自助は、当事者や家族による自助的努力である。

このような社会福祉基本構想懇談会は、それまでの政府セクターを中心に構築された社会福祉資源配分の枠組みを大幅に改め、互助というかたちでの民間セクターの役割を強調するとともに、市場セクターの参入にも道筋をつけるものであった。その後、この公助・互助・自助は、自助・共助・公助という自助努力を強調する序列と表現に置き換えられることによって、社会福祉資源配分の枠組みを組み換えるうえで一層重要な影響力を発揮するにいたっている。

5) 新しい公共

社会福祉基本構想懇談会による「福祉改革の基本構想」の与えた影響として看過することができないのは、それが公助や互助という新しい概念とともに、「新しい公共という立場にたつ社会福祉」の構築を提起していることである。わが国に限らず、伝統的に「公共」という用語は政府や行政という用語と結びついてきた。さらにいえば、しばしば両者は同義語的に扱われてきた。これにたいして、「新しい公共」は、その領野を政府や行政に限定せず、政府や行政はもとより、民間の組織による「おおやけ」的な、あるいは公益的な意味あいをもつ活動をもそのなかに含む、より包括的な領野を意味する用語としてもちいられている。簡略にいえば、国や自治体による社会福祉のみならず、民間の法人や互助団体などによる社会福祉も「おおやけ」の意味をもつもの、公共の意味をもつものとして扱おうということである。

こんにちでは、「新しい公共」という概念は、その軸足をさらに民間サイドに移動させ、政府や行政による活動から民間の非営利組織や市民個人による活動、さらには企業による社会貢献的な色彩の強い活動までも含む、より包括的な概念として再構成されようとしている。

「新しい公共」という概念は、社会福祉のありようを考察するにあたっていまやキー概念としての意味をもとうとしている。

3. 政府セクターの意義

こうして、こんにちでは福祉ミックス論は、その後の規制改革論とも重なりあいながら、わが国の社会福祉のありように大きな影響を与えてきた。実際、こんにち、居宅型の介護サービスにおいては七割から八割が個人や企業による認可事業者によって提供されている。社会福祉の資源配分について考察しようとすれば、この事実を直視しなければならない。

しかし、同時に、われわれは、つぎのような経過に留意しておきたい。歴史的にみれば、近代社会の歴史を通じて、市場セクターは社会福祉資源の配分に積極的に関与しようとしてこなかった。他方、近代社会成熟期以降に出現してきた社会的な諸問題にたいして、民間セクターは十分な資源調達・配分能力をもつことができず、有効な対応策を提起することができなかった。二〇世紀を通じて政府セクターが拡大し、中心的な役割を演じてきたことには、それなりの理由があったといわなければならない。

つぎに、福祉ミックス論にせよ規制改革論にせよ、そこには市場原理至上主義的予定調和説とでもいうべきある種の楽観論が潜んでいる。政府セクターを縮小させ、民間セクターと市場セクターを拡大させるといっても、購買力を補給して最低生活を維持する事業をそれらのセクターに委ねることはできないし、福祉サービスについても、利益の追求を行動原理とする市場セクターが公益性の強い福祉サービスの提供にどこまで対応できるか、その点については未知数である。しかし、実態は確実に変化しつつある。

実際、こんにちすでに政府セクターの役割はかなり変化してきている。福祉サービスの直接的な提供主体としての国や都道府県の比重は減少する方向にあり、逆に、政府セクターのなかでも市町村の福祉サービスの提供主体としての役割は拡大する傾向にある。すなわち、政府セクターを構成する国、都道府県、市町村の役割はそれぞれのレベルにおいて変化する傾向にある。国や都道府県の役割は条件整備、環境整備的なものとなる半面、市町村の直接的な資源配分者としての役割は拡大する傾向にある。

しかし、こうした事実にもかかわらず、総体としていえば、政府セクターの、必要とされる福祉サービスの総量を確保し、品質を維持向上させ、そのための要員や財源を確保し、施設設備の整備に努めるとともに、他方において最低生活保障をはじめとするセーフティネットを構築し、維持するという役割は、今後とも維持されていかなければならない。

第2節　社会福祉の政策・制度と援助活動

さて、つぎには、これまでの議論を前提に、政府セクターによる政策が制度化され、援助活動に具体化される過程とその意義について考察する。政策とは一定の目標を達成するために動員される手段ならびに方法手続きの体系である。そのような政策はどのようにして制度に転化し、援助活動に具体化されるのであろうか。

1.　援助活動の制度化・政策化

社会福祉においては、政策・制度、援助活動が一体となって施策が策定運用されていることについては、第3章第8節において言及したが、政策・制度、援助活動が一体化されたかたちで社会福祉を構成し、運用維持されているということの意味を的確に理解するために、ここでそうなるにいたった理由と経過について再度確認しておきたい。

歴史的にみれば、社会福祉はまず政策があり、それが制度化され、最後に援助活動が出現したというわけではない。一般的にいえば、歴史的に先行したのは援助に関わる活動であり、それがやがて事業として制度化され、ついで政策主体によって掌握されるようになり、そこに施策としての社会福祉が成立したのである。

援助活動は、原初的には、地域社会や宗教者による自発的、主体的な活動として登場するが、それが一定の条件のもとにおいて組織的、継続的に展開されるようになり、社会的にも一つの事業として認知されるようになる。政府（国家）は、そのように事業化された援助活動を補助金の交付、登録、許可などの手法を通じてしだいに掌握するようになり、最終的には国家の方針によって援助活動を規制管理し、あるいは国家の方針を実現する手段として位置づけ、活用するようになった。こうして自発的、主体的な行為としてはじまった援助活動は、こんにちのように、社会的な制度の一環として政府セクターの方針、指揮のもとに組み込まれることになったのである。

2. 政策の制度化・援助活動化

このように、歴史的にみれば、社会福祉は、自発的、自主的な行為として登場した援助活動がしだいに事業としての形態を獲得するとともに社会的な制度として自立し、やがて政府（国・自治体）による政策のもとに組み込まれるという過程をたどってきたものであり、そのようなものとして把握され、分析される。しかし、社会福祉の現状を前提に社会福祉を認識し、記述するときには、すでに第3章第8節で部分的に言及しておいたように、それは、国や自治体によって策定される政策、その具現化としての制度、制度の内実ないし内容としての援助活動という一連の過程をたどる存在として把握され、分析されることになる。

図6－2は、そのような社会福祉における政策、制度、そして援助活動の位置関係と相互の関連についてさらに理解を深めるため第3章第8節の概念図（**図3－8**）に一部修正を加え、再掲したものである。

社会福祉の本体部分を意味する施策システムは、政策、制度、援助活動というサブシステムから構成されている。すでに指摘しておいたように、社会福祉の政策はそれ自体としては有用性をもちえず、まず制度として具体化される。ついで、その制度も利用者の利用対象として有用性をもつためには援助活動として具体化されなければならない。すなわち、社会福祉の政策は、最終的に援助活動という形態に転換されることなしには有用性をもちえないのである。

ただし、ここで重要なことは、援助活動は、制度という媒介項を通じて政府セクターの方針（政策）に規定されるといっても、政策的規定に完全に従属する地位にあるというわけではない、ということである。援助活動は、原理的には、政策的制度的規定のもとにありながらも、それに独自の行動原理を保ちながら駆動している。そうであればこそ、援助活動は、しばしば政策的制度的規定の外側において新たな領域を開拓し、事業活動への展開を試みることになる。

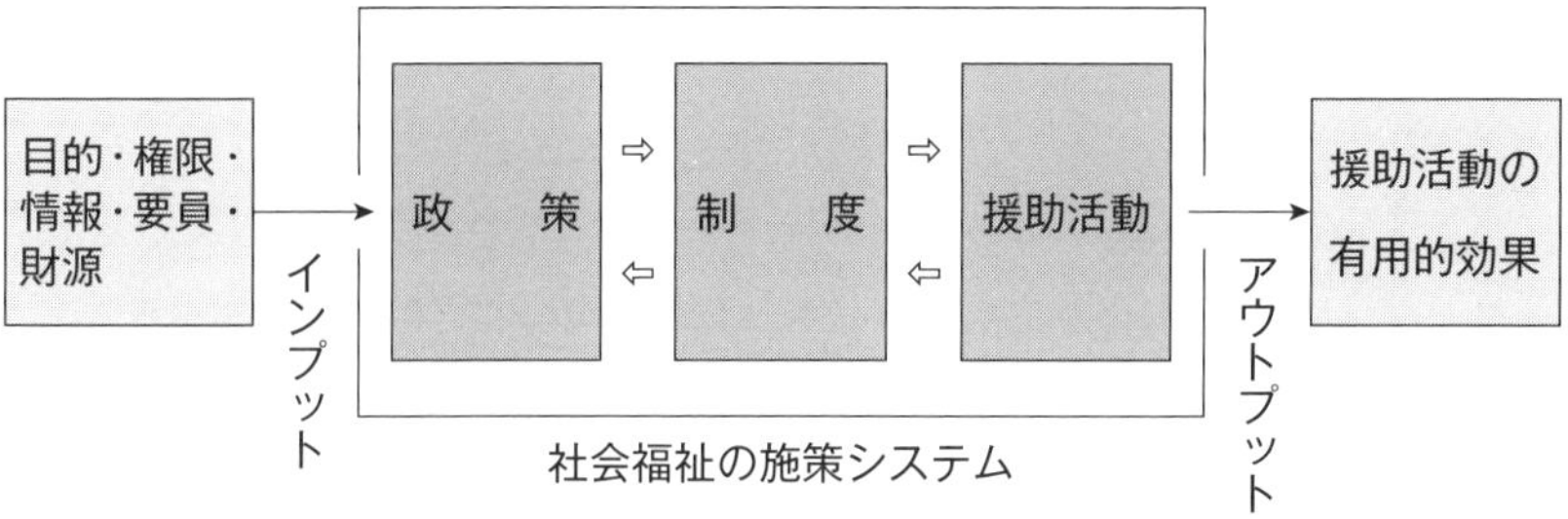

図 6-2　社会福祉における政策・制度・援助活動の相互関係　古川孝順　作成

より一般的にいえば、社会福祉の施策システムを構成する政策、制度、援助活動は、それぞれが独自の論理、行動原理をもって駆動する。そこでは、政策、制度、援助活動のそれぞれがもつ論理、行動原理の衝突、せめぎあいが不可避的なものとなるが、そのような衝突やせめぎあいのなかに社会福祉の発展をもたらす原動力が潜んでいるのである。

図6－2のもつ意味についてもう少し補足をしておこう。政府セクターによって一定の目的のもとに、それを実現するに必要な権限、情報、要員、財源が選択され、政策が策定される。その政策は、制度への転換、援助活動への具体化を通じて一定の有用的効果をうみだすことになる。こうして、政策の効果は援助活動のもたらす有用的効果というかたちで測定され、評価されることになる。施策システムを中心にいえば、目的、権限、情報、要員、財源は、施策システムにインプットされる要素であり、援助活動の有用的効果は施策システムのアウトプットである。

第3節　社会福祉における政策策定

これまでみてきたように、近年、わが国の社会福祉においては政府セクターの役割や機能についての見直しが進められ、分権化、地域化、そして供給組織の多様化や多元化が求められてきた。しかし、こんにちなお、社会福祉の中核的ないし基本的な部分が国や自治体による社会福祉であることに変わりはない。そのように社会福祉のありようを規定し、方向づける国や自治体の政策は法律や条例というかたちで定められている。まず、その策定の過程についてみておきたい。

1. 政策策定の組織と過程

わが国における社会福祉の政策策定システムの中心は、国でいえば国会であり、自治体でいえば都道府県・市町村議会である。社会福祉にかかわる法律や条例は、いずれも国会や自治体議会（地方議会）において審議、採決されてはじめてその効力を獲得する。

ただし、周知のように、わが国においては法案や条例案が議員によって提案される例は数少ない。社会福祉にかかわる法案や条例案のほとんどは国政府や自治体政府によって提案されている。しかも、そのような国政府や自治体政府による法案や条例案の企画・策定はそれぞれの行政機関の上層部、一般的に国政府でいえば各省庁の大臣、次官・局長クラス、自治体政府の知事（市町村長）・助役・部長クラスによって担われている。

また、政府部局が法案や条例案を企画し、策定するにあたっては、事前に政府与党のいわゆる族議員やその周辺部分とのすりあわせを行うというのが通例である。さらに、政府部局は、審議会や委員会等を通じて学識経験者や関係諸団体の意見を徴するかたちをとりながら、法案や条例案を社会的合意の所産として位置づけるという手法をとるのが一般的である。その過程において、利害関係をもつ関係諸団体（現業団体）とのすりあわせも行われている。

このように、国や自治体における社会福祉の政策策定システムは、議会、政府部局、行政庁の上層部、政党機関や議員、学識経験者、関係諸団体を中心に、その外縁に位置しつつ大きな影響力をもつ財界や業界、さらに各種のメディアを通じて意見を表明する世論等から構成されている。他方、民間社会福祉の場合には、たとえば社会福祉法人や財団法人の理事会・評議員会、事業部門の上級職員などが政策策定組織ということになろう。

国、自治体、民間組織とそれぞれにその規模や性格によって、それが社会福祉に関与しうる程度は異なっている。しかし、どのような団体・組織であれ一定の権限をもつ政策策定システムが存在し、法律、条例、あるいは規程というかたちで、それぞれに社会福祉のありようにかかわる政策を策定している。

2. 行政主導の政策策定

以上の議論からも明らかなように、わが国における政策策定は、その内容においても手続き過程においても、国会や地方議会とそこにおける審議によるというよりも、実質的には法案や条例案を企画立案し、提出する国・自治体の政府ならびに行政庁の上級官僚によって方向づけられる行政主導型の政策策定になることが多い。そこには、わが国の議員が法案や条例案の提出に必要とされるだけの専門的な知識や法律技術を少なからず欠いており、しかもそれをサポートする十分な政策立案組織ももちえていないという事情が関与している。

また、わが国においては、社会福祉基礎構造改革の過程において情報公開の重要性が指摘されたとはいえ、現実には、法案や条例案を企画、立案し、決定するうえで不可欠な社会福祉の対象（利用者）、要員、財源などに関わる情報、すなわち政策情報が行政庁に集中し、しかもそれがなかなか一般に公開されないという状況がある。さらに、そのことに加えて、わが国における社会福祉制度の改革や新設は、先例主義、横並び主義で既成の制度の部分的な修正や補正という方式をとることが多い。そこで必要とされる既成制度の成果や欠陥に関わるフィードバック情報もまた行政庁の内部に集中している。こうして、わが国の社会福祉に関わる政策の企画立案、決定の過程は不可避的に行政主導型で推移することになる。

しかし、もとより、行政の意向だけによって政策が企画立案され、決定されるわけではない。先にみたように、政策立案の過程においては、施策の企画立案や制度の運用にあたっている官僚・吏員のみならず、社会福祉の事業を実施している機関や施設の職員の経験や意向、事業経営者、学識経験者、さらには財界の意向が反映される機会が設けられている。

また、法案や条例案の審議の段階では議員の発言を通じて議員自身やその支持者である関係諸団体の意向が提出され、法案に修正が加えられることも少なくない。関係諸団体による示威行動（デモンストレーション）や世論の影響も重要な意味をもっている。

第4節　社会福祉制度の基本的枠組み

これまでの議論から明らかなように、わが国の社会福祉は、そのうちに民間セクターの自発的、主体的な援助活動や事業として展開されている部分を含みながら、そして民間セクターや市場セクターによる参入の拡大が求められつつも、基本的には、政府セクターによる政策として策定され、かつ運営されている。そこで、以下、社会福祉を、政府セクターの政策による社会福祉、すなわち「法律による社会福祉」（法定社会福祉＝公的社会福祉）と「法律によらない社会福祉」（非法定社会福祉＝民間社会福祉）あるいは「自発的社会福祉」という区分に言及したうえで、「法律による社会福祉」（法定社会福祉）を中心に社会福祉制度の基本的な枠組みについて考察することにしたい。

1. 原初的形態としての自発的社会福祉

わが国における社会福祉は、社会福祉の提供や利用に関わる権限の所在や財政構造をみればすぐにも明らかになるように、その基本の部分は国や自治体による社会福祉として展開されている。

国や自治体が社会福祉を展開するとき、その根拠となるのは、社会福祉に関わる国の法律や自治体による条例、なかでも前者の国の制定する社会福祉に関わる法律である。すなわち、一般に「法律による社会福祉」（法定社会福祉）とよばれるのは、この国の法律や自治体の条例による社会福祉のことであり、それ以外の社会福祉が「法律によらない社会福祉」（非法定社会福祉）とよばれる。

このように、法律や条例に根拠をもつかもたないかを根拠にすれば、「法律によらない社会福祉」という概念は消極的な色彩をもちやすい。しかし、「法律によらない社会福祉」を「自発的社会福祉」とよびかえてみよう。状況は大きく変化し、「法律によらない社会福祉」はより積極的な意味をもちはじめる。「自発的社会福祉」は、「法律による社会福祉」を含め、社会福祉の原初的形態として位置づけられることになる。ちなみに、岡村重夫は、社会福祉の淵源を地域社会の相互扶助に求め、社会福祉における自発性のもつ重要性を強調している。

すでにみたように、近年、近隣の住民や友人によるインフォーマルサポートネットワークや民間非営利団体による福祉サービスの提供、さらには市場セクター（認可事業者）による援助の提供まで視野に入れた新しい公共という概念が注目されている。社会福祉の基本的な枠組みが「法律による社会福祉」によって構成されていることを前提にしつつも、「自発的社会福祉」の重要性についてあらためて考えてみなければならない。

2. 「公的社会福祉」と「民間社会福祉」

さて、「法律による社会福祉」は、援助提供組織の性格の違いに着目していえば、基本的には、国・自治体が直接提供する社会福祉と社会福祉法人等の認可団体や認可事業者の提供する社会福祉から構成されている。逆に、「法律によらない社会福祉」は、社会福祉法人等の認可団体以外の民間団体、総じていえば民間非営利組織や営利的事業者による社会福祉である。

社会福祉には、「法律による社会福祉」と「法律によらない社会福祉」という区分法に類似した区分法として「公的社会福祉」と「民間社会福祉」がある。両方の区分法を重ね合わせていえば、「法律による社会福祉」は国・自治体・社会福祉法人を提供組織とする「公的社会福祉」であり、「法律によらない社会福祉」は社会福祉法人以外の民間非営利組織や営利組織を提供主体とする「民間社会福祉」である。

ただし、このように両方の区分を重ね合わせることに疑問がないわけではない。社会福祉法人は、国や自治体による認可をうけているとはいえ、基本的な性格は民間の組織である。そのことからいえば、社会福祉法人の提供する社会福祉を「法律による社会福祉」に含めることには異論も予想される。逆に、近年、市町村が介護サービスを含め、在宅福祉サービスの提供や保育所の経営を民間非営利組織や営利的事業者に委託するという例も増加しつつある。このような状況を勘案すれば、社会福祉法人以外の民間非営利組織や営利組織も「法律による社会福祉」の供給主体に含まれるという解釈も可能となる。

近年における援助提供組織の多様化・多元化によって、社会福祉を「法律による社会福祉」と「法律によらない社会福祉」、あるいは「公的社会福祉」と「民間社会福祉」に区分することの理論的、実際的な意義は徐々に重要性を薄れさせつつあるといってよい。

3. 社会福祉の法的枠組み

さて、**表6－1**はわが国の社会福祉の基本的な枠組みを構成している社会福祉関係法令を分類したものである。**表6－1**ではまず社会福祉関係法令の性格による分類がなされ、それぞれの類型に対応する法令が整理されている。もとより、指摘するまでもないことであるが、一つの法令がいくつかの類型に該当する内容をもっているのが通例であり、**表6－1**における関係法令の分類はそれぞれの法令のもつ主要な性格を基準としたものである。

基本法とは、それが対象としている領域や事象について国の基本的な政策方針をプログラム的に示したものである。プログラム的にというのは、目標を義務的な課題としてではなしに、達成すべき課題として設定し、国としてそのために努

表 6-1　社会福祉の法体系　　古川孝順　作成

法の性格	法の名称
基本法	障害者基本法 高齢社会対策基本法
所得保障法	生活保護法 児童手当法 児童扶養手当法 特別児童扶養手当等の支給に関する法律
福祉サービス法	児童福祉法 母子及び寡婦福祉法 児童虐待の防止等に関する法律 児童買春、児童ポルノに係る行為等の処罰及び児童の保護等に関する法律 老人福祉法 身体障害者福祉法 知的障害者福祉法 ホームレスの自立の支援等に関する特別措置法
介護サービス法	介護保険法
保健サービス法	地域保健法 母子保健法 老人保健法 精神保健及び精神障害者福祉に関する法律
組織・資格法	社会福祉法 社会福祉施設職員等退職手当共済法 社会福祉士及び介護福祉士法 精神保健福祉士法 民生委員法
振興・助成法	社会福祉・医療事業団法

力することを国民（市民）にたいして宣言したもの、という意味である。障害者基本法や高齢社会対策基本法はそのような意味において基本法として分類される。この二つの法令はプログラム的規定であるから、そこには具体的な施策、すなわち所得保障や福祉サービスに関する具体的実際的な規定は含まれていない。具体的実際的な制度や事業に関する規定は、児童福祉法、老人福祉法、身体障害者福祉法、知的障害者福祉法等に委ねられている。

所得保障法は、人びとの所得ニーズに対応し、現金（貨幣）を供与あるいは貸与することによって、購買力を提供することをその目的とする施策及びその利用手続きに関する法令である。社会福祉に関する法令のなかでは生活保護法、児童手当法、児童扶養手当法、特別児童扶養手当法がこれに該当する。これらの法令のうち、生活保護法を扶助法といい、児童手当法、児童扶養手当法そして特別児童扶養手当法を社会手当法ということがある。資金の貸与については母子及び寡婦福祉法による母子福祉資金や寡婦福祉資金の貸付、生活福祉資金の貸付がこれにあたる。ただし、母子及び寡婦福祉法そのものは福祉サービス法として分類するのが一般的である。

福祉サービス法は、多様な人的サービス、物的サービス、システム的サービスを提供して人びとの福祉ニーズを充足しあるいは軽減緩和することを目的とする各種の制度・事業とその利用手続きに関する規定等をその内容としている。児童福祉法、児童虐待の防止等に関する法律、児童買春、児童ポルノに係る行為等の処罰及び児童の保護等に関する法律、母子及び寡婦福祉法、老人福祉法、身体障害者福祉法、知的障害者福祉法、ホームレスの自立の支援等に関する特別措置法がこの類型に属する。

保健サービス法は、福祉サービス法になぞらえていえば、多様な人的サービス、物的サービス、システム的サービスを提供して人びとの保健ニーズを充足しあるいは軽減緩和することを目的とする各種の施策ならびに利用の手続きに関する規定である。地域保健法、母子保健法、老人保健法、そして精神保健及び精神障害者福祉法がこの類型に属する。

介護サービス法は、介護（福祉）サービスに関する法令であり、具体的には介護保険法がこれにあたる。介護保険を社会保険制度の一部と解すべきか、それとも福祉サービスもしくは保健サービスの一部とみなすべきか、定まった見解はみられない。**表6-1**では、財源調達方式としては社会保険方式をとるものの、内容的には福祉サービスと保健サービスの両面をもつ制度として新たに介護サービス法という範疇を設定している。

つぎに、組織・資格法には組織法と資格法が含まれている。組織法は、社会福祉事業の種類、社会福祉に特有な組織、機関や施設、職員等に関する規定をその内容としている。これに関連する規定は、すでにみた福祉サービス法や保健サービス法のなかにも部分的に含まれている。たとえば、児童福祉法には児童相談所に関する規定が含まれ、身体障害者福祉法には更生相談所に関する規定が含まれている。しかし、児童福祉法や身体障害者福祉法の中心となるのは、各種の福祉サービスと利用の手続きに関する規定である。

組織法を代表するものは社会福祉法であり、第一種社会福祉事業と第二種社会福祉事業の区別、社会福祉運営の原則、社会福祉審議会、福祉事務所、社会福祉主事、社会福祉法人、社会福祉協議会、共同募金会などの社会福祉運営の根幹となる組織のあり方について規定している。組織法にはこのほか社会福祉の職員の処遇にかかわる社会福祉施設職員退職手当共済法が含まれている。

資格法は社会福祉の職員の資格にかかわる法律であるが、任用資格とは異なり独立した属人的な資格制度を創設した社会福祉士及び介護福祉士法、精神保健福祉士法がこれに該当する。さらに、民生・児童委員の任務、委嘱、組織等について規定する民生委員法も組織法の一種として扱うことができる。

振興・助成法に当たるのは、社会福祉施設や医療施設の設置や心身障害者扶養保険の実施に必要な資金の融資や助成を行うことを目的として制定されている社会福祉・医療事業団法である。

第5節　社会福祉事業の範囲

社会福祉制度は、社会福祉の援助活動を運営管理するための組織や機関と個別に提供される事業、すなわち社会福祉事業の総体から構成されている。一般に社会福祉事業という場合、それは利用者の属性や援助活動の手段ごとに個別的な目標なり課題なりを設定して提供される援助活動を制度という側面に留意して捉えたものをさしている。

ここでの課題は、そのような社会福祉事業の範囲や特徴、類縁概念との関連などについて考察することである。

1. 社会福祉事業と類縁概念

わが国の社会福祉関連法令のなかで、社会福祉事業の種類や内容について規定しているのは社会福祉法である。社会福祉法は、その第二条において、社会福祉事業を「第一種社会福祉事業」と「第二種社会福祉事業」に分類している。社会福祉事業を「第一種社会福祉事業」と「第二種社会福祉事業」に分類する根拠やそれぞれの事業の特徴についてはやがて明確にするとして、ここではあらかじめ、同じ社会福祉法に含まれている「社会福祉を目的とする事業」「社会福祉に関する活動」という類縁概念と社会福祉事業との関係について検討しておきたい。

結論を先取りするようなことになるが、「第一種社会福祉事業」、「第二種社会福祉事業」、「社会福祉を目的とする事業」、「社会福祉に関する活動」という四通りの概念の異同や相互の関係について議論を試みようとするにあたっての最大の難点は、社会福祉法が「第一種社会福祉事業」、「第二種社会福祉事業」のみならず、「社会福祉を目的とする事業」についても、「社会福祉に関する活動」についても明確な概念規定を与えていないという事実である。社会福祉法は、「社会福祉を目的とする事業」、「社会福祉に関する活動」については明確な例示すら与えていない。

そこで、ここでは、「社会福祉を目的とする事業」を広義と狭義に分割することを前提として、「社会福祉に関する活動」をもっとも周辺的な概念とし、「第一種社会福祉事業」をもっとも中心的な概念とし、そのあいだに、「社会福祉を目的とする事業（広義）」、「社会福祉を目的とする事業（狭義）」、「第二種社会福祉事業」がそれぞれの濃淡をもって位置づけられる同心円的、あるいは入れ子的な構造をもつものとして理解することから出発したい。**図6－3**はそのことを大まかに示す概念図である。

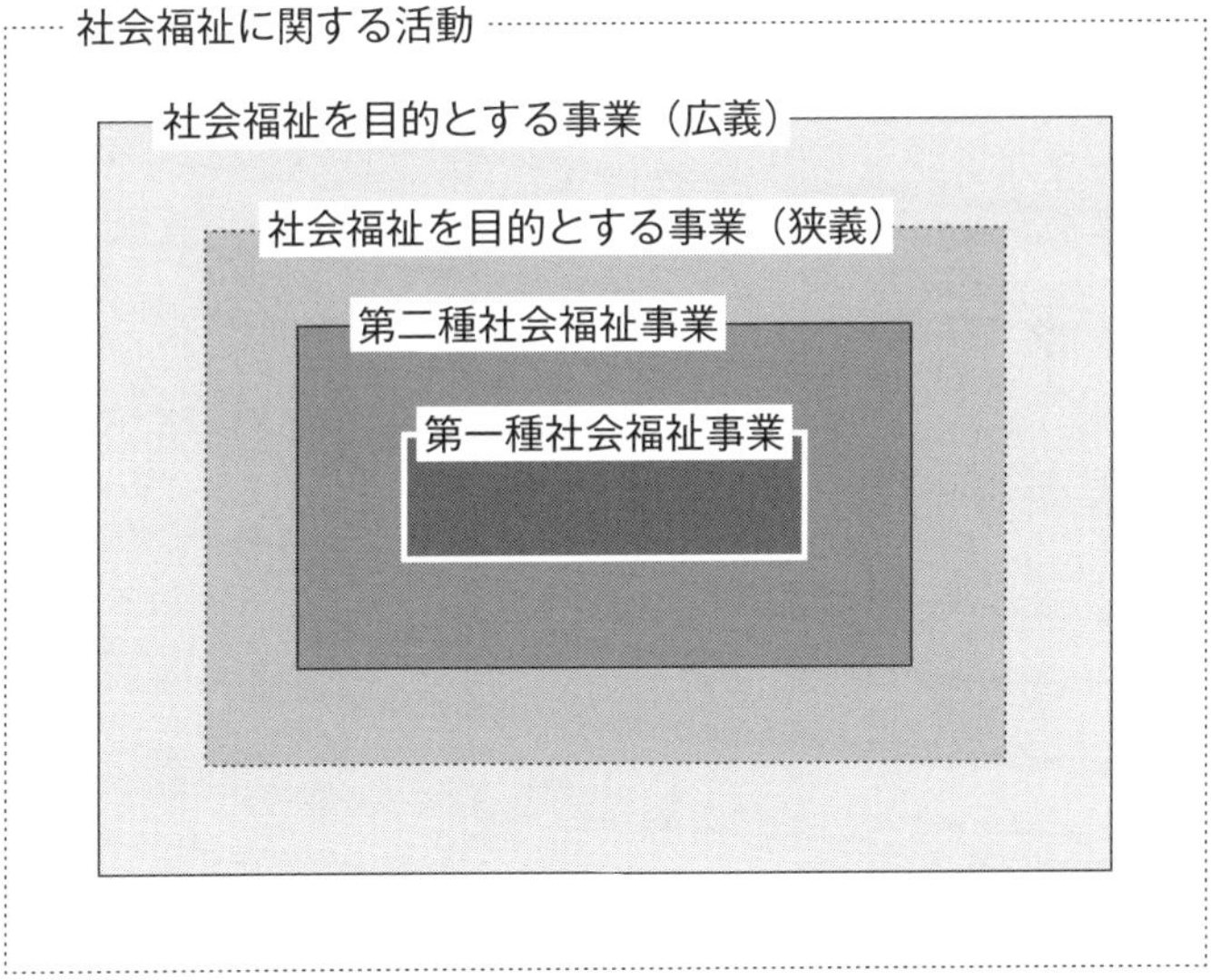

図 6-3　社会福祉事業の範囲　　古川孝順　作成

2. 第一種社会福祉事業と第二種社会福祉事業

まず、社会福祉法に内包する「社会福祉に関する活動」、「社会福祉を目的とする事業」、「第一種社会福祉事業」、「第二種社会福祉事業」という概念のなかでは内容的な確実性のもっとも高い「第一種社会福祉事業」、「第二種社会福祉事業」について検討することにしよう。

1) 制限列挙主義

社会福祉法は、それが取り扱う社会福祉事業の範囲を規定するにあたって、それを直接的、包括的に概念規定（定義）するという方法を避け、社会福祉事業とみなすことのできる事業を列挙するという方法をとっている。このような方法は通常制限列挙（記）主義とよばれるものであるが、一九三八（昭和一三）年に制定された社会事業法においてもこの方法がとられている。制限列挙主義は、社会福祉事業の内容は一定不変とはいえず、時代の必要によって新しい社会福祉事業が追加され、あるいはその一方においてかつて社会福祉事業とみなされていた事業が除外されるという、社会福祉事業にみられる特殊な性格に対応して導入された特有の規定の方法である。

2) 社会福祉事業の種類

社会福祉法の規定する「第一種社会福祉事業」と「第二種社会福祉事業」の具体的な内容については、表6－2を参照されたい。社会福祉法は、二〇〇二（平成一四）年現在、「第一種社会福祉事業」という範疇に属する事業として二九の事業、「第二種社会福祉事業」という範疇に属する事業として六一の事業をあげている。全体として、わが国には九〇種類の社会福祉事業が存在することになる。

3) 第一種社会福祉事業と第二種社会福祉事業の区別

さて、それでは、社会福祉事業を「第一種社会福祉事業」と「第二種社会福祉事業」に区分する理由及び基準はどのようなものであろうか。

このことについて、社会福祉法の前身である社会福祉事業法の制定に尽力した木村忠二郎は「社会福祉事業を、社会福祉の見地からと、個人の人格の尊重の角度からみて、その対象にたいする影響の軽重から」第一種と第二種に分類したとしている。すなわち、社会福祉法においては、社会福祉事業のうち、社会的弱者の保護にたいする社会的公共的な責任と利用者の人格の尊厳という観点からみて、その運営管理のいかんによっては利用者が非常に重要な影響を被る可能性のあるものが「第一種社会福祉事業」として規定され、それ以外の、利用者の被る影響が比較的軽微と考えられるものが「第二種社会福祉事業」として規定されているのである。

概括的にいえば、社会福祉事業のうち「第一種社会福祉事業」に帰属する事業は、第一に、居住（入所）型あるいは生活型の社会福祉施設のように、利用者の生活の大部分が施設の内部で営まれ、その運営管理のあり方が利用者の身体や人格の尊厳に重大な影響を及ぼす可能性のある事業である。そして、第二に、生活資金の貸付や授産施設のような社会的弱

表 6-2　第一種社会福祉事業と第二種社会福祉事業

〈第一種社会福祉事業〉	□生活保護法に規定する救護施設、更生施設その他生計困難者を無料または低額な料金で入所させて生活の扶助を行うことを目的とする施設を経営する事業	
	■救護施設	■授産施設
	■更生施設	■宿所提供施設
	■生計困難者に対して助葬を行う事業	
	□児童福祉法に規定する以下の施設を経営する事業	
	■乳児院	■盲ろうあ児施設
	■母子生活支援施設	■肢体不自由児施設
	■児童養護施設	■重症心身障害児施設
	■知的障害児施設	■情緒障害児短期治療施設
	■知的障害児通園施設	■児童自立支援施設
	□老人福祉法に規定する以下の施設を経営する事業	
	■養護老人ホーム	■軽費老人ホーム
	■特別養護老人ホーム	
	□身体障害者福祉法に規定する以下の施設を経営する事業	
	■身体障害者更生施設	■身体障害者福祉ホーム
	■身体障害者療護施設	■身体障害者授産施設
	□知的障害者福祉法に規定する以下の施設を経営する事業	
	■知的障害者更生施設	■知的障害者福祉ホーム
	■知的障害者授産施設	■知的障害者通勤寮
	■売春防止法に規定する婦人保護施設を経営する事業	
	■授産施設を経営する事業	
	■生計困難者に対して無利子または低利で資金を融通する事業	
〈第二種社会福祉事業〉	□生活保護法の規定にもとづき生計困難者に医療の扶助を行うことを目的とする施設を経営する事業	
	■医療保護施設	
	□生計困難者に対して、その住居で衣食その他日常の生活必需品もしくはこれに要する金銭を与え、または生活に関する相談に応ずる事業	
	■生活必需品等を与える事業	■生活に関する相談に応ずる事業
	□児童福祉法に規定する以下の事業	
	■児童居宅介護等事業	■障害児相談支援事業
	■児童デイサービス事業	■児童自立生活援助事業
	■児童短期入所事業	■放課後児童健全育成事業
	□児童福祉法に規定する以下の施設を経営する事業	
	■助産施設	■児童厚生施設
	■保育所	■児童家庭支援センター
	■児童の福祉の増進について相談に応ずる事業	
	□母子及び寡婦福祉法に規定する以下の事業	
	■母子家庭居宅介護等事業	■寡婦居宅介護等事業
	□母子及び寡婦福祉法に規定する母子福祉施設を経営する事業	
	■母子福祉センター	■母子休養ホーム
	■父子家庭居宅介護等事業	
	□老人福祉法に規定する以下の事業	
	■老人居宅介護等事業	■老人短期入所事業
	■老人デイサービス事業	■痴呆対応型老人共同生活援助事業
	□老人福祉法に規定する以下の施設を経営する事業	
	■老人デイサービスセンター	■老人福祉センター
	■老人短期入所施設	■老人介護支援センター

〈第二種社会福祉事業〉

□身体障害者福祉法に規定する以下の事業

■身体障害者居宅介護等事業　■身体障害者生活訓練等事業

■身体障害者デイサービス事業　■手話通訳事業

■身体障害者短期入所事業

■身体障害者相談支援事業

□身体障害者福祉法に規定する以下の施設を経営する事業

■身体障害者福祉センター　■盲導犬訓練施設

■補装具製作施設　■視聴覚障害者情報提供施設

■身体障害者の更生相談に応ずる事業

□知的障害者福祉法に規定する以下の事業

■知的障害者居宅介護等事業　■知的障害者地域生活援助事業

■知的障害者デイサービス事業　■知的障害者相談支援事業

■知的障害者短期入所事業

■知的障害者福祉法に規定する知的障害者デイサービスセンターを経営する事業

■知的障害者の更生相談に応ずる事業

□精神保健及び精神障害者福祉に関する法律に規定する精神障害者社会復帰施設を経営する事業

■精神障害者生活訓練施設　■精神障害者福祉工場

■精神障害者授産施設　■精神障害者地域生活支援センター

■精神障害者福祉ホーム

□精神保健及び精神障害者福祉に関する法律に規定する精神障害者居宅生活支援事業

■精神障害者居宅介護等事業　■精神障害者地域生活援助事業

■精神障害者短期入所事業

□生計困難者のために、無料または低額な料金で、簡易住宅を貸し付け、または宿泊所その他の施設を利用させる事業

■簡易住宅を貸し付ける事業　■宿泊所等を利用させる事業

■生計困難者のために、無料または低額な料金で診療を行う事業

■生計困難者に対して、無料または低額な費用で介護保険法に規定する介護老人保健施設を利用させる事業

■隣保事業

■福祉サービス利用援助事業

□社会福祉事業に関する連絡または助成を行う事業

■連絡を行う事業　■助成を行う事業

（注）■の数が、社会福祉事業の総数となる。　（厚生労働省資料より一部修正）

者の経済上の保護を行う施設であって、その運営管理のあり方が多分に利用者の不当な搾取につながる可能性のある事業である。

これにたいして、「第二種社会福祉事業」は、簡略にいえば、「第一種社会福祉事業」に属さない社会福祉事業である。「第二種社会福祉事業」もまた社会の期待のもとに社会福祉理念の達成を追求するものであり、その点において「第一種社会福祉事業」となんら異なるものではない。第二種に属する事業は利用者にたいする影響（弊害）が比較的軽微であろうという理由で「第二種社会福祉事業」として分類されているのである。しかし、両者の区別は相対的なものであり、「第二種社会福祉事業」に分類されていても、例えば保育所やホームヘルプサービスやデイサービスなどの事業が、その運営管理のありようによって、利用者の身体や人格に重大な影響を及ぼす可能性をもつことは十分に予想されるところである。

4）除外規定

ところで、「第一種社会福祉事業」や「第二種社会福祉事業」の周辺には内容的には社会福祉事業に該当する事業でありながらその規模や継続性という観点から「第一種社会福祉事業」や「第二種社会福祉事業」として認められていない事業が存在する。いうなれば「第三種社会福祉事業」あるいは「準社会福祉事業」とでもいうべき事業である。

すなわち、社会福祉法は、まず第一段階として、制限列挙主義にもとづき「第一種社会福祉事業」と「第二種社会福祉事業」に該当する事業を列挙する。そのうえで、第二段階として、内容的には「第一種社会福祉事業」や「第二種社会福祉事業」に該当するがそれに含まれない社会福祉事業をあげるという規定の方法を採用している。

このことは、社会福祉法において社会福祉事業とよびうるのは、社会福祉法によって「第一種社会福祉事業」ないし「第二種社会福祉事業」として列挙されている事業に限定されているということを意味している。逆にいえば、「第一種社会福祉事業」ないし「第二種社会福祉事業」として列挙されていない社会福祉事業は、たとえ内容的には社会福祉事業に該当するものであっても、社会福祉法にいう社会福祉事業ではない、ということになる。

5) 経営主体の制限

このような「第一種社会福祉事業」と「第二種社会福祉事業」との区分はもとより分類すること自体に目的があるわけではない。社会福祉事業法は「第一種社会福祉事業」と「第二種社会福祉事業」とでその経営主体に制限を設けている。「第一種社会福祉事業」を経営しうるのは原則として「国、地方公共団体又は社会福祉法人」に限定されている。

このような経営主体の制限は、「第一種社会福祉事業」を経営することにともなう社会的、公共的な責任を全うし、利用者の人格の尊厳を維持し、搾取の危険性を排除するために必要とされたものである。しかし、こんにちからみると、そうした制限がかえって社会福祉事業経営の硬直性をうみだし、利用者に不利益をもたらしてきたという側面もみうけられる。特に社会福祉法人についてはそうである。社会福祉法人については、措置委託費制度と結びつき、事実上の事業独占が認められたことによって、民間組織としての自主性・主体性・創意性・柔軟性を十分に発揮しえなくなったという批判がある。

「第二種社会福祉事業」の経営主体については、条文上特別の制限はない。「国、地方公共団体又は社会福祉法人」以外であっても、例えば任意の団体や私人であっても、さらには営利事業者であっても実施機関への届け出や認可によって「第二種社会福祉事業」を運営することができる。ただし、「第二種社会福祉事業」の展開にあたって行政による委託や公費の助成を受けるということになれば、任意団体や私人といえども活動の公共性・継続性を裏付けるようなそれなりの組織や財源の準備が求められる。

「第二種社会福祉事業」の運営主体については、木村が「第二種社会福祉事業」を「第一種社会福祉事業」と区別した理由として前者については「その事業の展開を阻害することのないように、自主性と創意と助長することが必要なので、いちおうその間に一線を画し」たと述べむしろ民間性を重視していることに留意しておきたい。

社会福祉を目的とする事業

- 社会福祉協議会による連絡、調整、助成などの対象となる事業
- 民間ボランティア団体などによる事業
- 共同募金の寄附金配分先となる事業
  （例）老人クラブ、配食・給食サービス

社会福祉事業

- 社会福祉事業法第２条に限定列挙されている事業
- 社会福祉法人の設立の目的となる事業
- 知事の指導監督を受ける事業
- 税制上の優遇措置の対象となる事業
- 実施主体に制限のある事業
  第一種社会福祉事業：経営主体は原則として国、地方公共団体、社会福祉法人、その他は許可制
  第二種社会福祉事業：経営主体に制限はないが、国、都道府県以外は届出制

図 6-4　「社会福祉事業」と「社会福祉を目的とする事業」
（厚生労働省資料より一部修正）

3.　社会福祉を目的とする事業

つぎに、「社会福祉を目的とする事業」について検討しよう。社会福祉事業という概念は、社会福祉事業法において従来からもちいられてきた概念である。その限りでは新しい概念ではない。社会福祉事業法では、「社会福祉を目的とする事業」という概念が社会福祉協議会に関する規定のなかでもちいられている。ただし、そこで意味内容が明確に示されているわけではない。社会福祉事業よりも広義の概念であろうという推測が可能なだけである。

すなわち、「社会福祉を目的とする事業」という概念は、戦後福祉改革以来の伝統をもつにもかかわらず、その意味内容も、社会福祉事業との関係についても、明確にされてきたとはいえない。その点に関して、社会福祉基礎構造改革に関する議論の過程において一応の整理が試みられている（**図6－4**）。

図6－4では、社会福祉事業と「社会福祉を目的とする事業」との関係について、「社会福祉を目的とする事業」が社会福祉事業をそのうちに含むより広い概念として位置づけられている。ただし、この図の意味を忖度すると、「社会福祉を目的とする事業」の意味するところは一つではない。それは、広狭二通りに把握することが可能で

ある。

まず、「社会福祉を目的とする事業」はそのなかに社会福祉事業を包摂する概念である。いわば、「広義の社会福祉を目的とする事業」である。つぎに、「社会福祉を目的とする事業」を狭義にもちいることも可能である。「広義の社会福祉を目的とする事業」から社会福祉事業を差し引いた残りの部分が「狭義の社会福祉を目的とする事業」である。図6-4に「社会福祉を目的とする事業」として例示されている老人クラブ、配食・給食サービスは、この意味での「狭義の社会福祉を目的とする事業」にほかならない。

こうして、「広義の社会福祉を目的とする事業」は、そのうちに「狭義の社会福祉を目的とする事業」「第一種社会福祉事業」「第二種社会福祉事業」を重層的に包摂するその総体として捉えられる。そして、これら「狭義の社会福祉を目的とする事業」「第一種社会福祉事業」「第二種社会福祉事業」という三通りの事業概念の関係を比喩的にいえば、より密度の濃い「第一種社会福祉事業」が中核部分に位置し、より薄い「狭義の社会福祉を目的とする事業」が外周部分を構成するという構造にあるといえよう。中核部分に位置する「第一種社会福祉事業」から順に「第二種社会福祉事業」「狭義の社会福祉を目的とする事業」が加算されていき、その全体が「広義の社会福祉を目的とする事業」となる。ここで前出の図6-3を思い起こしておきたい。「広義の社会福祉を目的とする事業」「狭義の社会福祉を目的とする事業」「第一種社会福祉事業」、そして「第二種社会福祉事業」は入れ子構造の関係にある。

このようにみると「社会福祉を目的とする事業」と社会福祉事業の違いと関連はある程度理解される。しかし、そのことによってそれぞれの概念の境界線が明確化されたかといえばそうではない。たとえば、「第一種社会福祉事業」と「第二種社会福祉事業」の区別について考えてみよう。「第一種社会福祉事業」は、すでにみたように、社会福祉事業のなかでも運営のしかたによっては利用者の身体や人格の尊厳が損なわれ、あるいは搾取の虞があるものとして位置づけられていた。しかし、「第二種社会福祉事業」については特段の規定はみられない。

「第二種社会福祉事業」は、「第一種社会福祉事業」以外の社会福祉事業と間接的に措定されるだけである。さらに、

「第二種社会福祉事業」とその周辺との境界線も明確ではない。一方には、内容的にみると「第二種社会福祉事業」といえる事業のなかにも規模、組織形態、資金などの側面において「第二種社会福祉事業」として認められない事業が存在する。他方、「第二種社会福祉事業」として認められる要件を充たしていても「第二種社会福祉事業」としての認可を受けようとしない事業者も存在している。これらの事業は、範疇としては、「狭義の社会福祉を目的とする事業」に属するというほかない。同様に、「狭義の社会福祉を目的とする事業」と「広義の社会福祉を目的とする事業」との境界線についても類似の指摘が可能である。境界線は明確ではない。

4. 社会福祉に関する活動

社会福祉法は、二〇〇〇（平成一二）年の改正のなかで、「社会福祉に関する活動」という新たな概念を導入している。この概念についても特段の規定が与えられているわけではない。しかし、それが一定の組織性、規模性、継続性などを前提とする社会福祉事業と区別されていることは明らかであろう。

そうしたことからいえば、「社会福祉に関する活動」という表現が想定している活動としては、たとえば、ボランティア活動や近隣におけるソーシャルサポートネットワーク活動などであろう。あるいは、社会福祉事業に関わる資金助成、調査研究、社会行動なども「社会福祉に関する活動」として想定することが可能かもしれない。

これらの活動はたしかに社会福祉事業ではない。社会福祉事業という場合に想定されている物財やサービスの組織的継続的提供という要件を欠いているからである。また、社会福祉事業に関わる資金援助、調査研究、社会行動は、社会福祉を目的にする事業そのものではない。それを支援し、推進する活動である。その意味において、「社会福祉に関わる活動」は社会福祉事業の外周部分に位置するものといえよう。

第6節　社会福祉事業の要件

ここまでは法的規定を手がかりに社会福祉事業の種類や特徴について考察してきた。しかし、これとは別に、社会福祉事業の内容的特性を通じて社会福祉事業の範囲を確定しようとする試みがなされている。

1. 要件の設定

そのような試みとしてしばしば言及されるのはウィレンスキー（Wilensky, H.L.）とルボー（Lebeaux, C.N.）による議論である。ウィレンスキーとルボーは社会福祉事業の範囲を確定する要件として以下の五点をあげている。すなわち、①フォーマルな組織として機能していること、②社会的な資金によって運営されており、社会にたいして責任を負っていること、③利益の追求が事業活動の主要な動機になっていないこと、④人びとのニーズが統合的にとらえられていること、そして、⑤人びとの消費的ニーズの充足を直接の課題にしていること、である。

このようなウィレンスキーとルボーの要件は、わが国の社会福祉事業について論じるにあたってもかなり有効であり、実際活用もされてきた。しかし、すでに言及してきたわが国における社会福祉事業の動向が物語るように、こんにちではウィレンスキーとルボーの要件をそのまま適用するには無理がある。こんにちにおけるわが国の社会福祉事業の実態を前提にした要件の再設定が必要とされる。

われわれは、ウィレンスキーとルボーを参考にしながら、ここであらためて社会福祉事業を社会福祉事業たらしめる要件として、ⓐ福祉ニーズ対応性、ⓑ公益性、ⓒ規範性、ⓓ非営利性、ⓔ組織性、ⓕ規模性、ⓖ継続性、ⓗ安定性という八つの要件を設定することにしたい。これら八通りの要件のうち、ⓐからⓓまでは社会福祉の内実に関わる要件（内実的要件）であり、ⓔからⓗまでは社会福祉の外形に関わる要件（外形的要件）である。そして、ⓐからⓔは、順序は違っているが、おおむねウィレンスキーとルボーの要件に対応している。ⓕ、ⓖ、ⓗはわれわれが新たに追加した要件である。

2. 福祉ニーズ対応性

福祉ニーズ対応性は、ある施策や事業ないし活動が社会福祉といいうるためにはそれらが福祉ニーズの充足、軽減緩和に貢献するものでなければならない、ということである。社会福祉事業とよばれる施策・制度そして援助活動としてあえて指摘するまでもない要件であろう。福祉ニーズに対応しない施策・制度・援助活動は、それらがいかに他の要件を充足していたとしても社会福祉事業とはいえない。

3. 公益性

公益性は、広く世のため人のために益すること、社会公共に裨益することを意味する。公益性については国家社会に貢献すること、あるいは国家社会の利益を擁護することという用例もみられるが、ここでは、私益を超えて公共（おおやけ）の福祉や安寧、社会の発展に寄与することという意味に解する。社会福祉は、その発展の過程において社会的な名声や地位を獲得する手段として慈善事業を行う例や、授産や小口の生活資金の提供を通じて私的利益を追求する事業などの例とそれらのもたらす弊害をしばしば経験してきている。それだけに、社会福祉事業には公益性の重要性が強調される。

4. 規範性

規範性は、社会福祉事業は人格の尊厳や人権を擁護しようとする人権意識、それを実現しようとする使命感（ミッション）に関わっている。人びとの行動を方向づけ、自己を律する自己規制力に関わっているといいかえてもよい。国や地方公共団体による場合を含めて、社会福祉事業の経営には一定の人権意識、使命感、自己規制力が求められる。そのことは、社会福祉事業の経営者が世俗的な関心をもつことを一概に否定するものではない。しかし、強い人権意識、使命感、自己規制力がなければ身体的にも社会的にも抵抗力や発言力の弱い社会福祉事業の利用者たちの人格の尊厳や人権を維持し、虐待や搾取を退けるような事業の経営を維持することは不可能である。

5. 非営利性

非営利性は、営利の追求を第一義的な課題としないという意味である。非営利性は利用者による利用料（料金）の負担、利用料にたいする利益の加算、人的サービス（職員による労働）に対応する労賃の支払いなどを否定するものではない。また、それがリーズナブルな範囲のものであれば、利用料の負担は利用者にとってもプラスになるという指摘にも一考に値する側面が含まれている。重要なことは、社会福祉事業を利益追求の手段としない、社会福祉事業による利益を出資者に配分しない、ということである。利益追求が社会福祉事業の第一義的な課題となれば、そのしわ寄せが利用者や従事者に向かうことは不可避的であろう。

6. 組織性

個人にとっての福祉ニーズの充足ということからいえば、社会福祉に関わる活動は必ずしも組織的である必要はない。たとえば、独居高齢者の安否確認ニーズについて考えてみれば、近隣社会におけるソーシャルサポートネットワークは十分に効果的であろう。しかし、多数の人びとの、しかも長期的な援助活動の提供を必要とする福祉ニーズに対応しようとすれば、それなりの組織性をもった公私の団体や事業者の存在が必要とされる。一定の規模で、安定的に援助活動を提供していくには、そのために必要とされる財源やマンパワーを継続的に確保する必要があり、組織化は不可欠の要件となる。

7. 規模性

すでにみてきたように、社会福祉法においては、事業内容としては第一種ないし第二種の社会福祉事業に相当するものであっても、たとえば利用人員が一定の規模に満たない場合には、社会福祉事業から除外されている。社会福祉事業法が制定された時期には、小規模のものまで認可や届け出の対象に含めることはかえって民間の自主的で自由な事業展開の妨げになるという配慮があったようである。しかし、その後においては、むしろ経営の安定性という観点から一定以上の人員規模が必要要件とされてきた。ただし、近年においては、規制改革のなかで規模要件も緩和される傾向にある。

8. 継続性

社会福祉法は、事業の規模性と同様、継続性についても規制の対象としている。この要件についても、民間による自主的で自由な事業展開の妨げになるという配慮があったようである。しかし、たとえば補助金の支給対象にするということになると、一定期間継続的に事業が展開していることが要件とならざるをえない。それ以前に、安定した援助活動を利用したいという利用者の観点からいえば、事業の継続性は社会福祉事業の不可欠の要件というべきであろう。

9. 安定性

組織性、規模性、継続性はいずれも提供されるサービスが利用者が安心して利用しうるものになっているかどうかということに関わっている。社会福祉事業が継続して安定的に経営されるかどうかは、それが提供するサービスにみずからの生命と生活の維持・再生産を全面的に依存する利用者にとっては、文字通り死活問題になりかねないからである。個人事業者や企業による福祉サービスの提供が拡大する傾向にあるが、利用者による安定的な利用を確保するという観点からいえば、事業者による恣意的な社会福祉事業からの撤退や不安定な経営は厳に回避されなければならない。

第7節　社会福祉事業範疇の再構成

すでに、ここまでの議論から明らかなように、戦後福祉改革の過程において設定され、その後のわが国の社会福祉の発展を規定してきた社会福祉事業の枠組みは、いまや大きく組み換えられようとしている。先に設定した社会福祉事業の八つの要件にしても、公益性、規範性、非営利性、なかでも非営利性に抵触する事態は一般化しつつある。

こんにち、われわれには、そうした状況のなかで、社会福祉事業の範疇をどのように再構築し、再構成するかが問われている。

1. 社会福祉事業の流動化

近年における社会福祉事業の変容の状況について確認しておこう。

まず、二〇〇〇年の社会福祉事業法の改正にともない、一つの事業が社会福祉事業から削除され、九つの事業が追加された。削除された事業は公益質屋を営業する事業であり、追加された事業は、福祉サービス利用援助事業（地域福祉権利擁護事業）、身体障害者相談支援事業、知的障害者相談支援事業、障害児相談支援事業、身体障害者生活訓練等事業、手話通訳事業、盲導犬訓練施設を経営する事業、知的障害者デイサービス事業、知的障害者デイサービスセンターを経営する事業である。

つぎに、社会福祉事業の経営主体の変化である。一九五一（昭和二六）年の社会福祉事業法以来、第一種社会福祉事業の経営主体は原則として国、地方公共団体、社会福祉法人に限られてきた。第二種社会福祉事業についても、その経営主体は地方公共団体、社会福祉法人その他の非営利の団体・組織に限られてきたといってよい。しかし、八〇年代以降、第二種社会福祉事業のなかでも居宅福祉サービスについては営利的事業者にたいする事業委託が容認されるようになり、介護保険制度では居宅介護サービスについて個人事業者や企業が指定事業者の認可を取得することができるようになった。保育サービスについても株式会社をはじめとする営利的事業者の参入が認められている。

社会福祉事業の削除は別にして、新しい事業の追加はこれまでも行われてきたことであり、こうした事態は今後とも起こりうることである。また、規制改革が求められるなかで、居宅サービスのみならず、居住型（入居型）の施設についても営利的事業者の参入が推進されようとしている。

このような事実はいずれも、今後とも社会福祉事業の範囲が流動的であり続けることを示唆している。すなわち、社会福祉事業は常に変容し続けるものであり、それが社会福祉事業の特徴であるとみなければならない。

2. 開放体系としての社会福祉事業

こうした社会福祉事業の特徴は、社会福祉事業のマイナスの特性とみなされがちである。社会福祉事業は、社会福祉事業といえるものとそうでないものとのあいだに境界線を設定することのできない社会的事象であり、捉えようのない社会的事象であるといわれる。そして、しばしば、そのことが社会福祉（事業）に関する学問研究の未熟さや低調さの原因であると指摘される。

たしかに、しばしばその内容が変化するという社会福祉事業の特徴は社会福祉事業の扱い難さを象徴している。なによりも、一九三八（昭和一三）年の社会事業法から五一（昭和二六）年の社会福祉事業法を経て二〇〇〇（平成一二）年の社会福祉法にいたる社会福祉事業の運営管理を規定する法令自体が、社会福祉事業を正面から定義することを避け、社会福祉事業に該当するものを制限的に列挙（列記）するという方法を採用せざるをえなかったのである。

もとより、われわれは、社会福祉事業の範囲を正面から明確に規定する試みを追求しなければならない。しかし、その場合にも、社会福祉事業の内容がしばしば変化するという特徴を、社会福祉事業のマイナスの特性とみるのではなしに、むしろこれをプラスの特性として認識することが求められている。

つまり、社会福祉事業をその周辺部分はつねに出入りがあり、やがてはその動きが基幹部分にも及ぶような開放体系として形成され、変動し続けている社会的事象として、積極的に捉える必要があるということである。

3. 枠組みとしての社会福祉事業

社会福祉事業についてのこのような認識を前提に、われわれは、社会福祉事業が適正に運営され続けるための枠組みとして、つぎのような条件を設定しておきたい。この枠組みは、第一義的には社会福祉事業が適正に運営管理されるための枠組みである。しかし、同時に、逆の方向からみれば、それはある種の事業を社会福祉事業たらしめるための枠組みとして位置づけることができる。

まず第一に、市民生活に必要とされる福祉サービスの総量やそれを確保するための基盤整備に関わる計画の策定、実施機関や提供機関に求められる運営管理の基準など、社会福祉の施策の策定と運営に関わる基本的な枠組みが適正に整備されていなければならない。

第二に、基礎構造改革によって実現された利用者本位の利用システムの適正な運用をはかるために、選択利用システムや契約利用システムを補完する利用支援システムの充実と適正な運用が必要とされる。

第三に、福祉サービスの提供に関わる個人事業者や企業事業者の自己規制システムを充実させることを含め、福祉サービスの質を維持し、利用者にたいする虐待や搾取などの不利益をもたらすマイナスの援助活動を防止するための第三者機関による事業評価、苦情対応など、福祉サービス提供事業にたいする社会的な規制と利用者支援のためのシステムの整備が必要とされる。

第四に、これらの枠組みの設定とその適切な運営管理は、福祉ミックスの調和的な発展を期しつつも、最終的には市民の意志を信託され、その実現を委ねられた地方ならびに中央の政府セクターの責任において行われなければならない。

今後とも時代や社会の変化とともに、社会福祉事業はその内容を変化させ続けるであろうし、その経営主体も一層多様化し、多元化することが予想される。現時点においてその範囲を予想することは困難であるが、われわれは取りあえず、このような枠組みを前提に展開されている事業の総体をもって社会福祉事業として捉えることにしよう。

第8節　社会福祉事業の体系

最後に、ここまでの第1節から第7節に及ぶ議論を踏まえながら、わが国における社会福祉事業の体系について整理しておきたい。複雑で多岐にわたる社会福祉事業をどのように分類し、理解するかという問題である。

1. 制度体系分類の視点

社会福祉の制度体系を整理する視点としてはいくつかのものが考えられる。たとえば、利用者の類型化、援助の手段による類型化、利用の形態による類型化などがそうである。

このうち、援助の手段による類型化は、社会福祉の制度を現金（あるいは、金銭）を提供する制度と物財やサービスなどの現物を提供する制度に区分する方法である。伝統的ないいかたをすれば、社会福祉の制度を現金給付を内容とする制度と現物給付を内容とする制度に区分する方法である。この類型化の方法でわが国の社会福祉制度を分類すれば、現金を提供する制度に該当するのは生活保護制度である。ただし、生活保護制度は現金を提供する制度だけから構成されているわけではない。現物の提供に該当する制度には、生活保護制度のうちの保護施設のほかに、児童・母子福祉サービス、高齢者福祉サービス、障害者福祉サービスなどがある。

利用の形態による類型化は、社会福祉の制度を施設に入居して利用する入居型（あるいは、入所型）の福祉サービスと自宅にいて利用する居宅型（在宅型）の福祉サービスに分類する方法である。社会福祉は伝統的に入居型の福祉サービス

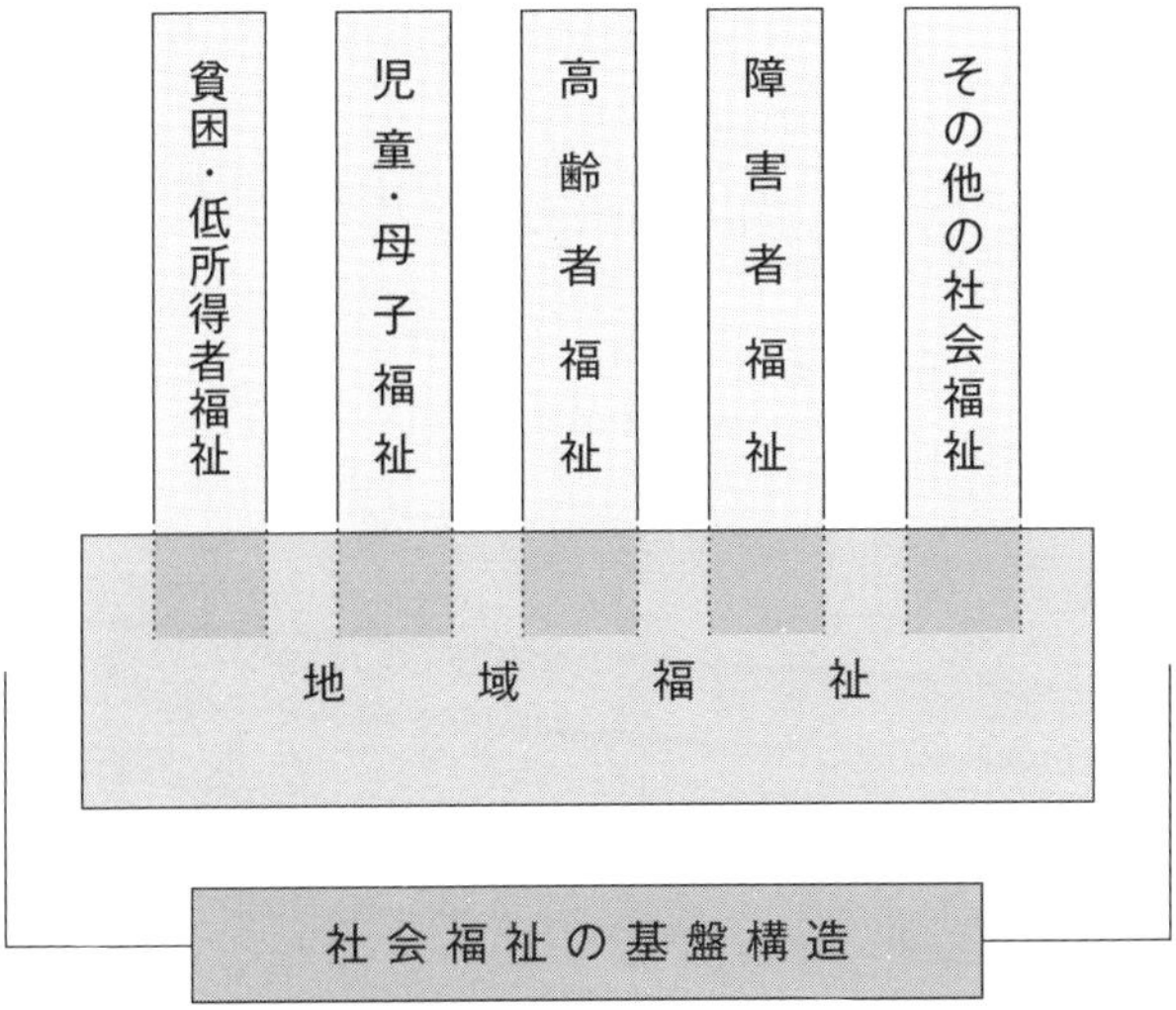

図6-5　社会福祉事業の体系　古川孝順　作成

を中心とする制度として発展してきたという経緯があるが、こんにちにおいては居宅型の福祉サービスが中心となっている。

以上の援助の手段や利用の形態を基準とする類型化についてはなお議論すべきことも多い。しかし、そのことについての議論は第9章における考察に委ね、ここではわが国における社会福祉事業体系化の特徴になっている利用者の類型による体系化をとりあげることにしよう。

2. 利用者の類型による整理

図6－5は、わが国における社会福祉事業を、利用者のもつ属性に着目し、その他を含め五つの領域に分類したものである。

貧困・低所得者福祉は、その資力が健康で文化的な生活を営むのに不足をする人びと、およびその資力が貧困階層と一般階層の中間にあり、何らかの危機的要因が作用すれば容易に貧困層に落層するおそれのある人びとを対象とする領域であり、生活保護事業、生活福祉資金貸付制度などがここに含まれる。

児童福祉は満一八歳未満の者であって、両親その他の保護者の不在、虐待、就労などのため適切な日常生活を維持することができないかそのおそれのある子ども、傷病、身体的・知的機能の低下などによってその健全な発達が妨げられるかあるいはそのおそれのある子ども、社会的な差別や偏見のために社会参加や自己実現の機会に欠ける子どもなどを対象にする領域であり、児童福祉事業がこれに該当する。母子を対象にする母子福祉事業もここに含まれる。なお、行政分類では、児童手当、児童扶養手当、特別児童扶養手当などの所得保障サービスをここに含めることがある。

高齢者福祉はおおむね六五歳以上の人びとで、貧困・低所得の状態にある人びと、傷病、身体的・精神的機能の低下などによって独力で日常生活を営むことができないかあるいはそれが困難な人びと、独居や社会的な孤立のために社会参加や自己実現の機会に欠ける人びとなどを対象にする領域であり、老人福祉事業、介護保険事業がここに含まれる。

障害者福祉は身体障害、知的障害、精神障害のため就労の機会に欠ける人びと、貧困・低所得の状態にある人びと、身体的、知的、精神的機能の低下などによって独力で日常生活を営むことができないかあるいはそれが困難な人びと、社会的な差別や孤立のために社会参加や自己実現の機会に欠ける人びとなどを対象にする領域であり、身体障害者福祉事業、知的障害者福祉事業、精神障害者福祉事業がここに含まれる。

その他の社会福祉には、父子を対象とする父子福祉事業、寡婦を対象とする寡婦福祉事業、売春婦その他の保護を要する女性を対象とする女性福祉事業、非行少年を対象とする司法福祉事業などが含まれる。

3. 類型化の基準

このように社会福祉事業を分類するうえで基準となっているのは、①年齢、②障害の種類と程度、③家族構成上の属性、④社会規範に反する行為の存在と種類、などである。児童・母子福祉と高齢者福祉は、ライフサイクルの最初と最後の日常生活に高い依存性のみられる時期にある人びとを対象にする領域である。障害者福祉は、多様な種類と程度の障害をもち、そのことのゆえに日常生活に支援を必要とする人びとを対象にする領域である。父子福祉、寡婦福祉は、家族構成上、父子、寡婦という特徴をもつ人びとを対象にする領域である。女性福祉、司法福祉はそれぞれ売春、非行など社会規範に抵触する行為のある人びとを対象にする領域である。

こうした利用者のもつ属性による社会福祉事業の分類は理解しやすいため、しばしばもちいられる。しかし、ここで十分留意しておかなければならないことは、現代社会に生活する市民のうち、一定の人びとを社会福祉事業の利用者とする要因は、①年齢、②障害の種類と程度、③家族構成上の属性、④社会規範に反する行為の種類という、個人のもつ要因だけではないという事実である。すでに、第5章において詳細に考察したように、一定の人びとが社会福祉事業の利用者となる背景には、個人的な要因とともに物質的、社会的生活環境に含まれる要因が作用していること、状況によっては環境的要因の規定力のほうがはるかに強いことを思い起こしておきたい。たとえば、障害の種類や程度が強く作用しているようにみえる場合においても、その背後には生活を支えるために必要とされる所得の確保が労働力の商品化というかたちでの市場経済への参加なしには実現されえないという不可避的な状況が存在している。また、障壁のある住環境や交通環境が障害者の生活を一層困難なものにしている。

4. 地域福祉の位置づけ

さて、地域福祉については、取りあえずは、社会福祉事業の顕在的、潜在的な利用者を含め地域社会に居住する市民=住民を対象とする社会福祉の領域としてこれを整理することができる。すなわち、地域福祉を社会福祉の第六の領域として把握するという方法である。しかし、地域福祉をそのように規定したとしても、そこには貧困・低所得者福祉からその他の社会福祉にいたる社会福祉の各領域と横並びにある領域としての性格を超える部分が含まれている。

伝統的にいえば、地域福祉という概念はわが国に独自のものであり、それは一方においては地域社会における社会福祉事業に関わる施設や団体間の連絡調整事業や共同募金による資金調達事業、地域社会における福祉ニーズの調査発見、組織化、施策の開発に関わる事業、さらには民生委員・児童委員活動などを内容にする領域として捉えられ、また他方においては地域社会における福祉ニーズの調査発見、組織化、さらには施策化を追求するソーシャルアクションないし社会福祉運動の展開領域として捉えられ、利用者の範疇ごとに設定された社会福祉の領域と区別されてきた。

しかし、その後、地域福祉にかかわって、コミュニティケア、コミュニティワーク、地域福祉計画など、地域社会を基盤とする社会福祉援助の方法や技術の開発と発展がみられるようになり、利用者ごとに設定されるいわばタテ型の社会福祉の領域を横断的に串刺しにする独自のヨコ型の領域として位置づけられるようになってきている。

なかでも、二〇〇〇（平成一二）年に制定された社会福祉法がこれからの社会福祉のありようを地域福祉という枠組みのなかに構想していることは、社会福祉体系における地域福祉の新たな位置づけを示すものであり、伝統的な施設福祉型社会福祉から地域福祉型社会福祉への転換を画期するものとして捉えることができる。

5. 社会福祉の基盤構造

最後に、社会福祉の基盤構造であるが、これはいわば社会福祉の展開、発展を下支えするインフラストラクチャーである。

社会福祉インフラストラクチャーを構成する要素としては、社会福祉の施設設備、職員（マンパワー）、情報、公私の財源などの社会福祉に直接的にかかわる資源のほかに、バリアフリー化された住宅、交通機関、建造物、街路などの物質的な生活環境、グラウンド、体育館、公民館、図書館、集会室などの造営物、自治会、町内会、スポーツクラブ、趣味のサークル、奨学基金、資金助成団体など、社会福祉の援助という目的に活用することのできる一般社会資源をあげることができる。

このような基盤構造は、これからの社会福祉のありようをその基底において支え、方向づける要因としてきわめて重要な意味をもつ存在である。

第7章 社会福祉の運営(1)
――運営の原理と組織

社会福祉はどのような原理と原則にもとづいて運営されているのか、また運営されるべきなのか。ここでは社会福祉運営の基準となる原理と原則について検討することからはじめ、社会福祉の運営と公的責任、社会福祉における政府間関係、社会福祉援助の提供組織、社会福祉法人、社会福祉協議会、民間福祉セクター、民間営利セクター、市町村と地域社会との関係など、社会福祉運営の基本的枠組みについて考察する。

第1節 社会福祉運営の原理と原則

社会福祉運営の原理とは、社会福祉の存立にかかわって前提的に確保され、実現されるべきもっとも基本的な要請を意味している。有効性、権利性、普遍性、公平性、総合性がこれにあたる。社会福祉運営の原則とは、社会福祉運営の過程において確保され、実現されるべき要請である。接近性、選択性、効率性、透明性、説明責任性がこれにあたる。

1. 運営の原理

1) 有効性

社会福祉における援助は、福祉ニーズの直接的な解決や緩和にとって有効なものでなければならない。

従来、社会福祉の領域においては、居住型施設によるサービスに典型的にみられるように、援助の効果という観念は希薄であった。入居型施設においては、利用者にたいして施設のなかで最低限度の生活を提供することで事足れりとされてきた。生活困窮者についても、子ども、高齢者、障害者についても、基本的にはそれ以上のことを考える必要はなかったのである。

しかし、社会福祉の援助が入居型から在宅型に移行するにしたがい、入居型の施設は、一時的に、かつ必要な限りにおいて、利用されるべき通過施設として位置づけられるようになった。入居型の施設は、そこで永続的に生活する施設から、一定の生活にかかわる治療・指導・訓練を受け、その効果が認められれば再び在宅での生活に復帰する、そのような意味での通過施設とみなされるようになった。

このような治療や指導・訓練の効果は、当然のことながら、入居型施設のみならず在宅サービスについても問われなければならない。社会福祉の援助においても、その効果を確認し、有効性について説明するために、アセスメント（事前評価）やエバリュエーション（事後評価）を的確に行い、品質改善の努力を積み重ねることが必要とされる。

2) 権利性

社会福祉の原点となるものは、人びとの市民としての権利、人権を保障するという理念である。社会福祉ではその法的な根拠として社会権的生存権という概念がもちいられてきた。わが国でいえば日本国憲法第二五条にいう「健康で文化的な最低限度の生活」を営む権利である。生活の「最低限」を確保し、保障するという思想はこんにちにおいてもなお重要である。しかし、こんにちにおける社会福祉の理念は、生活の最低限の保障という次元を超えて、生活におけるアメニティ（快適性）・自己実現・社会参加の実現を含む生活権保障への展開が求められている。

さらに、社会福祉における権利の保障という課題にかかわって、社会福祉の仕組みを供給者本位のそれから利用者本位のそれに転換させることが求められている。社会福祉の利用者主権化といってもよい。援助の利用の申請からその審査・認定、そして実施の過程、さらにはアフターケアの過程にいたるまで、利用者の権利が尊重されなければならない。

同時に、社会福祉の利用者についても、プライバシー、思想、信教、通信、交通、結社にかかわる自由や差別的処遇や虐待からの自由などの市民としての権利を保障することの重要性が再確認されなければならない。社会福祉の理念を生存権の保障から生活権の保障に発展させるとともに、これらの自由権的・市民権的な諸権利が再確認され、最大限に尊重されなければならない。

3）普遍性

一九六〇年代以後、先進資本主義諸国において、選別主義的社会福祉から普遍主義的社会福祉への転換が社会福祉にとっての大きな課題となった。すなわち、貧困・低所得階層に属する人びとに対象を限定した選別主義的な社会福祉から、一般階層に属する人びとを含むニーズをもつすべての人びとに対応する「貧困者のためばかりではない」普遍主義的な社会福祉への転換である。「だれでも、いつでも、どこでも、自由に」利用できる社会福祉の実現が追求されるようになった。

現代社会を生きるすべての人びとにたいして生活権を保障するという社会福祉の理念からいえば、このような社会福祉の普遍化・一般化は今後ともなお一層促進されなければならない。なかでも、国際社会ならびに国内社会におけるグローバリゼーションの進行という現実に照らしていえば、早晩、社会福祉の普遍化・一般化は国籍を超える水準にまで拡大されなければならない。

社会福祉の普遍化・一般化は時代の趨勢である。しかし、同時に、その社会福祉の普遍化・一般化がかえって選別性を再生させるという側面のあることにも留意しておきたい。たとえば、介護サービスにおける社会保険の導入は、財源調達の方式を租税方式から保険方式に改めることによって、サービス提供の普遍性を実現した。けれども、普遍主義を導入した介護保険制度は、他方において、公的扶助の一環としての介護扶助という選別主義的な供給方式による補完を必要とする。社会福祉の普遍化・一般化がかえって貧困・低所得階層を特別の範疇として取り残し、あるいは再生させることになっている。

こうした事実からいえば、社会福祉の普遍化・一般化は、その促進を前提にしつつ、しかも貧困・低所得階層と一般階層の福祉ニーズを一体的統合的に保障し得るような制度的対応が必要とされる。

4) 公平性

社会福祉援助は、その潜在的な利用者を含めて、すべての利用者にたいして公平に提供されなければならない。社会福祉における公平性は多様な側面をもっている。まず、社会福祉の利用は、利用希望（申請）者の人種、民族、家柄、身分、職業、性別、年齢などによる優遇措置や差別的取り扱いを排除して行われなければならない。利用申請の受理や援助提供において恣意的な判断が介入することのないように細心の配慮が必要とされる。利用申請の手続きや審査・認定の過程について情報が公開されるとともに、明確かつ説明可能な基準が設定され、事案処理の手続きに透明性が確立されていなければならない。

つぎに、社会福祉における公平性の確保は重要であるが、それは提供される公的扶助や福祉サービスの多様性を妨げるものであってはならない。社会福祉の公平性は提供される援助の内容的な均一性や画一性を意味するものではない。社会福祉における公平性は、利用者の福祉ニーズの種類や程度にたいして必要かつ適切な内容の援助が提供されているかどうかによって判断される。

さらに、社会福祉にかかわる公平性は、社会福祉の利用者と納税者、高齢者世代と労働力世代、あるいは有子世帯と夫婦のみ世帯というように相互に利益の相反する集団のあいだにおいても課題となりうる。利用者、高齢者世代、有子世帯はいずれも社会福祉を通じて利益を得る可能性の高い集団である。逆に、後者の納税者、労働力世代、夫婦のみ世帯は、いわば社会福祉の費用負担を求められる集団である。このような競合集団間での公平性に関する議論には総合的な観点と判断が必要とされる。

5) 総合性

社会福祉を含むわが国の社会的生活支援システムは、その機能という視点からいえば、所得保障、保健医療保障、そして福祉サービスに大別される。この分類は、それぞれ、人びとの所得ニーズ、保健医療ニーズ、福祉ニーズに対応している。しかし、このような分類の方法がとられるのは、もっぱら制度を設計し運用する側の必要によるものであって利用者の必要に基づくものではない。社会的生活支援システムを必要とするようなニーズ、すなわち社会的生活支援ニーズが本来的に範疇的に形成されるということはありえないからである。

人びとの社会的生活支援ニーズを所得ニーズ、保健医療ニーズ、福祉ニーズというように分類するのは、あくまでも操作的な分類であるにすぎない。実態的には、所得ニーズ、保健医療ニーズ、福祉ニーズは、その種類や程度に違いはあっても、相互に分かち難く結びついている。

人びとの担う社会的生活支援ニーズ、すなわち所得ニーズ、保健医療ニーズ、福祉ニーズに適切かつ効果的に対応するためには、所得保障、保健医療保障、福祉サービスのみならず、労働、教育、消費者保護、住宅、交通などにかかわる施策を含めて、必要とされる社会的生活支援サービスが総合的かつ有機的に結びつけられたかたちで提供されなければならない。各種のサービスについて、相互の連携・調整を図り、総合的かつ有機的なサービスを提供するという営みが不可欠の要件となる。社会福祉や保健医療の領域においてケアマネジメントとよばれる社会的技術の重要性が強調されるゆえんである。

2. 運営の原則

1) 接近性

社会福祉は、すべての市民にとって、「誰でも、いつでも、どこでも、自由に」利用することができるようなかたちで、すなわち高い接近性を確保したかたちにおいて運営されなければならない。

接近性を確保するうえでまず重要なことは、社会福祉事業の実施組織や援助提供組織が市民の生活に最も近いところに存在し、利用申請の手続きや援助の利用が身近な場所で可能になっているかどうかということである。つぎに、援助利用の時間枠が重要である。わが国では、この側面からみた社会福祉の接近性の充実はいまだその緒についたばかりというところであろう。また、接近性を確保するためには援助にかかわる情報の公開が求められる。

さらに、接近性を高めるためには、事業実施機関はその窓口において利用希望者による利用の相談や申請を待つという姿勢では不十分である。わが国の福祉サービスの利用手続きは、実態的には、利用者による相談を契機に開始される。そして、利用の相談（申請）がなされなければ利用の必要性がないものとみなされるのが普通である。しかし、利用相談（申請）者の背後には、多数の、身体的・精神的、地理的、あるいは社会的などの理由によって申請が困難な状況にある社会的ハンディキャプトの潜在が推測される。そうした利用相談（申請）弱者の接近性を高めるためには、リーチアウト活動による情報の積極的な提供、生活支援ニーズの掘り起こし、利用申請にたいする直接的支援などの介入的対応が不可欠とされる。

2) 選択性

従来、わが国においては、社会福祉の利用が「法の措置にともなう反射的利益」として位置づけられていることもあって、利用者が援助の種類や援助提供事業者を選択するという考え方の成り立つ余地は存在しなかった。しかし、近年、わが国の社会福祉においても、社会福祉援助を利用する過程において、利用者に福祉サービスの選択権を保障するべきであるという考え方が定着しつつある。

利用者に福祉サービス選択権を保障するということは、福祉サービスの利用にあたって、利用申請者が供給者に福祉サービス・メニューの提示を求め、そのなかから利用者自身がその責任において利用すべきサービスを選択し、さらには利用の時期、形態、援助提供施設・事業者などについても自己の責任において選択し指定することを、利用者の固有の権利として保障するということである。

もとより、利用者による福祉サービス選択権（自己決定権）の行使は、その過程において福祉サービスの提供者が利用者に助言することを妨げるものではない。近年、医療の領域においてその重要性が指摘されてきたインフォームドコンセントの権利、さらにはインフォームドチョイスの権利は、いくつかの提供可能な医療サービスについて、個々に治療の目的、方法と手順、予想される効果、副作用や後遺症、さらに予後などについて十分な情報の提供と説明が行われるということを前提にしている。福祉サービスについてもこれと同様の配慮がなされなければならない。さらに、利用の申請・受理から審査・認定にいたる手続きの過程を事業実施機関と利用者とのネゴシエーション（交渉）の過程として再構成する可能性についての検討も必要となろう。

3) 効率性

社会福祉援助の効果を問い、その有効性を検証するという努力は別の観点からも必要とされる。近年、社会の高齢・少子化、女性の社会進出の拡大、複雑化・国際化等にともない、社会的生活支援ニーズの拡大と質的変化――多様化・複雑化・高度化――にはめざましいものがある。しかし、その一方において、そのような変化に対応するために必要とされる資源の有限性もまた明らかである。

社会福祉においても援助がどのように成果をあげえているのか、また、その成果が投入された費用との対比において効果的、効率的にうみだされているかどうか、改めて検討してみなければならない。ただし、ここでいう援助の効果は利用者にとって意味のあるものでなければならず、社会福祉における効率性の追求は利用者の利益に反して行われる費用の切り詰めを結果するものであってはならない。

4) 透明性

透明性は、より一般的には、近年社会のあらゆる領域において求められている情報公開原則の適用であるが、社会的に弱い立場になりやすい子ども、高齢者、障害者などを対象とし、それだけに公益性、規範性をもつべき社会福祉には格段にその確保が求められる。

伝統的に、社会福祉施設は外部社会から閉ざされた小宇宙であった。社会福祉施設の経営が社会的に有益な、さらにいえば余人には容易にまねのできない篤志の事業であるという伝統的な意識が、社会福祉施設の小宇宙的な、時によって独善的なものとなりがちな経営のありようを当然のこととみなしてきた。そこにしばしば汚職や施設内虐待などの不祥事もうまれてきた。

社会福祉、なかでも社会福祉施設の経営に携わる人びとは、社会福祉施設の経営にかかわる情報を積極的に提供し、かつその請求がある場合には、利用者のプライバシーの侵害に十分な配慮を加えつつ、財務諸表を含め情報の開示に応じ、社会福祉運営に透明性を確保するよう努めなければならない。

5) 説明責任性

社会福祉は、公的福祉セクターについてはもとより、民間福祉セクターにおいても、公的ないし社会的な性格をもつ資金（財源）によって維持されており、それが事業の目的に照らして適切に運用され、所期の成果を上げえているかどうか、明確に説明することができるように運営されていなければならない。

もともと説明責任性という概念は、その原語であるアカウンタビリティという語が物語っているように、会計や経理に関わる責任である。それは、一定の目的を遂行するために設定された機関や事業所がそのために提供され、あるいは運用を委ねられた資金（財源）を適正に運用し、所期の目的を達成しえているかどうかを、資金の提供者にたいして明確に説明する責任を意味していた。したがってそれは、第一義的には、公的福祉セクターであれば、市民のなかでも納税者を代表する議会にたいする責任であり、民間福祉セクターであれば、理事会や資金提供者などにたいする責任として考えられてきたのである。

しかし、近年、この説明責任という概念は、より広い意味においてとらえられるようになってきている。まず、説明責任は、会計や経理という資金の運用という側面に限らず、その資金によって運営されている施策・制度、さらには援助活動の内容という質的な側面に関しても、その目的や手続きについて、また、期待される効果などについて適切に説明する責任としてとらえられる。また、説明責任は利用者にたいしても果たされなければならない。社会福祉の関係者は、利用者やその保護者・家族にたいして、提供しようとしている、あるいは提供しつつある福祉サービスについて、目的や手順、期待される効果などを明確に説明するとともに、その理解をえられるように努めなければならない。

第2節　社会福祉の運営と公的責任

すでに第6章の第1節で詳細に論じたように、こんにち社会福祉の世界においては福祉ミックスの必要性が強調され、新しい公共のありかたが追求されている。しかし、そうした状況を前提にしてなお、社会福祉の運営にたいして政府セクターが重要な機能と責任をもつことに変わりはない。変化が期待されているのは、政府セクターの引き受けるべき役割の内容と中央政府と地方政府間の役割分担のありようである。

1. 直接的援助提供機能と間接的条件整備機能

社会福祉の領域においては、わが国に限らず、伝統的に、すべての社会福祉の援助について、財源調達から援助の実施・提供に至るまで、政府セクターが全面的かつ直接的に提供する責任を引き受けるべきであるという見解が強調されてきた。すべての福祉ニーズは政府セクターによる直接的な援助の提供によって充足されるべきであるし、またそれが可能であるとする見解である。

これにたいして、近年、政府セクターの役割について、政府（行政）は、社会福祉援助の直接的提供の事業から撤退し、その役割を社会福祉援助の総量と品質の確保、援助提供事業者の認可、援助の利用にともなう費用の支援、利用援助システムの構築、マンパワーと財源の確保など社会福祉の環境整備、条件整備に関わる間接的な責任に限定すべきとする見解が提起されている。

このような、政府セクターの責任を直接的援助提供責任から間接的条件整備責任に転換しようとする見解の登場は、戦後の社会福祉がその歴史のなかでうみだしてきた福祉集権主義、福祉官僚主義、社会福祉法人の行政依存などに象徴される負の遺産、経済の成熟化とそれにともなう財政環境の変化、近年におけるＮＰＯなどの新しい民間セクターの成長、市場セクターの参入拡大という状況の変化に照らしてみれば、理由のないことではない。

2. 社会福祉における分権化

たしかに、今後に予想される少子高齢社会の一層の進展、財政の逼迫という状況において、社会福祉援助の提供を政府セクターのみに求めることは現実的ではない。しかし、政府セクターの役割を一面的に間接的な条件整備の機能に転換することもまた適切とはいえないであろう。政府セクターの役割と責任は市場機能の補正に限定されるべきものではない。それだけでは、社会福祉を市民の自立的生活を支援するセーフティネットとして位置づけ、適切に運営管理することは不可能である。政府セクターはそれにふさわしい積極的な役割を果たさなければならない。

他方、社会福祉の領域においては、他の行政領域に先行するかたちで分権化が推進されてきた。すでに言及したように、国の権限を都道府県に、さらには市町村に委譲することが一九八〇年代にはじまる福祉改革の重要な課題とされてきた。市民生活に関わる諸問題については、もっとも市民生活に身近な政府、すなわち基礎自治体としての市町村の責任において対処することのできる体制に移行することが求められてきたのである。

こうした背景からすれば、これからの社会福祉における公的責任のありようについては、政府セクターの役割転換の問題と分権化の問題を重ね合わせるかたちで論じられなければならない。すなわち、国政府、都道府県政府、市町村政府というそれぞれのレベルにおいて、政府セクターの役割のありようが論じられなければならない、ということである。

3. 公的責任の再構成

結論を先取りしていえば、近年の政府（行政）役割転換論は国や都道府県については妥当かつ合理的であるといえる。しかし、基礎自治体である市町村についてはなお直接的援助提供責任を継承することが求められる。社会福祉は市民の生活を擁護し、保障するためのインフラストラクチャーであり、最後のセーフティネットである。その意味において、市町村は、そのような社会福祉の最先端を担う自己統治の団体・組織として、直接的援助提供責任と間接的条件整備責任の双方を引き受けることが要請される。

このような観点から、基礎自治体である市町村の果たすべき公的責任のありようを整理し直せば、それはおよそつぎのようなものになろう。

①市民生活に一般的に必要とされる基礎的な、すなわち支援的、予防的、促進的な福祉サービスを提供すること。
②国・自治体・社会の不作為や過失に関わってうみだされてきた福祉ニーズにたいして補償的な福祉サービスを提供すること。
③貧困・低所得などの理由により最低限度の生活を維持しえない、あるいは最低限度の生活の維持が困難な状態にある人びとに、必要とされる購買力を提供すること。
④貧困・低所得などの理由により民間セクターや市場セクターの提供する生活支援サービスを利用することの困難な人びとに必要とされる福祉サービスを提供すること。
⑤財政的・技術的に民間セクターや市場セクターでは対応しきれない複雑かつ高度な福祉ニーズをもつ人びとに必要とされる福祉サービスを提供すること。

⑥民間セクターや市場セクターによる生活支援サービスの提供を拡大し、活性化させるため、必要な技術的、財政的な支援を行うこと。
⑦市場セクターの提供する生活支援サービスについて必要な規制を加え、利用者（消費者）の保護にあたること。

このような市町村の直接的援助提供、間接的条件整備の双方に関わる責任を機軸に、都道府県、国がそれぞれのレベルにおいて条件整備責任を引き受けるという体制が構築されてはじめて、社会福祉は市民の多様化、複雑化、高度化する福祉ニーズを充足する受け皿として機能しうるのである。

第3節　社会福祉における政府間関係

つぎに、以上のような政府セクターの役割、機能、責任の転換に関する考察を前提に、市町村政府、都道府県政府、国政府の相互関係と分担されるべき役割について考察する。

1. 政府間関係の転換

わが国の社会福祉は、戦後福祉改革以来、国が施策・制度構築の中心となり、都道府県や市町村がその実施部門を引き受けてきたが、八〇年代以降、福祉改革が進展するなかでそのありようは大幅に改められ、**図7-1**にみられるように、国を中心に都道府県から市町村に至るという下降型の運営方式から市町村を中心とする自治型の社会福祉を起点に、そこから都道府県、そして国にいたる上昇型の運営方式に転換されてきている。

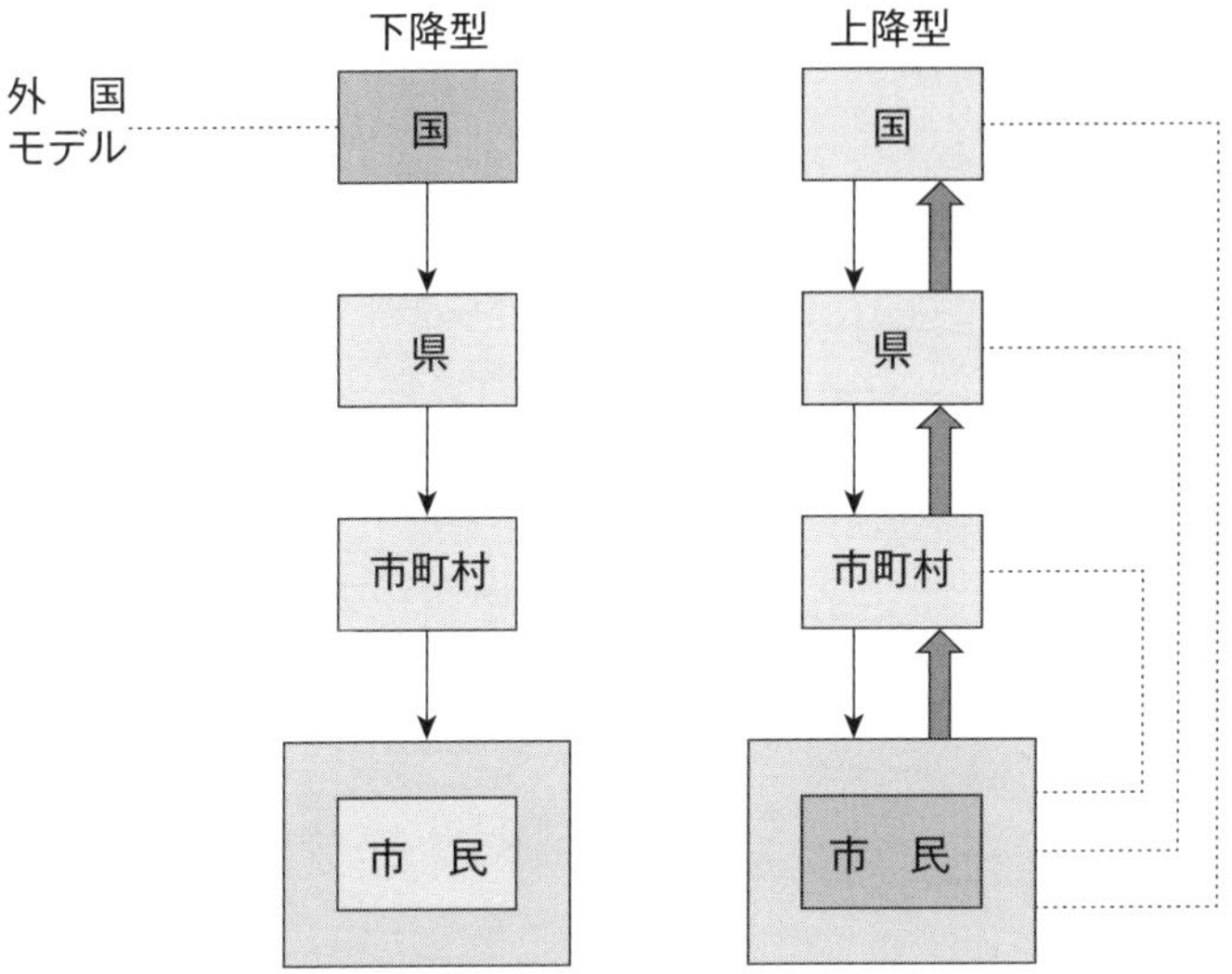

図 7-1　社会福祉における政府間関係
（松下圭一、1996 より一部加筆）

戦後の社会福祉を象徴してきた機関委任事務・団体委任事務の体制は、明らかに**図7－1**にいう下降型の運営方式である。これにたいして、こんにちの限定された法定受託事務と自治事務からなる体制は上昇型にあたる。そのことを踏まえ、以下、市町村、都道府県、国の順序でそれぞれの政府（行政）の果たすべき役割と責任について整理する。

2.　市町村の役割と責任

1)　市町村の責務

八〇年代にはじまる福祉改革の過程を通じて、社会福祉における市町村の役割は顕著に拡大された。

市町村は、①老人保健福祉計画その他各種の福祉計画を策定するほか、高齢者福祉サービス関係では、②介護保険制度の保険者となり、③介護保険以外の在宅福祉サービスの利用、④養護老人ホームの入所措置、障害者福祉サービス関係では、⑤身体障害者更生施設等の利用や⑥知的障害者援護施設等の利用、⑦障害児・者にたいする在宅福祉サービスの利用にともなう支援費の支給等について重要な権限と努力義務を負うている。また、児童福祉サービス関係では、⑧助産施設、保育所、母子生活支援施設の入所や利用、⑨各種在宅福祉サービスの利用に関する決定の権限は市町村に属する。

現段階では、社会福祉の供給に関する市町村の権限は必ずしも社会福祉の全面に及ぶものではない。しかし、市町村の管轄する福祉サービスの種類や規模、それにともなう予算の規模、利用者の規模などからすれば、社会福祉供給体制の基軸は明らかに市町村の側に移行してきている。さらに、入居型施設によるサービスを中心とする児童福祉の領域においても、早晩、市町村がより一層重要な役割を果たすようになると思われる。

2) コミュニティオプティマム――地域社会最適水準

社会福祉における分権化は必然的な改革の方向であった。市民の生活にもっとも密着した自治（自己統治）の単位、すなわち基礎自治体は市町村であり、地域に居住する市民（地域住民）のために社会福祉の施策を講じることは、地域自治の本来的、かつ不可避的な役割であり、また機能とみなされるからである。

従来、市町村に期待されてきた役割や機能は、国や都道府県によって櫛の歯的、縦割り的に設定されている施策の実施過程を担うことであった。市町村の役割と機能は、これまでどちらかといえば受け身的、消極的なものとしてとらえられてきたのである。

しかし、こんにちの市町村を中心とする社会福祉の運営システムの下においては、事態は大きく変化せざるを得ない。市町村には、これまでの国や都道府県による施策の実施機関としての役割を超え、櫛の歯的、縦割り的な施策を関連づけ、その隙間をうめる施策をみずから創設し、実施するなど、積極的計画的に地域住民の自立生活の支援、向上に努めることが期待されている。

さらに、市町村を機軸とする社会福祉の運営に期待されることは、国によるナショナルミニマムと都道府県によるリージョナルミニマムの設定とその保障を前提に、それぞれの市町村が独自に設定するコミュニティオプティマムの実現をめざして努力することである。それが自治の基礎的単位としての市町村の社会福祉運営に求められる基本的な課題である。

3. 都道府県の役割と責任

1) 都道府県の責務

社会福祉における都道府県の役割と機能は、①都道府県の水準における社会福祉に関する総合的な計画の策定、②市町村による社会福祉運営にたいする支援と指導・助言、③個別施策の運用に関する細則の策定や調整、④市町村間の利害の調整及び格差の是正、⑤市町村に属さない施策や市町村の能力を超える施策の実施、⑥必要な費用の調達と支弁等に整理することができる。

八〇年代以降の福祉改革の過程を通じて、生活保護の領域を除けば、都道府県の役割にも顕著な変化がみられた。生活保護の領域では、生活保護の実施に関する事務は法定受託事務として残されており、都道府県は市及び福祉事務所を設置する町村以外の町村について福祉事務所を設置し、生活保護制度の運用にあたる。

児童福祉サービス、母子及び寡婦福祉サービスに関する領域では、一定の範囲において都道府県に権限が残されている。たとえば、乳児院、児童養護施設、児童自立支援施設、各種の障害児施設の入所措置に関する権限は都道府県に帰属する。

2) リージョナルミニマム――広域社会最低限

都道府県の基本的な役割は、国にたいしては都道府県の多様性、個別性を主張することであり、都道府県の内部においては管轄下の市町村間の多様性、個別性を尊重すると同時に市町村間の格差を是正し、一定の水準を維持することに求められる。

国の社会福祉政策にナショナルミニマムの確立が求められるのと同様に、都道府県の社会福祉施策にはその実情に即応するリージョナルミニマムの設定が必要とされる。各都道府県において必要とされる福祉サービスの種類と規模を展望し、利用や支援費の支給の決定等に関わる基準、施設・設備、援助内容等に関する最低基準あるいはガイドラインの設定、社会福祉施設の適正な配置、マンパワー確保の方策、市町村にたいする財政支援の基準等の策定がリージョナルミニマムの主要な内容となる。

4. 国の役割と責任

1) 国の役割

社会福祉に関して国に期待される責務は、①全国的な水準に対応する社会福祉計画・施策の策定、②施策や制度の運用に関する規則や準則の策定、③都道府県・指定都市にたいする支援と助言・指導、④都道府県・指定都市間の利害の調整ならびに格差の是正、⑤都道府県・指定都市に属さない施策や都道府県・指定都市の能力を超える施策の実施、⑥必要な費用の調達と負担等である。

社会福祉に関わる国の主務官庁である厚生労働省（旧厚生省）の内部組織は、それぞれの時代における政策課題や行政改革を反映するかたちで変化してきている。二〇〇〇（平成一二）年の省庁再編で誕生した厚生労働省で社会福祉に関する政策の策定や運用に携わっている部局は、雇用均等・児童家庭局、社会・援護局ならびにその一部である障害保健福祉部、そして老健局である。

2) ナショナルミニマム——国民的最低限

一九八〇年代の中葉以降の福祉改革における機関委任事務の団体（委任）事務化さらには自治事務化や町村にたいする権限の委譲、すなわち総じていえば社会福祉における分権化の推進は、自治体ごとの社会福祉を取り巻く環境の違いや福祉ニーズの多様性を重視し、市民の生活に密着した社会福祉の運営体制を構築しようとするものであり、わが国の社会福祉を伝統的な国・都道府県中心の実施体制から市町村中心のそれに大幅に転換させるものであった。

こうした福祉改革が推進されたにも関わらず、生活保護については法定受託事務として残された。生活保護は国民生活の最後の防波堤であり、ナショナルミニマムの維持は国の責任に帰属するからである。この領域では、級地制を取り入れつつも地域による生活の多様性よりもナショナルミニマムを維持することの方に優先性が与えられている。

これにたいして、福祉サービスにおいては、地域による生活と福祉サービスの多様性が優先されるべきだとされる。その限りにおいて、福祉サービスにはナショナルミニマムの設定はなじまないとする見解もみうけられる。しかし、生活福祉ニーズの多様性を尊重することとナショナルミニマムの設定は必ずしもトレイドオフの関係にあるわけではない。国には、福祉サービスに関しても、提供されるべきサービスの種類と規模、利用や措置の基準、施設・設備、援助方法などに関する基準ないしガイドラインの設定を通じて、福祉サービスにおけるナショナルミニマムを策定し、その維持に努めることが求められる。

第4節　社会福祉援助の提供組織

戦後の社会福祉事業法の枠組みのもとにおいては、社会福祉に関わる援助を提供する主体は、国、自治体、社会福祉法人が中心であり、それ以外には未認可ないし無認可の事業所（者）が周辺的に存在するだけであった。しかし、八〇年代以降になると、その多元化と多様化が一挙に進展し、こんにちでは公益原理に依拠するものから市場原理に依拠するものまで、また自発的なものから組織的なものまで、多種多様な援助提供組織が存在している。以下、その整理を試みる。

1.　社会福祉援助提供組織の多元化と多様化

ここで多元化というのは、国、自治体、社会福祉法人という社会福祉法に規定する提供組織（主体）以外に、福祉NPO（民間非営利組織）、地域住民による生活支援組織、さらには民間営利事業所などの提供組織が登場してきたことを意味している。多様化とは、たとえば福祉NPOのなかにも福祉公社、互助団体、生活協同組合、農業協同組合などの多様な運営組織が存在している事実をさしている。

社会福祉の運営に関わる枠組みについての考察を深めるにあたり、そのような提供組織の多元化と多様化の状況に一定の整理を与えておこう。

2.　社会福祉援助提供組織の類型

社会福祉の援助提供に関わる組織は、基本的には、**図7-2**にみられるように、公的福祉セクター、民間福祉セクター、インフォーマルセクター、民営福祉セクターに分類することが可能である。このうち、公的福祉セクターは、(a)公設公営型提供組織と、(b)認可団体型提供組織に分類される。具体的には、(a)公設公営型提供組織に属するのは国と自治体であるが、自治体の広域連合である一部事務組合もここに分類される。(b)認可団体型提供組織に属するのは、社会福祉法人である。後出の市民組織型提供組織に分類している生活協同組合や農業協同組合も公益法人であるが、ここでは社会福祉の援助提供に関わる特定の法人として制度化されている社会福祉法人のみを認可団体型提供組織とした。

民間福祉セクターは、(c)行政関与型提供組織と、(d)市民組織型提供組織に分類される。このうち、(c)行政関与型提供組織を代表するのは福祉公社であるが、行政による補助金や事業委託をうけている互助団体などもここに属する。(d)市民組

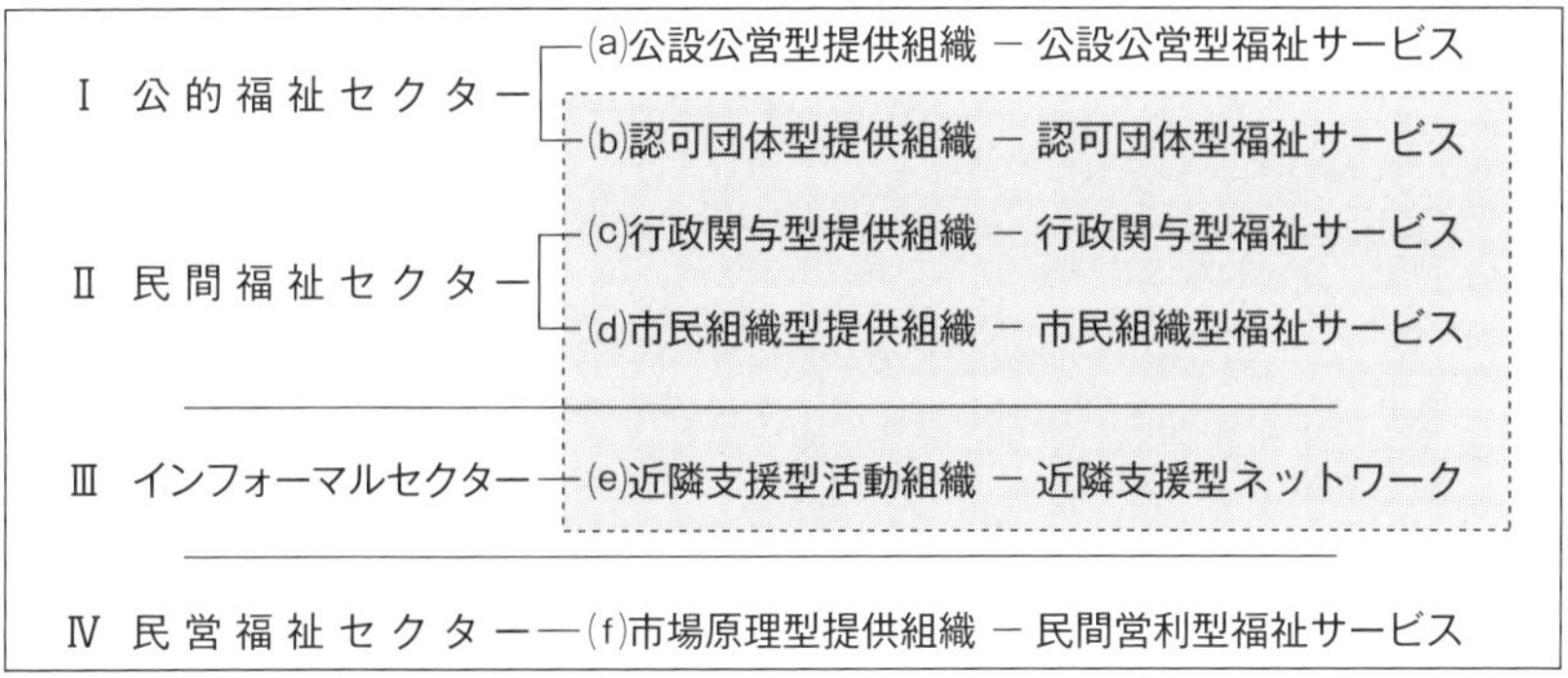

図 7-2　社会福祉の提供組織類型　　古川孝順　作成

織型提供組織に含まれるのは、行政から独立している互助団体、生活協同組合、農業協同組合、さらには特定非営利活動法人などである。

インフォーマルセクターに含まれるのは、友人や隣人や民生委員などによるソーシャルサポートネットワーク、個人的に行われるボランティア活動などである。

民営福祉セクターに該当するのは、会社組織をもつ事業者や個人事業者などの、(f)市場原理型提供組織である。ここで民営福祉セクターというのは、一般市場において人びとの生活支援ニーズに対応することを目的に、入浴サービス、給食サービス、ホームヘルプサービスなどの生活支援サービスを営利ベースで提供している営利事業者のうち、社会福祉の実施機関によって援助提供事業者として認可された事業者（指定事業者）や事業委託を受けている事業者のことである。

すなわち、営利事業者とその提供する生活支援サービスは、それ自体としては社会福祉事業と区別される。しかし、それが自治体による福祉サービスという提供の枠組み――指定事業者あるいは委託事業者制度――に組み込まれて提供されている限りにおいて、その事業は社会福祉事業に該当することになる。ここでいう民営福祉セクターは、そのような社会的生活支援サービスを提供する営利事業者の行う事業のうち、社会福祉に関わる事業として認可もしくは事業委託されている部分である。同じ事業者の提供する生活支援サービスであっても、認可の範囲外で提供されている生活支援サービスは民営福祉サービスには該当しない。それは生活支援サービス商品（有料生活支援サービス）である。

なお、**図7-2**のうち点線で囲った部分は、認可団体としての社会福祉法人をその民間性に着目し、行政関与型、市民組織型、近隣支援型の提供組織を類似の特性をもつものとして範疇化したものである。この場合、公的福祉セクターは公設公営型福祉サービスに限定されることになり、社会福祉の援助提供組織は狭義の公的福祉セクター、民間福祉セクター、民営福祉セクターに分類されることになる。このような範疇化は、社会福祉法人の基本的な性格を論じるうえで有効である。

3. 援助提供組織の特性

もとより、この種の類型化が試みられている場合、それぞれの類型相互の境界は必ずしも明確なものではない。それぞれの類型は、理念型的には明確な質的差異を有しているものの、その差異はあくまでも連続的かつ量的なものであり、現実には境界線上に多くの中間的な事例が含まれている。そのことを考慮しつつ、それぞれの類型のもつ特性を際立たせるために、援助提供組織類型の位置関係を座標軸を利用して整理し直したものが**図7−3**である。

図7−3は、多様に存在する援助提供組織を、資源の調達とその配分に関わる原理である市場原理と公益原理を両極にする横軸と、援助提供組織の組織性ならびに社会性と自発性の程度に関わる原理である組織性原理と任意性原理を両極とする縦軸によって構成される四通りの象限にはめ込んだものである。

市場原理は物財やサービスの移転が当事者間の経済合理性に基づく判断を前提とする自由な交換によって行われる状況に関連し、公益原理は物財やサービスの移転が当事者間の相互的な扶助や贈与、互恵の思想によって行われる「世のため人のため」という状況に関連している。市場原理と公益原理は理念的には相互に異質なものであるが、実態的には両者の間にさまざまなかたちでの移行形態が存在する。たとえば、企業倫理や市民間の互酬の観念に依拠する物財やサービスの移転がそうである。

他方、組織性原理は物財やサービスの移転が組織的かつ社会的な意味をもって行われる状況に関連し、任意性原理はそ

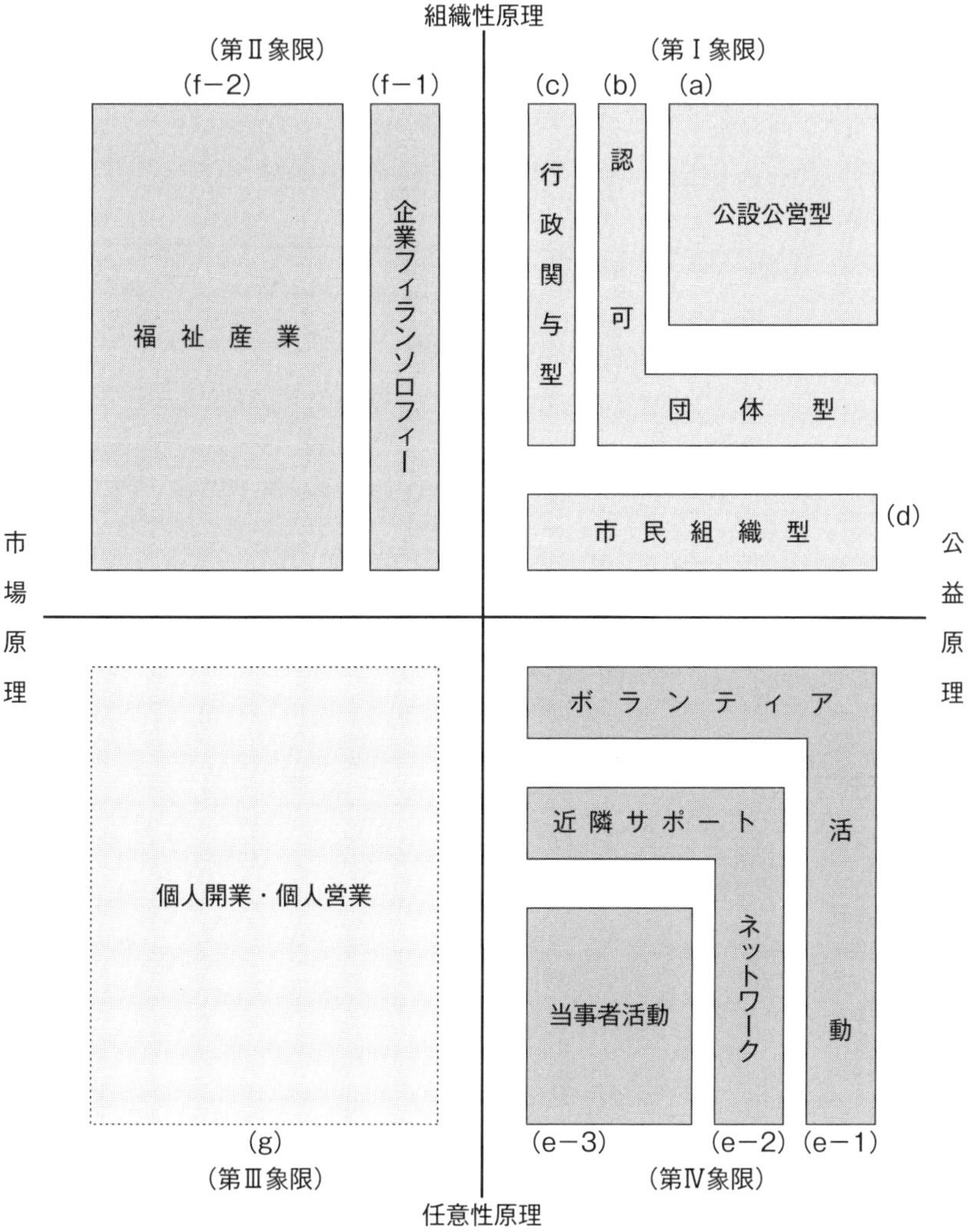

図 7-3　援助提供組織の特性類型　古川孝順　作成

れが自発的・短期的かつ身近な人びとの間における無償の日常的支援というかたちで行われる状況に関連している。たとえば、行政や福祉産業は高い組織性をもち、逆に当事者活動や個人開業は任意性が高い。

さて、このような二つの軸を交叉させて形成される四通りの象限のうち、第Ⅰ象限に含まれるのは、公益原理に依拠し、しかも組織性・社会性の高い援助提供組織である。具体的には、**図7－2**にいう(a)公設公営型、(b)認可団体型、(c)行政関与型、(d)市民組織型がここに含まれる。それぞれの類型の位置は、公益性や組織性にみられる濃度の違いを示している。

第Ⅱ象限に含まれるのは、市場原理に依存し、かつ組織性・社会性の高い援助提供組織である。この(f)市場原理型には、企業フィランソロフィー（f－1）と福祉産業（f－2）が含まれる。市場原理型を社会性の高い援助提供組織として位置づけることについては異論もありえよう。しかし、企業が企業市民として行う企業フィランソロフィー（f－1）については一定の社会性、公共性を認めることが可能であろう。福祉産業（f－2）による市場原理型福祉サービスの供給については、むしろ逆に高い社会性、公益性、規範性、自己規制の確保が求められなければならない。

第Ⅲ象限に位置づけうる援助提供組織は、わが国においてはまだ少数である。一部の社会福祉が第二種社会福祉事業として個人開業のかたちで援助活動を提供している。今後、わが国でもソーシャルワーカーによる個人開業ないし個人営業による生活支援サービスの供給が拡大することになれば、それはこの象限に含まれる。

最後に、第Ⅳ象限に含まれるのは、公益原理に依拠しているが、しかし任意性の高い諸活動である。ここに含まれる活動は、私事的、個人的なものとはいえない。しかし、逆に全面的に社会性、組織性を帯びているかといえばそこには無理がある。

第5節　社会福祉法人の機能

社会福祉法人は国・自治体と並んで社会福祉事業の重要な経営主体として位置づけられている。社会福祉事業の種類によって異なるが、入居型社会福祉施設の四分の三は社会福祉法人によって設置運営されている。その重要性はあらためて指摘するまでもないが、その半面行政への依存、親族経営など批判される部分も少なくない。

1. 社会福祉法人の性格

社会福祉法人は社会福祉法にもとづいて認可設立される公益法人の一つであり、戦後福祉改革のなかで公の支配に属さない慈善博愛の事業にたいする公金の支出を禁止するという日本国憲法第八九条の規定を回避し、社会福祉施設の修復費の補助や措置委託費の支出を適法化するために設立された。社会福祉法人は、社会福祉事業に求められる規範性、非営利性、継続性、安定性などの要件に照らして、民法上の公益法人である社団法人や財団法人に比較し、認可設立の要件や運営にたいする規制や監査などについてより厳格な基準が設けられている。

わが国においては、戦後このかた社会福祉にたいする公的責任が強調されてきた。しかし、福祉サービスの具体的な提供組織ということになると、施設の種別にもよるが、都道府県や市町村によるいわゆる公設公営型の占める比重は低い。近年、多様な経営主体の参入が促進されてきたとはいえ、わが国の社会福祉は社会福祉法人なしには成り立ちえない状況にある。

社会福祉法人の設立は、資金や土地、建物などの寄付行為を前提にしており、法人が解散する場合、残余の資金・土地・建物はあらかじめ指定された社会福祉法人その他の社会福祉事業を営む者に帰属する。それ以外の場合には残余の資産は国に帰属する。社会福祉法人のこのような性格は、社会福祉法人の立ち上げを躊躇させる要因になるとともに、その事業からの撤退を抑制するようにはたらき、社会福祉法人に求められる事業の公益性、規範性、継続性、安定性を担保する要因になっている。

2. 社会福祉法人の改革

社会福祉法は、その当初より、社会福祉事業の経営主体である国、自治体、社会福祉法人にたいして、自立・自律性、独立性の維持と依存性の排除を求めてきた。しかし、それにも関わらず、現実には戦後の社会福祉行政のなかで国・自治体と社会福祉法人とのあいだにある種のもたれあいの関係が形成されてきたことは否定し難い事実である。社会福祉法人は、護送船団方式ともいえるような国・自治体による過剰な保護と規制のもとにおかれ、そこに行政への依存と事業活動の停滞がうまれ、弊害が蓄積されてきた。

このような状況にたいして、社会福祉基礎構造改革は、一方において社会福祉法人の設置認可に求められる資産要件を緩和し、その設立をより容易にするとともに、他方においては財務諸表の閲覧など社会福祉法人の運営にかかわる情報の開示を求めるなど、法人運営の透明性を確保するための措置を導入した。運営の財政的な側面に関していえば、介護保険制度や支援費支給制度が導入されたことにより、一部の社会福祉施設の経営は従来の安定的な措置委託費による経営から出来高払い方式の収入による経営に転換することになった。

社会福祉法人は、こんにちなお社会福祉事業の経営に圧倒的なシェアをもつとはいえ、多様な経営主体の参入を求める立場からは、その存在自体が参入障壁として批判の対象となっている。他方、社会福祉法人は、理念の形骸化、行政依存、親族経営、自主的財政基盤の弱体化などにたいして内側からも強い批判をうける状況にあり、存在意義そのものが問い直される状況にある。

第6節　社会福祉協議会の機能

社会福祉協議会は、社会福祉法にもとづいて設置され、原則として社会福祉法人格をもつ、民間の組織である。社会福祉協議会は、その設立以来、社会福祉機関・施設間の連絡調整機能、地域社会組織化機能、直接的援助提供機能などさまざまな機能を果たしてきたが、こんにち地域福祉型の社会福祉が追求されるなかでその役割と機能のありようが改めて問い直されている。

1. 社会福祉協議会の性格

さて、このような社会福祉協議会は、一九五一（昭和二六）年に制定された社会福祉事業法にもとづき、戦前以来の民間組織を再編成して創設されたが、こんにちでは全国社会福祉協議会を頂点に、各都道府県社会福祉協議会、市区町村社会福祉協議会、さらには校区その他の日常生活圏域に小地域社会福祉協議会が設置されている。また、二〇〇〇（平成一二）年の社会福祉法の改正で、複数の市区町村を範囲とする社会福祉協議会を設置することが可能となった。

社会福祉協議会は、都道府県や市区町村の社会福祉事業または更生保護事業を経営する者を中心とした事業者組織として設置され、もっぱら社会福祉を目的とする事業に関する調査、企画、連絡調整、普及宣伝などに従事した。しかし、その後、社会福祉協議会は、地域社会における社会福祉の組織化から地域社会そのものの組織化に視野を拡大し、住民参加を進める事業や住民参加による事業を推進してきた。

2. 社会福祉協議会の活動

社会福祉協議会は社会福祉法人の一つであるが、一般の社会福祉法人が一つまたは複数の社会福祉事業を実施することを目的に設置されているのにたいして、組織のあり方や事業内容を異にしている。**表7―1**は都道府県社会福祉協議会と市区町村社会福祉協議会活動の概要を示したものである。

市区町村社会福祉協議会は、一九九〇年代以降、市町村による委託をうけて各種の受託事業を実施するようになり、さらに補助事業、自主事業への展開を図るようになった。いわゆる事業型社協の誕生である。事業型社協は、社会福祉協議会を地域住民に可視的な存在にするものとして進められた。しかし、その反面、市区町村社会福祉協議会が事業型社協に軸足を移してきたことにたいしては、社会福祉施設・団体・機関間の連絡調整や地域住民の組織化や地域社会のもつ福祉ニーズの充足を求める社会運動を重視する組織型社協や運動型社協の後退につながるという批判もみうけられる。

3. 社会福祉協議会機能の再定義

二〇〇〇(平成一二)年の社会福祉法の改正においては、都道府県社会福祉協議会と市町村社会福祉協議会の性格の違いが明確化され、都道府県社会福祉協議会については従来のありようを継承し、市区町村社会福祉協議会、社会福祉事業または更生保護事業を経営する者の協議会組織と規定され、市区町村社会福祉協議会については、地域住民、社会福祉事業または更生保護事業を経営する者、ボランティア団体、NPOなどにより構成される地域の公益的、自立的組織と規定された。また、都道府県社会福祉協議会を中心に、情報提供、総合相談、苦情対応、福祉サービス利用援助などの一般の社会福祉事業者に期待できない分野の事業があらたに追加された。

表 7-1　社会福祉協議会活動の概要

		都道府県・指定都市社会福祉協議会	市区町村社会福祉協議会
法的位置づけ		社会福祉法第 108 条	社会福祉法第 107 条
組　織		市区町村社協、社会福祉関係団体、社会福祉施設等により組織	市区町村の住民組織、社会福祉関係団体、社会福祉施設等により組織
法人化率		100%	99%
設置数		59 か所	3,368 か所※
連絡調整		◎市区町村社協の連絡調整 ◎社会福祉施設連絡協議会の運営 ○民生委員・児童委員協議会の運営 ○老人クラブ連合会の運営 ◎関係機関・団体の連絡調整	○地区社協の創設、指導、連絡調整 ○社会福祉施設の連絡調整 ○民生委員・児童委員協議会の運営 ○老人クラブ連合会の運営 ○関係機関・団体の連絡調整
事業	住民参加を進める事業	◎ボランティアセンターの運営 ◎広域的ボランティア団体の支援 ◎ボランティア体験月間の推進 ◎福祉教育協力校の指定、補助 ○ホームヘルパーの養成研修 ○社会福祉大会	○ボランティアセンターの運営 ○ボランティア団体の支援 ○ボランティア体験月間の実施 ○福祉教育の推進 ○福祉講座、介護講座等の実施 ○ふれあい広場（地域での交流イベント） ○小地域住民福祉座談会
事業	住民参加による事業		○小地域福祉活動 （見守り、声かけ、訪問活動等） ○食事サービス ○家事援助サービス ○介護サービス ○手話通訳派遣 ○在宅介護者リフレッシュ事業 ○福祉施設訪問 ○障害者、老人のレクリエーション、スポーツ
事業	受託事業	○高齢者総合相談センター ○介護・実習普及センター ◎福祉人材センター ◎福祉施設経営指導事業	○ホームヘルプサービス ○デイサービス ○在宅介護支援センター ○小規模作業所 ○児童館
その他		◎共同募金への協力 ◎生活福祉資金の貸付 ◎心配ごと相談事業の推進	○共同募金への協力 ○生活福祉資金の貸付 ○心配ごと相談事業 ○老人福祉週間行事 ○歳末慰問、激励金品の配布

◎：すべての社会福祉協議会が実施／○：一部の社会福祉協議会が実施
※平成 11 年 4 月 1 日現在
注：2019 年 1 月現在の社会福祉法では、第 108 条は第 110 条、第 107 条は第 109 条である。
（厚生労働省資料より一部加筆）

第7節　民間福祉セクターの類型と機能

一九八〇年代以降、わが国の社会福祉に新たに登場し、強い関心を集めてきたものに社会福祉法人以外の民間組織による援助提供活動がある。この種の民間組織はやがて福祉NPOと総称されることになるが、こんにちでは単にこれまでにない新しい援助提供組織が出現したという意味を超え、これからの社会福祉を支える「新しい公共」の中核となる担い手として社会的にも広い関心を集めている。

民間福祉セクターは、すでにみたように、行政関与型提供組織と市民組織型提供組織に大別される。

1. 行政関与型提供組織

行政関与型の民間福祉セクターを代表するのは福祉公社である。最初の福祉公社は一九八〇（昭和五五）年に武蔵野市によって設置された。福祉公社は通常会員制をとり、登録会員はサービスを利用する利用会員とサービスの担い手である協力会員に分かれ、会費を納入する（協力会員の会費負担は存在しないこともある）。利用会員がサービスを利用する場合にはその内容や時間によって定められた料金を負担し、サービスを提供した協力会員には一定の基準により報酬が支払われる。実施されているサービスは、家事援助サービス、介護サービス、食事サービス、各種相談サービスが中心である。資産を担保にした生活資金、医療費、住宅改造費などの貸与を行う公社もみられる。

福祉公社型の援助提供組織の最大の特徴は、それが第三セクターという形態をとっていることにある。福祉公社の第三セクターとしての性格は、最初の福祉公社となった武蔵野市福祉公社のねらいがそうであったように、行政の外側に設置させることによって社会福祉行政の枠内では提供できない一般階層の市民にたいして援助を提供することを可能にした。

しかし、第三セクターによる事業の運営には、行政への依存や非効率がつきまとい、近年福祉公社の数は減少傾向にある。

2. 市民組織型提供組織

市民組織型の提供主体としては、まず地域住民による自主的な互助型の在宅福祉サービス提供活動がある。住民参加型在宅サービスともよばれるものであるが、七〇年代後半頃から神奈川や兵庫などの大都市から発展しはじめた。

市民組織型の提供主体には生活協同組合や農業協同組合も含まれる。いずれの協同組合も会員制で会員の出資を基金にして生活関連商品の協同購入や農業機器の協同による購入や利用、農産物の協同による供出や出荷などを目的とするが、そのような協同活動の一環として生活助け合い活動が実施されるようになったものである。

協同組合の提供しているサービスは高齢者向けが中心となっており、その内容は互助型組織の活動に類似している。協同組合のサービスは行政によるサービスに比較し、利用しやすいという意見がある。会員制で出資しているということに関わりがあるようである。なお、協同組合は会員制であるが、会員以外の市民にたいするサービスも提供されている。

近年設立された特定非営利活動法人（ＮＰＯ法人）は、①保健、医療又は福祉の増進を図る活動、②社会教育の推進を図る活動、③まちづくりの推進を図る活動、④文化、芸術又はスポーツの振興を図る活動、⑤環境の保全を図る活動、⑥災害救援活動、⑦地域安全活動、⑧人権の擁護又は平和の推進を図る活動、⑨国際協力の活動、⑩男女共同参画社会の形成を図る活動、⑪子どもの健全育成を図る活動、⑫以上の活動を行う団体の運営又は活動に関する連絡、助言又は援助の活動、といったさまざまの目的をもって設立されるが、社会福祉に関わる活動を行うものが多い。

特定非営利活動法人には、設立の認証に必要な手続きの煩雑さや資格要件や監査の厳格さ、寄付金にたいする税の減免措置が欠落していることなど、問題点も多い。しかし、社会福祉のみならず、これからの社会を方向づける可能性をもつ組織として期待されている。

3. 民間福祉セクターの特徴

以上のような民間福祉セクターには、①市民の自発的な結社であり、基本的に自由に参加し、脱退ができること、②行政による規制や統制から自由であること、③会員による自由で自発的な事業の推進が可能であること、④利用資格が任意に設定できること、⑤利用者によるサービスの選択的利用が可能なことなどの利点が認められる。しかし、逆に、①緩和の傾向にあるとはいえ会員制が前提になっていること、②住民互助型については運営という側面から組織性、継続性、安定性、透明性などに難点がみられること、③提供主体のもつ組織の性格からサービスの内容が在宅型サービス中心になること、④高度の知識や技術をともなうサービスの提供には無理があること、⑤利用には応益的な費用の負担が求められること、⑥住民互助型の場合、動員しうる資金に限界があること、などさまざまの限界あるいは問題点が認められる。

第8節　民営福祉セクターの意義と規制

一九八〇年代以降における社会福祉の変化を特徴づける最大のできごとは、営利を追求する個人事業者や企業が社会福祉援助の提供主体として参入してきたことであるといって決して過言ではない。この傾向はわが国に限ったことではないが、市場原理を前提とする営利的援助提供組織の参入はかつて想定されたことのなかった要素である。しかし、こんにちにおいては、営利的援助提供組織の参入はすでに制度的なものとなっており、社会福祉のありようを根底から問い直す契機となっている。

1. 産業としての生活支援サービス

わが国では、八〇年代の福祉改革以来、民営事業者にたいする事業委託、在宅（居宅）福祉サービス提供事業者としての認可や指定というかたちで、市場原理を前提とする営利セクターによる生活支援サービスの社会福祉への組み込みが促進されてきた。

営利セクターによる生活支援サービスの提供は、歴史的には、有料老人ホームの場合に象徴的にみられるように、公的福祉サービスの利用にはなじまない一般階層の福祉ニーズに対応する任意的な事業としてはじまったものである。しかし、やがて営利セクターによる生活支援サービスは、公的福祉サービスにたいする需要を振り替え、公費負担の膨張を抑制するための受け皿として、その発展が期待されるようになる。こんにちでは、高齢者の領域における生活支援サービスに限らず、社会福祉そのものが未開拓で有望なサービス産業の一分野として捉えられるようになっている。

2. 民営福祉セクターと利用者保護

先にみた民間福祉サービスとは別に、営利事業者によって、認可事業という枠の外側で提供される生活支援サービス商品の提供もまた事実上社会福祉援助の一翼を担うとすれば、そこにはおのずから一定の規制が必要となる。

生活支援サービス商品の利用希望者は、任意の事業者にたいしてサービスの内容や利用料についての説明を求め、それが納得しうるものであれば利用契約書に署名し、必要な費用を払い込むことによってその利用が実現する。利用希望者は、事業者の説明に納得がいかなければその都度別の事業者を訪ね、資料の提供や説明を求めることができる。

しかし、生活支援サービス商品の利用者や利用希望者の多くは、子ども、高齢者、障害者という社会的弱者である。同時に、彼らは、消費者として市場的弱者である。生活支援サービス商品については、その品質の維持や利用者の権利保護を目的としたガイドラインや標準の設定、さらには一定の強制力をもった規制策の導入等一般の消費者保護のレベルを超える市場的弱者救済策が不可欠とされよう。

第9節　地域福祉型の社会福祉

二〇〇〇（平成一二）年に改正改称された社会福祉法によって、一応の区切りがつけられた社会福祉基礎構造改革の重要な課題の一つは、これからの社会福祉を地域社会を基礎単位とする政策・制度、援助活動の体系として発展させることであった。より具体的には、地域社会の特性にあった特色のある社会福祉、地域住民が主体となる社会福祉、そして地域社会のさまざまな組織、団体、個人が参加し、協働するなかで創造される社会福祉を実現するということである。

1.　市町村と地域社会

従来、地域福祉の領域においては、基礎自治体（市町村）による福祉行政と市民による民間福祉活動とはしばしば別個の体系として理解されてきた。両者の関係がとりあげられる場合にも、市民による民間福祉活動は自治体による福祉行政の実現過程に参加する存在であったり、あるいは福祉行政にたいしてこれを批判し、住民ニーズの充足を要求する圧力行動として位置づけられることが多かった。しかし、社会福祉を地域住民主体型・自治型の社会福祉として発展させるためには、市町村による福祉行政と市民による参加活動や圧力行動としての地域福祉活動を、機能的のみならず構造的にも、一体的なものとして把握しなければならない。

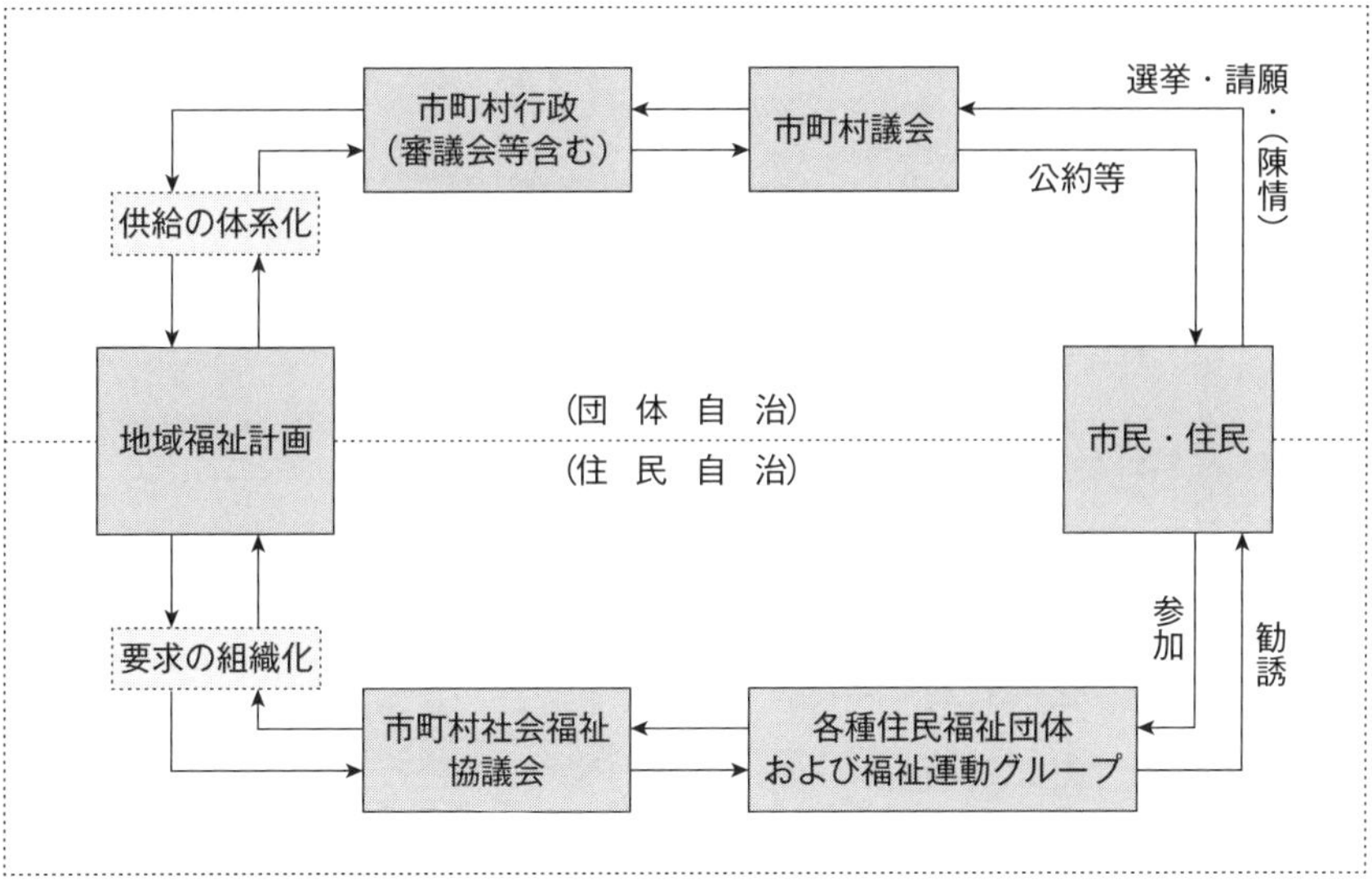

図 7-4　住民自治と団体自治
（牧里毎治「市町村地域福祉計画と住民参加」〈古川孝順、1992 年、所収〉より表題を変更）

牧里毎治の見解を援用していえば、**図7－4**にみられるように、社会福祉は、市町村という一定の行政的な範域をもつ地域社会のなかでの、自治の二つの側面、すなわち団体自治と住民自治という二つの過程を通じて展開される市民による主体的な活動の統合された産物として把握されなければならない。

もとより、団体自治としての社会福祉（＝市町村の福祉行政）と住民自治としての社会福祉（＝民間福祉活動）はそれぞれに異なった運動原理をもち、その限りでは相互に拮抗しあう関係にある。市町村による福祉行政は、一方において国や都道府県による福祉行政との調整が求められ、他方、市町村の内部において、質量両面について多様性をもち、利害の異なる福祉ニーズを調整し、一本化することが求められる。逆に、民間の福祉活動には、一方において福祉ニーズの内容や利害の多様性を根拠にしながら、福祉行政をチェックし、改良改善を求めるカウンターパートとして機能することが期待されるとともに、他方においては財政や専門的知識や技術について行政に支援を期待せざるをえないという側面をもっている。

このような団体自治と住民自治の一本化は容易ではない。しかし、最終的には、両者の利害は交渉と調整の過程を通じて一つの社会福祉の施策・制度、援助活動として統合されなければならない。その意味において、社会福祉法の求める地域福祉計画の成否は、まさに市町村と地域社会を共通の単位とする地域福祉型社会福祉の行方を占う試金石となろう。

2. 住民活動と自治体政策

ここで、松下圭一の見解を援用しながら、団体自治と住民自治の一本化についてもう一歩踏み込んでおきたい。市民は生活のなかでさまざまの生活課題（生活問題ないし福祉ニーズ）に直面するが、生活課題はそのままのかたちでは社会的な解決の課題として認識されることはない。生活課題はその解決の必要性が広く社会のなかで争点化し、人びとのあいだに社会的な解決の必要性についての合意が形成されたときにはじめて公共課題に転化する――公共政策の課題として認識される――ことになる。以下、**図7-5**によりながら、市町村において政策が形成される過程について整理しておこう。

生活課題が公共課題化したのち、何らかの行動が追求されるチャンネルには二通りの道筋が存在する。まず第一には、政治主体としての市民がみずからの意思の代理的執行機関としての議会と自治体政府を通じて間接的に、あるいは市民活動を通じて直接的に、解決方法を模索する方向（チャンネルⅠ）が存在する。第二に、一度成立した（市町村）政府が公共課題化した生活課題をみずから政策対象として措定し、何らかの解決方法を模索するという方向（チャンネルⅡ）が存在する。これら二通りのチャンネルのうち、論理的にみてよりオーソドックスな方向は第一の方向（チャンネルⅠ）である。

市民は、公共課題化された生活課題にたいして、原初的にはみずからの活動（市民活動）を通じて直接的に課題解決の方法を模索する（チャンネルⅠ-a）。しかし、そのような市民活動にはおのずと限界があり、市民はやがてみずからの意思を代理し執行する機関としての議会と政府を構成し、この政治的装置を通じて間接的に、しかしより組織的に課題解決

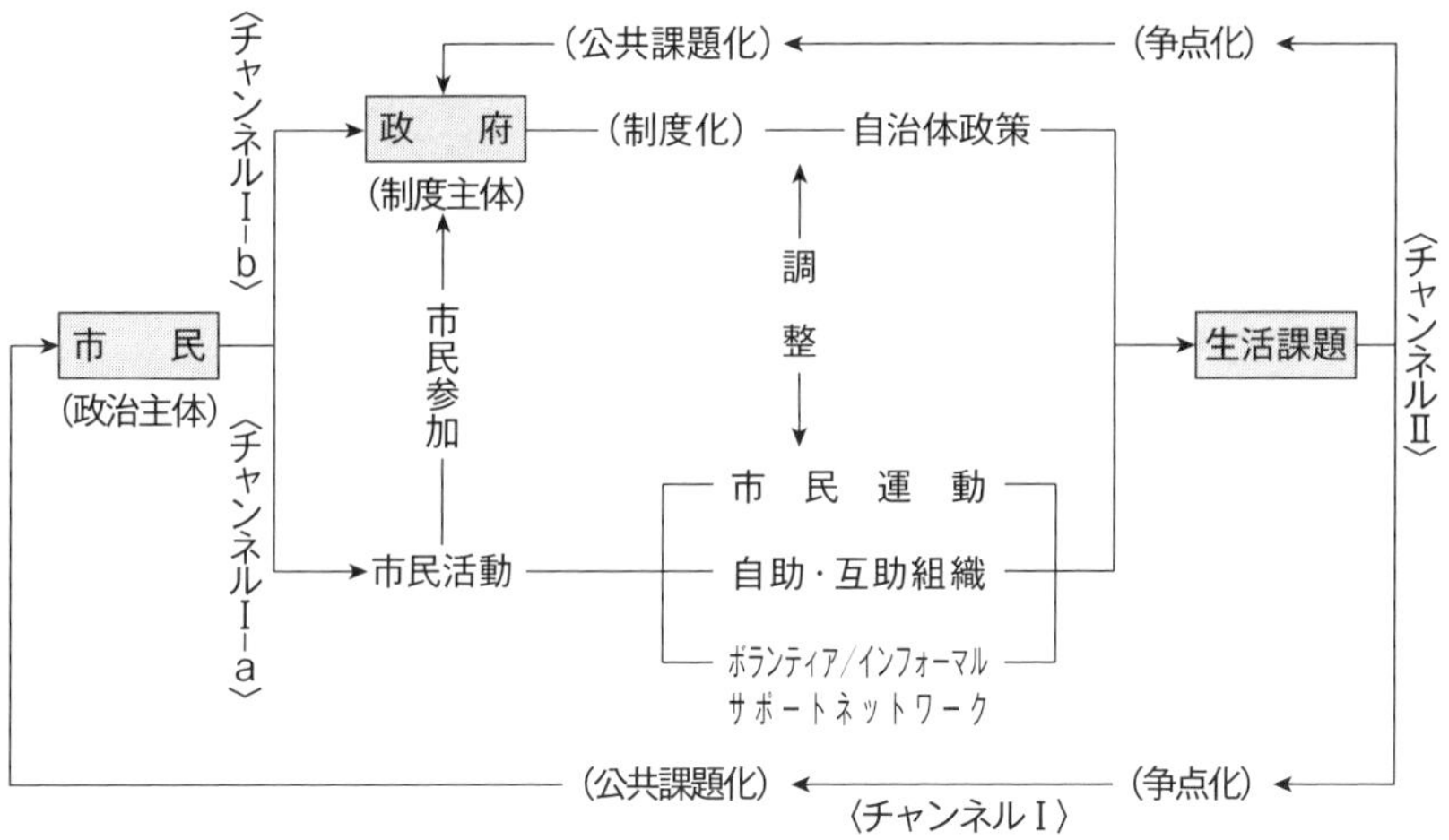

図 7-5　市民活動と政府政策
（松下圭一、1991を一部改変）

の方法を模索するという方向を追求する（チャンネルⅠ-b）。

生活課題が政策化する第二の方向は、公共課題化された生活課題を既存の執行機関としての政府が直接的に政策課題として取り込むという方向である。こんにちにおいては実態的にはこのチャンネルが問題解決の手法として一般的なものになっている。生活課題の解決にあたって、生活課題そのものに関する情報をはじめとして、動員しうる社会資源、他の方策との調整、財源の調達方法等に関する情報などの政策情報をもっとも潤沢にもちうる立場にあるのは政府である。議会に提出される法案や条例案のほとんどが政府提案というかたちになっている理由の一つは、法案や条例案の作成に必要とされる政策情報が事実上政府によって独占されていることにある。

自治体政府に限らず、政府は、政策情報をもっともよく収集しうる立場にありながら、その情報を開示することを渋りがちである。情報が開示されている場合にも、政府各部門のセクショナリズムのために、入手しうる情報は細切れの情報であることが多い。また、市民あるいは市民を代表する議員に欠落しているのは政策情報だけでない。それを法案や条例案として構成するうえで必要不可欠な法律や行政に関する専門的な知識や技術にも欠けており、専門家に依頼する余裕もない。そこに、行政主導による政策の独占化傾向が成立する。

八〇年以降、生活課題の政策化における第一の方向、なかでも市民の直接的な活動（チャンネルⅠ-a）のもつ意義が再評価されるようになった背景には、このような行政主導による政策展開にたいする批判が存在する。

わが国においては、市民による直接的な課題解決活動は、まず自治体政府の政策にたいする抵抗・批判運動という形態をもってはじまり、つぎには政府政策の一翼を担う、あるいは政府政策を補完する住民参加という形態をとりながら展開されてきた。

地域住民としての市民が自治体政府の審議会や委員会への参加、あるいは当事者組織や相互扶助組織等による自主的主体的な問題解決方法の模索を踏まえたソーシャル・アクションを通じて、不十分ながら政策形成の過程に参加しうるようになったのは、つい最近のことに属する。

第8章 社会福祉の運営(2)
——事業の実施と利用

この章では社会福祉の運営問題に関する議論の第二ステージとして、社会福祉の事業実施システム、福祉計画の策定、援助配分の原理、利用の方式、利用の資格と基準、不服申立て制度、援助利用の支援、について考察する。

第1節 社会福祉の事業実施システム

社会福祉の事業、すなわち制度化された援助活動はどのような組織によって、またどのような過程を通じて実施されるのであろうか。ここではまず、社会福祉事業の実施機関としての市町村と都道府県、そこに設置される相談・措置・指導機関、事業実施の過程について総論的に言及する。

1. 事業実施の組織と過程

社会福祉の事業実施システムは、社会福祉にかかわる事業の実施について直接的に権限をもつ組織とそれらの組織によって展開される事業の実施過程から構成されている。

事業実施組織の課題は、政策運用システムによって策定された政令・通達・通知・条例・規程等に依拠し、機関・施設

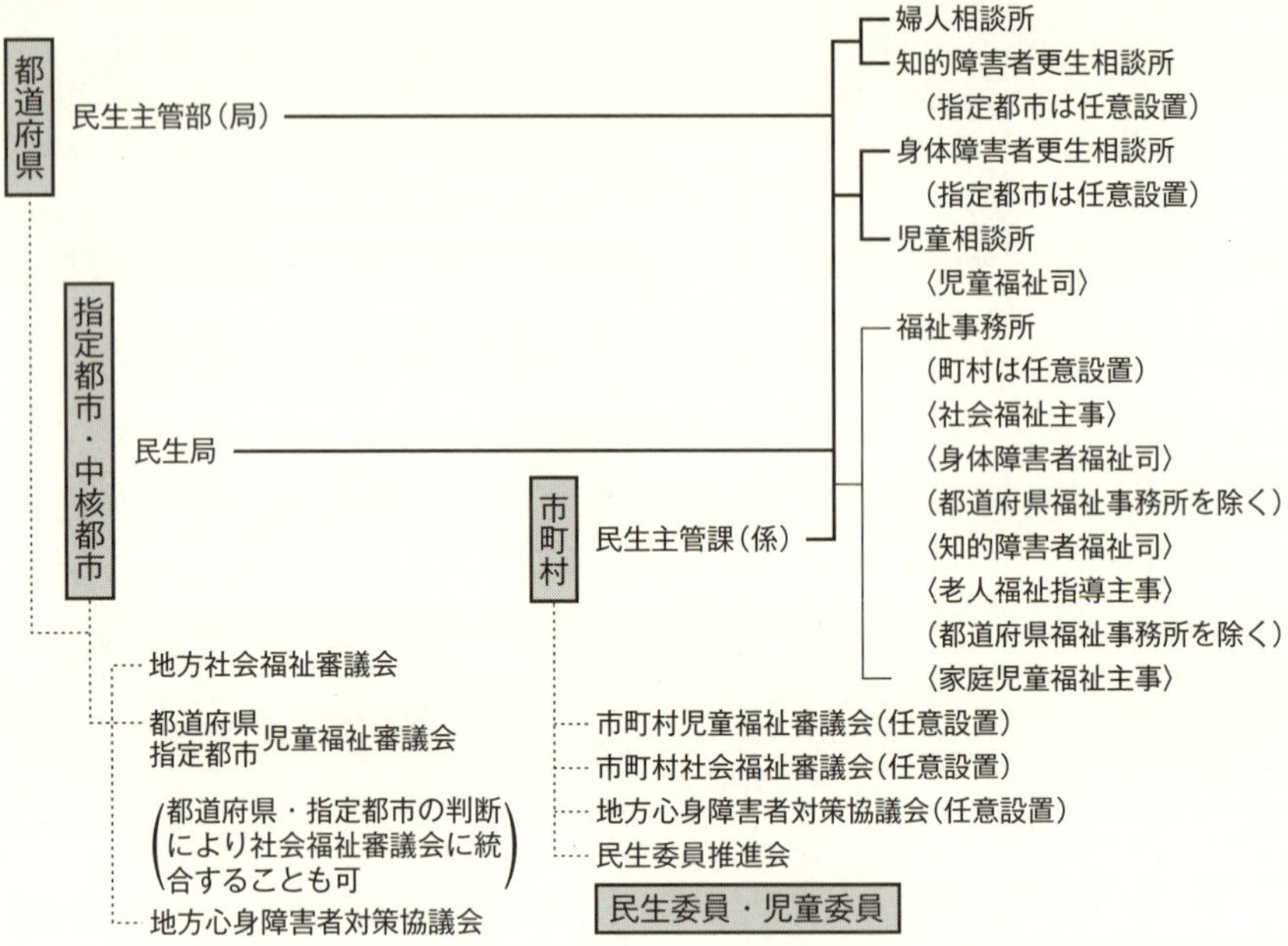

（注）——線は、内部の関係を示す。——線は、出先機関の関係を示す。
……線は、付属機関の関係を示す。〈　〉は、当該機関に配置された専門職員を示す。

図 8-1　社会福祉の事業実施組織
（厚生労働省資料より一部修正）

を設置するとともに、定められた要員を雇用し、所定の財源によって、所期の目的を達成しうるように、社会福祉援助の事業を創出し、利用に供する過程を適切に運営管理することである。

事業実施の過程は、事業実施組織が社会福祉援助を創出し、利用に供する過程であり、そこには①福祉計画を策定したうえで、②一定の基準にもとづいてサービスを配分すること、③利用者の相談や申請を受理し、一定の基準と方式にもとづいて利用資格を審査（調査）・認定し、利用の可否について決定を行うこと、④その決定にともないサービス提供機関・団体・施設にサービスの実施を委託すること、⑤利用者の不服や不満に対応すること、などが含まれる。

以下、**図8－1**を参照しながら、事業実施の組織と権限について考察する。

2. 事業実施組織

社会福祉の事業実施組織としてまずあげられるのは、市町村と都道府県である。事業実施組織としての市町村と都道府県は事業を実施する主体という意味で事業主体あるいは実施主体とよばれる。

われわれは、すでに第7章第3節において、社会福祉における市町村ならびに都道府県の役割について考察してきたところであるが、社会福祉の実施に関わる主体とその権限という観点から簡略に振り返っておきたい。

1) 市町村の権限

一九九〇（平成二）年の社会福祉関係八法改正を契機に、生活保護を除き、かつての機関委任事務が団体（委任）事務に改められるとともに、身体障害者福祉及び老人福祉に関しては福祉事務所を設置しない町村にも措置権が移譲され、同時に児童福祉、精神薄弱者福祉、母子及び寡婦福祉の各領域における在宅福祉サービスの実施について市町村に努力義務が課された。さらに、一九九九（平成一一）年の地方分権一括法の成立により、二〇〇〇（平成一二）年四月から生活保護は市及び福祉事務所を設置する町村にたいする法定受託事務とされ、福祉サービスは自治事務に改められた。また、二〇〇三（平成一五）年四月からは知的障害者にたいする入居型施設等に関わる事務についても、市町村に移譲された。

こうして、こんにちにおいては、わが国の福祉サービスに関わる事務は、児童福祉、母子及び寡婦福祉に関わる入居型施設を中心とする事務や貸付制度に関する事務を除き、基礎自治体である市町村によって実施されるようになっている。

2) 都道府県の権限

他方、社会福祉援助の実施主体としての都道府県の権限は大幅に縮小されている。すなわち、二〇〇三（平成一五）年四月以降、事業実施に関わる権限のうち都道府県に残されるのは、児童福祉および母子及び寡婦福祉の入居型施設を中心とする事務と貸付制度に関する事務、身体障害者手帳の交付に関する事務、に限定される。

児童福祉および母子及び寡婦福祉の入居型施設等については、その事務が都道府県に残されるのみならず、措置制度も維持される。これらの領域のなかでも児童福祉の領域においては診断、調査、判定、措置の決定等に高度の専門的知識を必要とするというのが、都道府県による関与が残された理由である。しかし、人びとの日常的な生活に最も近いところで自立生活を支援するという新しい社会福祉の理念からすれば、早晩残された領域についても市町村に移管される必要があろう。

3. 相談・措置・指導機関

事業実施の中心となる事業実施機関の特徴は、それが社会福祉の利用を希望する者について、申請や相談を受理し、調査や診断の結果にもとづいて審査・判定を行い、一定の基準のもとに利用の可否を判断し、措置（決定）を行う権限をもっているということである。このような事業実施機関を相談・措置（決定）機関というが、それらは市町村長や都道府県知事による権限の委任を受けて、措置権を行使する機関である。福祉事務所や児童相談所がこれにあたる。

1) 福祉事務所

福祉事務所のうち、市町村の設置する福祉事務所は、生活保護のほかに福祉五法による福祉サービスに関わる事務を実施している。都道府県の設置する福祉事務所は、福祉事務所を設置しない町村の生活保護にかかわる事務と町村による福祉行政の調整事務を実施している。

2) 児童相談所

児童相談所は保育所、助産施設、児童厚生施設、母子生活支援施設を除き、児童福祉施設への入所措置に関わる事務を中心に、相談、判定、措置、通所による指導など児童福祉に関わる援助活動の主要な部分を担当している。

3) 更生相談所

これらの実施機関に類似の機関として身体障害者更生相談所と知的障害者更生相談所があるが、措置（決定）権を行使する権限は委任されていない。身体障害者更生相談所と知的障害者更生相談所の主要な機能は、障害の種類や程度、専門的援助による機能の回復や改善促進の可能性等について専門的な立場から判定を行い、市町村に助言することである。

4) 支援センター

九〇年代以降に創設され、数も増加している相談・助言機関に各種の支援センターが存在する。在宅介護支援センター、地域子育て支援センター、児童家庭支援センターがそうである。これらの支援センターには、福祉（介護）ニーズの認定、施設への措置・委託を行い、在宅福祉サービスの提供を決定する権限は付与されていない。支援センターの機能は、地域社会において福祉サービスを必要とする人びとやその保護者等の相談に応じ、福祉ニーズの発掘、情報の提供、助言指導を行うことにある。

4. 事業実施の過程

事業実施システムの課題は、政策運用システムによって設定された枠組みにもとづき、公正公平かつ効果的効率的に、社会福祉事業を実施することである。

その過程において事業実施主体が独自に判断を求められる重要な局面が存在する。すなわち、利用希望者の申請、申し出あるいは相談を受理・応諾するとともに、利用者の福祉ニーズについて専門的に調査・判定（審査）し、利用の資格を認定する、あるいは利用の可否について決定し、措置を行うという局面である。

わが国は、公的扶助（生活保護）については、生活保護の受給申請を国民の権利（保護請求権）として承認しており、申請者が保護の実施機関の決定に不服をもつ場合には上級官庁にたいして再審査の請求を行う権利（再審査請求権）を認めている。

同様に福祉サービスについても、実態としては、国民にたいして窓口に相談するというかたちで利用の申請を行うことを認めている。ただし、それは国民にたいして福祉サービスを申請する権利を承認するという意味ではない。福祉サービスの場合は、国民は福祉サービスの実施機関が利用の措置・決定を行ったその結果として、これを利用するという利益を享受することができるとされている。国民による福祉サービスの利用は「法的に措置が行われたことにともなう反射的利益」として可能になるという考え方である。利用希望者による窓口への相談は、審査（調査）・認定から決定や措置にいたる一連の手続きを開始する契機としての意味をもつにすぎないとされている。このような考え方をとる措置制度については批判もあり、近年では利用者の権利を尊重する「行政との契約」「支援費の申請」「保険給付の申請」という新しい方式が導入されている。

いずれにせよ、社会福祉事業を実施する過程において、利用者に求められる手続きがどのようなものであり、それが適切に運営されているかどうかということは、事業の実施主体にとっても利用者にとっても極めて重要な意味をもっている。社会福祉援助を利用するための手続きの類型とその特徴、利用の資格と基準、不服申立て制度、援助利用の支援、については、この章の第4節、第5節、第6節、第7節で詳細に検討する。

第2節　福祉計画の策定

わが国では、社会福祉の領域に限らず、戦後復興期以来、行政を計画的に実施するという発想はなかなか出現しなかった。戦後の社会経済的、財政的な混乱と窮状に加え、予算の構成そのものが単年度主義を採用しているということもあって、予算は年度ごとに前年度までの実績を基準にして編成するという手法が続き、前年度より多少とも増加していればそれでよいという考え方が支配的であった。実際関係者たちも、年度年度に必要とされる予算の確保で精一杯であり、事後的、後追い主義的な予算編成にならざるをえないという状況にあった。

1. 後追い行政と計画行政

そうしたなかでも、高度経済成長期になると経済計画が策定されるようになり、そのなかで社会保障や社会福祉についても五年あるいは一〇年というスパンで達成目標が設定され、そこにいたる手順が示されるようになった。

そのような計画化のはしりは、一九六〇（昭和三五）年に策定された「所得倍増計画」であり、また六五（昭和四〇）年の「中期経済計画」であった。これらの「計画」をみると、福祉国家の実現をわが国の政策目標の基本に据えることが説かれている。しかし、実際には、社会福祉にかかわる施策の優先順位はきわめて低いものであり、何よりも経済成長の必要性が強調されていた。その後においても、さまざまな名称のもとに経済計画や社会経済計画が策定され、そのなかで社会福祉にたいする関心も徐々に拡大していった。けれども、政策体系全体のなかで社会福祉の占める位置に大きな変化はうまれなかった。

わが国で最初に、社会福祉を主題とする行政計画が策定されたのは、わが国の財政が窮状に陥り、消費税が導入された一九八九（平成元）年のことであった。「高齢者保健福祉推進十か年戦略」（ゴールドプラン）である。これに引き続き、一九九四（平成六）年には児童福祉の領域で「エンゼルプラン」が策定され、ゴールドプランの改訂版である「新ゴールドプラン」も策定された。さらに翌年には「障害者プラン」が策定され、これをもって、社会福祉の主要な領域において計画行政への移行を意味する福祉計画が出揃ったことになる。

2. 地域福祉計画の内容

簡潔にいえば、「計画」とは一定の目標と社会資源を前提に、所与の目標を達成するために準備される手段と手順の体系であるが、社会福祉の各領域においてそのような計画の策定が推進されたことは重要な意味をもっている。その理由としては、計画を策定することによって①単年度主義を克服し、長期的な展望で施策の策定と実施が可能になること、②有限の社会資源の配分におけるプライオリティの設定について、社会福祉の関係者はもとより、隣接領域の関係者、さらには市民にたいして、理解を求めることができること、③最終年度ならびに各年度の数値目標が明確にされ、実績についての客観的な評価とそれにもとづく計画の見直しが可能になること、などをあげることができる。

他方、福祉計画策定の成否については、政策に関する自己決定権、資源動員の自由度、専門的な知識や技術をもつ行政職員の存在が重要な要因となるが、現状ではこの条件は必ずしも十分ではない。求められる計画の性格は国、都道府県、市町村それぞれのレベルにおいて異なるが、もっとも重要な意味をもつのは、社会福祉運営の基本的な単位となる市町村の計画である。しかし、老人保健福祉計画の策定にはじまる過去の経験からいえば、市町村の計画のなかには、国の提示する算定方式に個別市町村の数値を投入しただけの計画やシンクタンク一任の計画が少なからず含まれていた。

二〇〇〇（平成一二）年の社会福祉法の制定にともない、都道府県や市町村には二〇〇三（平成一五）年四月までにそれぞれ地域福祉支援計画ならびに地域福祉計画を策定することが求められている。地域福祉計画は市町村の策定する市町

表 8-1　地域福祉計画の内容

（ア）市町村地域福祉計画

事　項	具　体　例
福祉サービスの適切な利用の推進に関する事項	・福祉サービスの利用に関する情報提供 ・福祉サービス利用援助事業や苦情対応窓口を活用するための関連機関への紹介など
地域における社会福祉を目的とする事業の健全な発達に関する事項	・公的サービスとインフォーマルなサービスとの連携に関する事項 ・福祉サービス確保の目標量 ・その確保の具体的方策
地域における社会福祉に関する活動への住民の参加の促進に関する事項	・活動に必要な情報の入手や技術の習得に関する支援策 ・拠点確保の支援策

（イ）都道府県地域福祉支援計画

事　項	具　体　例
市町村の地域福祉の推進の支援に関する事項	・市町村の区域を超えて確保を行うことが必要な福祉サービスの目標量 ・その確保のための具体的方策
社会福祉を目的とする事業に従事する者の確保又は資質の向上に関する事項	・社会福祉事業に従事する者を確保するための養成研修および従事する者の知識・技術向上のための研修、情報提供など
福祉サービスの適切な利用の推進及び社会福祉を目的とする事業の健全な発達のための基盤整備に関する事項	・評価事業の推進 ・地域福祉権利擁護事業や苦情解決制度などの実施体制確保に関する事項

（厚生労働省資料より一部修正、2002年）

村地域福祉計画が基本であり、都道府県は市町村の地域福祉を支援するために都道府県地域福祉支援計画を策定することになる。

市町村地域福祉計画策定の目的は、①サービス基盤の整備を総合的・計画的に推進すること、②地域福祉権利擁護、苦情解決制度など適切なサービス利用を支援するしくみの整備を促進すること、③住民の自主的な活動と公的サービスの連携を図り、促進すること、である。市町村の地域福祉計画、都道府県の地域福祉支援計画に期待されている内容は、**表8－1**にみる通りである。

第3節　社会福祉援助の配分原理

つぎに、福祉計画の策定においても重要な意味をもつ、福祉サービスの配分原理について検討する。福祉サービスの配分原理、すなわち福祉サービスを、どのような考え方と基準にもとづき、どの範囲の人びとに配分することがもっとも公平かつ公正であり、また目的に照らして効果的かという問題である。

1. 選別主義と普遍主義

このような問題については、歴史的にみれば、選別主義と普遍主義のあいだで論争が展開されてきた。すでに第2章および第4章において部分的に言及しておいたように、選別主義とは沿革的にいえば救貧法による救済方法を継承するものであり、公的扶助、社会手当、福祉サービスの提供の範囲を資力調査（ミーンズテスト、わが国では資産調査ということが多い）や所得調査（インカムテスト）によって一定の階層や範疇に限定することを意味している。これにたいして、普遍主義は社会手当や福祉サービスの提供を資力や所得のいかんにかかわらず、ニーズの有無のみに対応して行うことを意味している。

このような選別主義と普遍主義との論争、別の表現でいえば社会福祉は貧困・低所得階層に属する人びとに対象を限定する施策であるべきか、それとも一般階層を含む人びとに向けた施策であるべきかという論争は、しばしばクリティカルな政治状況のなかで争われることもあり、二項対立的な問題として理解されてきた。しかし、現実的な問題としていえば、選別主義か普遍主義かという問題は二項対立的なそれとして理解されるべきものではない。こんにち社会保障や社会福祉の領域においてはさまざまな所得保障サービスや福祉サービスが提供されているが、そのすべてが選別主義に配分される必要もなければ、逆に普遍主義的に配分される必要もないからである。

2. 選択主義的普遍主義

一部の所得保障や福祉サービスについては配分を一定の階層や範疇に限定するのが妥当であるし、別の部分については普遍的な配分が必要とされる。

ここで、伝統的な選別主義の含意を貧困階層対策という限定から解放し、より一般的に一定の階層や範疇に配分を限定することと再解釈し、この新しい意味での選別主義を「選択主義」とよぶことにしよう。そうすると、重要なことは、選択主義と普遍主義のうちどちらが一般的な妥当性をもっているかということではない。

むしろ、論点は、選択主義と普遍主義をどのように組み合わせればもっとも公平で、効果的かということに変化してくる。すなわち、選択主義と普遍主義のいずれが妥当であるかは、所得保障サービスや福祉サービスの種別によって個別に議論されるべき課題なのである。重要なことは、選択主義的援助と普遍主義的援助をいかに組み合わせれば所期の成果をあげうるかという点である。

図8-2は、そのようなあらたな観点から、福祉サービスにおける配分原理のありようを構造化して図示したものである。第一次層は普遍主義的に提供される援助であり、市民生活に共通して必要とされる基礎的サービス、予防的サービス、増進的サービスなどがその内容となる。

社会福祉にとっては関連領域になるが、一定の年齢集団にたいする全数的な健康診査その他を内容とする母子保健サービス、高齢者保健サービスなどは、もっとも普遍性の高いサービスである。福祉サービスのなかでは、育児支援サービス、保育サービス、生きがいサービスなどがこれに属し、利用を希望する者には公平・平等に提供されるサービスである。

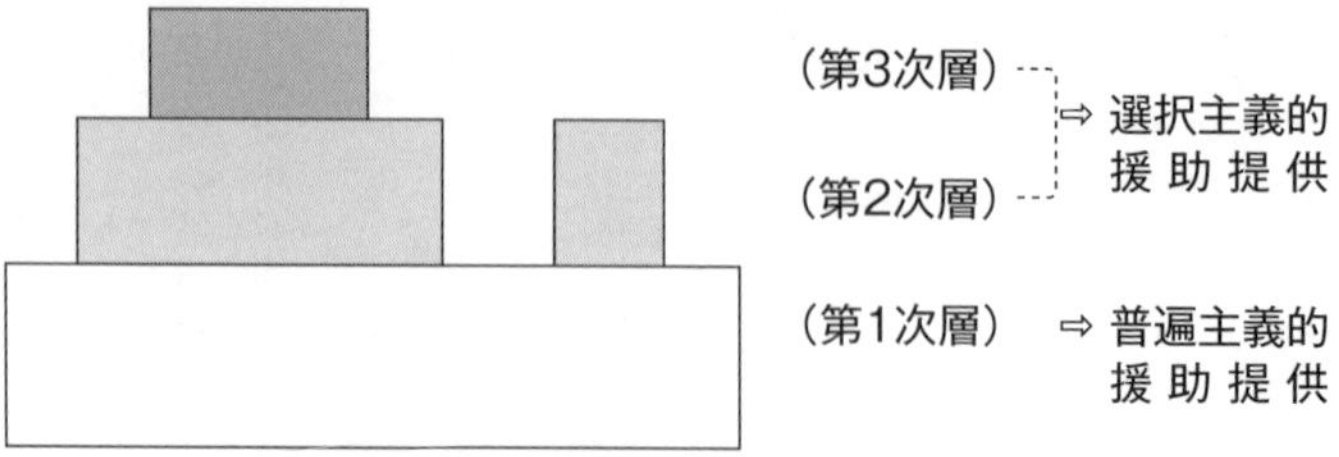

図 8-2　社会福祉援助の配分原理　　古川孝順　作成

第二次層は、選択主義的援助である。要養護児童サービス、障害児・者サービス、介護サービスなどはここに属する。第三次層は、さらに選択性の高いサービスであり、特定小児疾患医療サービスや障害者にたいする外出支援サービスなどがこれに含まれる。第二次層と第三次層との違いは、福祉ニーズの性格やそれを担う人口の規模に依存している。一般に、より複雑で、個別性の高い福祉ニーズに対応する援助や、比較的少数の集団に対応する援助はおのずと分配の範囲は限定される。選択主義的なサービスの援助内容はより専門化し、高度化する傾向にあるといえよう。

福祉サービスの配分はつねに普遍的である必要はない。配分の範囲を決定する基準は、基本的には福祉ニーズの種類や性格である。現実には福祉ニーズの種類や性格というよりも、財源的予算的な制約によって、配分の範囲が定められていることも少なくない。思い起こしてみれば、選別主義から普遍主義への転換が論じられるのは、資本主義経済が世界的に好況期にあった一九六〇年代のことであった。経済の拡大、すなわち分配すべきパイの拡大ということが前提になって、選別主義と普遍主義の妥当性が問われていたのである。

しかし、その経済の好況は七〇年代前半をもって終わりを告げ、バブル景気の一時期を除き、かつての福祉国家の発展を支えてきた力を喪失し、新自由主義あるいは新保守主義とよばれる政策が時代の潮流となってきている。そうしたなかで、こんにちあらためて社会福祉資源の配分をめぐる議論が展開されている。たとえば、イギリスでいえば、それはラショニングの問題として考察されている。限られた社会資源をどのような考え方と基準によって配分（再配分）するのが公正であり、かつ社会的公平にかなうのか、また効果的効率的でありうるのか、あらためて考えてみなければならない。

第4節　利用の方式

戦後福祉改革以来、わが国の社会福祉においては、援助の利用にあたっては措置制度とよばれる手続きの方式がとられてきた。この措置制度を契約制度（利用制度）に改めることが社会福祉基礎構造改革の重要な課題となった。社会福祉基礎構造改革の基調は社会福祉にたいする規制緩和と社会市場原理の導入であるが、契約制度の導入はそのねらいをもっとも端的に象徴するターゲットであった。

1.　措置方式と契約方式

措置方式から契約方式への転換という議論は、保育所の利用方式を措置方式から契約方式に改めたいとする厚生省の提案とともにはじまっている。保育所の利用に関して行政との契約方式（後述）を導入する一九九七（平成九）年の児童福祉法の改正は、この議論に一応の決着をつけるかたちになった。そして、この課題は、利用者と介護サービス提供事業者の直接的契約を前提とする介護保険法を経由し、社会福祉基礎構造改革に継承されることになった。

措置方式から契約方式への転換は、社会福祉のありようの根幹にかかわるだけに、広範かつ深刻な議論が展開されることになった。転換を推進する立場からは、措置方式はそれが事業実施組織（実施機関）による行政処分として一方的に行われるものであり、利用者の福祉サービス選択権や施設選択権を認めず、認定・決定も行政側による一方的な判断にもとづくものであるという批判が展開された。これにたいして、転換に批判的な立場からは、措置方式は、その運用については多々難点があるにせよ、基本的には国・自治体の公的責任を前提に、それを具体化する制度であり、軽々に廃止すべきではないという議論が提起された。

措置方式か契約方式かという議論には、①社会福祉資源の配分のメカニズムあるいは需給調整のメカニズムをどのように構成するかという問題、②社会福祉事業の実施主体（ここでは国・自治体）と利用者（市民）とのあいだの権利義務関係をめぐる問題、③社会福祉援助の提供事業者（社会福祉の機関・施設）と利用者との権利義務関係をめぐる問題、さらには④社会福祉法人（社会福祉施設）の経営のありようをめぐる問題など、多様な問題が混在しており、そのことが議論を錯綜させたという側面があった。これら四通りの問題は相互に密接に関連しあっているが、しかし同時にそれぞれに次元を異にするという性格をもっている。

この論争は、議論としての決着とは別に、二〇〇〇（平成一二）年六月に社会福祉事業法その他の関連する法律の改正が行われるなかで、多様な利用方式を併存させるというかたちで事実上の決着をみることになった。すなわち社会福祉援助の利用方式としては、伝統的な生活保護における保護申請方式、福祉サービスにおける措置相談方式、任意契約方式、随時利用方式、そして一九九七（平成九）年の児童福祉法の改正と介護保険法の制定にともなって導入された行政との契約方式、保険給付申請方式に加え、支援費申請方式が新たに導入された。

2. 社会福祉援助の実施=提供=利用トライアングル

こうして多様化してきた社会福祉援助の利用方式にかかわる議論の混乱を回避するには、社会福祉事業の実施機関と利用者との関係、利用者と援助提供事業者との関係に着目するだけでなしに、事業実施機関と援助提供事業者との関係にも留意した議論が必要とされる。すなわち、人びとが社会福祉の援助を利用する方式としてどのような方式が妥当かつ適正かという問題は、社会福祉事業の実施機関、利用者、援助提供事業者という三者の関係を視野に入れつつ、検討されなければならない。

図8-3にみるように、社会福祉援助の提供と利用に関わる構造は、Aの事業実施機関と利用者との関係、Bの利用者

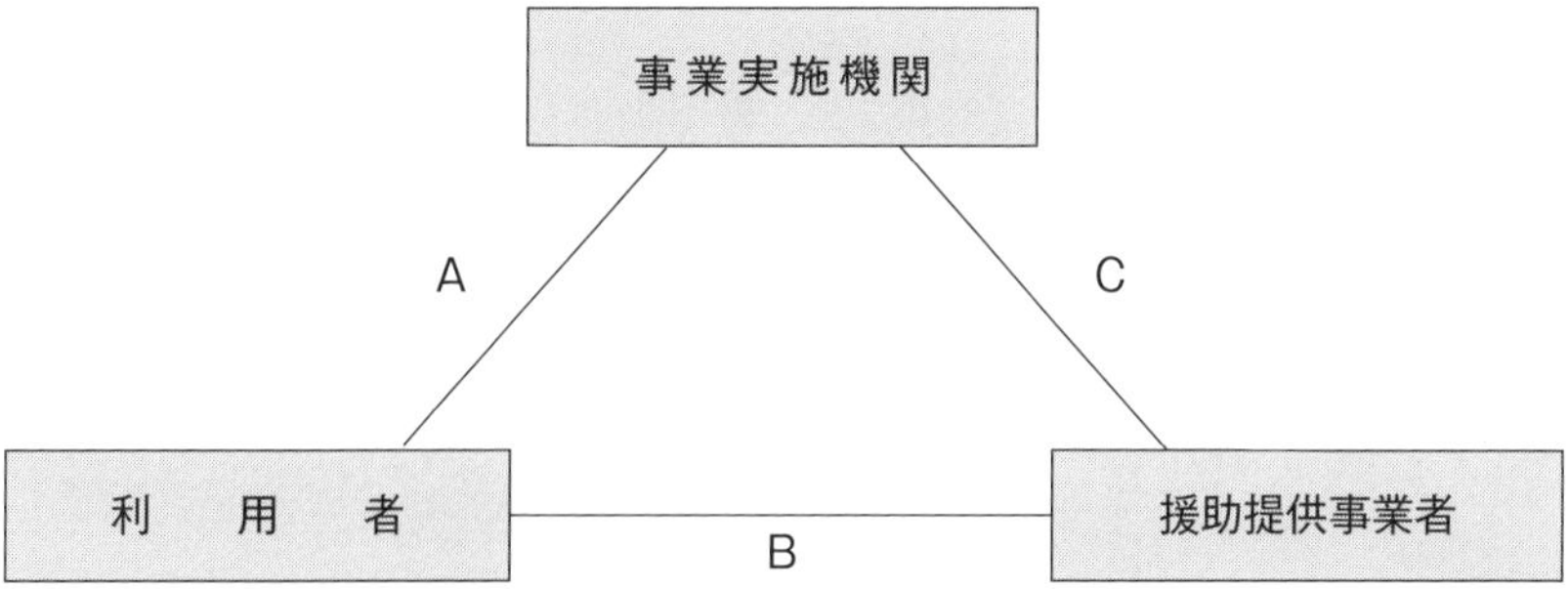

図 8-3　社会福祉援助の実施＝提供＝利用トライアングル　　古川孝順　作成

と援助提供事業者との関係、Cの事業実施機関と援助提供事業者との関係という三通りの関係から構成されている。いま、これらA、B、Cという三通りの関係から構成される枠組みを「社会福祉援助の実施＝提供＝利用トライアングル」とよぶことにしよう。

図8－3にいう事業実施機関は、措置権者・実施権者・保険者等としての市町村や都道府県であり、また認可権者・費用支払者・補助金交付者等としての市町村や都道府県である。利用者は、そのような市町村や都道府県に福祉サービスの利用について相談し、あるいは認定を申請する市民である。援助提供事業者は、援助の実際的提供事業者としての市町村・都道府県、または市町村・都道府県による認可・指定・委託のもとに援助を提供する社会福祉法人・指定事業者・受託事業者などである。

社会福祉援助の利用方式についての議論は、このような事業実施機関・利用者・援助提供事業者という三者の関係として展開されなければならない。以下、そのことを前提に、現存する多様な利用方式について考察する。

3. 保護申請方式

保護申請方式をとるのは生活保護である。生活保護を利用するには、人びとは、その保護請求権にもとづき、実施機関に保護の利用を申請する。いわゆる申請保護の原則にもとづく手続きである。**図8－4**はそのことを示している。

保護の利用等はつぎの手順による。

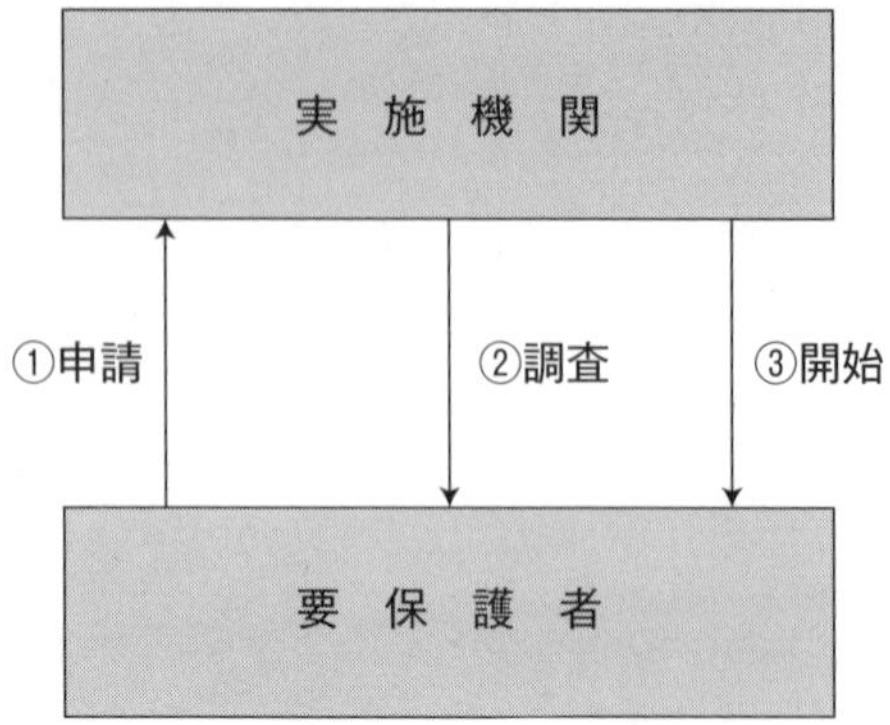

図 8-4　保護申請方式　　古川孝順　作成

①保護を希望する者は、その保護請求権にもとづき、保護の実施機関に保護の利用を申請する。

②実施機関は、申請者及び扶養義務者の資産について調査を実施する。

③実施機関は調査の結果を保護基準に照合し、保護の要否、種類、程度及び方法を決定し、申請者に通知する。

4. 措置相談方式

措置相談方式は、利用者の相談を手続きの契機として、実施機関の職権にもとづいて利用の可否が決定される。利用者による相談は、事実上、申請を意味するものとみなされている。しかし、それは制度上の申請とは区別される。すなわち、措置相談方式をとる福祉サービスについては申請者に申請権（福祉サービス請求権）は認められていない。福祉サービスの利用は措置権者の職権による措置（行政処分）の結果として可能になる。

この方式は以下の福祉サービスに適用される。

乳児院　児童養護施設　情緒障害児短期治療施設　児童自立支援施設

知的障害児施設　知的障害児通園施設　盲ろうあ児施設　肢体不自由児施設　重症心身障害児施設

母子家庭居宅介護等事業　寡婦居宅介護等事業

養護老人ホーム

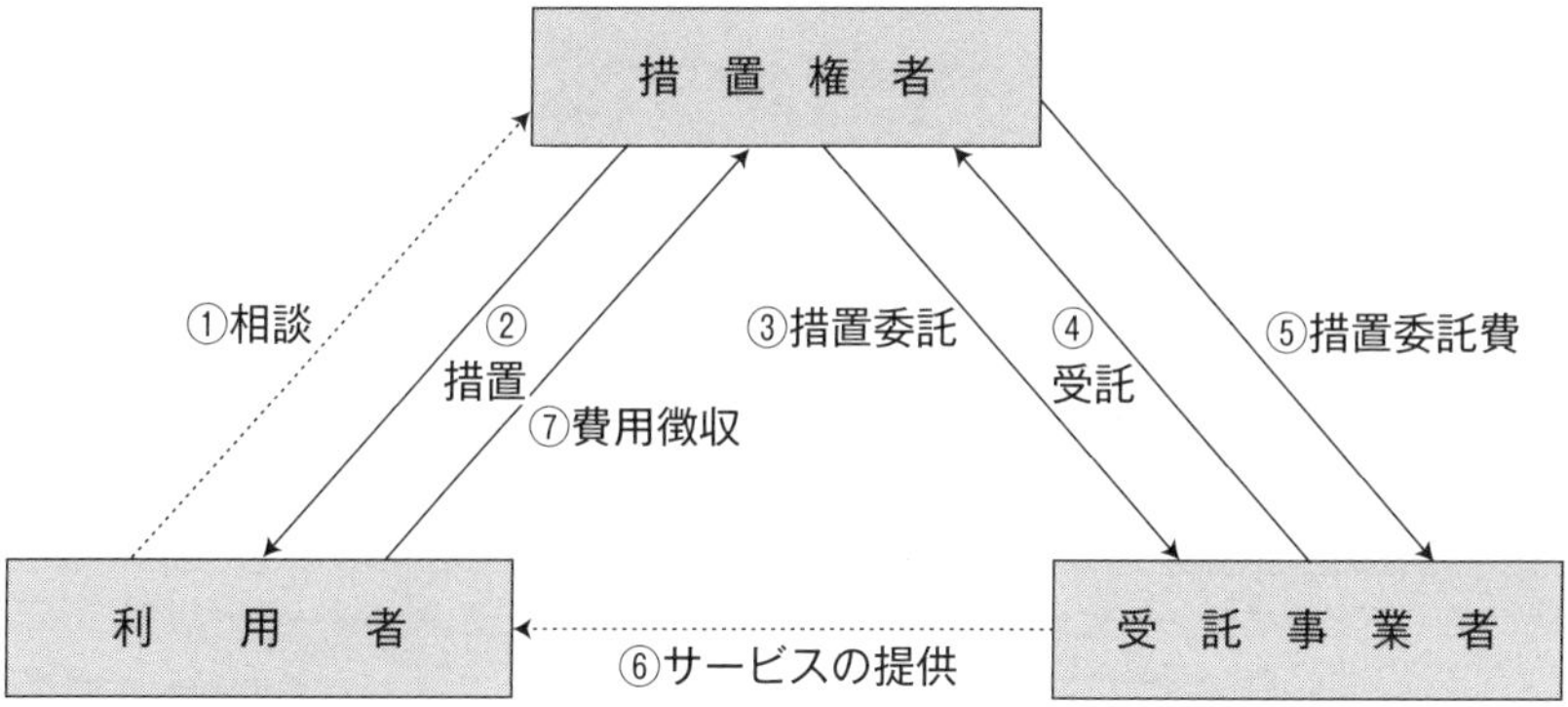

図 8-5　措置相談方式
（厚生労働省資料より一部修正）

利用の手順等は**図8－5**の通りである。

①利用者は、利用したい施設等の利用について措置権者（実施機関）に相談する。①の矢印が破線になっているのは相談が申請権を前提としていないことを意味している。

②措置権者は利用者が利用の資格要件を充足していれば、措置を実施する。

③措置権者は利用者の保護等について受託事業者（施設等）に措置委託を行う。

④受託事業者は、措置委託を受託する。受託事業者は正当な事由がない限り、措置委託を受託しなければならない。

⑤措置権者は、措置委託の受託にともない、受託事業者に措置委託費を支給する。

⑥受託事業者は利用者にたいしてサービスの提供を行う。⑥の矢印が破線になっているのは、受託事業者と利用者とのあいだに権利義務の関係が存在しないことを意味している。受託事業者と利用者との関係は、措置権者による利用者の措置と受託事業者による措置委託の受託によって、間接的に成立する。

⑦措置権者は利用者から、応能負担主義にもとづき受益者負担として費用を徴収する。

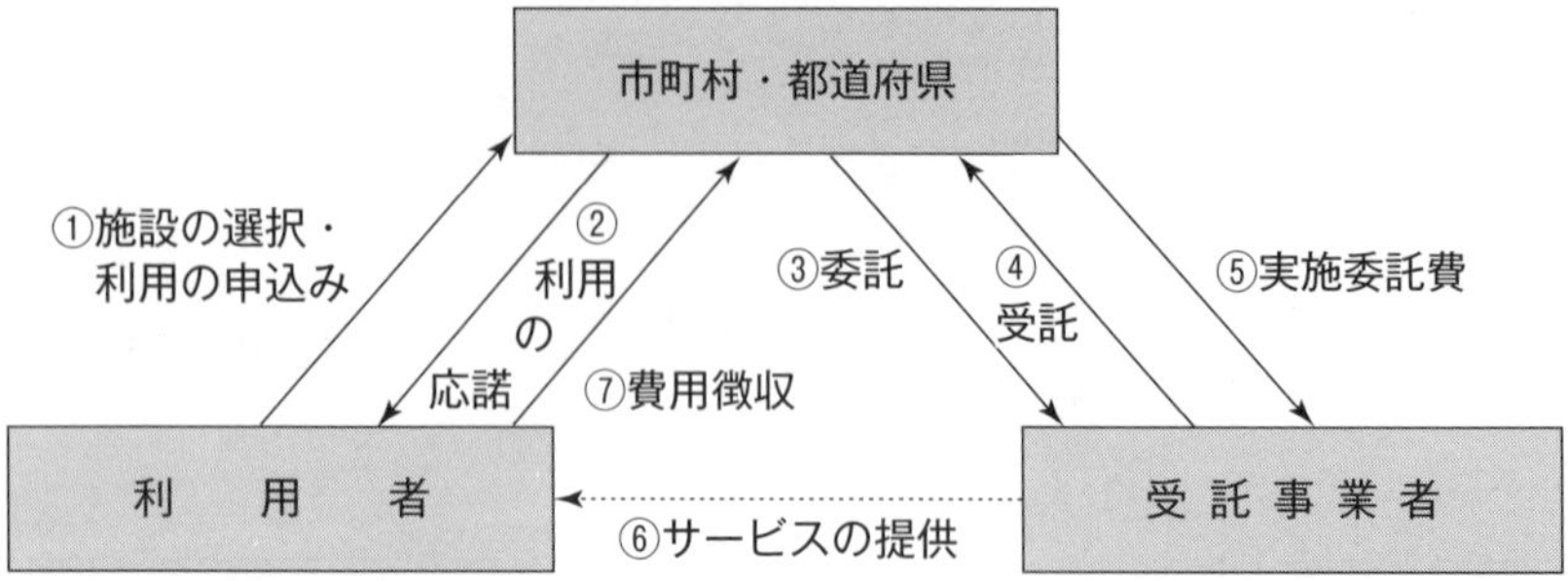

図 8-6　行政との契約方式
（厚生労働省資料より一部修正）

5. 行政との契約方式

行政との契約方式はまず保育所利用の方式として導入された。保育所の利用手続きは利用者による施設の選択を含む利用の申し出を前提として開始される。この申し出は申請権の行使とみなされ、「保育に欠ける」ことが認定された場合には、保育所に保育の実施が委託される。二〇〇一（平成一三）年度以降、この利用方式は母子生活支援施設及び助産施設にも一定の範囲で適用されている。

利用の手順等は**図8-6**にみられる。

①利用者は、利用したい保育所等の施設を選択し、市町村・都道府県に利用の申込みを行う。この申込みは利用者による申請権の行使とみなされる。

②市町村・都道府県は、この申込みを応諾し、利用者が利用に関わる資格要件に該当するかどうかを審査する。

③市町村・都道府県は受託事業者に保育等の実施を委託する。

④受託事業者は、実施の委託を受託する。受託事業者は正当な事由がない限り、実施の委託を断ることはできない。

⑤市町村・都道府県は、実施委託の受託にともない、受託事業者に実施委託費を支給する。

⑥受託事業者は利用者にたいしてサービスの提供を行う。⑥の矢印が破線になっているのは、措置方式の場合と同様に、受託事業者と利用者とのあいだには権

利義務の関係が存在しないことを意味している。受託者と利用者との関係は、市町村・都道府県による利用申し込みの応諾と受託事業者による実施委託の受託によって間接的に成立する。

⑦市町村・都道府県は利用者から、応能負担主義にもとづき、受益者負担として費用を徴収する。

6. 支援費申請方式

支援費申請方式では利用者は指定事業者と直接的に契約を結ぶことになり、行政との契約方式よりも、より一層市場原理を前提とする契約に近い方法である。社会福祉基礎構造改革の理念を具現化した利用の方式であるといってよいであろう。二〇〇三（平成一五）年から実施される。

この方式においては、利用者にたいして支給される支援費は、指定事業者が代理受領することになっている。これを利用券や切符（バウチャー）に替えれば、利用者による福祉サービスの利用はさらに市場における商行為に近いものとなる。

この方式は、利用者に当事者能力――契約の主体としての行為能力――が備わっていることを前提とする。当事者能力の低い利用者については、福祉サービス利用援助事業などこれを補う制度が不可欠とされる。さらに、福祉サービス利用援助事業により難い利用者――単身の重度の障害者その他扶養義務者による契約も期待しえない人びとなど――については、従来の措置相談方式による援助の利用が残される。

この方式が適用されるのは以下の通りである。

身体障害者更生施設　身体障害者療護施設　身体障害者授産施設

身体障害者居宅介護等事業　身体障害者デイサービス事業　身体障害者短期入所事業

知的障害者更生施設　知的障害者授産施設　知的障害者通勤寮　知的障害者デイサービスセンター

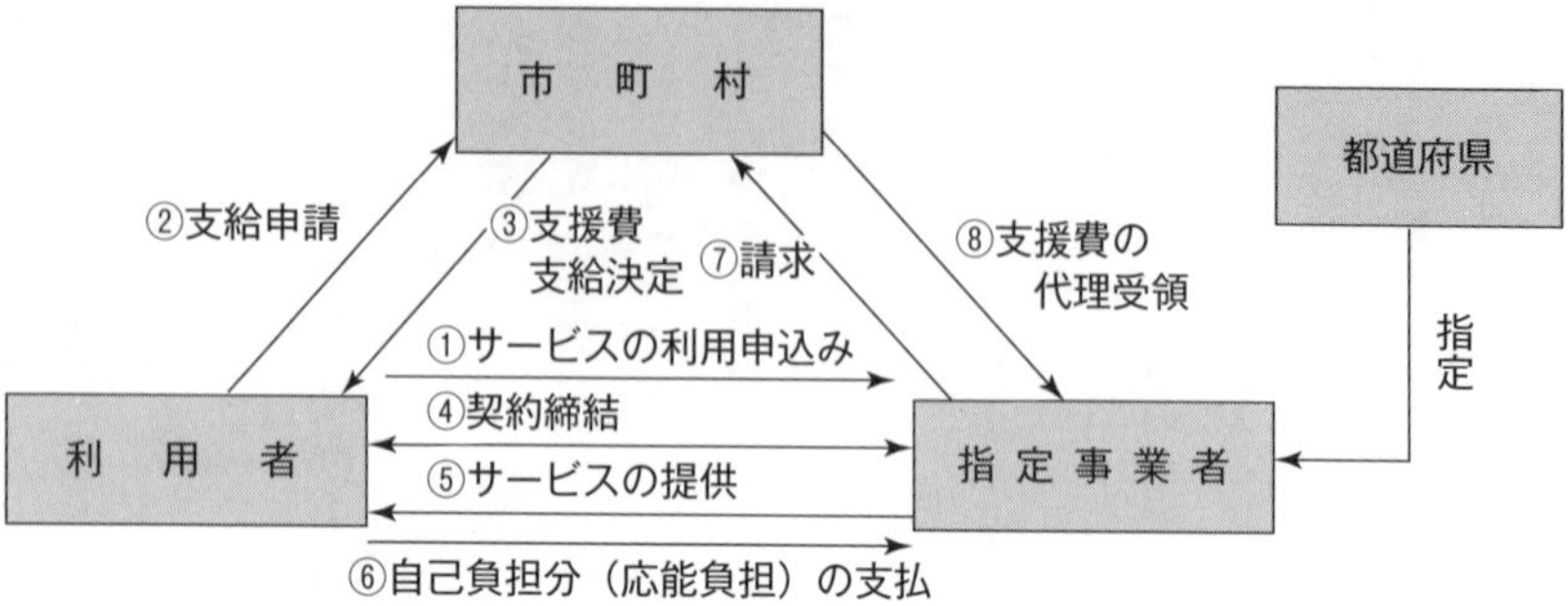

図 8-7　支援費申請方式
（厚生労働省資料より一部修正）

知的障害者居宅介護等事業　知的障害者デイサービス事業　知的障害者短期入所事業　知的障害者地域生活援助事業
障害児居宅介護等事業　障害児デイサービス事業　障害児短期入所事業

利用の手順等は**図8-7**にみる通りである。

①利用者はまず、指定事業者にたいしてサービスの利用を申し込み、サービスの内容や利用の条件等について説明をうけ、施設等の選択を行う。

②これと並行して、利用者は市町村にたいして支援費の支給を申請する。この申請は利用者の申請権の行使を意味する。

③市町村は、利用者の申請にたいし、資格要件を充足していることを条件に支援費の支給を決定し、通知する。

④支援費の支給が決定されれば、利用者と指定事業者は契約を締結する。

⑤指定事業者は契約にもとづき、利用者にサービスを提供する。

⑥利用者は指定事業者に自己負担分——受益者負担分であり、応能負担主義にもとづいて算定される——を支払う。

⑦指定事業者は、市町村にたいして、サービスの提供に要した費用のうち利用者の自己負担を除く部分について支給を請求する。

⑧市町村は、指定事業者にたいして利用者ごとに決定された支援費を支給し、指定事業者はこれを代理受領する。

7. 保険給付申請方式

保険給付申請方式は介護サービスに導入されている方式であり、利用者は要介護認定の申請と要介護度の認定にもとづいて指定事業者による介護サービスを利用することができる。この方式によって介護サービスを利用するには、あらかじめ介護保険に加入し、所定の保険料を拠出していることが前提となる。

この方式が適用されるのは、福祉サービスのなかでは、特別養護老人ホーム、老人居宅介護等事業、老人デイサービス事業、老人短期入所事業である。

利用の手順等は**図8－8**にみられる。

①一定の年齢に達した利用者は介護保険に加入し、一定の基準と方法により、保険料を負担する。
②介護サービスを利用しようとするものは、保険者としての市町村にたいして介護の要否と程度に関する認定の申請を行う。この申請は、第一義的には、被保険者としての請求権によるものである。
③市町村は要介護認定基準にもとづいて介護の要否と程度の認定を行い、要介護認定者について利用可能な介護費（介護給付）の額を決定し、利用者に通知する。
④利用者は一般的には、ケアプラン作成事業者の助言をうけて介護サービス計画（ケアプラン）を策定し、指定事業者にサービスの利用申込みを行う。
⑤利用者は介護サービスの内容や利用の条件等について指定事業者の説明をうけ、契約を締結する。
⑥指定事業者は契約にもとづいて所定の介護サービスを提供する。
⑦利用者は指定事業者にたいして介護サービスの提供に要する費用のうち、自己負担分――応益負担主義にもとづき、個々のサービスごとに算定される――の支払いを行う。

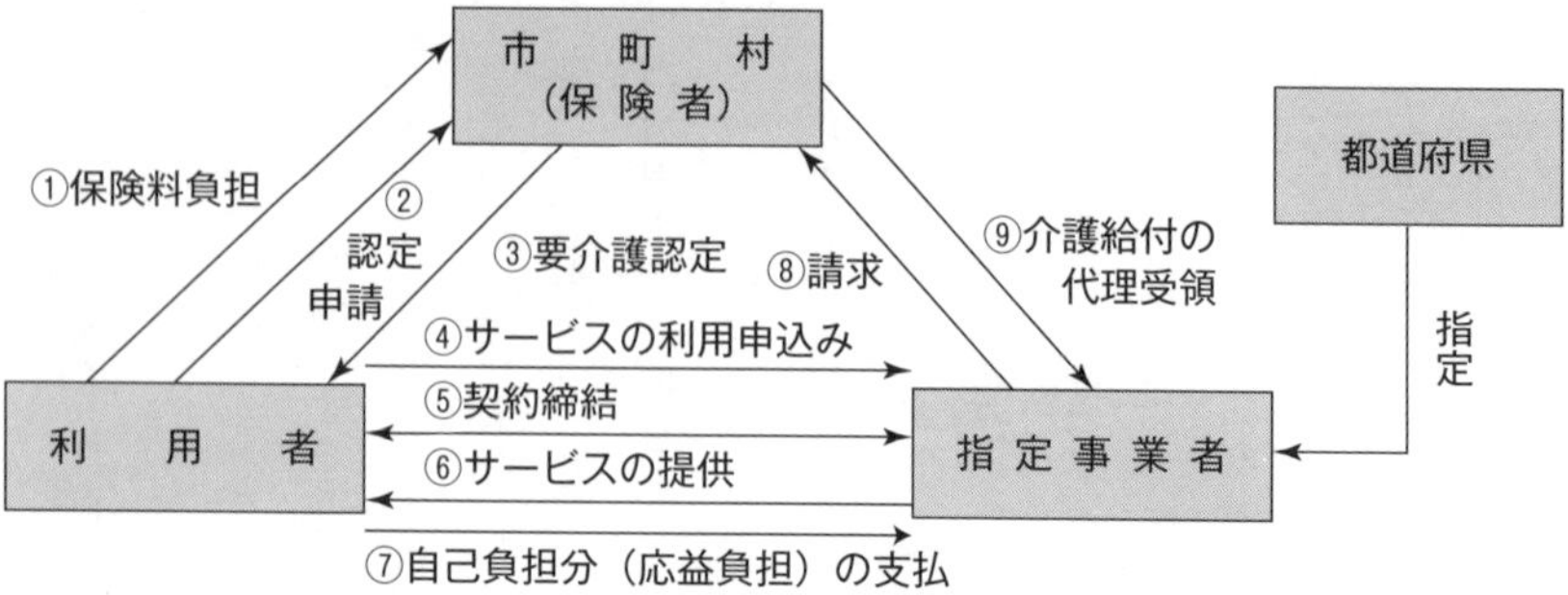

図 8-8　保険給付申請方式
（厚生労働省資料より一部修正）

⑧指定事業者は、市町村にたいして、サービスの提供に要した費用のうち利用者の自己負担分を除いた費用について保険者に支払いを請求する。
⑨市町村は介護給付の支給を行い、指定事業者はこれを代理受領する。

8. 任意契約方式

任意契約方式は各種福祉ホームやセンター、軽費老人ホーム等の利用にみられる。この方式では利用者は施設の経営者と直接交渉することによって利用が可能となる。利用者と経営者との交渉に公権力が介入することはない。

この方式は以下の福祉サービスに適用される。

身体障害者福祉ホーム　身体障害者福祉センター　視覚障害者情報提供施設
知的障害者福祉ホーム
放課後児童健全育成事業
母子福祉センター　母子休養ホーム
軽費老人ホーム　老人福祉センター

利用の手順等は**図8－9**の通りである。

①利用者は事業者とサービスの利用について直接的に契約を締結する。
②事業者は利用者にサービスを提供する。

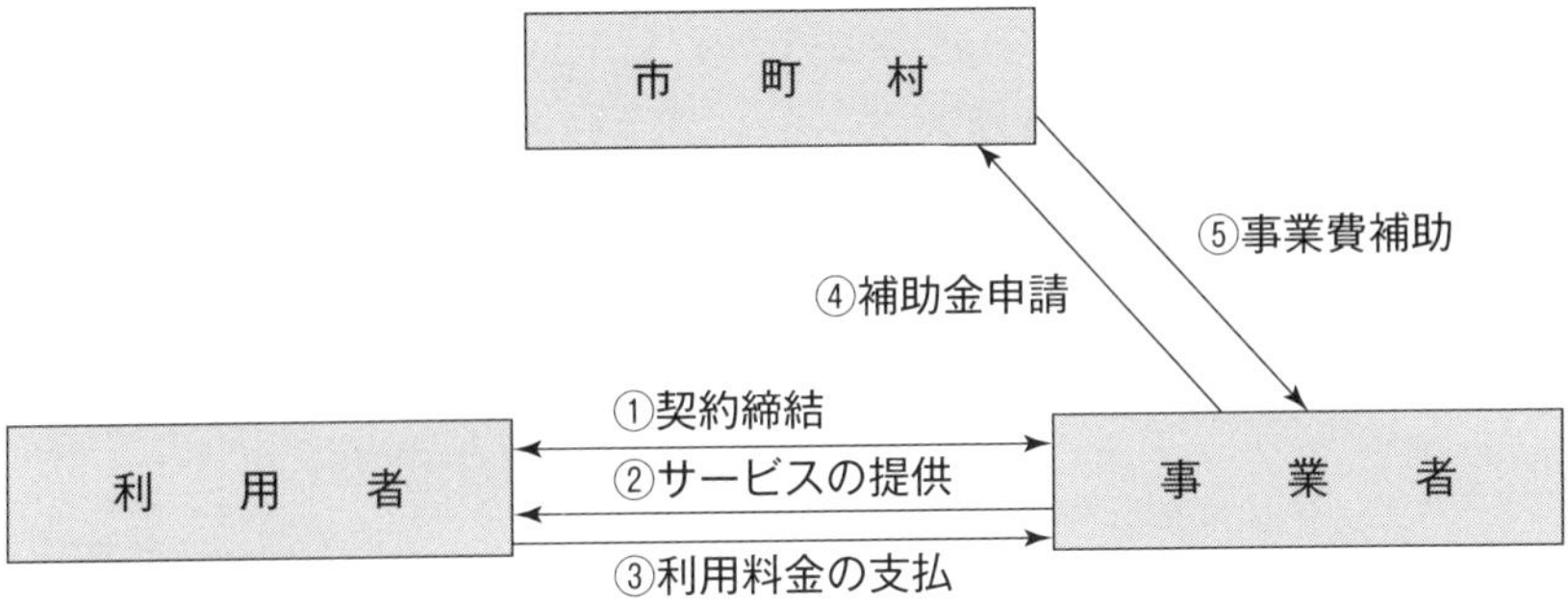

図 8-9　任意契約方式

古川孝順　作成

③利用者は事業者に利用料金の支払いを行う。

④事業者は、事業経営に必要な費用の一部について、市町村に補助金の交付を申請する。

⑤市町村は事業者にたいして事業費の補助を行う。

9.　随時利用方式

随時利用方式は児童厚生施設（児童館や児童遊園等）に認められる。この種の施設の利用は利用者の任意に委ねられ、利用者に求められるのは、施設利用の規則に従うことだけである。ただし、児童厚生施設のうち児童遊園はいわゆる遊び場である。児童福祉施設の一つであるが、その利用に事業者との接触を必要としない。利用者はそこに行けばいつでも利用が可能である。

児童館等の利用についていえば、その手順等は**図8−10**の通りである。

①利用者は事業者にサービスの利用を申し出る。

②事業者は利用者にサービスを提供する。

③利用者は必要に応じ事業者に遊びの材料費、おやつ代等、利用料金の支払いを行う。

④事業者は事業経営に必要な費用の一部について市町村に補助金の交付を申請する。

⑤市町村は事業者にたいして事業費の補助を行う。

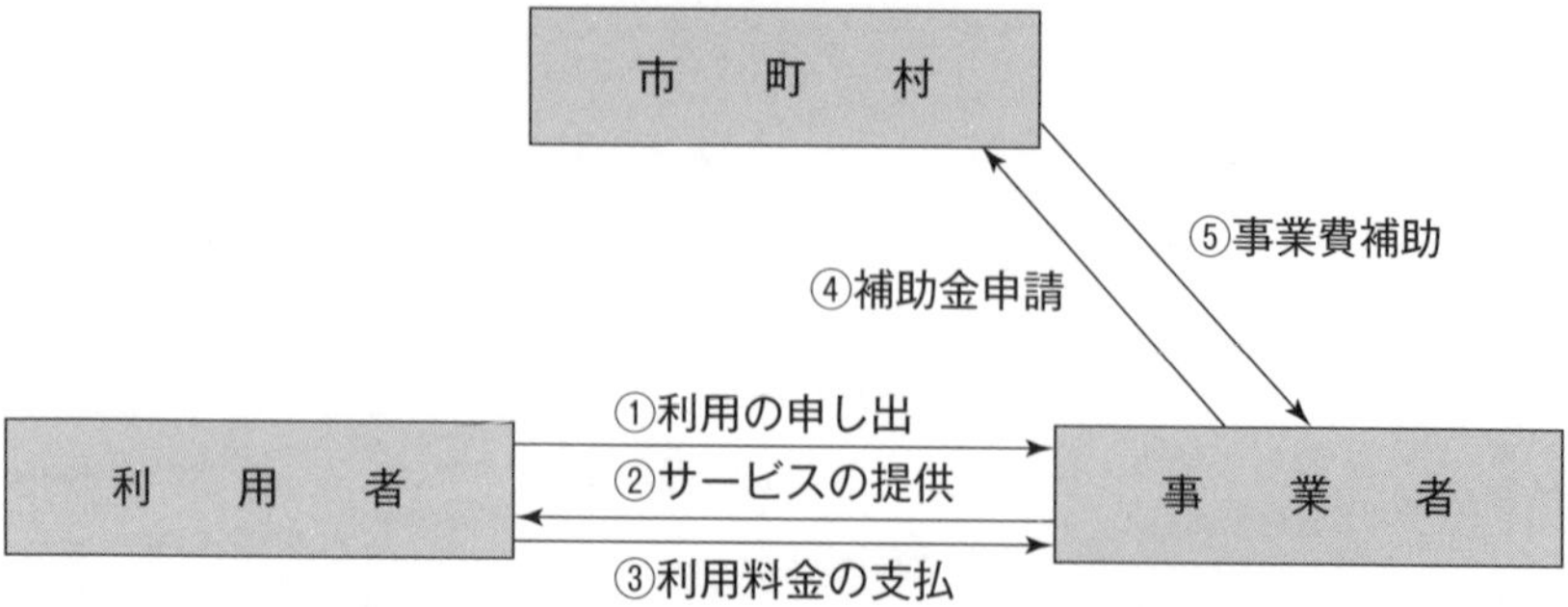

図 8-10　随時利用方式　　古川孝順　作成

10. 利用方式の多様化と複合化

近年の社会福祉援助の利用方式に関する議論は、措置方式か利用（契約）方式かという二項対立的な議論として展開されてきた。しかし、現実には、以上みてきたように、わが国の社会福祉には、保護申請方式、措置相談方式、行政との契約方式、支援費申請方式、保険給付申請方式、任意契約方式、随時利用方式、という多様な方式が混在している。

このことを考慮に入れれば、近年における利用方式の改革については、措置方式から契約方式への転換というよりも、むしろ利用方式の多様化と複合化として理解し、利用者本位、利用者主権の実体化と促進という観点から評価することが求められよう。

なかでも保険給付申請方式や支援費申請方式については、それらが現実に、利用者の選択権の実現、福祉サービス提供事業者の経営の透明化、福祉サービスの品質の向上に寄与することになりうるかどうか、経過についての観察と建設的な批判が必要とされる。

第5節　利用の資格と基準

すでに、第5章第7節において部分的に言及しておいたが、福祉サービスの利用は、希望すればすべての者に可能になるというわけではない。福祉ニーズをもつ人びとのすべてが福祉サービスの利用者になるわけではない。一定の基準によって福祉サービスの実施機関によって選定された人びとが現実の福祉サービスの利用者となりうる。そこで重要な意味をもつのは、福祉サービスの事業実施機関がどのような方法と基準によって多数の利用申請者のなかから実際に福祉サービスを利用する人びとを選びだすのかという問題である。

1. 利用者選定の基準

福祉サービスの利用が実現するのは、利用希望者のうち、一定の要件を充たす人びとである。もとより、多数の利用者のなかから実際に利用しうる人びとを選びだすという作業は恣意的なものであってはならない。そのため、福祉サービスの実施機関、すなわち措置・決定機関が、福祉サービスごとに、利用の資格をもつ人びとを選択する基準を設けている。生活保護でいえば保護基準、福祉サービスでいえば措置基準、入所（入居）基準、認定基準などとよばれるものがそうである。もう少し具体的にいえば、たとえば保育所の利用については利用希望者（就学前の子ども）が「保育に欠ける状態」にあるかどうかが利用実現のもっとも重要な要件である。介護保険であれば、利用希望者が「要支援・要介護の状態」にあるかどうかが利用の決定的な要件となる。

福祉サービスの利用の可否、利用資格の有無について考察しようとすると、一部第5章で言及しておいたように、しばしばその前提となる福祉ニーズに関してそれが当事者によって自覚されているかどうかが問題となる。自覚的（感得的）

ニーズと非自覚的（非感得的）ニーズとの区別である。あるいはまた、福祉ニーズが社会的にみて潜在しているか顕在化しているかを意味する潜在的ニーズと顕在的ニーズの区別が問題とされる。

もとより、このような区分は福祉ニーズのありようを理解するうえでは重要である。しかし、福祉サービスの利用が実現するかどうかという観点からいえば、それ以上に重要なのは、事業実施機関が利用の可否を決定するにあたって適用する基準がどのような考え方と要素によって設計されているかということである。

2. 基準の考え方

たとえば、保育所の利用資格を決定する際に基準となる「保育に欠ける状態」をどうみるか、介護サービスにおける「要支援・要介護状態」をどうみるか、である。

これらの基準は、社会福祉学をはじめ、心理学、教育学、社会学、医学、看護学などの専門的な知識をよりどころにしている。しかし、そのような専門的な知識にもとづいて構成されている基準（尺度）は、利用申請者の実感のレベルを含めて、福祉ニーズの実態を的確かつ公平に反映するものになっているかどうか、そのことに留意しておかなければならない。

専門的判断は、客観的にみえるが、実際にはしばしば利用者の実態からかけ離れており、そのことが批判の対象となっている。たとえば、介護保険の要介護認定においては、客観性を確保するために利用者の日常生活能力の状態を基準としているため、日常的な起居の能力が残存し、徘徊行動のある痴呆性高齢者については要介護度が低位になる傾向があるといわれている。

基準の設定や利用の可否の判断・認定には、それぞれの時代や社会に共有されている価値規範の内容も大きな影響を与えている。そのことは、路上生活者にたいする生活保護に関する議論を思い起こせば容易に理解されよう。第2章、第5

章において指摘しておいたように、社会福祉援助を提供するかどうかの判断には、貧困の原因を個人の能力、性格、生活習慣に求めるか、物質的、社会的な生活環境に関わる要因に求めるかということによって顕著に左右される。そのことは、利用者を選定する基準の内容に関わるだけでない。事業実施機関の窓口担当者の意識を通じて、より直接的に、そしてより表面化し難いかたちで、利用の可否の判断に影響を及ぼしている。

さらに、利用資格の決定については、専門的な判断のほかに、財政的要因が重要な意味をもっている。財政的規模が利用資格を決定する要因として前面に押し出されることはまれであるが、利用基準の解釈や運用の過程において利用資格者の認定を抑制する方向に作用することはよく知られている。

顕在的な利用申請者と実際的な利用資格認定者との比率、さらには潜在的な利用申請者と実際的な利用資格認定者との比率——通過率あるいは捕捉率——がどの程度のものになるのか、そこには専門的な判断のみならず、価値規範、財政状況など多様な要因が関わっている。

3. 利用資格基準の開示

これまでの考察からいえば、福祉サービスの利用資格に関わる基準は利用申請者のなかから有資格者を選択する基準である。しかし、この基準は、逆の観点からいえば、利用可能者の範囲を示す基準でもある。

利用希望者は、この基準に照らして可能性があると考えれば利用の申請を行うことができる。その場合、利用資格基準は利用申請を刺激し、促進する契機として機能している。その意味では、利用資格基準は、それが妥当かつ公平に設計され、運用されるとともに、公開されていることが重要である。利用申請者は、基準の設定と公開があってはじめて利用の申請が可能となる。また、それを根拠にして認定や判定の結果にたいして不服を申し立てることが可能となる。

このほか、利用資格の認定に関しては、判定・認定あるいは措置・決定に関わる情報の開示を求めること、さらには判定・認定あるいは措置・決定の過程にたいする利用申請者参加の可否を問うことも、これからの課題として重要な意味をもつといえよう。

第6節　不服申立て制度

わが国では、市民が行政の決定にたいして不服をもつ場合には、所定の手続きにもとづき、行政訴訟を起こすことを認めている。不服の申し立ては国民の権利であるが、その意味するところは、政府の統治を行う権限はもともと国民にうまれながらにして固有であるとされる市民的諸権利の一部を政府機関に信託したものであり、政府による統治（行政）が国民の信託にもとるものであれば、決定の取り消しや再審査を求めることは国民にとっての当然の権利として認められるということである。

このような考え方に立てば、社会福祉に関わってそれぞれのレベルの政府が行った決定に不服があれば、当然市民はその取り消しや再審査を求めることができる。

1. 生活保護の不服申立て制度

まず、社会福祉のうち生活保護における不服申立て制度について考察する。

生活保護にたいしても不服申立てに関する一般的な原則が適用されるのは当然であるが、わが国においては、生活保護については、それが国民にたいして最低限度の生活を保障する制度であるという特性に対応し、さらに特例的な措置を講じて利用者の市民としての権利を保護している。

わが国では、生活保護（公的扶助）については、まず保護の申請を国民の権利（保護請求権）として位置づけ、国民の申請にもとづいて必要な手続きが開始されるが、実施機関（福祉事務所）による決定に不服をもつ場合——たとえば、生活保護を実施する必要がないという決定がなされた場合——、保護の申請者は上級官庁にたいして保護の要否について審査を請求する権利（審査請求権）が認められている。

すなわち、保護申請者は、市の設置する福祉事務所の決定について不服をもつ場合には都道府県にたいして、都道府県の設置する福祉事務所の決定について不服をもつ場合には国にたいして、再審査を請求することができる。これらの再審査は生活保護法による特例的な措置であるが、再審査による決定になお不服がある場合には、保護申請者は行政不服審査法にもとづいて訴訟を起こすことが可能である。

2. 措置相談方式の場合

つぎに、福祉サービスにおける申請や不服申立てについて考察する。従来、措置権を前提とする福祉サービスについては、市民の福祉サービスの利用にたいする申請権は存立していないとされてきた。先に言及したように、措置権を前提にする場合にも、福祉サービス利用の手続きは実際には利用希望者による申し出によって開始される。しかし、この申し出は「相談」であって、「申請」ではない、すなわち福祉サービス請求権は存在しないとみなされてきた。福祉サービス利用は、職権主義にもとづき、実施機関によって福祉サービスの利用を認めるという行政処分（措置）が行われ、その結果として実現すると考えられてきた。いわゆる「反射的利益説」である。

生活保護とは異なり、措置方式をとる福祉サービス法に不服申立て制度が内包されていないのは、このような「職権主義」と「反射的利益説」が前提となっているからである。福祉サービスに関わる措置や決定に不服がある場合には、市民は行政不服審査に直接訴えることになる。

3. 行政との契約方式・支援費申請方式の場合

他方、福祉サービスのなかでも行政との契約方式や支援費申請方式が導入された領域においては、福祉サービスの利用を申請する権利が承認されている。保育所の利用は、利用希望者による保育所の選択と利用の申し込みによって手続きが開始されるが、この場合、利用の申し込みは福祉サービスにかかわる利用申請権（利用請求権）の行使とみなされる。逆に、保育サービスの実施機関である市町村にたいしては、この利用の申し込みに対応する義務（応諾義務）が課せられている。

同様に、支援費申請方式についても、特段の解釈は示されていないが、支援費支給の申請は、利用申請権を前提とするものとみて差し支えないであろう。支援費申請方式は従来の措置方式に替えて導入されたものであり、したがって行政処分ではない。さらに、支援費申請方式は、行政との契約方式よりも、より一層、契約方式に近い方式である。これらの事実からすれば、支援費申請方式は利用申請権を前提にするものとみなされるからである。

ただし、行政との契約方式を導入した児童福祉法にも、支援費申請方式を導入することになった福祉サービス法にも、不服申立てに関する条項は導入されていない。したがって、実施機関の決定に不服をもつ利用申請者は、行政との契約方式、支援費申請方式いずれの場合も、行政不服審査法による訴訟に頼らざるをえないことになる。

4. 介護保険の審査請求

介護保険給付申請方式の場合には、実施機関――この場合、介護保険の保険者としての市町村やその連合体（広域連合）――による決定や処分に不服がある場合には、都道府県に設置されている介護保険審査会にたいして審査請求を行うことができる。この審査請求を行う権利は、第一義的には保険者と被保険者との関係において被保険者である保険給付申請者に認められた権利である。しかし、介護保険審査会による審査の結果にたいして不服がある場合、申請者はさらに行政不服審査法による訴訟を起こすことができる。その意味では、被保険者の保険給付を申請する権利は、保険者と被保険者という枠組みを超えた、国民として認められた権利としての側面をもつものとみてよいであろう。

福祉サービスの実施機関による措置や決定に関する不服に対処する制度としては、再審査請求や訴訟とは別に、あるいはそれと並行しつつ、福祉サービスの利用の過程を含め、より広い範囲においてうまれる苦情に対応する制度として苦情対応制度がある。

第7節 援助利用の支援

ここでいう利用支援システムは、第8章で考察を加えた援助提供システムの一部分として取り扱うこともできるが、伝統的な供給者主体の社会福祉を利用者主体あるいは利用者主権の社会福祉に転換するという観点から捉え直そうとするとき、援助提供システムとは相対的に独立したシステムとして位置づけられる特有のシステムである。それは端的にいえば、社会福祉の援助を実施し、提供しようとするシステムとそれを利用しようとする利用者やその家族、近隣者、支援者等が出会う場所や状況を前提に、すなわちインターフェース的な状況において構築され、展開されるシステムである。

1. 利用者の支援

1) 利用方式の転換

さて、措置方式から契約方式へという利用方式の転換という問題は、しばしば措置方式及び契約方式の資源配分方式の視点からみた優劣の問題やメニュー選択が許容される範囲の問題として議論される。しかし、たしかにそのような側面があるにしても、利用者にとってもっとも重要なことは、質の高いサービスをきちんと確保できて、快適な生活が安定的、継続的に維持できるかどうかということである。契約方式が導入され、形式的に選択権や申請権、再審査請求権が保障されたとしても、提供されたサービスを利用することによって快適で安定した生活が実現できなければ、利用方式の転換が行われたとしても効用は少ないのである。

契約利用という新しい方式を導入してそれが効果を奏しうるかどうかは、第一には福祉サービスの提供が利用者による選択を可能にし、しかもその選択肢が事業者間の競争によるサービスの質的向上を実現しうるほどに豊富に準備されているかどうかということにかかっている。すなわち、福祉サービス提供の基盤が利用者による選択を可能にするほど十分に整備されうるかどうかということである。介護保険制度の導入にあたってもっとも危惧されたところである。特別養護老人ホームのみならず、福祉サービスの全体を通じてこの条件を満たしている分野はまずみあたらない。全国的に供給が過剰になっているといわれる保育所の場合も、都市部においては待機児童が多く、事実上選択の余地はない。

第二に、そしてむしろこのほうが重要であるが、契約利用が効果的に成果をあげうるかどうかを規定するもう一つの要因は、利用者が顕在的ないし潜在的にもっている属性である。すなわち、利用者が契約の当事者として期待される条件を備えているかどうかということである。契約方式の成否は、何よりも利用者が契約の一方の当事者として期待される行為能力をもっているかどうかによって定まることにならざるをえない。

2) 利用者の当事者能力

契約方式を導入するということは、福祉サービスの利用について利用者による選択と決定を認めるということである。多少堅苦しい表現のしかたをすれば、利用者の選択権と自己決定権を承認するということである。

このような考え方は、第2章において言及したように、医療サービスの分野で先行している。患者であれば、誰もが、治療の方法について十分に説明をうけ、みずからが同意しあるいは選択した治療の方法によって治療をうけることを歓迎する。ただし、治療の方法についての選択には、当然のことながら、選択した治療の方法によって行われた治療の結果についての責任、すなわち選択にたいする自己責任がともなわざるをえない。選択や自己決定は自己責任を前提としてはじめて成立する考え方である。

実際、インフォームドコンセントやインフォームドチョイスは患者の選択権や自己決定権の尊重を意味するとともに、その結果にたいする自己責任の確認を意味している。インフォームドコンセントやインフォームドチョイスは、患者の人権の保護というかたちをとりながら、その実、医者が患者による医療訴訟からみずからを護ろうとして導入してきた制度である。選択と自己決定が自己責任を前提とする、あるいは自己責任を結果するということに関しては、福祉サービスにおいても何ら医療サービスとかわるところがない。

そこで、問題となるのは、福祉サービスの利用者が自己責任を前提とする選択と自己決定を行う能力、より一般的には契約による利用を可能とするような当事者能力を備えているかどうかということである。結論的にいえば、福祉サービスの利用者の多くは自己決定能力の低位な状態にある人びとである。さらにいえば、福祉サービスの利用者の多くは、自己決定能力の低位性ということ以前に、あるいはそのことに加えて、福祉サービスにたいするアクセス能力の低位性という困難もかかえている。

福祉サービスにおける選択権の行使や自己決定権の行使を確保するには契約という方式が効果的であるとしても、自己決定能力やアクセス能力の低位性という福祉サービスの利用者の多くにみられる特性にたいする配慮が欠落すれば、そのような利用者たちは福祉サービスの利用が不可能になるか、あるいは不十分なかたちでの利用にならざるをえない。しかも、その結果は利用者の自己責任の問題として放置されることにもなりかねない。福祉サービスは、人びとに生活権を保障するという機能、すなわち人びとの生活にたいする最後のセーフティネットとして期待される機能を放棄してしまうことになる。

2. 利用支援の機関と方法

1) 利用支援の機関

従来、社会福祉の領域において、事業実施機関や援助提供事業者と利用者との間に成立するインターフェース的な状況を取り仕切ってきたのは、福祉事務所・児童相談所などの相談援助や措置・決定に関わる機関や市町村の福祉行政の窓口であった。そこに形成される状況は、措置・決定に関わる権限を間接的に代表する窓口受付職員とその措置・決定権を前提にしつつ扶助や福祉サービスを利用したいと希望する利用申請者や相談者というもっぱら垂直的な人間関係を基盤にして構成され、また展開されてきたといってよい。

そうした伝統のなかで、一九九〇（平成二）年以降、高齢者福祉の領域において「誰でも、いつでも、どこでも、自由に」利用できる福祉サービスの実現をめざすという観点から在宅介護支援センターが開設されるようになったことはきわめて重要な意味をもっていた。しかし、この在宅介護支援センターは、福祉サービスの実施機関から措置・決定に関わる権限の委任をうけていないため、即決即断というわけにはいかなかった。その意味では限界をもっている。しかし、二四時間の窓口開設を謳い、福祉サービス実施機関・援助提供事業者と利用者との媒介調整をめざすケアマネジメントを導入活用するなど、家父長主義的な福祉行政の伝統のなかでは画期的な意味をもつものであったといってよい。

その後、児童福祉の領域においても、子育て支援センター、児童家庭支援センター等在宅介護支援センターに類似する各種の支援センターが導入され、福祉サービスの実施・提供と利用に関わるインターフェースを改善しようとする試みがなされてきている。

このような利用者支援機関の登場は、われわれのいう利用支援システムを社会福祉の総体を構成する重要なシステムの一つとして位置づけ、その意義や機能について議論する機運を高めるものであった。

2) 介護支援専門員の機能

この機運を一層高めたのは、介護保険のなかで介護支援専門員の制度が設置され、介護支援専門員が介護サービス提供事業者と利用者とのあいだを媒介し、調整する社会的技術であるケアマネジメントの専門家、すなわちケアマネージャーとして位置づけられたことである。

介護支援専門員の役割には、介護保険適用の申請の支援・代行、要介護認定のための訪問調査、介護サービス計画の作成、利用者と事業者との調整などが含まれる。さらに、介護保険制度では介護認定に不服があった場合には介護保険審査会に再審査を請求することができることになっているが、その前提となる利用者の意思の確認を行うことも介護支援専門員の業務に含まれる。

このような機能をもつ職員の導入は画期的なものである。介護支援専門員によるケアマネジメントが適切に行われれば、高齢者は従来よりもより容易に、しかも自分の意思にかなった介護サービスを利用することができるようになり、より充実した自立生活を維持しうることになる。しかし、そのようなケアマネジメントも難点がないわけではない。

第一に、ケアマネジメントが利用者として想定しているのは、たとえばアクセス能力に問題があるにしても、基本的には契約の当事者としての意思能力、自己決定の能力をもつ人びとである。そのような人びとにたいして、ケアマネージャーは、より専門的な立場から福祉サービスの選択やそれに関わる自己決定を支援するのがその役割である。

介護支援専門員はそのような自己決定能力の低位な人びととの利益を擁護できるであろうか。そうした自己決定能力の低位な人びとについては扶養義務者や保護者が意思決定を代行することになる。しかし、子ども、障害者、高齢者にたいする虐待の例をもちだすまでもなく、保護者や扶養義務者がつねに利用当事者（子ども・高齢者・障害者）の利益や権利の擁護者であるとは限らない。介護支援専門員の力量が問われることになる。

第二に、介護支援専門員制度そのものにみられる制度的な制約である。それは、介護支援専門員のほとんどが民間ないし民営の介護サービス提供事業者に雇用されているという事実に関わっている。介護保険制度は、介護サービス提供事業者に雇用されたいわゆる所属介護支援専門員を前提とし、介護サービス提供事業者から独立して機能（営業）する独立介護支援専門員の存在を認めていない。そうした枠組みのなかで、介護支援専門員が中立かつ公平な立場で支援活動を維持していけるかという問題である。介護支援専門員による利用者の囲い込みなど所属する事業所のための利益誘導が起こりうる危険性を排除することができるかということである。介護支援専門員は利用者と事業所のあいだに位置して、いわゆる利益相反的な状況におかれることになりかねないのである。

第三に、介護支援専門員には利用者によって個別に決定される介護費の範囲で介護サービス計画を作成することになる。その分、介護支援専門員の活動は制約をうけざるをえない。このため、介護支援専門員の活動はケアマネジメントの概念にそぐわない、という指摘もみうけられる。

3. 成年後見制度

改正以前の成年後見制度、すなわち禁治産・準禁治産の制度は、人びとが心神喪失（自己の行為の結果について合理的な判断をする能力のない状態）、心神耗弱（行為の性質については理解できるが、その結果に関する判断能力に達しない状態）に陥ったとき、本人・配偶者等親族の家庭裁判所にたいする申し立てと家庭裁判所の宣告によって、それぞれ後見人、保佐人を設定し、本人の保護をはかるという制度であった。

このような成年後見制度の利用は年間二〇〇〇件程度であったといわれるが、痴呆性高齢者や知的障害者等の遺産相続や資産管理にあたって、その利用の仕方によっては、本人の自己決定能力のみならず人格そのものさえも否定しかねないような状況がみられた。そのほか、この制度には、禁治産・準禁治産宣告の戸籍への記載、選挙権の喪失など多数の欠格条項がともない、本人を保護しているようにみえながら実際には本人の権利を制限し、むしろ配偶者や親族の利益、契約の相手方の利益を保護することになっていた。また、それらの欠陥は別にしても、手続きの煩瑣さもあり、介護保険による自立支援という枠組みと結びつけて容易に利用できるという制度ではなかったのである。

さらに、わが国の後見制度においては後見人の選任には法的な手続きが前提となり、本人が心身喪失や心神耗弱にいたってしまってから手続きが開始される事後後見制度であり、本人が意思能力があるうちに代理人をみずからの意志によって選任し、代理を求める事項についても設定しておき、意思能力が低下したときにその意思の代理・執行を求める英米の事前後見制度とは著しく異なっていた。二一世紀の超高齢社会において想定される介護ニーズに対応するには、もっと柔軟で、本人の意思を尊重した制度が求められることになった。

このため後見制度の改革が議論に上り、二〇〇〇（平成一二）年四月以降、新しい成年後見制度が実施されている。新しい成年後見制度では従来の制度が後見類型、保佐類型、補助類型の三通りの類型に拡張、再整理されている。後見類型は従来の禁治産の改正であり、後見人に代理・取消権が付与されるものの、本人の自己決定権を尊重するため、日用品の購入その他の日常生活に関する行為については本人の判断に委ねられている。保佐類型は準禁治産の改正であり、代理権は本人の申し立てにより設定されるが、一部の行為等については保佐人の取消権が設定されている。補助類型は新設されたものであるが、軽度の判断能力の低下についても適用され、補助人には本人の申し立てまたは本人の同意を要件として、本人の申し立てた法律行為に限定して代理・同意権が付与される。

このほか、改正された成年後見制度には、複数後見人、社会福祉法人等の法人による後見、市町村長による申立権、本人の意志尊重、任意後見等の新しい内容が盛り込まれている。しかし、成年後見制度の及ぶ範囲は財産管理と身上監護にかかわる法律行為に限定されている。この限界を補い、かつより広い範囲で利用当事者の意志を尊重することをめざして導入されたのが、社会福祉協議会による福祉サービス利用援助事業である。

4. 福祉サービス利用援助事業

福祉サービス利用援助事業は、その適用の範囲を、本人もしくはその代理人と福祉サービスの利用等日常生活に必要不可欠な部分に限定し、委任契約を前提に、利用者の地域における自立生活の支援を行おうとするものである。適用の対象は、痴呆性高齢者、知的障害者、精神障害者等である。援助の内容としては、福祉サービスの利用援助と日常的金銭管理に大別される。より具体的には、前者の福祉サービスの利用援助には、①情報提供・助言、②手続き援助、③苦情対応制度の利用援助が、後者の日常的金銭管理には、①福祉サービス利用料の支払い等、②通帳・権利証等の預かり、が含まれている。

図8－11にみるように、福祉サービス利用援助事業の実施機関は広域行政圏の基幹的市町村社会福祉協議会を受け皿に、権利擁護業務の担当者としては実務に従事する生活支援員（一定の研修を受け登録された者）と支援計画の策定を行う専門員が配置されている。

また、福祉サービス利用援助事業は委任契約を前提とするため、自己決定能力の低い利用者については「契約締結審査会」を設置し、利用当事者の自己決定能力の有無を判断する。さらに、市町村社会福祉協議会を運営機関とすることによって予想される利益相反行為による当事者の不利益を防ぐために第三者的機関である「運営適正化委員会」を設置している。

このようにして、介護保険制度を契機に、福祉サービスの領域においては、一方においては選択と自己決定による利用

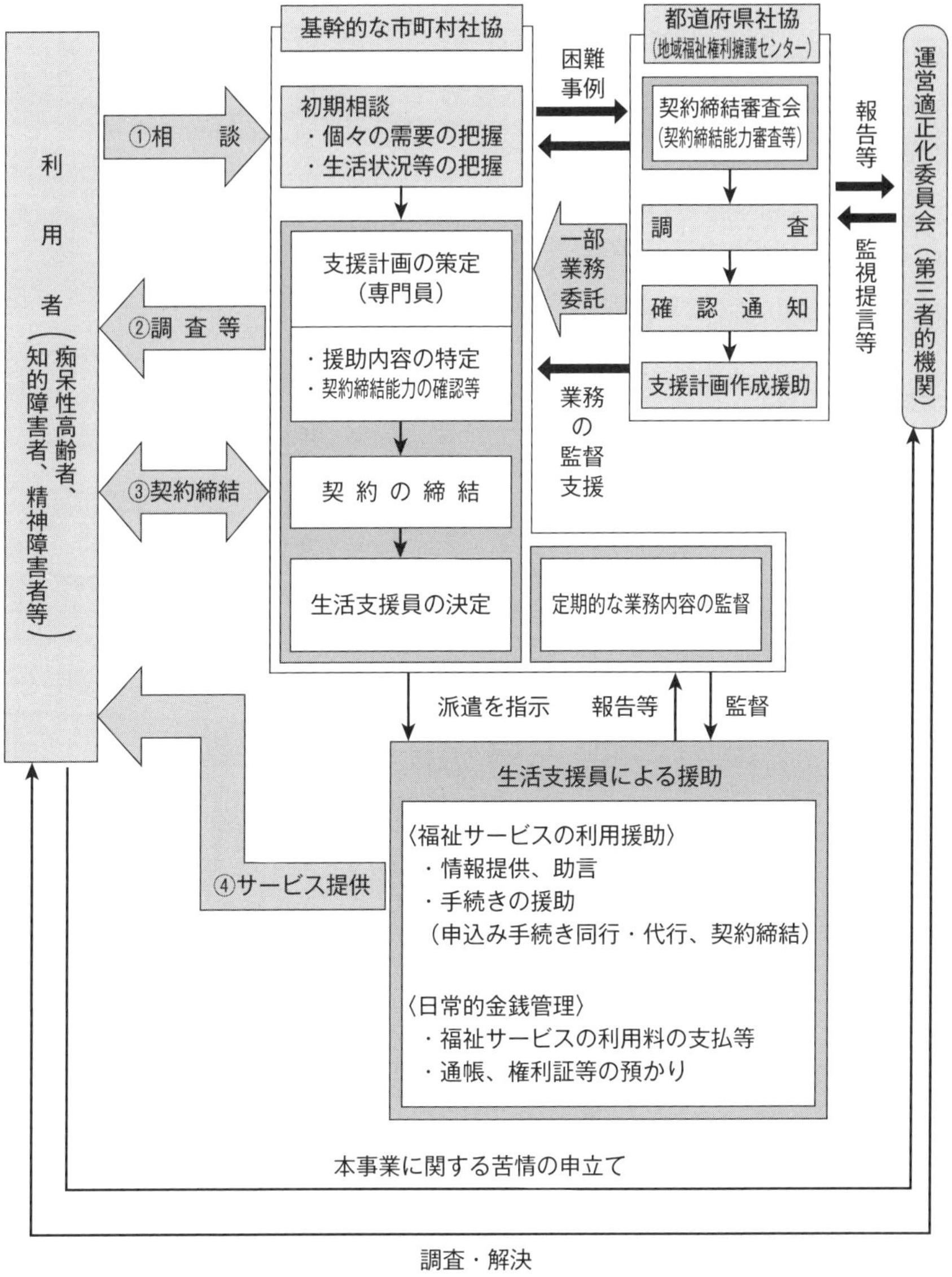

図 8-11　福祉サービス利用援助事業の概念図
（厚生労働省資料より一部修正）

を実現するとともに、他方においてはその過程で生じうる利用者の不利益を可能な限り排除し、全体として利用者の人権を擁護することを目指してさまざまな手立てが講じられている。しかし、それらの手立てが有効に機能するか否かは、制度の組み立てという側面もあるが、最終的には介護支援専門員や生活支援員・専門員に有為な人材をえられるかどうかにかかっている。

以上の検討から明らかなように、介護保険方式や支援費申請方式が導入された介護サービスや障害者福祉サービスにおける利用支援システムは、援助提供事業者と利用者による契約の締結を第一原理とし、それを成年後見制度と福祉サービス利用援助事業によって補うという構造になっている。

成年後見制度であれ、福祉サービス利用援助事業であれ、自己決定能力の低位な利用者の当事者能力を補いつつ、市場原理的な契約方式にのせることが意図されている。しかし、介護サービスや障害者福祉サービスの潜在的な利用者のなかには、単身で生活していても当事者能力の低い人びとや、家族を含めて当事者能力が低位であったりして、成年後見制度からも福祉サービス利用援助事業からも漏れ落ちる人びとの存在が予想される。あるいはまた、客観的には介護サービスや福祉サービスが必要とみられるが、その利用を拒絶するような人びとも存在する。

これらの人びとについては、福祉サービス利用援助事業をさらに補完する手段が必要となる。介護保険制度についても、支援費申請方式についても、例外的に措置方式が残されているのは、そのような状況を想定してのことであろう。さらに、そうした利用者については、受け身的に相談を待つのでは不十分である。積極的に人びとの福祉ニーズを掘り起こし、サービスの利用を促進するようなリーチアウト的な援助活動が不可欠とされる。

5. 苦情対応制度

二〇〇〇（平成一二）年六月の社会福祉事業法の改正にともない、社会福祉援助利用者の苦情に対応する苦情対応制度が導入された。かねて東京都中野区や川崎市、いくつかの民間団体によって実施されてきた福祉オンブズマン活動が法制度化されたものともいえようが、以下、全国社会福祉協議会に設置された福祉サービスに係る苦情解決に関する検討委員会による「『福祉サービスに係る苦情解決に関する検討会』報告書」を参照しつつ、苦情対応制度の構想について紹介する。

1) 制度の概要

制度の概要は**図8―12**の「福祉サービスに関する苦情対応のしくみの概要」をみると理解しやすい。まず、基本となるのは、①福祉サービスに関する苦情は本来当事者である利用者と事業者のあいだで自主的に解決されるべきである、しかし、②利用者の立場や属性から自主的な解決というだけでは適切かつ公平な解決を期待することはむずかしい、したがって、③苦情対応の仕組みを事業者の段階と都道府県の段階の二段階に設置するという考え方である。取り扱う苦情の範囲は、原則として社会福祉法にいう社会福祉事業の範囲であり、対象となる苦情は、①福祉サービスに係る処遇の内容に関する事項、②福祉サービスの利用契約の締結及び履行に関する事項、に限定されている。

事業者段階における苦情対応の仕組みは以下の通りである。苦情対応の体制は、事業所におかれる苦情受付担当者、苦情解決責任者、第三者委員で構成される。第三者委員は社会福祉法人の評議員（理事は除く）、監事、社会福祉士、民生委員・児童委員、大学教授などから選任される。

苦情解決の手順は、利用者にたいする制度の周知からはじまる。苦情申出人の範囲は、①福祉サービスの利用者とその家族、代理人、②民生委員・児童委員等利用者に関する状況を具体的かつ的確に把握している者である。苦情を受け付けるのは苦情受付担当者であるが、第三者委員も受け付けることができる。苦情受付担当者は、受け付けたすべての苦情を苦情対応責任者と第三者委員に報告する。つぎの段階として、第三者委員の立ち会いのもとに、苦情申出人と苦情対応責任者は話し合いによる解決に努めることになる。事業者段階で解決ができない場合には、都道府県社会福祉協議会に設置

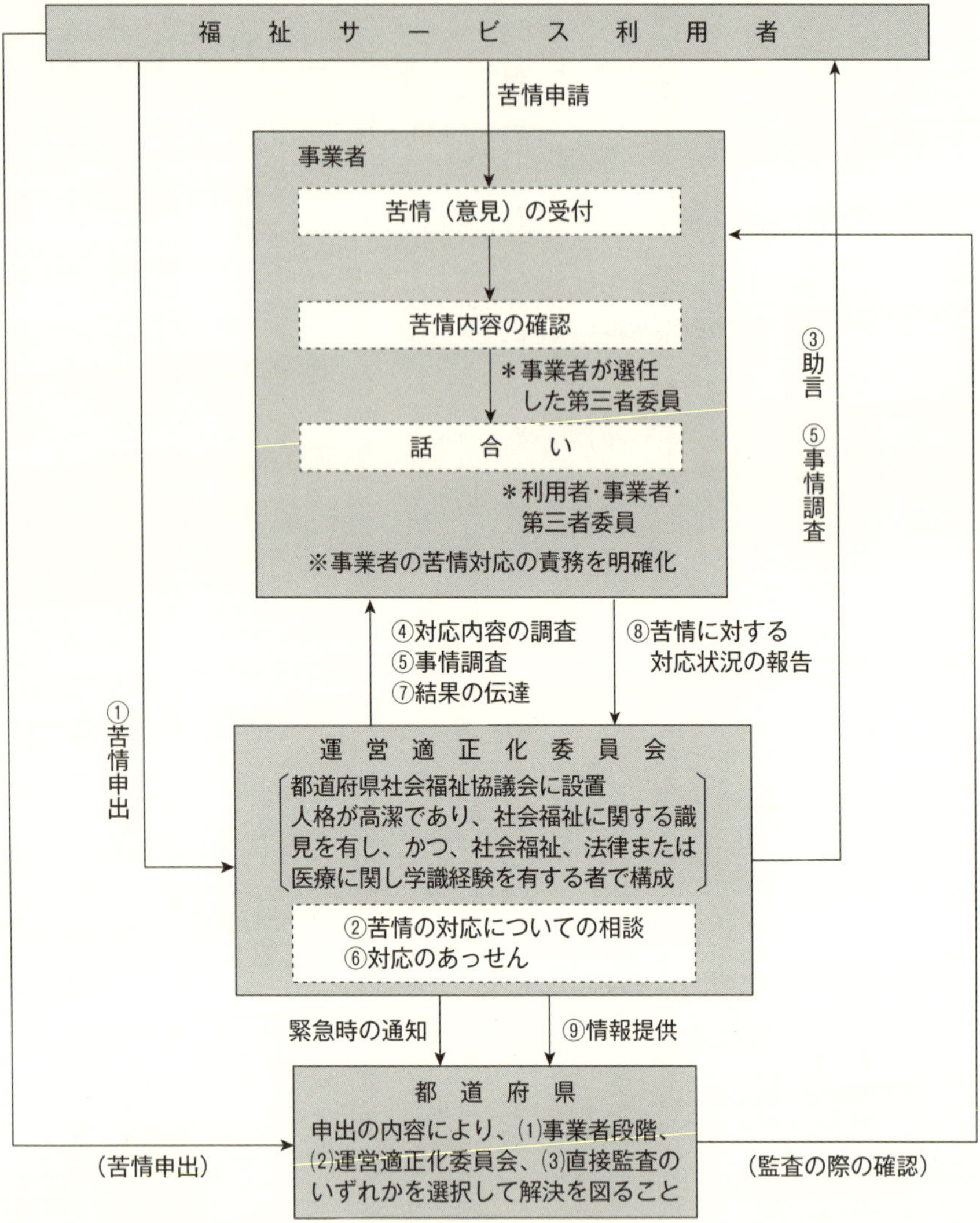

図 8-12　福祉サービスに関する苦情対応のしくみの概要
（厚生労働省資料より一部修正）

される運営適正化委員会等についての情報提供を行う。

都道府県段階における苦情対応は、運営適正化委員会において行われる。運営適正化委員会は、利用者代表、事業者代表、行政関係者、公益代表などから構成される。苦情申出人の範囲は事業者段階における苦情対応の場合と同様である。同委員会における苦情対応は、①苦情の受付と内容の確認等、②苦情対応方法の検討、③事情調査、④助言、対応方法の決定、⑤苦情申出人と事業者の話し合いと不調の場合のあっせん案の作成と提示、⑥結果の確認、⑦苦情件数、対応結果等の公表、という手順で実施される。

2) 苦情対応と権利擁護との関係

苦情対応制度の概要は以上の通りであるが、苦情対応は同時に制度化された福祉サービス利用援助事業等と重要な関係をもっている。その点については、**図8－13**が参考になる。**図8－13**には、苦情対応と利用援助の関係のみならず、サービスの質の評価、情報公開、法人経営の弾力化との関係も組み込まれており、社会福祉基礎構造改革によって一新されたサービス利用支援の全体像を理解するうえで有益な概念図になっている。

これまでみてきたような苦情対応制度は、それが適切に機能すれば、福祉サービスの利用における利用者の意思や決定権の尊重、虐待などによる権利侵害の防止、事業者や職員の意識の改善、ひいては福祉サービスの質的向上に大きく貢献することが期待される。なかでも、福祉サービスにおける処遇にたいする利用者の苦情が制度的対応の対象として位置づけられたことは、きわめて重要な意義をもつものである。苦情対応制度の導入によって、福祉サービス利用者の市民権的諸権利の回復と確保はこれまでにない改善を経験することになろう。

ただし、この苦情対応制度が解決しようとしているのは、あくまでも利用者と援助提供事業者という、いわば民事的な関係のなかにうまれる苦情である。その意味では、権利擁護との関係といっても、**図8－13**にみるように、福祉サービス利用援助事業における権利擁護との関係である。しかし、福祉サービス利用の全体を捉えれば、利用者と事業実施主体と

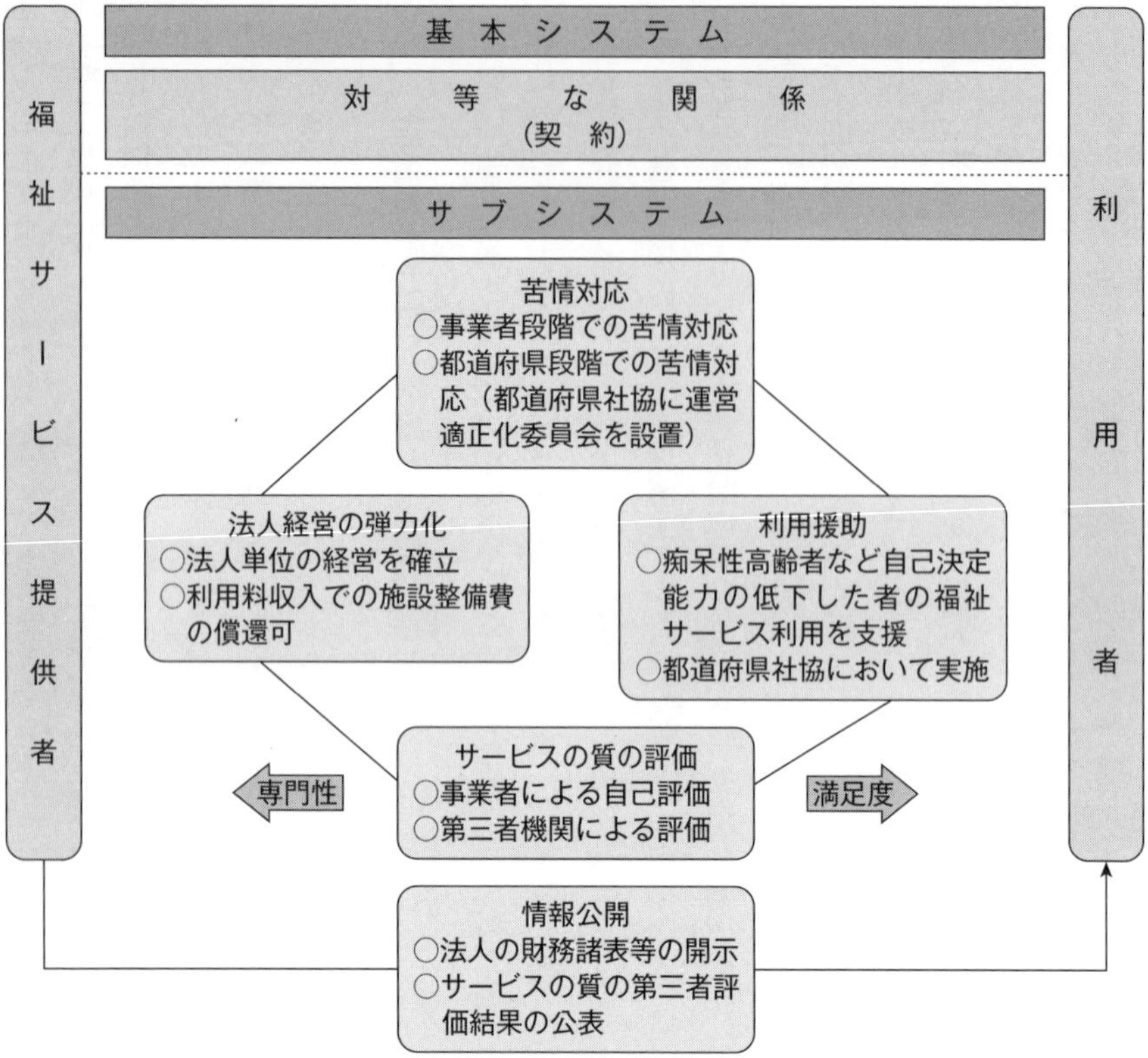

図 8-13　苦情対応と権利擁護等との関係
（厚生労働省資料より一部修正）

しての市町村・都道府県との関係を軽視することはできない。措置方式による利用が残されている領域はもとよりのこと、行政との契約方式においても、また支援費申請制度においても、市町村・都道府県との関係が重要な意味をもっている。これらの領域においては、市町村・都道府県による措置や応諾、支給の決定がなければ、福祉サービスを利用することはできないのである。そして、先にみたように、生活保護法を除いて、福祉サービスに関する法令は明確な不服申立て（再審査請求）の制度をもっていない。

　そのような状況のなかで、利用者主体化を謳う社会福祉基礎構造改革のなかで新設された苦情対応制度は、市町村・都道府県による措置や応諾、支給の決定に関わる苦情を取り扱いの範囲に含んでいない。福祉サービス利用者の権利擁護の制度としては不十分といわざるをえないであろう。

6. 民生委員・児童委員制度

利用支援という観点からいえば、これまでとりあげてきた各種の制度や機関以外に、独自の立場で重要な役割をはたすことが期待される制度として民生委員・児童委員の制度がある。

歴史的にみれば民生委員・児童委員制度は戦前における方面委員制度を継承するものであって、その意味では利用支援の制度としてはもっとも長い伝統をもっている。しかし、従来、民生委員・児童委員制度の性格や機能は必ずしも明確なものでなかった。

その理由の第一は、民生委員・児童委員が制度的には民生委員法という法的な基盤をもっていながら、その基本的性格は民間のボランティアとして位置づけられることに求められる。民生委員・児童委員が制度的ボランティアとよばれることがあるのはこのためである。このような制度的ボランティアは世界的にみて類例がないといわれる。

第二の理由は、民生委員がかつて旧生活保護法の下において市町村長の補助機関として位置づけられ、生活保護事務の実質的な実施機関として機能してきたという歴史的経緯に求められる。その後、現行生活保護法の制定にともない、民生委員の位置づけは市町村長の補助機関から福祉行政にたいする協力機関に改められた。しかし、この協力機関の意味するところがいま一つ明確にされてこなかったというきらいがある。民生委員・児童委員のあいだには、こんにちにおいても補助機関的なイメージが受け継がれている。

このような状況にたいして、社会福祉基礎構造改革のなかで実施された民生委員法の改正において、名誉職の規定が無報酬（給与を支給しない）という規定に改められ、その基本的な立場についても、「常に住民の立場に立って相談に応じ、及び必要な援助を行」うと明確に規定された。民生委員・児童委員は、利用（申請）者や市民と事業実施システムや援助提供システムとの中間に位置し、利用（申請）者や市民の側から利用者や市民による社会福祉援助の利用とそれによる自立生活の維持を支援するという立場をとるときに、すなわち調整と支援態勢づくりに焦点をあわせるときに、もっともよくその持ち味を発揮することができるという発想である。

民生委員・児童委員の機能については、かねて①社会調査、②相談、③情報提供、④連絡通報、⑤意見具申、⑥調整、⑦支援態勢づくりの七つに整理されているが、社会福祉基礎構造改革の趣旨に照らしていえば、特に重要性をもつのは、「調整の機能」と「支援態勢づくりの機能」である。この調整と支援態勢づくりという二通りの機能は、一九八〇年代の後半、わが国の社会福祉がその分権化と地域化に拍車をかける過程において追加されたものである。

しかし、こんにち的な観点からいえば、調整と支援態勢づくりは七つの機能の一部分というよりはむしろ、民生委員・児童委員の機能の全体がこの調整と支援態勢づくりという機能を中心に再編成されるべきであろう。そのことはとりもなおさず、民生委員・児童委員を福祉行政における協力機関という位置づけから、ここでいう利用支援システムを構成する重要な機関の一つとしての位置づけに移行させることを意味している。長い伝統をもつ機関であるだけに、「常に住民の立場に立つ」ことはそれほど容易ではないであろう。しかし、民生委員・児童委員が自らの立場を明確化し、その機能の重要性を世に問うまたとない機会である。

第9章 社会福祉援助の提供

社会福祉における援助とはどのようなものなのか。ここでは、社会福祉援助の理念、類型、基本的性格、援助提供の過程、援助提供過程の類型、援助の手段形態別類型、援助の利用形態別類型、社会福祉施設の類型、援助の品質管理について考察する。

第1節 社会福祉援助の理念

これからの社会福祉の理念は、「個人が人としての尊厳をもって、家庭や地域の中で、障害の有無や年齢にかかわらず、その人らしい安心のある生活が送れるよう自立を支援すること」（社会福祉構造改革分科会「社会福祉の基礎構造改革（中間まとめ）」）であるとされる。それでは、そこでいわれる自立生活とはどのようなものであろうか。また、その支援はいかにして可能であろうか。自立生活ならびに自立生活支援についての理論的、実践的な解明は、これからの社会福祉研究における最も重要な課題の一つである。

1. 自助的自立と依存的自立

まず、自立生活や自立生活支援の概念について考察する端緒として、近年における「自立」に関する解釈の変化について取りあげる。戦後福祉改革以来、わが国においては自立はもっぱら「自助的自立」を意味していた。そのような自立の伝統的な概念が、こんにちいわば「依存的自立」を包摂する方向に転換してきている。

1) 自助的自立

ここでいう自助的自立とは、生活者（生活主体）の自己決定と自己責任にもとづいて確保される生活手段（生活資料とサービス）のみによって、その生命ならびに活力が維持・再生産されている状態のことである。従来、社会福祉、なかでも生活保護の領域において自立自助という概念がもちいられるとき、そこに込められていた意味内容はここでいう自助的自立であった。

従来、社会福祉の世界、なかでも生活保護行政において自立助長という言葉がもちいられる場合、それは、第三者や社会福祉制度にその生活を依存するおそれのある、あるいは現に依存している生活者を、第三者や社会福祉制度に依存することなしに生活を維持しうるような状態に方向づけ、援助することを意味していた。自立自助、自立助長の概念にいう自立は、第三者や社会制度に依存して維持される生活の状態（依存的生活）の対極にあるものとして認識されてきた。

もとより、このような自助的自立という概念、すなわち自己決定と自己責任にもとづく生活の維持という概念は、決して社会福祉の領域に固有なものではない。それは資本主義的経済システムをとる近代社会に普遍的な生活自己責任原則の別の表現である。それだけに、自立生活という概念は、こんにちにおいても、第三者や社会福祉制度に依存することなしに生活を維持しうる状態として理解され、そのような方向に援助することをもって社会福祉の理念、目標とみなす傾向には根強いものがある。

2) 依存的自立

このような自助的自立の概念にたいして、依存的自立とは、たとえ生活の一部を第三者や社会福祉制度に依存していたとしても、生活の目標や思想信条、生活の場、生活様式、行動などに関して、可能な限り生活者自身による自己選択や自己決定が確保されている状態を意味している。

たとえば、身体に機能の不全があっても、それが補装具や各種の生活機器の支給や貸与という、社会福祉の制度を利用することによって補強され、日常の生活が確保されるならば、障害のある人びとにも自己選択や自己決定にもとづく自立生活を維持することは十分に可能である。同様に、退職によって職業的ないし経済的な自立を喪失した人びとであっても、老齢年金の受給や生活保護の適用によって日常の生活が確保されているならば、そこにはある種の自立生活、すなわち社会制度への依存を前提とする自立生活が存在しているといってよい。

3) 依存と自立の連続性

自助的自立という観点に立てば、このような補装具の利用、老齢年金や生活保護の利用を前提とする生活は、自立した生活とはいえないであろう。

自助的自立という概念は、実態概念というよりも規範概念としての性格が強い。自助的自立の概念には、近代社会を構成する市民は誰しもが自助的に自立した生活が可能であり、第三者や社会制度に依存する生活は例外的な事例であるという認識が含まれている。そのような観点からいえば、社会福祉の利用者についてはできるだけすみやかにそのような依存からの離脱が求められる。自助的自立を助長する施策の必要性が強調されざるをえない。

しかし、人びとはいつでも自助的自立の状態にあるわけではない。むしろ、人びとはその生涯を通じて幼弱、傷病、障害、高齢その他のリスクによって自助的自立を脅かされ、第三者や社会制度に依存せざるをえない存在である。人びとの生涯を通じていえば、自助的自立を維持しうるのは、人びとの一生のうち、青壮年期にあたるほんの一時期にすぎない。しかも、人びとの生涯を通じて必要とされる依存の程度はさまざまである。

すなわち、現代社会に生きる人びとの生活は、青壮年期の相対的にみて自助的自立の状態に近いといえる時期を頂点に、その両端にほぼ全面的に第三者やあれこれの社会制度に依存せざるをえない幼弱期と後期高齢期をもっている。人びとの生活は、潜在的また顕在的に、多様なレベルと領域においてつねに、第三者や社会制度への依存を不可欠とする状態にあるものとして把握されなければならない。

このような観点からすれば、これからの社会福祉における自立生活の支援は、自助的自立の助長という文脈を離れて、第三者や社会制度にたいする依存――社会保障や社会福祉の利用――を前提に、すべての市民にたいして自己決定権（市民権的基本権）と生活権（社会権的基本権）を同時的に保障する「依存的自立の支援」という文脈のなかで追求され、実現される必要がある。

2. 自立概念の再構成

1) 自立を捉える視点

つぎに、自立の内容的な側面について検討する。一般に、自立は、身体的自立、心理的自立、社会関係的自立、経済的ないし職業的自立の総体として捉えられている。このような自立の捉え方は多分に心理学や社会学の知見を反映したものといえようが、社会福祉の固有の概念としての自立生活支援について考察するうえでも有効性をもっている。しかし、社会福祉における自立論としてはそれだけでは不十分である。

ここで社会福祉における自立の意味を論じるにあたり、三通りの視点を追加しておきたい。第一に、自立の類型として身体的自立、心理的自立、社会関係的自立、経済的自立に人格的自立（全人的自立、すなわちperson as a wholeとしての自立）を追加し、身体的自立から経済的自立までを道具的自立、最後の人格的自立を目的的自立として位置づけることにしよう。第二に、自立の各類型の意味とそれが獲得され、あるいは喪失される過程と機序を社会的な文脈のなかで捉える視点を導入する必要がある。第三に、道具的自立の第三者や社会制度による補強や置き換えという視点である。

2）道具的自立と目的的自立

身体的、心理的、社会関係的、経済的な自立を獲得することは、人びとが現代社会を構成する市民としてその生活を維持するうえで不可欠とされる要件である。しかし、人びとはその誕生の時点においては経済的、社会関係的にはもとより、心理的にも身体的にも全面的に外界に依存する存在である。そして、人びとは、その後の成長の過程において、第3章で言及した生活環境との社会的代謝関係を通じて、身体的、心理的、社会関係的、経済的な自立をほぼその順序にしたがって獲得していくのである。この、人びとが成長とともに、身体的、心理的、社会関係的、経済的な自立を達成するという仕事は、人びとが一人前の人間として生き、生活を維持するうえで達成されなければならない課題、すなわち発達課題とみなされる。

しかし、身体的、心理的、社会関係的、経済的な自立は、人びとが生きるうえでの必要条件ではあっても十分条件ではない。身体的、心理的、社会関係的、経済的な自立の達成は一般的にいえば望ましいことであり、必要なことである。けれども、人びとが生命と活力を維持再生産し、成長発達することの意味は、身体的、心理的、社会関係的、経済的な自立を達成することそれ自体にあるわけではない。個々の領域における自立が人びとが生きることの目的であるとすれば、障害や傷病、高齢、失業などのために身体的、心理的、社会関係的、経済的な自立を十全に達成・維持しえない人びとにとって、生きるということは何を意味するのであろうか。

人びとには、身体的、心理的、社会関係的、経済的な自立の程度や態様を超えて全人格、全存在を懸けて達成しようと努力する目標が存在する。それがすなわち、人格的（全人的）自立である。身体的、心理的、社会関係的、経済的な自立は、人びとがそのような人格的自立――人びとがその生活をみずから決定し、制御し、自己の実現を求めて努力しうる状態――を達成し、維持するための道具的な手段であるにすぎない。

人格的自立を実現し、維持すること、そのことが人びとが生きることの目標であり、また生き甲斐そのものであろう。身体的、心理的、社会関係的、経済的な自立を道具的自立とみなし、人格的自立を目的的自立というのは実にこの意味においてである。

3) 道具的自立の補強と代替

先に、人格的自立が目的的自立であるとすれば、その前提となる身体的自立、心理的自立、社会関係的自立、経済的自立は道具的自立であるとした。このような身体的自立、心理的自立、社会関係的自立、経済的自立を道具的自立であるとみなす視点には、その延長線上において人びとが傷病、障害などの何らかの理由で身体的、心理的、社会関係的、経済的な自立を十全なかたちで達成しえない場合、あるいは事故、傷病、高齢などのために人びとが一度達成した自立の一部もしくは全部を喪失した場合であっても、その部分についてそれに代わるべき道具的手段が確保されうるならば、人びとはそのような自立の道具的側面の不全を超えて人格的自立を達成し、あるいは維持することが可能であるという判断が含まれている。

ここで事柄は自助的自立と依存的自立の区別と関連という論点と結びついてくる。さきにも指摘しておいたように、下肢の機能に障害のある人びとは補装具の貸与という福祉サービスに依存する（利用する）ことによって、十分であるとはいえないまでもアクセシビリティという人格的自立を実現する条件の一つを充足したことになる。高齢による所得の喪失による経済的自立の危機については、年金制度による補強や代替が可能であろう。

このようにして道具的自立については、福祉サービスなどの社会的生活支援サービスや家族、友人、近所の人びとによるインフォーマルな生活支援サービスの利用によって補強ないしは代替が可能であり、そのことによって人びとの人格的自立が確保される。このようにして実現される自立がほかならぬ依存的自立である。

第2節　社会福祉援助の類型

われわれは、第3章第5節において、社会福祉を生活維持システムが不調に陥ったときに形成され、利用される生活支援システム、さらにいえば社会的生活支援サービスの一つとして位置づけた。

ここで再確認しておけば、生活維持システムは人びとがその生命と活力を自助的に維持再生産しようとする過程において形成されるシステムである。これにたいして、社会福祉を含む多様な生活支援サービスから構成されている生活支援システムは何らかの事情によってそのような生活維持システムが機能不全の状況に陥ったときに登場し、人びとの生命と活力の維持再生産を社会的に可能にするためのシステムである。

それでは、社会福祉による生活支援、すなわち社会福祉の援助とはどのようなかたちをとるのであろうか。ここでは、それを、社会福祉援助を回復型援助、支柱型援助、全制型援助の三通りのタイプに整理する。

1.　回復型援助

回復型援助とは、生活維持システムの不調が原則として一時的、短期間の生活支援の提供によって解消され、あるいは生活支援を必要としない程度に軽減緩和される場合を意味している。**図9-1**は、そのような回復型援助の概念図である。

このタイプに該当するのは、典型的には、疾病による所得の中断や減少、医療費の負担などに起因する生活不能に陥っている人びとにたいする援助である。こうした場合、一時的、短期的に生活扶助や医療扶助が給付され、その間に疾病が治癒し、職業生活に復帰することができれば、生活支援の必要性は解消されることになろう。障害児・者にたいする特別医療の提供、障害児・者施設によるリハビリテーションの提供、保護者の出産や傷病などのため保育をうけられない幼児にたいする短期的な保育サービスの提供、母子家庭、父子家庭、障害児を扶養する家庭にたいする短期的なホームヘルパーの派遣などもこのタイプに含まれる。

また、親の不在、虐待などの理由によって児童養護施設を利用する要養護児童についても、彼らがやがて成長し、社会人として自立する立場にあることを考えれば、援助をうける期間は長期に及んでも、回復型援助の類型に該当するケースとして位置づけることができる。高齢者についても、リハビリテーション効果を求めて一時的に入居型施設が利用されるような場合には、この類型に該当するといってよい。

2. 支柱型援助

支柱型援助は、生活維持システムの不調が一時的、短期間の生活支援の提供をもってしては解消されえず、長期間にわたる、あるいは永続的な、生活支援が必要とされる場合を意味している。**図9-2**は、そのような支柱型援助の概念図である。

このような支柱型援助に該当するタイプとしては、両親が就労している幼児にたいする保育サービスの提供、障害児・者にたいする補装具や日常生活機器の貸与・支給・修理、ホームヘルパーの派遣、デイサービスの提供、高齢者にたいする日常生活機器の貸与・提供・修理、ホームヘルパーの派遣、デイサービスの提供などをあげることができる。

支柱型援助の特徴は、不調に陥った生活維持システムが生活支援の提供によって従前の水準や内容に復帰することは期待できないとしても、一定の生活支援を提供し続けることによって子ども、高齢者、障害者の地域社会における自立的生

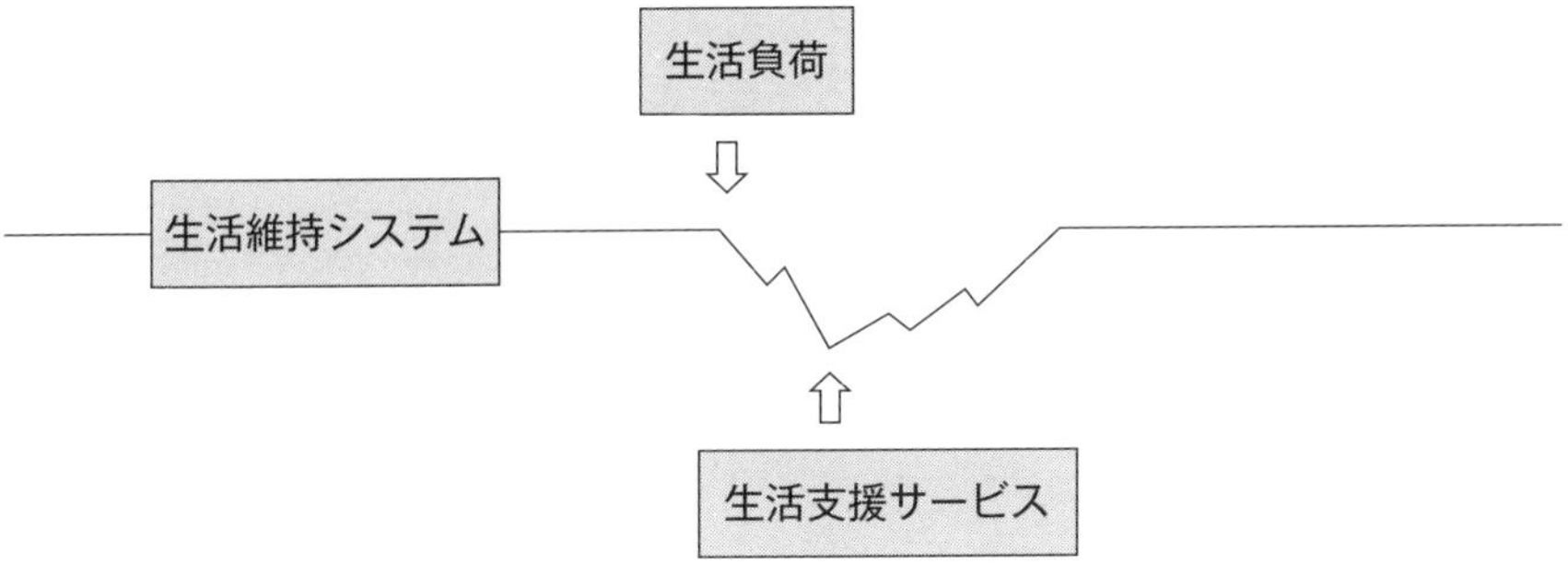

図 9-1　回復型援助の概念図

古川孝順　作成

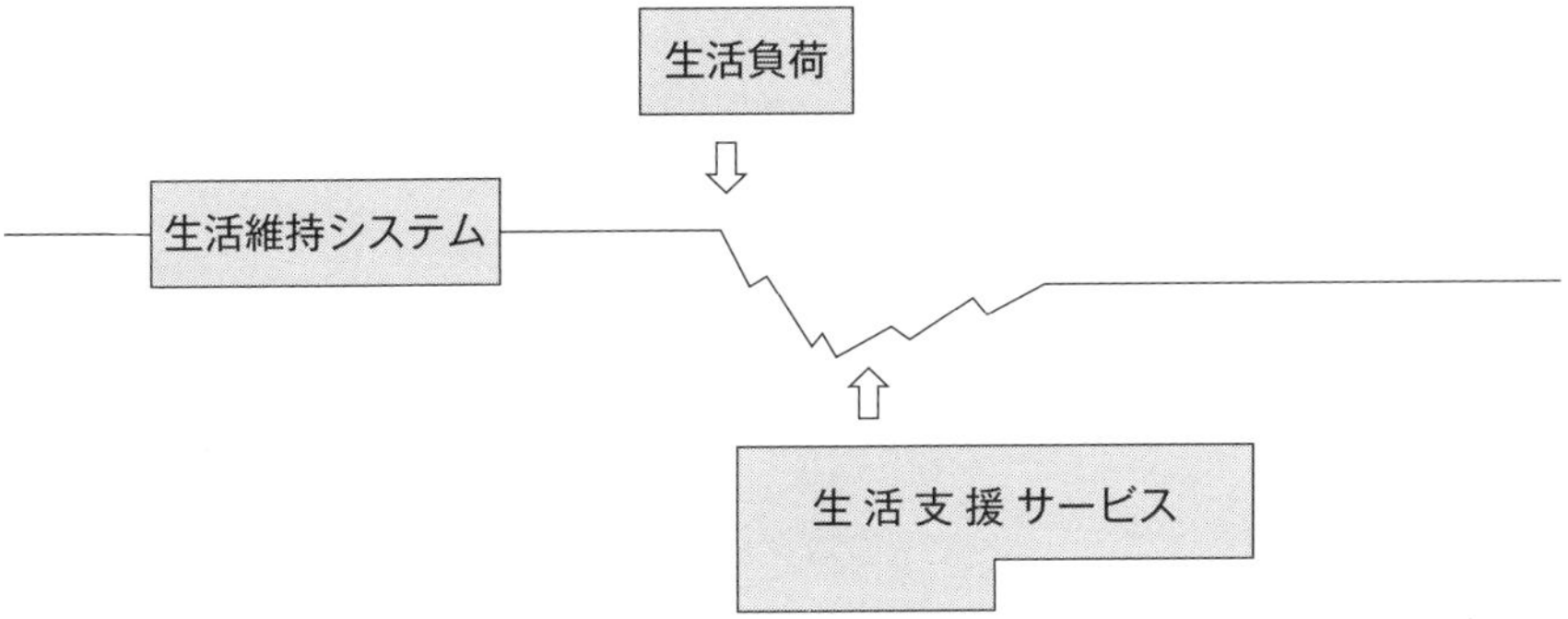

図 9-2　支柱型援助の概念図

古川孝順　作成

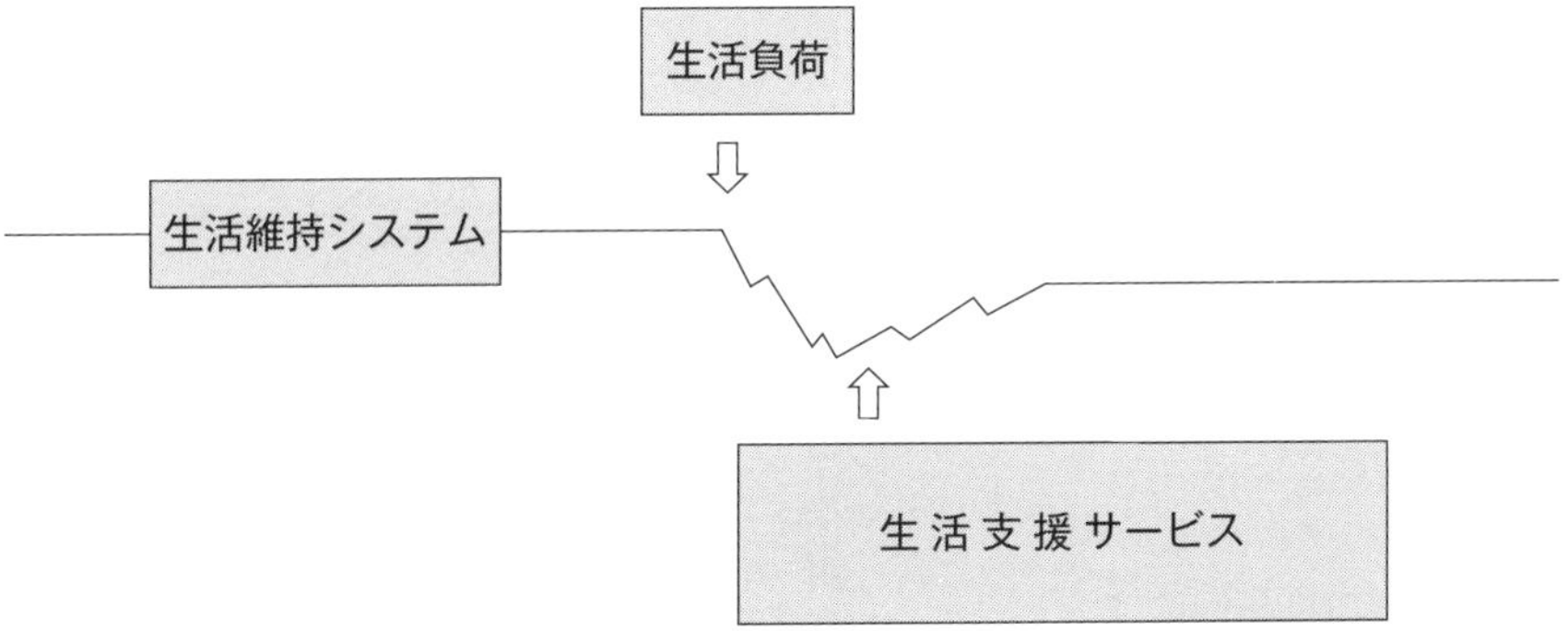

図 9-3　全制型援助の概念図

古川孝順　作成

活の維持存続を可能にするところにある。

3. 全制型援助

全制型援助は、人びとの生活維持システムの不調が顕著であり、長期間にわたる、あるいは永続的に、生命と活力の維持・再生産のためには全面的な生活支援が必要とされる場合を意味している。**図9－3**は、そのような全制型援助の概念図である。

全制型援助は造語であるが、そこには生活支援が援助（制度）の全面的な利用に及ぶという意味が込められている。全制型援助は、一時的あるいは短期間の援助による生活維持システムの回復や支柱型援助の提供による自立的生活の維持存続も期待することのできない人びとにたいして、長期にわたって、あるいは永続的に、生活維持の全般に及ぶ生活支援を提供する。具体的には、傷病、高齢、障害にともなう生活保護の提供、重度の障害者や地域における自立生活が困難な高齢者にたいする入居型施設サービスの提供などが典型的なケースになる。また、日常的な生活上に一定の規制が課せられる児童自立支援施設を利用する要保護児童にたいする生活支援も、このタイプに属するといってよい。

第3節　社会福祉援助の一般的特性

さて、これまでわれわれは、社会福祉援助という用語と福祉サービスという用語をほぼ同義の意味をもつものとしてもちいてきたが、福祉サービスという用語には広義にもちいられる場合と狭義にもちいられる場合がある。すなわち、福祉サービスが広義にもちいられる場合、そこには所得の維持に関する制度と生活上の困難や障害に対応するサービスの両方が含まれている。これにたいして、福祉サービスを狭義にもちいている場合があり、そこでは福祉サービスは、生活上の困難や障害に対応するサービスという意味内容に限定されている。

このような用語のもちい方はかなり一般的なものとなっている。しかし、ここで、われわれは、それぞれの用語のもつ意味内容をより明確なものとするため、社会福祉における「援助」に関する議論を一度「サービス一般」に関する普遍的な議論のレベルに還元し、そこから社会福祉援助概念や福祉サービス概念の基本的な性格と意味内容についてあらためて捉え直しておこう。

1. サービスの一般的規定

一般に、福祉サービスという場合のサービスは社会福祉事業という場合の事業にあたるものと解されることが多い。実際的にはこのような理解のしかたで格別の支障があるわけではない。しかし、サービスが事業を意味するとしても、ただ事業の種類や類型を羅列的に示すだけでは福祉サービスの基本的な性格や意味内容を明確化したことにはならない。さらに進んで、サービス概念についての理論的な考察が必要とされる。

さて、サービス経済論の説くところにしたがえば、「サービス」は一般に「人間労働ないしモノ（財）の有用なはたらき」として規定される。

長田浩は、サービス論に関する先行研究を、①形をもたない財として捉える説、②活動や便益として捉える説、③財貨の所有権移転以外の取引の対象として捉える説、④財貨に転換されない生産活動として捉える説、⑤収入と交換される、活動状態の有用労働として捉える説、⑥ある使用価値の有用的働き・作用として捉える説、に分類するとともに、それぞれの長短について吟味し、最後の「使用価値の有用的働き・作用」説がもっとも適切であると結論づけている。さらに、長田はそのように捉えられるサービスの源泉として、人間労働とモノ（財）をあげている。

このような長田のサービス理解を援用していえば、福祉サービスもまた人間による労働やモノ（財）を源泉とする有用な働きとして捉えることが可能である。すなわち、保育、養護、介護、ソーシャルワークなどとよばれる社会福祉の援助活動は社会福祉職員による労働を通じて実現されるものであり、長田のいう人間労働を源泉とするサービス＝有用的働き・作用にあたる。日常生活機器の提供や貸与は、長田のモノ（財）を源泉とするサービス＝有用的働き・作用の提供にあたる。社会福祉施設への入居という全制的な形態をとる福祉サービスは、人間労働を源泉とするサービスとモノ（財）を源泉とするサービスの複合物としてこれを捉えることが可能である。

こうして、一般に社会福祉を構成する事業を意味する福祉「サービス」は、サービス経済論の知見を適用すれば、本質的には「人間労働や財（モノ）を源泉とする使用価値の有用的働き」として捉えられる。このように福祉サービスを理解することは、そのサービスとしての基本的な性格、提供過程の分析、さらには品質管理などについて理論的な考察を深めるうえできわめて有効である。つぎに、この方向での議論を進めるために、サービスの一般的特性について考察する。

2. サービスの一般的特性

野村清は、サービス（財）の特質を本質的特性と基本的特性に分類し、前者の本質的特性として、①時間・空間の特定性、②非自存性の二点を、後者の基本的特性として、①非貯蔵性（貯蔵できない）、②無形性（固定的な形をなさない）、③一過性（終わると消えてなくなる）、④不可逆性（元に戻せない）、⑤認識の困難性（把握しにくい）の五点をあげている。

1) サービスの本質的特性

まず、サービスの本質的特性のうち、①時間・空間の特定性である。時間・空間の特定性とは、サービスが時間や空間という条件によって限定されるということである。まず、サービスは時間軸によって限定される。利用者にたいして一定のサービスが提供され、それが利用されていることを確認するうえでは、時間の経過が重要な契機となる。たとえば、保育サービスについていえば、保育が行われている場面において目にすることができるのは、保育士と幼児の存在だけである。保育というサービスが提供されているということが確認されうるのは、そこに一定の時間が経過し、サービスが提供され、その成果（効果）が幼児の心身の発達にたいして一定の影響を及ぼしているという事実が把握され、確認されえたときである。すなわち、サービスの提供と成果は時間の流れのなかでのみ確認することができる。

また、サービスはその提供と利用が同一の空間において行われる。物財の場合には、そのものの生産される場所と消費される場所が異なることは一般的であり、その途中の流通の過程においても物財が存在することを確認することができる。しかし、サービスにおいては、そのようなかたちで提供（生産）の場所と利用（消費）の場所を分離することは不可能である。たとえば、ホームヘルプサービスは、その提供主体であるホームヘルパーが利用主体である高齢者の居宅を訪問して、つまり空間を共有することによってはじめて実施されうるのである。

②非自存性とは、サービスは、物財とは異なり、それ自体としては存在しえないということである。サービスは、さきにみたように、人間労働や物財という源泉からうまれる、そのものの有用な働き・作用である。したがって、サービスは、それ自体として存在したり、流通したりできるものではない。存在するのは人間労働や物財そのものである。

福祉サービスに引きつけていえば、保育や介護というサービスは、それ自体としては存在しえない。存在するのはサービスの源泉としての保育士や介護福祉士による人間労働であり、サービスの利用主体としての幼児や高齢者である。保育や介護は、そのような保育士や介護福祉士から子どもや高齢者に向けてなされる一定の有用な働き・作用の提供として実現される。同様に、車いすの貸与という福祉サービスは、障害をもつ人びとの移動機能を支援するサービスであるが、それ自体としては存在しえない。そこに存在するのは車いすの提供（貸与）主体とサービスの源泉としての車いす（物財）であり、移動機能の促進というサービスは、車いすの有用な働き・作用として実現され、利用主体である障害者によって利用されることによって確認される。

2）サービスの基本的特性

つぎに、サービスの基本的特性を構成する①非貯蔵性、②無形性、③一過性、④不可逆性、⑤認識の困難性は、いずれも非自存性、時間・空間の特定性というサービスの本質的特性から派生するものとして理解される。

サービスは、①非貯蔵性という特性をもち、一般的にはあらかじめ生産し、貯蔵しておくという手法をとることはできない。②無形性は、サービスが人間労働や物財を源泉とする有用な働き・作用であり、有形性をもつ物財そのものとは区別されるということである。③一過性は、サービスの提供と利用は時間的に同時的におこなわれるということである。④不可逆性は、サービスは一度提供されてしまえばそれを回収することはできないということである。サービスの提供は同時にその利用であるから、サービスの提供が期待した効果をもちえなかったとしても、サービスの提供がなされる以前の状態（原状）を復元することは不可能である。もっとも典型的には医療サービスの場合を考えてみればよい。過誤にもとづく診療はしばしば取り返しのつかない結果をもたらすことになる。同様に、社会福祉におけるサービスもこの特性を強く備えている。最後に、⑤認識の困難性とは、サービスは以上の特性、なかでも無形性、一過性のゆえに、その提供過程やサービスそれ自体の有効性、妥当性、効率性などが認識され難いということである。

第4節　社会福祉援助提供の過程

さらに、社会福祉援助についての理解を深めるため、サービス提供の過程を構成する要素について考察する。

1. サービス提供過程の構成要素

福祉サービスが提供され、利用される過程は、①サービスの提供主体、②サービスの源泉、③サービスの客体領域、④サービスの提供手段、そして⑤サービスの利用主体という五つの要素から構成されている。

福祉サービスの提供過程を分析し、理解するには、これら五通りの要素の個々について分析するとともに、それらがどのように組み合わせられて福祉サービスの効果が導き出されることになるのか、そのことが解明されなければならない。

2. サービスの提供主体

サービスの提供主体とは具体的にサービスを提供する主体であり、一般的にいえば人間労働を行う勤労者のことである。ここでは、福祉サービスを提供する各種の相談・指導機関やサービスセンター、社会福祉施設、民間非営利組織などに勤務し、援助活動（人間労働）に従事する各種の職員である。社会福祉の領域では一般に各種の機関、施設、団体等を包括して提供主体というが、サービス提供過程でいう提供主体はサービスの直接的な提供者、すなわち社会福祉職員のことである。サービス提供過程に関わってサービス提供主体を含めて機関、施設、団体等の全体をさす必要がある場合には、サービス提供組織とよぶことにしよう。福祉サービスはその直接的提供者であるサービス提供主体＝社会福祉職員がいなければ成り立ちえない。

3.　サービスの源泉

サービスの源泉は、人間労働もしくはモノ（物財）である。モノは物質的な財、社会的な財、精神的な財に区分される。社会福祉の領域でいえば、人間労働はサービスの直接的提供主体である社会福祉の職員による労働（援助活動）そのものである。物質的財にあたるものはたとえば日常生活機器や補装具、社会的財にあたるものは各種の社会福祉施設、精神的財にあたるものは福祉サービスの利用に関わる情報、図書、広報紙、パンフレット、ビデオなどである。サービスの提供主体とサービスの源泉はサービスの源泉が人間労働の場合には重なりあうが、サービスの源泉がモノの場合にはそうではない。サービスの提供主体とサービスの源泉は明確に区別されなければならない。

4.　サービスの客体領域

サービスの客体領域とは、サービス、すなわち人間労働やモノを源泉とする有用的働き・作用がさしむけられる領域のことである。端的にいえば、サービスの効果が現れる場所のことである。長田は、このような意味での客体領域を「サービスの対象」とよんでいる。しかし、社会福祉の領域で対象という場合、それは解決すべき課題（生活上の障害あるいは福祉ニーズ）そのものやその担い手、あるいは現に福祉サービスを利用している人びと（利用者＝ここでの用語法でいえば利用主体）のことを意味している。議論の混乱を避けるため、ここでは、長田のいう意味での対象をサービスの客体領域とよぶことにしたい。

長田は、サービスの効果が直接サービスの利用主体のうえに――利用者の心身の状態に――現れる場合を対人サービスといい、それが利用主体の所有している、あるいは貸与をうけたモノ（物財）に現れる場合を対物サービスとよんで両者を区別している。

対人サービスは、さらに、そのサービスが心身の回復・維持や発達・能力の開発を目標とし、その効果が直接利用主体に現れる直接対人サービスと、同様に心身の回復・維持や発達・能力の開発を目標としつつも、その効果が物財などを利用主体がみずから活用することによって現れる対人自己サービスとに区別される。

また、対物サービスは、そのサービスが物財の回復・維持や物的使用価値の完成を目標とし、その効果が直接物財に現れる直接対物サービスと、同様に物財の回復・維持や物的使用価値の完成を目標としつつも、その効果が物財を利用主体がみずから活用することによって現れる対物自己サービスとに区別される。

5. サービスの提供手段

サービスの提供手段は、一般的にいう労働過程を構成する労働力（人間労働）、労働対象、労働手段という三通りの要素に対応させていえば労働手段にあたる。長田は、この提供手段を狭義の提供手段と広義の提供手段の二通りに分類し、理容サービスを例に、前者の狭義の提供手段にあたるものとして電気バリカン、ハサミ、カミソリ、ヘアドライヤーなどを、後者の広義の提供手段にあたるものとして理容院の建物や敷地をあげている。

福祉サービスに引きつけていえば、衣食、日常生活用具、リハビリテーション用具、介護用具などが狭義の提供手段にあたる。広義の提供手段にあたるのは、社会福祉施設の機器設備、建物、敷地である。ただし、こんにちの福祉サービスにおいては、長田のいう狭義の提供手段にあたるものは必ずしも中心的な存在ではない。福祉サービスの領域において重要なのは、人間労働の一部であり、かつ人間労働の有効性や効率性を高めるために活用されるソーシャルワークやケアワークなどとよばれる援助技術である。

6. サービスの利用主体

サービスの利用主体は、サービスの客体領域が人であるかモノ（物財）であるかに関わらず、人間である。長田は、サービスの利用主体について、①会社・事業所を代表する人間、②労働者としての人間、③生活者としての人間に分類している。福祉サービスの領域でいえば、サービスの利用主体は生活者としての人間である。あるいは、福祉ニーズの担い手であり、福祉サービスの利用者としての生活者である。

サービスの利用主体を他の要素と同列に扱い、サービスの提供過程を構成する要素の一つとすることには疑問もありえよう。しかし、サービスの提供にあたって、利用主体は単にサービスを享受する受け身的な存在ではない。課題解決への意欲や姿勢、協力など利用主体の積極的な参加があってはじめて、サービスの提供はよりよい効果をあげることができる。介護や養護において利用者の参加（協力）が重要な意味をもつことはよく知られている。

第5節　社会福祉援助提供過程の類型

つぎに、ここまでの考察を踏まえ、社会福祉援助の提供過程を対人サービス、対物サービス、サービス源泉が物財である対人サービス、対人自己サービスという四つの類型に整理しておこう。なお、ここではサービス提供過程を構成する要素以外に、サービスの内容と有用的効果という概念が加わっていることに留意したい。

1. 対人サービス

図9－4の類型にあてはまるのは、たとえば入居型身体障害者福祉施設の生活指導員が障害者の生活指導を行うという場合である。この例では、サービスの提供主体は生活指導員、サービスの源泉は生活指導員による人間労働（生活指導活動）、サービス提供の手段は広義には施設の敷地や建造物、設備、狭義にはノートや筆記用具、リハビリテーション用具など、サービスの客体領域は障害者の身体、そして人格、サービスの利用主体は障害者である。そして、サービスの内容は生活指導、有用的効果は利用主体である障害者が身辺的自立、心理的自立、社会的自立、経済的自立、さらには人格的自立が可能になるということである。

2. 対物サービス

図9－5の類型にあてはまるのは、たとえばホームヘルパーによる家事援助サービスである。この場合、サービスの提供主体はホームヘルパー、サービスの源泉はホームヘルパーによる人間労働（ホームヘルプサービス活動）、サービス提供の手段は掃除機、雑巾、バケツなど、サービスの客体領域はホームヘルプサービスの利用者の居住する住宅の台所や居室など、利用主体は高齢者や障害者などホームヘルプサービスの利用者である。そして、サービス（作用）の内容は家事援助、有用的効果は利用主体である高齢者や障害者が支障なく日常の生活が維持できるということである。

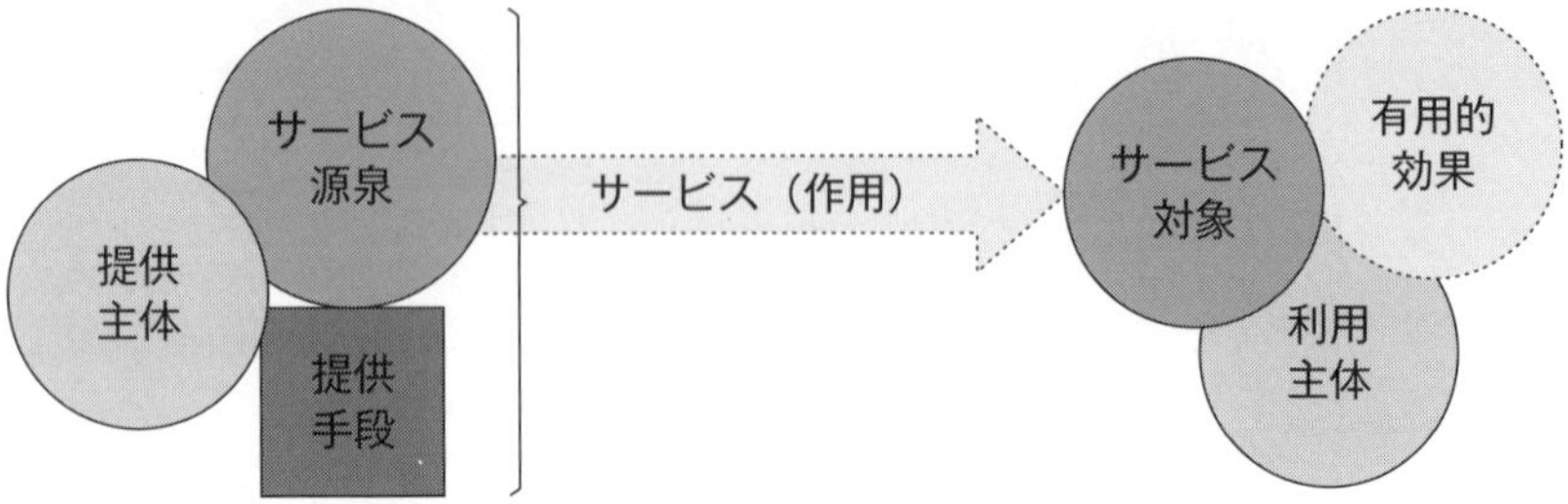

図 9-4　サービス提供過程の類型（Ⅰ）——対人サービス
（長田浩、1989 より一部修正）

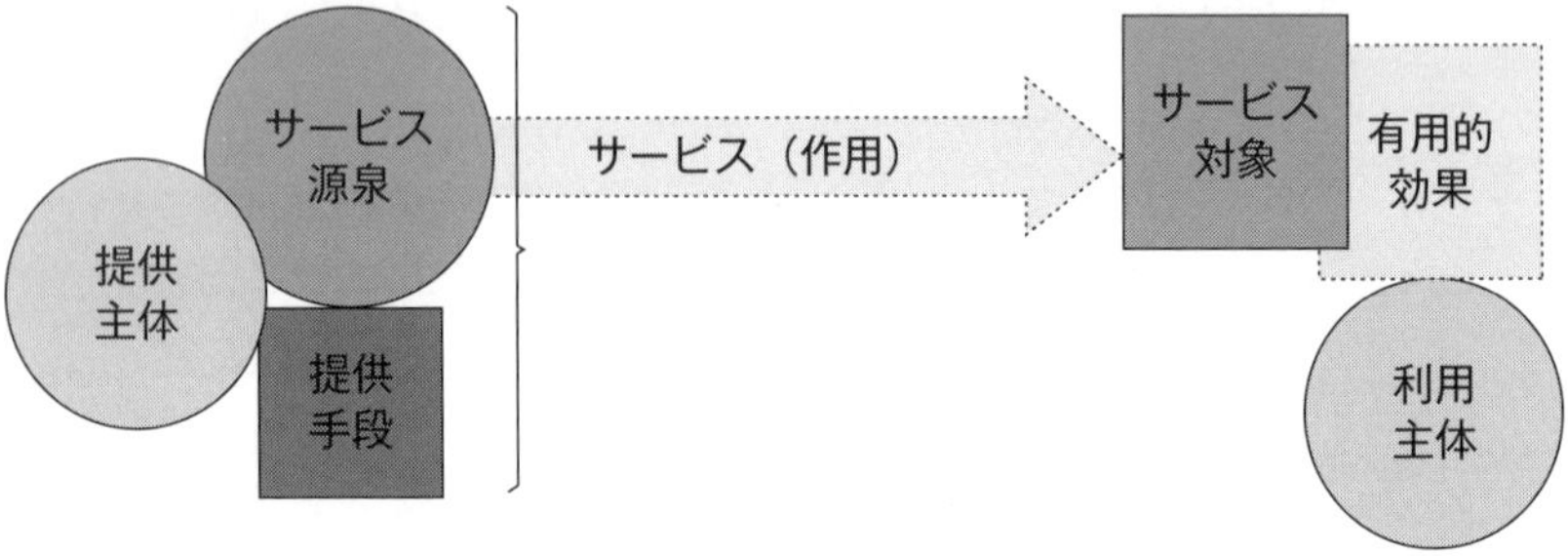

図 9-5　サービス提供過程の類型（Ⅱ）——対物サービス
（同上）

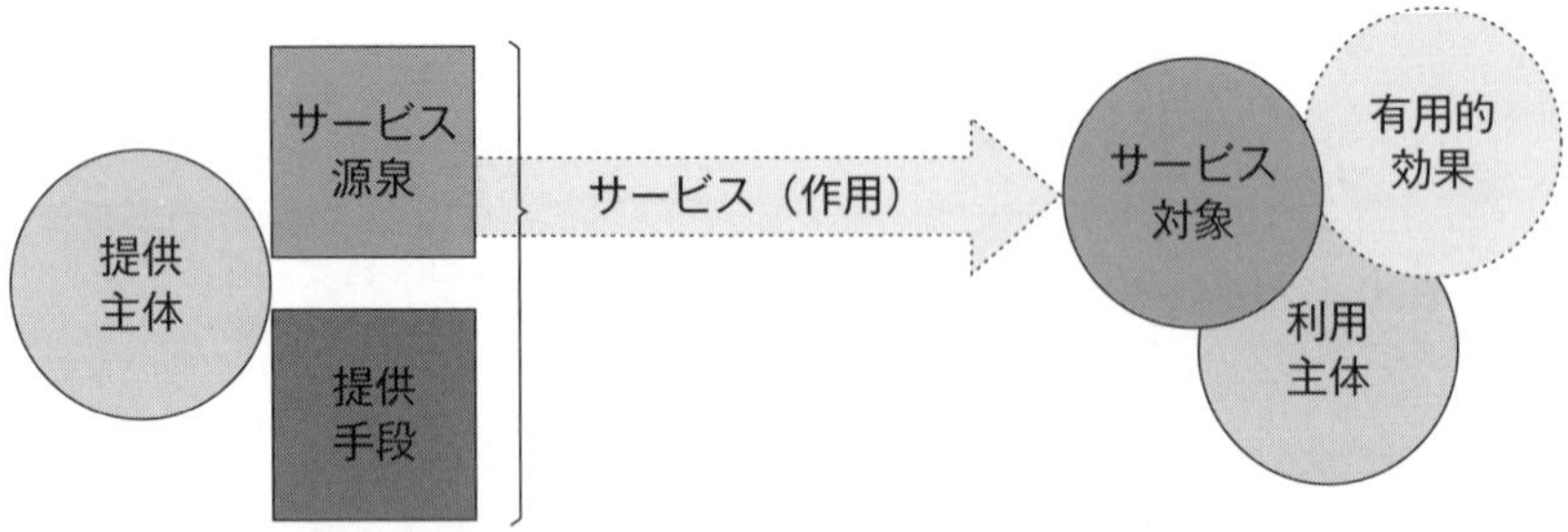

図 9-6　サービス提供過程の類型（Ⅲ）——サービス源泉が物財である対人サービス
（同上）

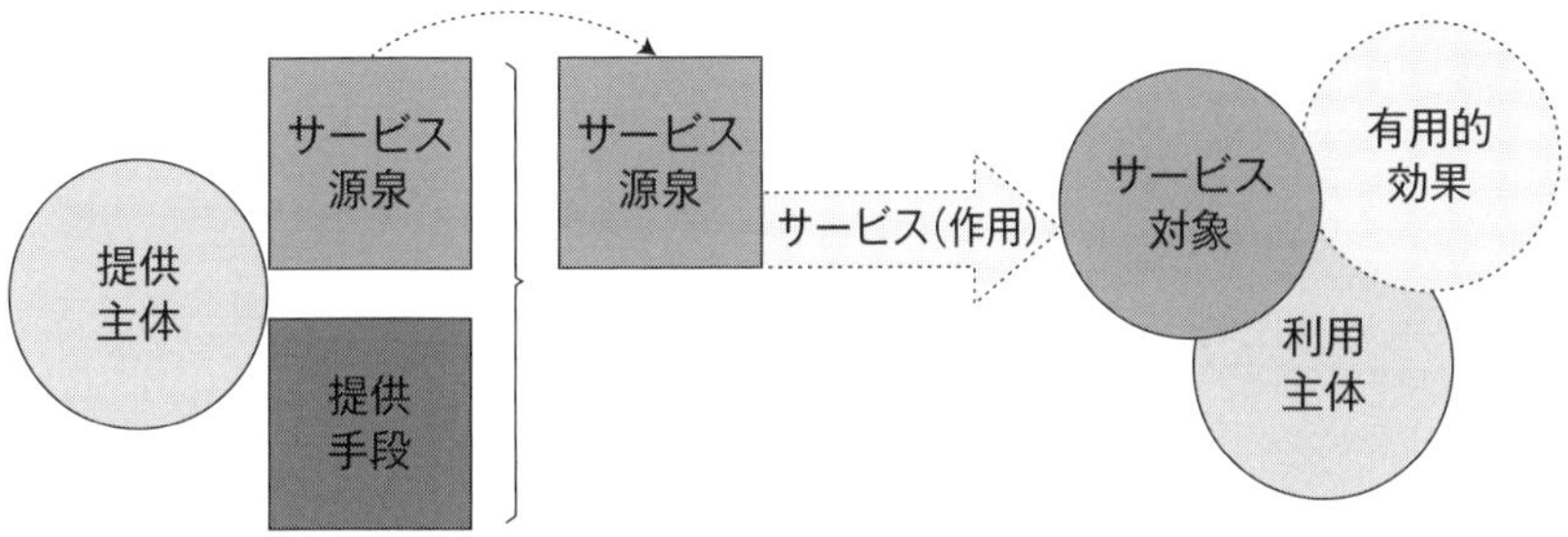

図 9-7　サービス提供過程の類型（Ⅳ）——対人自己サービス
（長田浩、1989 より一部修正）

3. サービス源泉が物財である対人サービス

図9−6の類型にあたるのは、たとえば高齢者や身体障害者にたいする移送サービスである。この場合、サービスの提供主体は移送業務担当者、サービスの源泉は物財としての車両、サービス提供の手段は車両整備のための機器・用具、サービスの利用主体と客体領域は高齢者や障害者とその移動機能、サービス（作用）の内容は移動機能の補強、有用的効果は利用者の行動範囲の拡大である。

4. 対人自己サービス

図9−7の類型にあたるのは、たとえば下肢障害者にたいする車いすの貸与である。この場合、サービスの提供主体は身体障害者福祉司（あるいは担当事務職員）、サービスの源泉は物財としての車いす、サービス提供の手段にあたるのは車いすの調整機器・用具、サービスの客体領域は車いす利用者（下肢障害者）の身体（移動機能）、利用主体は下肢障害者である。そして、サービス（作用）の内容は移動機能の促進、有用的効果は利用主体である下肢障害者の行動範囲の拡大である。

第6節　社会福祉援助の手段形態別類型

社会福祉援助は多様な形態と内容をもつ福祉サービスから構成されている。社会福祉援助は、歴史的には、貧困者に施設によって衣食住を提供することからはじまっているが、わが国でいえば一九八〇年代以降、居宅における援助が急速に発展拡大するとともに援助の形態や内容も多様なものになっている。

1.　類型化の視点

そのような社会福祉援助の総体を理解するため、まず援助の提供手段の違いに着目して類型化したものが、**図9−8**である。

社会福祉援助は、まず購買力の提供と、生活便益の提供に区分される。

購買力の提供は、所得の欠落や不足のため十分な購買力をもっていない利用者や多子、母子、障害などの事情のため一般家庭に比較し生活費負担の多い市民にたいして、①現金の提供、②切符（バウチャー）の提供、もしくは③資金の貸付によって、利用者に購買力を提供し、あるいはこれを補強することを目的として行われる。そこでの課題は、貧困者に最低限度の生活を保障することであり、また多子、母子、障害にもとづく生活費負担の多い生活者についてその負担を軽減緩和し、自立生活を支援することである。

生活便益の提供は、高齢、障害、幼弱、母子・父子その他の事由に起因する生活上の困難や障害（福祉ニーズ）をもつ生活者にたいして、その困難や障害を軽減緩和するうえで必要とされる④生活援助サービスを提供し、あるいは一定の⑤社会的配慮を講じることによって、その自立生活を支援することを課題として行われる。生活援助サービスは、人的サー

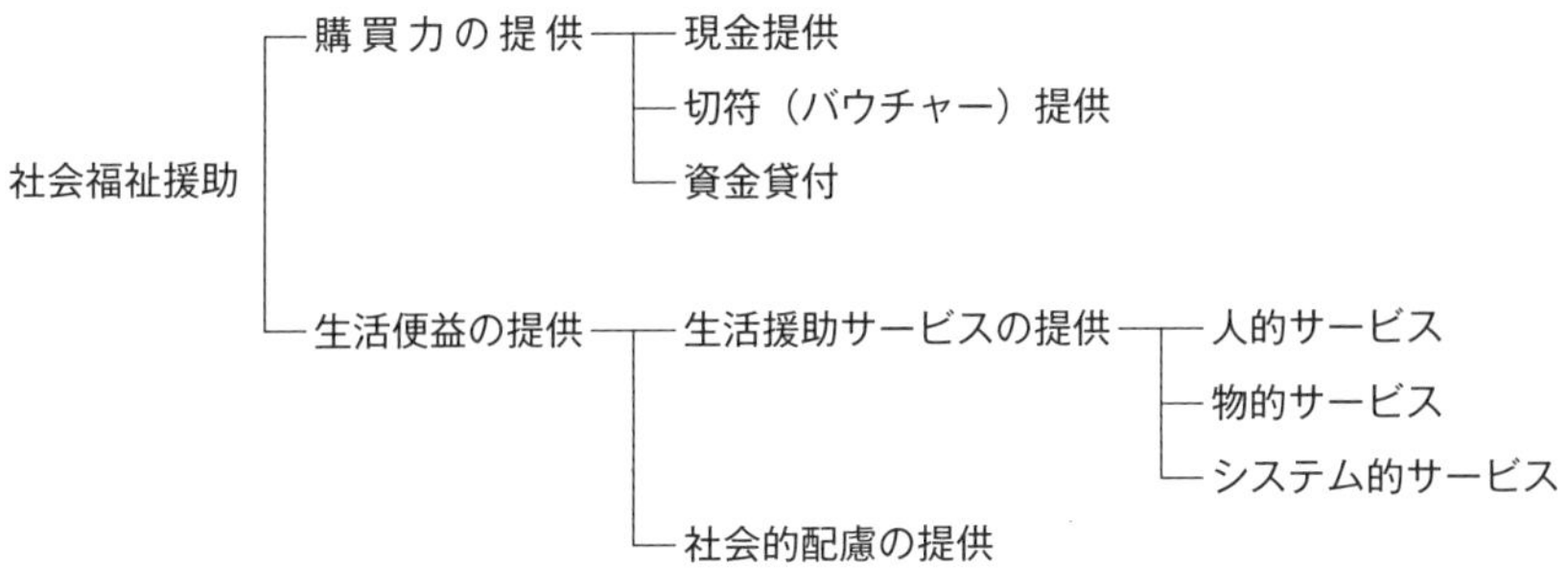

図 9-8　社会福祉援助の手段形態別類型　古川孝順　作成

ビス、物的サービス、システム的サービスから構成され、社会的配慮は税制上の優遇措置その他から構成されている。

2. 購買力の提供

1) 現金の提供

社会福祉における現金提供は公的扶助と社会手当によって行われる。わが国においては公的扶助は生活保護とよばれ、社会手当は児童手当、児童扶養手当、特別児童扶養手当から構成されている。

生活保護は、資力調査（ミーンズテスト、わが国では資産調査とよばれることが多い）を前提に、国民に「健康で文化的な最低限度の生活を保障する」ことを目的とする制度であり、保護の種類は生活扶助、教育扶助、住宅扶助、医療扶助、介護扶助、出産扶助、生業扶助、葬祭扶助の八種類である。これらの扶助は、医療扶助などそれにより難いものを除き、現金（金銭）を提供することによって行われる。現金の提供は、利用者に生活手段（生活資料と生活サービス）の自由な選択と購買を可能にするという意味で、利用者の自由権的基本権を尊重する方法である。ただし、幼弱や身体的・精神的機能の低下などの事由で現金による扶助がその目的を達成し難い場合には、入居型施設による保護が実施される。

児童手当、児童扶養手当、特別児童扶養手当いずれも所得調査（インカムテスト）を前提とする現金の提供である。児童手当は三歳未満の児童を養育する者（一定の生計維持関係にある者）に支給され、児童の養育が家計に及ぼす負担を緩和することを目的とする。児童扶養手当は生別母子家庭にたいして支給され、母子家庭の家計を支援することを目的とする。特別児童扶養手当は障害をもつ児童を扶養する家庭に支給され、障害児の扶養に起因する家計の負担を緩和することを目的とする。

2）切符（バウチャー）の提供

切符制度とは、それを携帯する利用者にたいして一定の財貨やサービスを提供する制度である。典型的な例はアメリカの低所得者にたいする食料切符制度である。食料切符は指定された店舗で一定量の食料と交換することができる。現金の提供が受給者に消費財の自由な選択と購買の余地を認めているのにたいして、切符の提供は使途ならびに使用の場所を限定し、提供される購買力がほかの目的のために振り向けられることを避けるという効用をもっている。

わが国でこれにあたるのは生活保護の一部である医療扶助で利用されている医療券制度である。医療扶助は、医療というサービスの特性上、診療の必要性やその内容、程度についてあらかじめ判断し、それに対応する現金を算定支給することができないため、医療券を交付して行われる。診療や薬剤の必要性や内容についての判断は医師の専門性に委ねられる。

3）資金の貸付

資金の貸付に該当するのは、生活福祉資金、母子福祉資金、寡婦福祉資金、高齢者住宅整備資金等の貸付制度である。いずれも、低所得者、母子家族、寡婦、高齢者扶養世帯等の一般金融機関による貸付を受け難い生活者にたいして低利無担保で資金の融資を行い、利用の時点における購買力を補強することによって、現在もしくは将来における自立生活を支援しようとするところにねらいがある。

3. 生活援助サービス

1) 人的サービスの提供

人的サービスは相談、保育、養護、教護、生活指導、ホームヘルプサービス、介護などがこれにあたり、いずれも社会福祉の専門的ならびに非専門的な職員による労働、すなわち人間労働（その働き・作用）というかたちで提供される。人的サービスは社会福祉の職員による労働そのものであり、社会福祉の職員の存在と分離したかたちでは提供されえない。社会福祉援助の機軸となる部分はそのような労働集約的な人的サービスによって構成されている。

2) 物的サービスの提供

物的サービスは、補装具、日常生活用具の提供などが主要な内容となる。食事（弁当）の提供（配食サービス）もここに含めることができる。物的サービスは、障害者や高齢者にたいして物財（モノ）のもつはたらき（作用・機能）を提供することが内容となる。たとえば、補装具の提供は、装具そのものを提供するものではない。装具による関節の保護や筋力の補強という補装具のもつ機能を提供するのである。日常生活用具の提供でいえば、たとえば車いすの貸与は車いすによって移動機能を補強することにねらいがあり、ワープロの貸与はそれによる情報伝達力の補強にねらいがある。

3) システム的サービスの提供

システム的サービスは、人的サービス、物的サービス、さらにはサービス提供手段としての営造物の機能などの諸要素が不可分に一体化しているサービスである。人的サービスや物的サービスに還元し難い複合的なサービスといってもよい。代表的なものは、伝統的な入居型施設による生活の援護、各種の福祉センターや老人クラブなどで行われる社会参加促進事業などがこれにあたる。

4. 社会的配慮の提供

社会的配慮の提供は、優先的認可や料金の割引などを通じて、低所得者や母子家族、寡婦、高齢者世帯等の自立生活を側面から支援しようとする措置である。たとえば、以下のような配慮提供がある。

①生業配慮の提供
母子家族にたいする公共施設内の売店やたばこ店等の優先的認可。

②税制配慮の提供
各種控除や免税等の税制上の優遇措置、交通機関利用料の割引措置等。

③住宅配慮の提供
低所得者や母子家族、寡婦、高齢者世帯等にたいする公営住宅の優先的割当等。

④運賃割引の提供
公共的な意味をもつ交通機関における障害者や高齢者にたいする運賃割引制度等。

第7節 社会福祉援助利用の形態

つぎに、多様な福祉サービスを、その利用の形態、あるいは利用の場の違いにもとづいて分類を試み、社会福祉援助についての理解をさらに深めることにしたい。

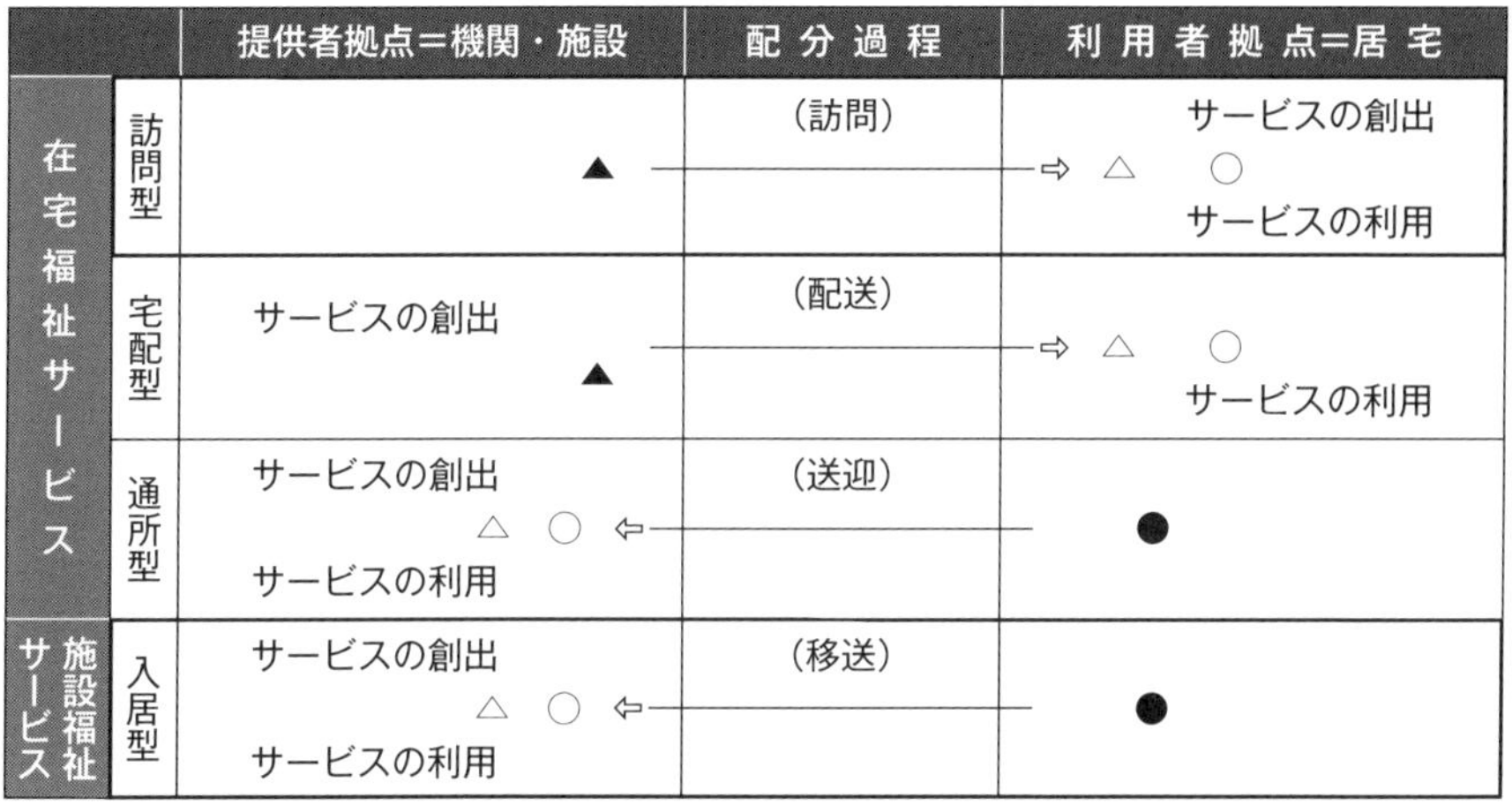

〔注〕△……提供主体　○……利用主体
⇦ ⇨……提供主体・利用主体の矢印方向への移動を示す

図 9-9　社会福祉援助の利用形態別類型　古川孝順　作成

1. 社会福祉援助の利用形態別類型

図9-9にみられるように、福祉サービスは、その利用形態の違いに着目するとき、まず、在宅（居宅）福祉サービスと、施設（入居型）福祉サービスに大別される。このうち、前者の在宅（居宅）福祉サービスは、さらに、①訪問型サービス、②宅配型サービス、③通所型サービスに分類される。こうして、福祉サービスは、①訪問型サービス、②宅配型サービス、③通所型サービスに、④入居型サービスを加えた四通りの類型に分類が可能である。それら四通りのサービスのうち、両極に位置するのが訪問型サービスと入居型サービスである。

2. 訪問型

一方の典型である訪問型サービスに該当するのは、具体的にはホームヘルプサービスや訪問型の入浴サービスである。訪問型サービスでは、サービスの提供者がその利用者の居宅を訪問し、そこでサービスを創出（生産）し、提供する。サービスの利用者はその居宅において必要なサービスを利用（消費）することができる。

訪問型サービスでは利用者はその生活の継続性を最大限度に維持することができるが、その反面においてサービスの提供には多大な労力と時間を必要とする。訪問型サービスでは、利用者による生活の自己管理が可能であるか、重度の障害や痴呆のある利用者の場合には同居の介護者の存在が前提となることが多い。それが期待できない場合、最終的には入居型サービスの利用が必要となる。訪問型サービスの最大の難点である。

3. 入居型

入居型サービスの典型は各種の入居（生活）型施設によるサービスである。入居型サービスにおいては、サービスの生産と消費は施設のなかで行われ、利用者はその生活を全面的に施設のなかに移転しなければならない。必然的に利用者の生活の継続性は喪失されざるをえない。

入居型サービスでは訪問型サービスと比較してサービス提供に必要な労力と時間は大幅に節約され、効率的なサービスの提供が可能である。しかし、その反面においてサービスの利用者は外出・通信やプライバシーの保持などに無視しえない不利益を被ることになる。訪問型サービスと入居型サービスとではその長所と短所が逆になる。

4. 通所型

そのような訪問型サービスと入居型サービスとの中間に位置するもの、それが通所型サービス（デイサービス型サービス）である。たとえば、通所型による入浴サービスはサービスの創出（生産）と利用（消費）は施設において行われ、入居型サービスと同様に、労力や時間の効率的な活用が可能である。通所型サービスは、利用者の居宅に設備を持ち込む訪問型入浴サービスと比較して、設備、労力、時間を効率的に使いつつ、より品質の高いサービスを提供することができる。

一方、利用者は、サービスを利用する時間を除けば、居所を移動させる必要がない。生活の継続性や生活時間についても自己決定を行いうる余地が大きい。しかも、通所型サービスは衣食住という基本的生活ニーズにかかわるサービスを提供する必要がないため、営造物、設備、職員等入居型よりも低廉な費用によるサービスの提供が可能である。ただし、通所型サービスは送迎サービスその他によって通所が可能な利用者がその前提となり、重度の障害や痴呆など常時介護を必要とする利用者による利用には困難が多い。

5. 宅配型

宅配型サービスは、訪問型サービスの変型あるいは亜型である。宅配型サービスに含まれるのは具体的には補装具や生活機器、給食の提供等である。この場合、装具、日常的生活用具、食事は訪問型で提供される人的サービスの一部分を有形化（物財化）したものと考えられる。すなわち、装具、日常的生活用具、給食はホームヘルパーによる介護サービスや調理サービスの一部を有形化し、モノのかたちをとる物財に置き換えたものである。

宅配型サービスでは、装具、日常的生活用具、給食を利用者の自宅に送り届け、その独力による利用を求めることによって、訪問型の人的サービスに必要な労力や時間を他の目的に活用することが可能となる。ただし、装具や日常的生活用具についてはそれが適切に利用されるようになるためには、人的サービスによる器具の調整や使用方法についてのトレーニングが必要であり、食事サービスについてはその配送を担当する人びとによる安否の確認や対話の重要性が指摘されている。そのことに留意しておきたい。

このように、訪問型、宅配型、通所型、入居型という四通りの福祉サービスの類型にはそれぞれに長所と短所が存在し、援助の効果と効率を高めるためにはそれぞれのもつ特色を生かした活用の仕方が必要となる。

第8節　社会福祉施設の類型

近年、入居型中心の福祉サービスから在宅型中心の福祉サービスへの移行が促進されてきたとはいえ、入居型社会福祉施設のもつ重要性はいささかも軽減されるわけではない。以下、入居型を含め社会福祉施設の体系と個々の施設にたいする理解を深めるためにいくつかの分類方法に言及しておきたい。

1.　利用者の属性による分類

社会福祉施設の体系を理解する最も簡略な方法は、利用者のもつ属性によってそれを分類することである。①生活保護施設、②児童福祉施設、③母子・寡婦福祉施設、④老人福祉施設、⑤身体障害者福祉施設、⑥知的障害者福祉施設など、という分類の仕方がそれにあたる。この分類方法は大変わかりやすいが、施設の利用の仕方や機能を理解する有効な手がかりにはなり難い。

2.　利用の形態による分類

つぎに、施設をその利用の仕方、あるいはその形態によって分類する方法がある。この視点をとれば、社会福祉施設は、①入居型施設、②通所型施設、③地域利用型施設に分類することができる。伝統的な①入居型施設に属するものは、たとえば救護施設、児童養護施設、身体障害者更生援護施設、知的障害者援護施設、養護老人ホームなどである。②通所型施設には保育所、各種のデイサービスセンターなどが含まれ、③地域利用型には老人憩いの家、児童館や児童遊園などが含まれる。

3. 利用手続きによる分類

他方、施設は利用にかかわる手続きの違いに着目するとき、①保護申請型施設、②措置相談型施設、③利用申請型施設、④支援費申請型施設、⑤保険給付申請型施設、⑥任意契約型施設、⑦随時利用型施設に分類することが可能である。

①保護申請型施設は生活保護法による保護施設である。利用希望者は生活保護の受給を申請し、そのうえで居宅による生活が困難と認定されたときに、利用が実現する。

②措置相談型施設は、利用希望者が措置権者（事業実施機関）である都道府県・市町村に利用について相談し、その受理・調査・審査（判定）・措置（決定）という過程を経由してはじめて利用が実現する施設である。児童福祉領域の入居型施設や養護老人ホームの利用については、この手続きが前提となる。

③利用申請型施設は利用者による施設の選択と利用の申し出を前提に援助実施機関が利用を認める施設である。保育所がこれに該当する。

④支援費申請型施設に該当するのは、障害者福祉関係の施設である。利用者は、指定事業者となっている施設と相談交渉し、契約を行う。平行して、利用者は実施機関（市町村）に支援費の支給を申請し、その認定によって利用が実現する。

⑤保険給付申請型施設に該当するのは介護保険の適用をうける施設である。特別養護老人ホーム、老人保健施設、療養型病床群などがこれに該当する。介護保険の利用者（被保険者）は保険者による要介護度の認定を前提に、施設と契約し

てこれを利用する。

⑥任意契約型施設は、実施機関（市町村）が関与することなしに利用者と施設経営者との直接交渉によって利用が可能となる施設であり、現在では軽費老人ホームがこの方式に該当する。

⑦随時利用型施設は、特に手続きを必要とせず、その利用が不特定多数の子ども、高齢者、障害者などの利用者に一般的に開かれている施設である。児童厚生施設などの地域利用型施設がこれに該当する。

4. 機能による分類

施設をその主たる機能によって分類すると、①生活援護型施設、②生活力育成型施設、③自立援助型施設、④地域生活支援型施設という類型化が可能である。

①生活援護型施設の機能は、基本的には日常的に生活そのものを保障することであり、その前提のなかで児童、障害者、高齢者等の利用者の属性に応じた専門的援助を提供することを課題としている。救護施設、乳児院、身体障害者福祉ホーム、養護老人ホームなどがこの類型に含まれる。

②生活力育成型施設は、利用者の属性に留意しつつ、その生活力の育成・回復・維持を図ることをその主要な機能としている施設である。保育所、児童養護施設、身体障害者更生施設、知的障害者更生施設などがこの類型に属する。

③自立援助型施設は、利用者の社会的自立を援助することを主たる機能とする施設で、自立援助ホーム、身体障害者授産施設、知的障害者授産施設などがこれに含まれる。

④地域生活支援型施設は、地域で生活する利用者の相談、休息、レクリエーション等のニーズに対応することを主要な機能とする施設であり、老人憩の家、母子休養ホーム、各種の福祉センターなどがこの類型に含まれている。

第9節　社会福祉援助の品質管理

社会福祉基礎構造改革の課題として福祉サービスの質的向上の必要性が提起されたことをうけ、こんにちさまざまなかたちで福祉サービスの品質管理が試みられている。ここでは、社会福祉援助の品質管理の方法について考察する。

1.　外形的基準による品質の確保

社会福祉施設や各種の居宅サービス事業には、施設の最低基準や事業認可の基準が設定されており、福祉サービスを運営するにあたって充足されるべき条件が示されている。これらの基準は、施設その他で提供される福祉サービスの質を一定の水準において確保するための外形的な基準となっている。

この種の基準の初出は児童福祉施設最低基準であるが、そこには施設の構造設備の一般原則、職員の一般的要件、居住者の取り扱いに関する平等原則、衛生管理、給食、健康診断などについての規定が含まれている。

最低基準は最低限度遵守されるべき基準であり、社会福祉施設の設置者は基準を超える条件の整備に努めることが求められている。しかし、実態的には、一方において基準の低位性にたいする批判が存在し、他方においては最低基準が最高基準として機能するという状況にある。それのみならず、最低基準すら遵守しない施設も少なからず存在している。

2.　自己点検・評価基準による品質の向上

このような最低基準とは別に、一九八〇年代頃から、一部の社会福祉施設においてイギリスやアメリカの事例を参考にしながら独自の「ケア基準」を設定し、施設における処遇（ケア）の実態をみずから評価し、その結果を手がかりに処遇の改善を図ろうとする努力がなされはじめた。

このようなケア基準設定の試みは、児童養護施設が先行したが、障害者施設や高齢者施設の領域においても同様な試みが行われている。最低基準は国が設定した基準であるのにたいし、「ケア基準」は自主的に設定された基準であり、いわゆる自己点検・評価の試みとしての意味をもっている。しかし、その試みも十分な成果をあげているわけではない。ケア基準そのものが自己点検・評価の基準として成熟していないうえ、ケア基準の設定、それによる自己点検・評価、処遇の改善という構想にたいする社会福祉施設関係者のうけとめ方も建前的な水準にとどまっている。

3. 選択と競争による品質の向上

社会福祉基礎構造改革のなかでは、自己点検・評価による処遇の改善という内在的ないし内発的な手法にたいして、利用者による施設・事業者の選択とその結果としてうまれる施設・事業者間の競争（利用者獲得競争）という外在的ないし外発的な手法による品質向上が提起された。

利用者による施設や事業者の選択は、第一義的には利用者の選択権や自己決定権を保障しようというものであり、利用者民主主義の促進に資する方法として評価することができる。また、施設・事業者間の競争も、これまで措置委託費制度や事業委託制度のもとでサービスの品質がなおざりにされがちであった事実を考えれば、適切な刺激になりえよう。

しかし、この構想が目論見通りに機能するためには克服されなければならない課題が存在する。第一に、施設・事業者が利用者の選択を可能にするだけの量が準備されている必要がある。第二に、利用者の選択が福祉サービスの質を基準にしてなされるかどうか、という問題がある。利用者自身の判断能力の問題もあれば、介護支援員その他のケアマネジメント職員による誘導ということも予想される。第三に、施設・事業者による利用者獲得競争の過熱化、誇大広告などの弊害も予想されうる。成年後見制度、福祉サービス利用援助事業など、利用者による選択と競争を適切に福祉サービスの品質向上に結びつけるための環境整備が必要とされる。

4. 苦情対応による品質の向上

苦情対応制度は、一部の区市や民間でオンブズマン事業として発展させられてきたが、社会福祉基礎構造改革のなかで社会福祉の領域にフォーマルに導入されることになった。苦情対応制度の本来のねらいは、個々の申し立てられた苦情に対応し、利用者の利益や権利を確保するということにある。しかし、同時に、この制度には、そうした対応を通じて福祉サービスの品質向上に貢献することが期待されている。

従来、社会福祉の領域では、利用者の苦情は利用者の無理解やわがままの表出とする理解が一般的であった。それだけ、利用者の市民権的な権利が抑制されがちであったということである。これからは、利用者の苦情を品質管理の契機として積極的に評価し、品質の向上改善に結びつけるような福祉サービスの運営管理のありようが求められる。

5. 第三者評価による品質の向上

社会福祉の施設や事業者が、利用者の福祉サービスにたいする苦情（評価）に積極的に耳を傾ける姿勢をもつことは、大変重要なことである。しかし、利用者による評価は福祉サービスにたいする利用者の個別的、主観的な満足度が尺度になっており、これだけをもって福祉サービスの評価とするわけにはいかない。そこに、利用者による評価とともに、第三者機関による評価が求められることになる。

福祉サービスの第三者評価については、評価の基準になる尺度、評価のプロセス、評価結果の取り扱い、第三者評価機

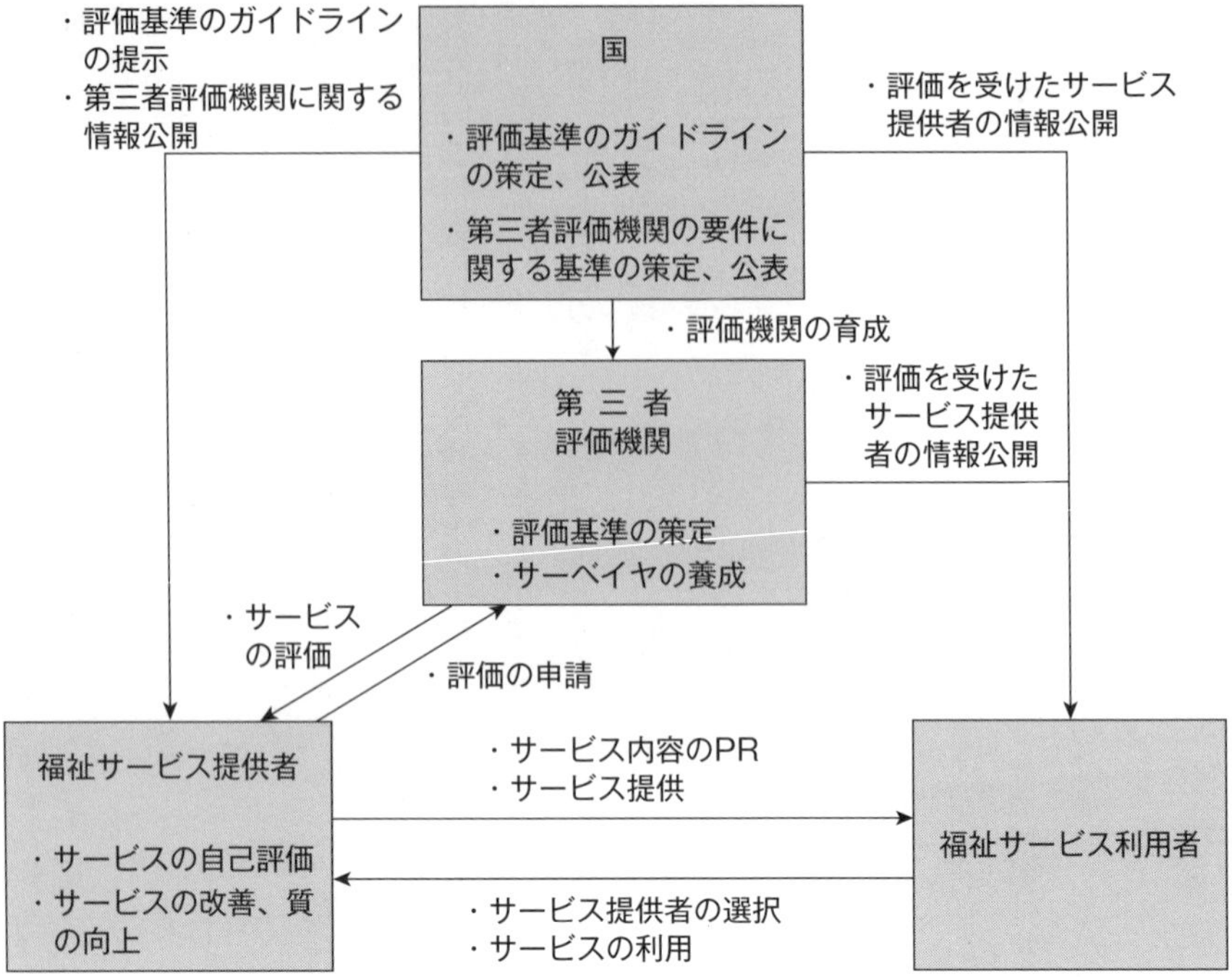

図 9-10　福祉サービスの第三者評価のイメージ図
（『福祉サービス評価事業共同委員会報告書』より）

関の性格、評価者の資質など、検討すべき課題は多い。ここでは、全国社会福祉協議会に設置された福祉サービス評価事業共同委員会による報告書『福祉サービスの質に関する第三者評価事業の創設に向けて』（二〇〇〇年三月）の一部を紹介しておきたい。

委員会による第三者評価事業の構想は、**図9-10**に示されている。この構想によれば、第三者評価に関して、①国が評価基準のガイドライン及び第三者評価機関の要件に関する基準を策定、公表し、②これにもとづいて設置された第三者評価機関が評価基準の策定とサーベイヤ（調査実施委員）の養成を行い、③福祉サービス提供者による評価の申請を前提にサービスの評価を行ったのち、④評価をうけたサービス提供者に関する情報を公開する、ことになる。そして、⑤福祉サービス利用者は、この公開された情報も参考にしながら、福祉サービス提供者を選択する。

また、委員会は、第三者評価の対象について、①福祉サービス提供の基本方針と組織、②地域との関係、③福祉サービス提供手法の確立、④福祉サービスの適切な提供、⑤利用者本位のサービス提供、⑥組織の運営管理、をあげている。

このような委員会の構想は、第三者評価のありようとしておおむね妥当なものといえよう。ただし、評価の対象については検討されるべき事項を追加しておきたい。委員会のあげる事項のうち、①の福祉サービス提供の基本方針と組織が福祉サービス創出（生産）のためのインプットに関わる事項であるとすれば、残りの②から⑥まではプロセス（福祉サービスの産出過程）に関する事項である。インプットとプロセスがともに評価の対象として重要であることはいうまでもないが、委員会の構想にはアウトプット（有用効果）にたいする評価が欠落している。さらに、福祉サービスの評価には、インプット評価、プロセス評価、アウトプット評価に加え、一定の理念と組織をもって創出され、提供される福祉サービスが利用者にたいして全体としてどのような有用効果をあげているかについて評価するアウトカム評価が必要とされる。

6. 専門職の充実による品質の向上

最後に、先にみたように、福祉サービスの中核部分は人的サービスである。そして、その人的サービスは専門的な知識や技術をもった社会福祉の職員によって担われている。その意味では、福祉サービスにおける品質の維持確保、向上という課題は、最終的には社会福祉の職員の資質、力量にかかっているといって過言ではない。

わが国の社会福祉に専門職資格が誕生したのは一九八七（昭和六二）年のことであるが、以来社会福祉士、介護福祉士の有資格者の数は徐々に増加してきている。一九九九（平成一一）年には精神保健福祉士の資格も誕生した。これらの資格を取得するために必要とされる国家試験の受験資格を提供する教育機関も増加している。

第10章 社会福祉援助の展開

われわれは、すでに、社会福祉の対象（利用者とそのニーズ）、政策と制度、運営の原理と組織、事業の実施と利用のしくみ、援助の理念、特質、過程、類型、品質管理などについて考察してきた。この章では、そのことを前提に、社会福祉における利用者観、援助関係、援助活動の過程、援助の技術などについて論じ、最後に社会福祉援助の基本的前提ともいうべき社会と個人の関係をいかに捉えるかという問題に言及する。

第1節 社会福祉の援助観

われわれの社会、社会福祉援助がそこにおいて展開される社会は、個人の生活やそこにおいてうまれるさまざまな困難や障害（生活支援ニーズ）についてどのように捉え、対処してきたのであろうか。また、こんにちどのように捉えようとしているのであろうか。

われわれはそのことについて、すでに第2章、第3章、第5章において詳細に論じてきた。ここで社会福祉における援助活動のありようについて論じるにあたって、重複を恐れず、基本的な論点についてもう一度確認することからはじめよう。

1. 生活自助の原則

近代市民社会の幕開け以来、人びとの生活は個人の責任において営まれるべきものであり、したがって社会福祉の出発点となった窮乏や貧困は個人の責任において処理されるべきものとみなされてきた。貧しさは個人の怠慢を意味し、恥ずべきことであった。

1) 自らを助ける者

すでに言及しておいたように、一九世紀中葉のイギリスで著されたスマイルズ（Smiles, S.）の『自助論』は「天は自ら助くる者を助く」という箴言からはじまっていた。

この箴言に込められている意味は、自助（self-help）に努める者は、簡単にいえば努力をする者は必ず報われる、ということであった。現代社会にすむ人びとにとっては、あたりまえのことに思える言葉である。しかし、それは、専制的で、家父長主義的な社会になれ親しんできた人びとにとっては、きわめて重要な意味をもっていた。産業革命の時期に強調されはじめる自助の観念は、勤勉、節約、節制などとならんでこの時代の徳目（道徳的価値）を代表していた。

2) 個人責任主義的貧困観

生活の自助は、個人の生活についてはその人のみが責任を負うという近代市民社会に特有の観念である。市民革命を通じて成立した近代市民社会にあっては、人びとは一様に、信教、言論、契約、職業選択、交通、居住などの自由、身分的平等など市民としての基本的な権利を保障される。しかし、その半面において、人びとは、そのような基本的権利を獲得したことの代償として、個々人は自分自身とその家族の生活にたいして全面的に責任を負うべきものとみなされるようになった。

産業革命を契機に、こうした観念が商人や職人などの庶民階級、さらには労働者階級のあいだにも一般化してくると、所得の低い、自活しえない人びとの生活、つまり貧困は、その状態に陥った本人の能力の欠如、勤勉性に欠ける、辛抱が足りないなどの性格的欠陥、浮浪、飲酒や浪費などの不適切な生活習慣によるものとみなされるようになった。個人責任主義的貧困観である。

2. 求援の抑制

個人責任主義的貧困観は視点を変えれば、道徳主義的貧困観である。この時期、貧困者は生活にたいする自己責任の履行を求められただけではない。自己責任を全うしえない者として道徳的に非難された。

1) 個人貧の思想

個人責任主義的貧困観が説くように、人びとが貧困に陥る原因がその人びとのもつ能力、性格、生活習慣に関わっているとすれば、それにどのように対応するかは何よりもその人個人の問題だということにならざるをえない。そうだとすれば、そうした人びとの存在にたいする社会的な対応など不要とされる。『人口論』の著者マルサス（Malthus, T.R.）が説くように、自助の努力を怠った貧困者たちはただ辱めておけばよいのである。貧困者が自分たち自身の貧困状態を恥じて、能力を高め、性格を矯正し、生活習慣を改める努力を待てばよい。マルサスは、人口の増加にたいして食糧の供給が追いつかないという自然法則に支配された社会のなかで貧困者に哀れみをかけることは却って事態を悪化させるだけである、そう主張して憚《はばか》らなかった。

もとより、実際問題としては、多数の貧困者を放置するわけにはいかない。社会の秩序や安寧を保たなければならないし、社会を維持存続させるうえでも不都合が多い。治安の不安もあるし、外聞も悪い。一定の範囲での対応策は必要悪である。しかし、それはまず民間の努力によってなされなければならない。慈善事業での対応が優先されるべきであり、それでなお不十分な部分についてのみ、最終的な手段として抑圧的、求援抑制的な救貧法によって対応すれば足りる。このような捉え方が、産業革命を契機に社会の主人公となった新興中産階級に属する人びとの貧困観であり、援助観であった。

2) 貧困者を高尚にする

こうした個人責任主義的貧困観のもとにおいては、貧困者にたいする援助は、何よりもその能力、性格、生活習慣を改善し、すなわち自助能力を高め、自活の途につかせることに向けられる。貧困者は、いわば第二級市民であり、そのような貧困者を第一級市民に属する慈悲深い援助者がその道徳的な影響力をもって貧困者たちを自分たちの境遇に引き上げてやること、そのことこそが最善の救済であるとみなされた。

実際に、組織的な慈善事業がイギリス以上に発展した一九世紀末のアメリカでは、救済を意味する用語としてエレベーションやリフトアップということばがもちいられた。辞書をみると、エレベーションやリフトアップには、下にあるものを上に持ち上げる、押し上げるという意味とともに、人びとを向上させる、高尚にするという意味が含まれている。まさに、道徳主義的貧困観を象徴するような用語法というほかはない。

3. 防貧と回復的処遇

このような個人責任主義的ないし道徳主義的貧困観は、一九世紀の慈善事業や救貧法に一般的なものであり、そのままでは社会事業の成立は期待しえない。社会事業が成立するためには、個人責任主義的貧困観が社会責任主義的貧困観によって克服されなければならない。

1) 社会貧の確認

個人責任主義的貧困観が貧困の原因を個人の能力、性格、生活習慣に求めたのにたいして、社会責任主義的貧困観＝社会的貧困観は貧困の原因を社会の仕組み、構造に求める貧困観である。すなわち、社会責任主義的貧困観は、貧困の起源を社会のもつ諸条件、すなわち雇用機会の欠乏、低賃金、低劣な労働条件、不潔と密住に象徴される劣悪な住宅環境などに求める貧困観である。

個人責任主義的貧困観の象徴的な担い手は、慈善事業家たち、なかでもロンドンで一八六九年に設立された慈善組織協会に結集した慈善事業家たちであり、また救貧行政に携わった役人たちであった。社会責任主義的貧困観の担い手は、八一年に設立された民主連盟やその後継団体である社会民主連盟など結集していた社会主義者たちであった。両者は、貧困の原因をめぐって激しく対立した。

そのようなときに、ブース（Booth, C.）のロンドン調査とラウントリー（Rowntree, B.S.）のヨーク調査は、都市に居住する労働者の三分の一弱が貧困状態にあることを明らかにした。ブースは、貧困の原因についても分析を加え、調査の意図に反し、貧困の原因が社会的な条件に起因する「雇用の問題」、「環境の問題」にあたる者が八割に達することをみいだした。ラウントリーの調査においても、結果はほぼ同様であった。

2) 防貧的処遇

こうして、一九世紀末から二〇世紀の初頭にかけて、貧困の原因は個人の能力、性格、生活習慣という個人的な問題よりも、雇用の問題という社会の仕組みによるものが圧倒的に多いことが調査によって確認されたのである。

以後、イギリスの貧困対策は一九世紀の慈善事業と救貧法を中心とする施策から無拠出制老齢年金、医療保険、失業保険を中心とする防貧的施策に転換することになり、慈善事業と救貧法はこれを補完する施策として位置づけられる。

3）回復的育成的処遇

防貧施策としての社会保険が成立するとともに、かつての救貧事業（慈善事業と救貧法）も変容することになり、要援助者の救済を市町村さらには国の義務とみなす公的扶助義務主義を前提とする社会事業が成立する。

一九世紀から二〇世紀への転換期には、貧困者に限らず、子どもや障害者の問題に関しても徐々に、求援の抑制や道徳的な感化ではなしに、社会的保護を必要とする存在として認識されるようになっていった。貧困者の能力、性格、生活習慣にたいする関心が払拭されてしまったわけではない。社会的環境条件のもつ意味が重視されるようになったのである。

貧困者については労役場への収容が強制されないようになり、居宅での保護が導入された。労役場は求援抑制の手段から保護的な施設に転換しはじめ、居宅保護の受給者についても求援抑制的、道徳主義的懲罰的な処遇から徐々に社会の一般的な生活への復帰をめざす回復的処遇への転換がはかられるようになった。貧困者の社会的なやっかい者という位置づけのなかにも改善の兆候が現れてきたのである。

貧困児童については、帝国主義的な膨張政策が遂行されるなかで、将来の労働力や兵力の源泉として、学校給食制度や学校保健制度を導入するなど、積極的な育成的処遇が展開されるようになっていった。貧困児童たちは、社会的依存階級の予備軍という位置づけから大英帝国を支える未来の労働力や兵力の予備軍として保護育成される存在となった。

4. 援助活動の科学化

社会福祉において援助活動を科学化しようとする端緒は、慈善組織協会（ＣＯＳ）の書記としてそのキャリアを形成しはじめたリッチモンド（Richmond, M.E.）のケースワークの体系化によって先鞭がつけられた。しかし、ケースワークのその後の発展は、個人と環境との関係を重視したリッチモンドの期待とは異なった方向をたどることになった。

1) 医学モデル――診断と治療

リッチモンド以後の社会福祉援助活動の枠組みに関する理論の発展は、極めて大づかみにいえば医学モデル（疾病モデル）から問題解決モデル、さらには生活モデルへの展開の過程として、これを把握することが可能である。

リッチモンドがケースワークの体系化に腐心していた一九一〇年代の後半、すでにヨーロッパにおいて評価されはじめていたドイツの精神分析医フロイト（Freud, S.）がアメリカを訪問し、各地において行った一連の講演が精神医学のみならず心理学、社会学、人類学など人文・社会科学の広い範囲に大きな影響を及ぼすことになった。

その頃ようやく体系化の道を歩みはじめていたケースワークもその例にもれなかった。むしろ、ソーシャルワークの関係者たちは、精神分析の知識を積極的に摂取し、そのことによってケースワークを精神医学や心理学に比肩することのできる専門職として発展させようとしたのである。その成果が、医学モデルの典型とみなされる診断派のケースワーク理論であった。

医学モデルの立場をとる援助者は、社会福祉における援助活動を、あたかも医師が患者の訴える症状を分類学的に把握し、その病理学的な原因を探ることを通じて治療の方法を確定するように、要援護者のかかえる問題を診断し、それにもとづいて治療（援助）の方法を確定しようと試みた。ケースワークの基礎理論を精神分析に求める援助者の一部は、家族関係の不調、怠惰、飲酒癖、非行などの行動に関わる諸問題はもとより、失業や貧困の問題についてさえ、その原因を生育歴、生活歴、なかでも幼少期の親子関係におけるエピソードのなかに求め、そこにまつわるコンプレックスを解放することが重要であると指摘した。

しかし、こうした理論を基盤とする援助活動は、援助の方法を確定するための情報の収集（調査）と診断に経験と時間を必要としただけではない。援助の過程も長期間に及び、しかもそれがなかなか成果に結びつかなかった。

2) 生活モデル──課題解決の支援

このような診断派のケースワーク理論を批判するかたちで登場してきたのがやがて機能派とよばれることになるケースワークの理論である。この立場にたつ援助者は、精神分析の理論を継承しながらも師のフロイトと袂を分かつことになったランク（Rank, O.）の影響をうけ、利用者のもつ「意志」（will）と援助機関の機能の限定性に着目した。

この立場では、利用者たちは、診断派の人びとが考えたように、生育史上の過去のエピソードに支配され、方向づけられる存在ではない。利用者はみずからの意志によって生きる存在である。援助者の役割は、利用者の問題を診断し、治療することではない。みずからの意志をもつ利用者が、援助機関によるサービスを活用しながらみずからの課題を解決する過程を援助すること、それが援助者の役割と考えられた。

このような機能派の考え方はやがて課題解決モデルに継承される。このモデルにおいては、利用者の行動を規定する〈動機づけ─能力─機会〉という要素と枠組み、そしてその総体としてのワーカビリティの概念、すなわち利用者のもつ機能する力──利用者が援助者との関係のなかで提供される社会資源を利用してみずからの課題解決にむけて活用する情緒的、知的、手段的な能力──が重視される。

課題解決モデルにおいては、解決されるべき問題は、疾病として捉えられるような状況ではない。それは、利用者が日々の生活のなかで直面し、その都度解決し、あるいは軽減緩和していかなければならない生活課題の一つである。援助者の役割は、利用者が多様な社会資源を活用しながら自分自身の力によって問題＝生活課題を解決する過程を援助することに求められる。

こんにち、この問題解決モデルを継承する生活モデルは、利用者と環境との関係を一つのシステムとして捉え、その相互作用や利用者の成長発展する能力や強さを重視する理論に発展してきている。

5. 現代の援助観

1) 状況のなかの人間――〈人間―環境〉システム

社会福祉における援助活動は、利用者の身体的状況や心理的状況にだけ関心をもつのではない。援助活動の特徴は、そのような身体的状況や心理的状況をもつ利用者と環境の関係に関心を寄せることに求められる。

より一般的にいえば、社会福祉の援助活動は環境のなかの人間に焦点をあてるのである。そこには、リッチモンド以来のケースワークの伝統が継承されている。かつてリッチモンドは、ケースワークを「個別的に、人間とその社会環境との間に意識的に適応をもたらすことを通じてパーソナリティを発達せしめるところの過程からなりたっている」と定義している。このケースワークの定義は基本的にはこんにちにおいてもなお十分に通用するのみならず、社会福祉の援助活動一般に適用できるものであるといって過言ではない。

リッチモンドによるケースワークの体系化は、まさに社会福祉における援助活動の科学化に先鞭をつけるものであった。しかし、こんにちの視点からいえば、リッチモンドによる「人間とその社会環境」との関係についての理解のしかたに疑問がないわけではない。リッチモンドの場合、人間と社会環境との関係の捉え方はスタティック（静態的）であり、かつ人間の社会環境にたいする適応という側面が重視されている。その点に関連して、リッチモンドのつぎの世代に活躍した著名な心理学者のレヴィン（Lewin, K.）は、周知のように、人間の行動は人格（パーソナリティ）と環境との関数であると指摘している。さらに、その後の社会学や心理学の研究は、人間と社会環境との関係が相互規定的なものであり、ダイナミック（力動的な）なものであることを明らかにしてきた。

こんにち、人間と社会環境との関係を捉える方法にはもう一つの視点が付け加えられている。こんにちの捉え方は、人間と社会環境をそれぞれに自己完結的な別の体系として捉え、そのうえで両者の相互関係を問題にするというところにとどまらない。人間とその社会環境は、〈人間―環境〉システムという、それ自体が固有な原理にしたがって運動する一つの系（システム）を構成する二つの要素としてとらえられる。人間と社会環境との関係は、そのような〈人間―環境〉システムを構成する二つの要素のあいだの関係として把握されているのである。

さらにいえば、この〈人間―環境〉システムを構成する要素の一つである社会環境はその主人公である人間＝生活者によって解釈され、意味づけられた生活世界として存在する。まず、生活者は、自分自身についても自分なりの解釈と意味づけを行い、そのような解釈と意味づけの体系である自己概念にしたがって行動している。さらに、外部からみると同じようにみえる環境であっても、その意味するところは生活者一人ひとりによって異なっている。たとえば、家族や親族、友人や知人の位置づけは生活者によって異なり、客観的には同一の職種や賃金の額もその意味するところは生活者によって異なっている。同一の家族に属していても、親をどうみるかは子どもによって同じではない。病気になっても、その受けとめかたは個人によって違っている。援助者は、〈人間―環境〉システムを捉えるにあたっては、そのような意味世界の違いに敏感であることが求められる。

2）自立生活の支援――生活する意思・能力・強さ

こうして、近年における社会福祉援助の理論は、利用者のパーソナリティや行動、生活習慣、あるいは社会環境のなかに問題性を発見し、性急にその治療や除去をめざすことをせず、利用者の意思、能力、強さを尊重し、社会環境との関係についてもそれが利用者自身にとってどのような意味、価値をもっているかということに注目するようになっている。

人間のもつストレングス（強さ）やエンパワーメント（能力開発支援）に着目する援助の理論にはその傾向が強い。しかし、そうした新しい方向が模索されるなかで、エンパワーメントの概念についてはしばしば単純化されてしまい、利用者にたいする励ましや勇気づけという程度の意味で理解されるような傾向がみられる。

このような理解のしかたではエンパワーメント概念を援用してみても、その効用は薄いであろう。エンパワーメントの概念は、まず、利用者さらには人間一般のもつ意志なかでも成長しようとする意思、能力、そして物事に取り組み、実現しようとする強さにたいする尊敬と信頼を基盤としている。つぎに、エンパワーメントの概念は、途上国における制約された生活、スラム生活、人種、民族、宗教、障害などにもとづく差別や偏見などの制約的抑制的な諸条件のために、そうでなければ取得しえたはずの能力の獲得が妨げられ、損なわれている人びとの存在、そしてそのような人びとにたいする援助という課題と結びついている。さらに、エンパワーメントの概念は、途上国にたいする援助やスラム居住者にたいする援助の領域において要援助者のおかれた状況や能力、生活習慣に配慮しない援助者たちによる独善的な援助のありようが十分な成果をあげえなかったという苦い経験と結びついている。

社会福祉における援助は、利用者の意思、能力、強さを尊敬し、信頼するとともに、利用者の生活世界、生活能力や課題解決能力の態様を十分に理解し、そのときどきの状況にもっとも適合した援助活動として展開されなければならない。

第2節 社会福祉の援助関係

社会福祉には援助を受ける利用者と援助を提供する援助者が存在する。そのことは不可避的なことである。それだけに、利用者と援助者の関係のありようについては、さまざまに議論が展開されてきた。つぎには、社会福祉がこれまでたどってきた過去の経験に学びつつ、利用者と援助者の関係について考えてみたい。

1. パターナリスティックな援助関係

社会福祉における利用者と援助者との関係は、歴史的にみると、すぐれてパターナリスティック（家父長主義的）なそれとしてはじまっている。しかも、そのような関係は現代の社会福祉においてもしばしば経験される。

1) 慈善事業の経験

周知のように、歴史的にみると、社会福祉における援助の利用者（被救済者）と提供者との関係は、欧米においても、わが国においても、多かれ少なかれ垂直的、上下関係的なもの、家父長主義的なものとしてはじまっている。たとえば、救貧制度における貧民監督委員と貧民、慈善事業における慈善事業家と貧民、慈善組織協会（科学的慈善）の友愛訪問員と貧困者、そしてケースワークの成立時のケースワーカーとクライエントとの関係は、そのいずれをとってみても、人格的能力的にも、社会的経済的にも、また政治的にも決して対等な位置にある人間と人間との関係ではなかった。

産業革命以前の救貧制度における援助者と貧困者の関係は、慈愛に満ちた地域の有力な地主や商工業者と生活に窮した浮浪者や乞食、窮乏者との関係であり、また慈善事業におけるそれは宗教家や宗教的に啓発された市民と生活に迷う弱者との関係であった。友愛訪問員と貧困者との関係は、一九世紀の自由主義的、道徳主義的な価値規範を体現する友愛訪問員（多くの場合、下層中産階級の女性たちであった）と一般的な市民生活から脱落背離した落層市民との関係であった。その後のケースワーカーとクライエントとの関係も人と社会環境との関係やその調整の方法について専門的、科学的な知識や技術をもつ専門職と人格や人間関係、生活習慣に、あるいはまた社会関係に困難や障害をもつ社会的弱者との関係であった。

このように、歴史的にみた援助者と利用者との関係は、生活問題ないし福祉ニーズについての専門的な知識とそれに対処するための技術を独占する援助者とみずからのかかえる生活問題や福祉ニーズにたいしてなすすべをもたない利用者との関係である。このような関係は、およそ対等なものとはいいがたい。むしろ、そこに存在するのは援助者のもつ専門的権威を根拠とする権力的ともいうべき関係である。しかも、しばしばこの専門家的権力関係を内包する援助関係は援助関係の範囲にとどまらず、ややもすれば人格的な支配―被支配の関係を醸成しつつ成立することになる。

2）職権主義的援助関係

このような社会福祉に伝統的な援助者と利用者との関係は、こんにちにおける社会福祉の行政機関や援助提供事業者と利用者との関係にも陰に陽に受け継がれている。その最たるものは援助の実施に関する権限をもつ事業実施機関と利用者との関係であろう。その意味では、対等な関係に向けての改革が必要とされるのは援助提供事業者と利用者の関係ではない。何よりも改革が求められるのは、利用者と事業実施機関との関係であり、利用者にたいする行政機関の姿勢や手続き規程のありようである。

すでにみてきたように、社会福祉援助の利用に関して、生活保護は申請主義をとり、福祉サービスは職権主義を採用している。申請主義は人びとの保護請求権を前提とするものであり、そのことからすれば援助者と利用者はおのずと対等な関係にあることが期待される。しかし、現実はそうではない。職権主義をとる福祉サービスの場合、その利用が実現するかどうかの決定は援助者の裁量的な判断に左右される部分が多い。援助者と利用者との関係はどうしても援助者優位になりがちである。利用希望者のおかれた事態が窮迫していたり、他に代替策がないような場合にはなおのことである。

利用者の立場からすれば、直接接触する窓口の職員が援助提供の可否について決定権限をもつようにみえる。しかし、その権限は行政上の部課や福祉事務所、児童相談所などの事業実施機関に帰属するものであって、援助者個人に帰属するものではない。援助者として心しなければならないことである。

2. 利用者に寄り添う援助関係

それでは、援助活動においてより適切であると考えられる援助者と利用者との関係はどのようなものであろうか。一般的にいえば、それは対等な関係ということであろう。しかし、一方が援助し、一方がそれをうける（利用する）という関係ははたして対等な関係でありうるのか。一体、対等な関係とはどのようなものであろうか。ここでも歴史的な経験を振り返ることからはじめるとしよう。

1) セツルメントハウスの経験

一九世紀の後半、慈善組織協会（ＣＯＳ）運動の発展に少し遅れてイギリスからアメリカに移入されて発展した援助活動にセツルメントハウス運動がある。アメリカのセツルメントハウス運動は、中西部の五大湖周辺のシカゴをはじめとする移民の多い大都市を中心に発展していった。セツルメントハウスは、その活動家である大学生や知識人たちが貧困な移民が居住する大都市のスラム地域のなかに住み込み、地域の住民に英語や生活習慣を教えたり、移民の子弟に教育の機会を提供し、あるいは住民とともに地域に山積する問題の自主的な解決の方法を模索し、また政府による解決を求めて市や州の政府に働きかける活動を展開した。

慈善組織協会の活動家たちは、このようなセツルメントハウス運動による援助活動のありかたについて批判的であった。ＣＯＳの活動家たちは、先にみたように、個人責任主義的・道徳主義的な貧民観に依拠し、救貧法による貧困者救済にたいして批判的な態度をとり、友愛訪問員による道徳的人格的な矯正、感化活動こそが貧民を救済するにもっとも効果的、科学的な方法であると確信していたからである。

ＣＯＳの活動家たちは、セツルメントハウス運動にたいして、その理念と方法は非現実的、非科学的であると批判した。彼らは、セツルメントハウス運動を揶揄し、道端に眠り込んでいる酔漢の脇に横になり、身の上話を聞いたとしても無意味であると批判して憚らなかった。このような批判は、貧民の生活をその外側から観察するのではなしに、貧民の生活に直接触れ、生活をともにするところから理解を深めていきたいというセツルメントハウス運動の基本的な立場にふれてこれを批判するものであった。

これにたいして、セツルメントハウス運動の活動家たちは、能力的、人格的に優れた人間とそうでない人間、すなわち優れた友愛訪問員とそうでない貧困者という縦の、垂直的な人間関係を前提に、はたして貧困者とのあいだに真の友情、すなわち好ましい関係が成立しうるのかと反問し、対等の、水平的な人間関係を重視するみずからの立場を擁護した。セツルメントハウス運動は、貧民とともに生活することによって貧困の何たるかを理解し、その解決を社会にたいして働きかけたのである。

セツルメントハウス運動は、援助者と利用者のあいだに成立する専門的で特殊な人間関係やそれを基盤とする援助活動についての理論や技術を発展させることはなかった。しかし、その代わりに、セツルメントハウス運動は、社会福祉の利用者を地域住民という資格において捉え、その生活を理解することに努め、その潜在的な可能性を信頼し、グループワーク、コミュニティオーガニゼーション、ソーシャルリサーチ、ソーシャルアクションなどの理論や技術を発展させた。

2) ピアカウンセリング

セツルメントハウス運動における活動家と地域住民との関係は援助者と利用者との関係ではあるとしても、慈善事業にいう友愛訪問員と被救済者との関係、あるいは医学モデルでいう症状を診断し、治療する医者と患者になぞらえられるような援助者と利用者との関係とも異なっていた。それは、基本的には相互に人格や尊厳を認めあった友人どうしの関係であるか、あるいは極めてそれに近い関係であったといえよう。

この、援助者と利用者との関係を友人関係として位置づけるという考え方をさらにつきつめると、援助者と利用者が同じような状況にある場合に、援助はより効果的なものになるという考え方がうまれてくる。たとえば、障害者にたいする援助活動のなかから提起されてきたピアカウンセリングがそうである。この援助方法の特徴は、何よりもそれが援助者の側からではなしに、利用者の側から求められたというところにある。

すなわち、ピアカウンセリングの基盤には、簡略にいえば、障害をもつことによる生活上の困難や障害がどのようなものであるかということは、同じ状況にあるものでなければ本当には理解しえないものだという障害者たちの考え方が横たわっている。障害をもつものの苦悩や悲しみは、障害をもつものでなければ理解しえない、障害をもつものがカウンセラーになることによってはじめて障害者の苦悩や悲しみは理解されうるし、援助活動もより適切なものになりうる、という主張である。

もとより、障害者にたいする援助の場合にのみ、このような考え方が成り立つわけではない。貧困者や高齢者についても、また子どもを抱える母親についても、成り立つことになる。より一般的にいえば、ピアカウンセリングの考え方は、援助は当事者どうしが援助者になり利用者になるという関係においてもっとも効果的なものになりうるということである。

たしかに、生活に関わる苦しみや悲しみのなかには当事者でなければ本当のところは分からないということがあるであろうし、あるいは当事者どうしのほうが分かりやすいということもあるかもしれない。しかし、当事者でなければ分からないといえるかどうか、また当事者であれば分かるといえるかどうか、そこに疑問がないわけではない。より一般的にいえば、援助者と利用者が友人どうしであれば、生活上の苦悩についてよりよい理解と援助がえられやすいといえるであろうか。必ずしもそうではないであろう。

3) 触媒としての援助者

通常、社会福祉における利用者と援助者は友人として出会うわけではない。利用者は、援助を拒否している人びとも含めて、援助を必要としている人びとであり、援助者はそのような利用者に多様な援助を提供し、その自立生活を支援するとともに、自己実現、社会参加を促進することをめざす存在である。援助者は個人として利用者に接しているわけではない。援助者の立場は友人としてのそれではない。援助者については、そのことにたいする適切な認識と自覚が求められる。

援助者は、機関や施設、組織などに所属する職員の立場において利用者に接する。しかし、そこで活用される援助は、金銭、衣食、住宅、生活機器、車いすなどの生活資料を除けば、援助者の労働というかたちをとる人的サービスである。そこに、社会福祉における援助の特徴が認められる。

援助者は、援助の過程において個人として振る舞うわけではない。しかし、そこでは、個人としての資質と切り離すことのできない援助者のパーソナリティや立ち居振る舞いが、援助の触媒あるいは道具として活用される。援助者は、利用者のかかえている福祉ニーズや、その背景にある利用者のパーソナリティや行動、家族関係、さらには社会経済的、文化的な諸条件などを適切に理解するとともに、自分自身のパーソナリティや行動を援助という目的のために制御し、援助の触媒として活用することが求められる。

援助者といえども個人としては独自のパーソナリティをもち、喜怒哀楽の感情をもちながら行動する。しかし、援助を適切に行うためには、援助者には、そのようなパーソナリティや行動を自覚的に制御し、道具として活用する能力が求められる。援助者には、そのことのゆえに、一定の専門的な知識や技術を身につけ、専門職としてのトレーニングや研修をうけることが必要とされるのである。

第3節　社会福祉援助活動の領域と展開過程

社会福祉における援助活動はさまざまな形態と領域をもって展開されている。そのなかには、入居型の施設による伝統的なケアや通所型のケアもあれば、援助実施機関や相談機関、地域社会に存在する各種の支援センターなどで行われているソーシャルワークとよばれる援助活動も存在する。おのずと、そのような援助活動をとらえる用語についても多様なもちい方がうまれ、一部にはそれにともなう混乱もみうけられる。

1.　援助活動の領域

われわれは、第3章、第5章において言及したように、社会福祉における援助活動とソーシャルワークを同義的に扱う立場をとっている。このような用語法は必ずしも一般的ではない。むしろ少数意見であろう。しかし、援助活動についての議論を活性化させるためには、社会福祉における援助活動一般とソーシャルワークとの関係についての何らかの整理が必要とされる。

1)　ソーシャルワークの範疇

ソーシャルワークの概念規定を整理するにあたって、われわれは、最初にソーシャルワークを「広義のソーシャルワーク」と「狭義のソーシャルワーク」に分類する。つぎに、狭義のソーシャルワークについて二通りの規定が可能であることに言及する。

まず、広義のソーシャルワークであるが、これについては社会福祉における援助活動の全般をさすものとして位置づけておきたい。このような規定のしかたについては、こんにちにおけるソーシャルワークの一般的な用語法からみれば批判があるかもしれない。しかし、限定的に理解されたソーシャルワークという用語をもちいて、たとえば社会福祉の施策・制度とソーシャルワークという問題の立てかたをすると、入居型の施設による援助活動や通所による援助活動はそこから抜け落ちることになりやすい。

ヨーロッパやアメリカにおいては、入居型の施設によるケアは例外的な存在になっているとされるが、わが国ではむしろそれが社会福祉の根幹部分を構成している。そのことを直視しないままにわが国における社会福祉の援助活動を語ることは適切ではない。その意味において、ソーシャルワークという用語をもちいて援助活動の全般を論じようとすれば、その概念のなかに施設入居型、通所型、訪問型、さらには宅配型の援助活動を積極的に組み込まなければならない。そして、アメリカにおいてソーシャルワークという用語が成立した二〇世紀初頭の状況を思い起こしてみれば、このような用語法は決して不自然なものではない。実際、二〇世紀初頭のアメリカでは、ソーシャルワークのなかには施設入居型の援助活動はもとより制度や施策に関わる活動まで広く含まれていたのである。

つぎに、狭義のソーシャルワークである。ソーシャルワークを狭義の意味にもちいる場合、そこには、概略的にいえば、社会福祉における援助活動のうちから施設入居型、通所型、訪問型、宅配型の援助活動を取り除いた部分をさしている場合と、社会福祉における援助技術を総称している場合とが混在している。前者の用語法は、より積極的にいえば、援助実施機関や相談機関、地域社会に存在する各種の支援センターなどで行われている援助活動をさしている。いわば「領域としてのソーシャルワーク」である。これにたいして、後者の用語法は、社会福祉における援助活動の全体を通じて、さらには保健医療や司法などの領域においても活用されている援助技術のことをさしている。いわば「技術としてのソーシャルワーク」である。

このようにみると、ソーシャルワークは、広義のソーシャルワークと狭義のソーシャルワーク領域としてのソーシャルワークと技術としてのソーシャルワークに整理することができる。社会福祉の援助活動に関する議論をより深化させるためには、そのことに十分配慮した議論の立てかたが必要とされる。

2) ソーシャルワークの類型

図10―1は、そのようなソーシャルワーク概念の多義性を前提に、ソーシャルワークの範疇についてその類型化を試みたものである。

まず、広義のソーシャルワークをケア活動――日常的な生活の営みに関わって提供される援助活動――部門と狭義のソーシャルワーク部門に分類する。このうちケア活動部門に属するのは、レジデンシャルケア＝施設ケア、デイケア＝通所ケア、ドミトリーケア＝訪問ケアである。この部門における援助活動は、衣食住の提供（施設ケア）、身体的ケアや食事の提供（通所ケア）、家事サービスや身体的ケアの提供（訪問ケア）が中心となっている。このようなケア活動のなかにおいても相談、生活指導などの援助活動も行われ、そこでは技術としてのソーシャルワークが活用されている。

ちなみに、このケア活動部門に関連する概念としてコミュニティケア＝地域ケアがある。この概念のもちい方にも広狭があり、狭義に用いる場合のコミュニティケアは、デイケア＝通所ケア、ドミトリーケア＝訪問ケアを含む在宅ケア（サービス）を意味し、レジデンシャルケア＝施設ケアにたいして対概念を構成する。広義にもちいる場合には、そこには、デイケア＝通所ケアやドミトリーケア＝訪問ケアに比重を置きつつ、レジデンシャルケア＝施設ケアをも含めた、地域社会を基盤に展開されるケアの体系という意味がこめられている。

狭義のソーシャルワークのうち、領域としてのソーシャルワーク部門に属するのは、マネジメントワーク＝媒介調整活動、パーソナルワーク＝個別支援活動、コミュニティワーク＝地域支援活動、そしてファシリテーションワーク＝支援促進活動である。このうち、マネジメントワークは、社会福祉援助におけるケアマネジメントの重要性にかんがみ、新しく導入した概念である。また、パーソナルワークとファシリテーションワークという概念は、領域としてのソーシャルワークと技術としてのソーシャルワークの区分をより明瞭にするという目的のために新たに導入したものである。

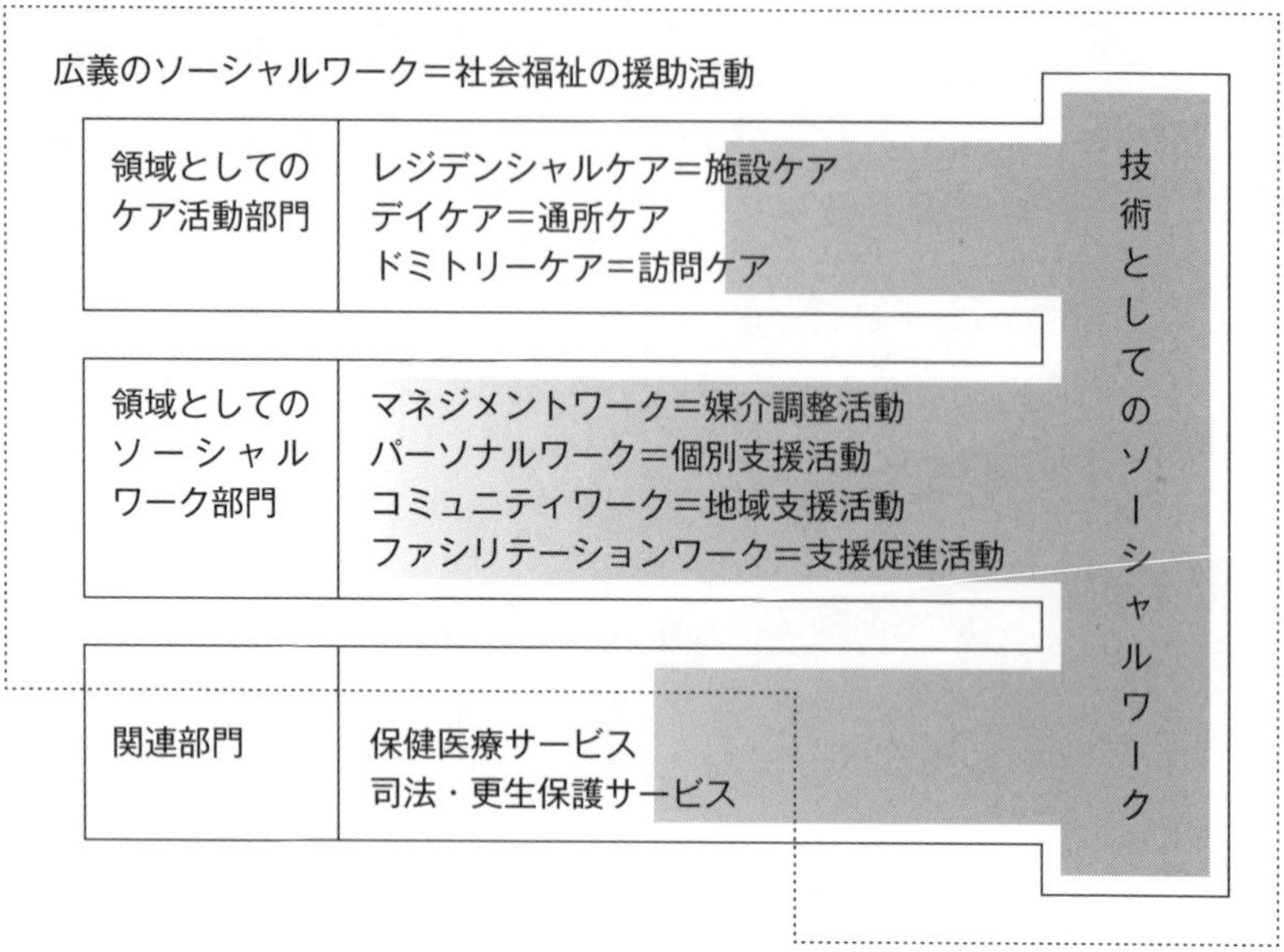

図 10-1　ソーシャルワークの類型　　古川孝順　作成

マネジメントワークは援助実施機関や相談機関、各種の支援センターなどで実施される媒介調整から資源の開発、権利擁護まで含む概念である。パーソナルワークはケースワークやグループワークによる援助活動をさしている。個人や家族、小集団などにたいする個別的援助活動という意味である。

コミュニティワークという概念は、地域社会を基盤に住民の福祉ニーズを統合的に充足する方法を意味するものとしてイギリスでもちいられはじめたものであるが、いまではわが国でも一般化している。アメリカの機関・施設の組織化、住民の組織化などを中心とするコミュニティオーガニゼーションの伝統を継承しつつ、さらに民間、民営によるコミュニティケアの組織化、計画化の側面、マネジメントワーク、さらにはファシリテーションワークの一部を取り込んだ統合的な概念としてもちいられるようになっている。

つぎに、ここでファシリテーションワークというのは、ソーシャルアドミニストレーション、ソーシャルリサーチ、ソーシャルプランニング、ソーシャルアクションを援助活動の領域として捉えたものである。ソーシャルアドミニストレーションは社会福祉の制度や施設の運営管理にかかわる領域であり、ソーシャルリサーチは社会福祉に関わる調査活動、すなわち社会福祉調査を意味している。ソーシャルプランニングは、社会福祉に関わる計画の策定に関わる活動、ソーシャルアクションは社会福祉の政策や制度の、また援助活動の改善や促進を求める活動の領域である。

技術としてのソーシャルワークは、ケア活動部門、マネジメントワーク、パーソナルワーク、コミュニティワーク、ファシリテーションワークからなる領域としてのソーシャルワーク部門を横に串刺しにするようなかたちで活用される社会的技術である。その構成や特徴についてはつぎの第4、5節に委ねるとして、ここでは以下のことについて確認しておきたい。すなわち、領域としてのソーシャルワークと技術としてのソーシャルワークとは、領域としてのソーシャルワークの内部においては、重なりあっている。しかし、両者は概念として区別が可能である。そして、両者を区別することによってはじめて、われわれは、ソーシャルワークを一定の普遍性をもつ社会的技術として抽出することができるのである。

2. 社会福祉援助の展開過程

社会福祉における援助活動、われわれのいう広義のソーシャルワークは、一体どのような手順を経て展開されるのであろうか。**図10−2**の社会福祉援助の展開過程はそのことを示している。図にみるように、社会福祉の援助活動は、一般的原則的には、①援助利用の促進・支援にはじまり、②要生活支援状態の評価、③利用資格の認定、④援助計画の作成、⑤援助機関・施設・事業者の選択、⑥援助の提供と利用、⑦援助効果の評価を経過し、⑧見守りによって終了する。以下、それぞれのステージについて簡略にみておきたい。

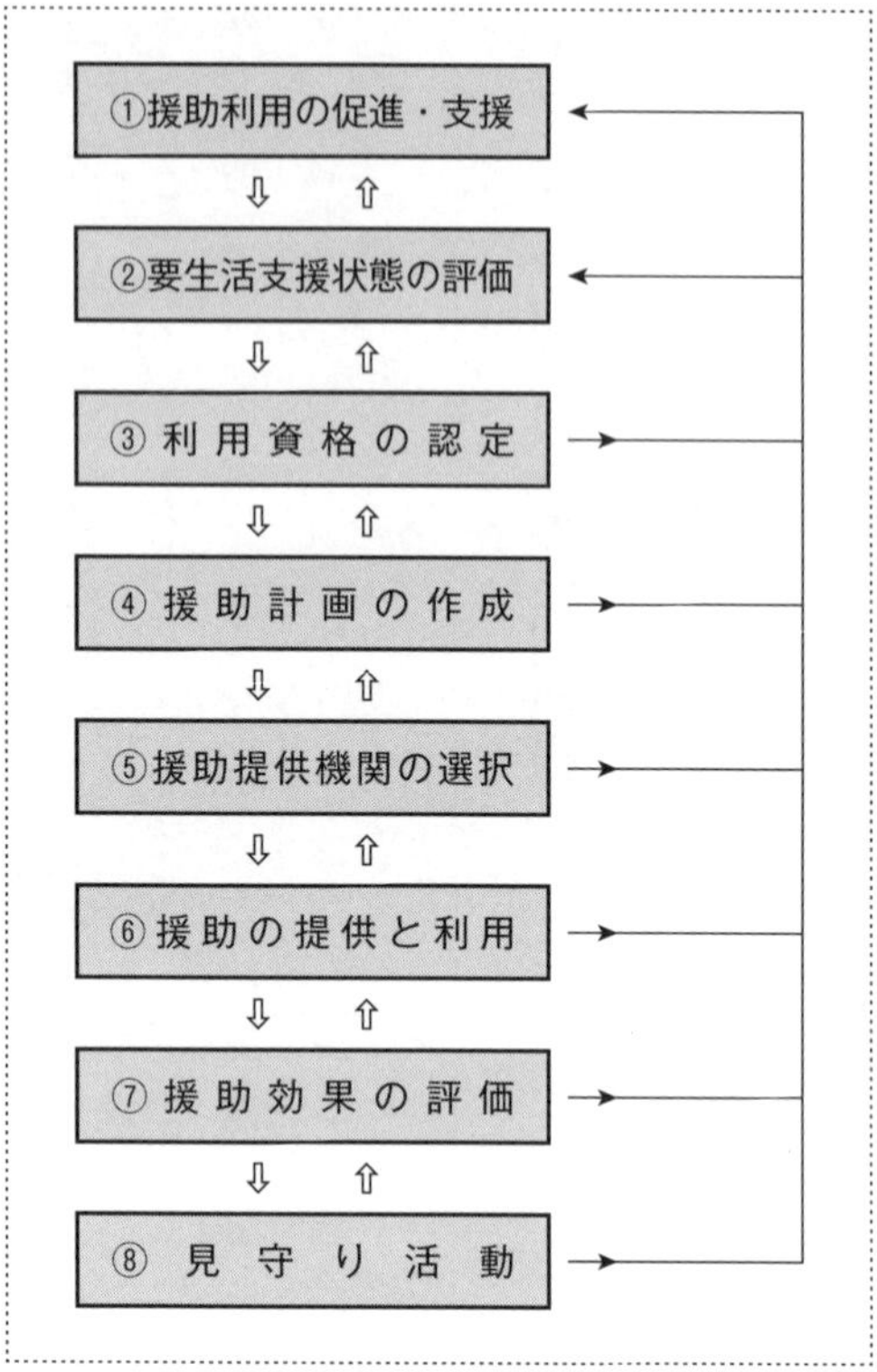

図 10-2　社会福祉援助の展開過程　　古川孝順　作成

1) 援助利用の促進・支援

第8章においてみたように、わが国では、援助利用の方式について生活保護は申請主義をとり、福祉サービスは職権主義をとっている。申請主義は人びとの保護請求権を前提とする方式であり、職権主義は福祉サービスの利用をより積極的に促進するために導入された方式である。しかし、実態的にいえば、要生活支援状態にある人びとの社会福祉援助へのアクセスは、さまざまな要因によって妨げられている。

　社会福祉の援助活動は、常日頃から、社会福祉にかかる援助の種類や内容、手続きの方法や窓口について情報を提供し、理解を図るなど、人びとによる援助の利用を促進する活動を行い、心身の状況などの個別の事情によってアクセスが妨げられているような場合には、手続きの代行など援助利用の過程を支援することからはじまる。

要生活支援ニーズに対応するサービスメニューが存在しなかったり、不十分であったりすれば、必要とされるサービスの創出や改善に努めることも、援助利用の促進・支援に該当する。

2) 要生活支援状態の評価

援助利用の希望者による申請というかたちをとるにしても、一般市民や関係機関による通告、あるいは利用の申し込みや相談、さらには保険給付の申請、支援費支給の申請というかたちをとるにしても、利用希望が援助実施機関の窓口に到達したのちに行われることは、まず要生活支援状態の評価（アセスメント）である。評価は、第一には利用資格の認定を行うために行われる。第二に、それは、利用資格が認定されたのちに実施される援助計画の作成に役立てるために行われる。

要生活支援状態、すなわち生活支援ニーズの評価を行うためには、さまざまの情報が必要とされる。情報は、生活歴、職業歴、生育歴、家族歴などに関する調査、所得調査、資力調査、医学的判定、心理学的判定、生活環境調査などを通じて収集される。つぎに、収集された情報をもとに、診断・審査・認定が行われることになる。

必要とされる情報の種類は、生活支援ニーズの内容によって異なる。すなわち、生活支援ニーズをうみだす主要な契機が生活環境的な要因にあると考えられるか、利用者＝生活主体のもつ固体的な要因にあると考えられるかによって異なることになる。虐待をうけている子どもであれば親の職業、夫婦関係、生育歴、子どもの親子関係や生育歴、子どもの心身の状態に関する情報が重要になるであろうし、介護の事例であれば高齢者の心身の状態や介護者の状態などが重要な意味をもつことになる。身体障害者の場合には、身体障害の状態に関する情報を基本に、雇用環境、住環境、介護者に関わる情報などが重要になってこよう。

3）利用資格の認定

社会福祉援助の利用は、利用希望者が利用を申請（相談）するだけでは実現しない。援助の利用が実現するためには、利用希望者の状態が援助の種類ごとに設定されている利用（受給）の資格要件に合致していることが認定されなければならない。認定には、①資格要件が比較的明瞭で、あらかじめ一定の条件が設定されており、それが充足されればほぼ自動的に利用が実現するエンタイトルメント的（利用資格付与的）な認定、②利用資格要件が必ずしも明確化されておらず、資格認定者（措置権者・実施権者）による専門的その他の判断の作用する範囲の広いディスクレッショナル（裁量的）な認定が存在している。

エンタイトルメント的（利用資格付与的）な認定に該当するのは、児童手当、児童扶養手当、特別児童扶養手当である。これらの手当は、前年度の所得が一定の基準以下であること、扶養している子どもの数、母子家族であること、子どもの障害の程度などが基準に合致していれば利用が可能となる。個々の家族の生活の細部が問題になることはない。介護保険もこれとほぼ同様である。介護保険においては、利用申請者が被保険者としての資格要件を充たしており、その心身の状態や介護者の状況に要介護性が認定されれば、介護サービスの利用が実現する。ただし、介護サービスの内容は、利用申請者の要介護度に応じて異なっている。

ディスクレッショナル（裁量的）な資格認定に該当するのは、生活保護や福祉サービスである。生活保護の場合には、保護基準というかたちでかなり明確に資格要件が設定されているが、援助利用の過程では利用者ごとの個別の事情が考慮される。福祉サービスについては明確な利用基準が設定されていないものがほとんどであり、それだけ資格認定者の裁量に委ねられている部分が多くなっている。

4) 援助計画の作成

援助利用の資格が認定されれば、つぎには個々の利用者ごとに援助の課題と目標、援助の方法などを含む援助計画（ケアプラン）が作成される。

わが国においても、かつて社会福祉の援助が入居型施設への入所という形態をとっていた時代には、援助計画を作成するという発想は存在しなかった。利用者については基本的には衣食住が確保されればそれで十分だと考えられてきたし、実際それ以上の援助を考えるだけの余裕もなかったのである。

しかし、こんにちでは援助計画を作成することの重要性が認められている。介護保険制度においては、要介護認定がなされてのち援助計画が作成される。児童養護の領域においても、措置機関である児童相談所によって一人ひとりの子どもに援助計画が作成されている。このように近年になって援助計画の作成が求められるようになった背景には、援助をできるだけ効果的かつ効率的に提供したいという援助提供者側の発想の転換がある。そこには、従来一度援助を提供しはじめると漫然とそれを継続してきたことにたいする反省がある。また、そこには、限定された資源をより効率的に活用したいとする政策レベルの判断も含まれている。

援助計画には、援助によって実現されるべき課題、援助の領域や段階において達成されるべき目標、必要な援助の種類や援助提供の手順などが含まれる。もとより当然のことであるが、達成されるべき課題や目標は、生活支援ニーズの内容によって異なる。肢体障害者や高齢者の日常生活能力の改善や向上など、課題や目標が可視的な状況に関わる援助計画は、比較的立てやすい。しかし、親子関係の障害、人格障害、非行行動などのように、援助の成果を把握することがむずかしい事例については、援助計画をたてる作業はより困難なものになる。

援助計画は一度立てれば不変というものではない。生活支援ニーズの内容に応じて、一定の期間をおいて定期的に、あるいは状態の変化に応じて、作成し直すことが求められる。援助をできるだけ効果的かつ効率的に行うためである。援助計画の再作成は、場合によっては、生活支援ニーズの再評価の段階まで立ち戻って実施される。

5) 援助提供機関の選択

職権主義を前提とする措置制度のもとにおいては、社会福祉援助の利用者が援助提供機関（施設・事業所）を自分自身の判断によって選択することは認められない。利用者は援助の実施機関によってあれこれの提供機関に割り当てられる。利用者はもとより、援助提供の機関も原則としてこれを拒否することはできず、その結果、利用者と援助提供機関との関係は非自発的なものとしてはじまらざるをえない。利用者と援助者との関係は非対称的なものとなり、利用者の援助にたいする参加意識も芽生えず、成果もあがりがたい。

近年の福祉改革によって保育サービス、障害児・者サービス、障害児の在宅サービスについては、利用したい援助提供機関の選択を前提とする利用の申し出や支援費支給の申請が行えるように改められた。介護サービスの場合には、要介護認定を通過すれば、支給される介護費用の範囲で自由に介護サービスの種類や提供事業者を選定することができる。

利用者の参加は、援助提供機関の選択のみならず、生活支援ニーズの評価、利用資格の認定、援助計画の作成を含むすべての過程において促進される必要がある。援助提供機関の選択は、その結果が具体性をもち、可視的であるだけに、援助利用過程にたいする利用者の参加を推進し、拡大する第一歩として特に重要な意味をもっている。

6) 援助の提供と利用

利用者による援助機関の選定が終了すれば、援助は実施機関の手を離れ、援助提供機関である各種の施設や事業者によって実施される。援助提供機関は、権限や機能の側面のみならず、地理的空間的にも援助実施機関と分離されていることが多い。第9章でみたように、援助（人的サービス）の提供と利用は、時間的空間的に同時的に行われる過程であるだけに、援助が適切な品質と量において提供され、期待される成果をあげることができるかどうかは、当事者である援助提供機関と利用者の手中に委ねられることになる。

援助の提供は、事業実施機関による管理の行き届かない施設や居宅において行われる。やや過剰な表現のしかたをすれば、援助提供の現場は密室的な状況になりやすい。そこから、援助提供機関としてあってはならない、施設内虐待やいじめなどの不祥事がうまれている。そうした状況を排除し、計画通りに援助が提供され、期待された成果がもたらされるためには、援助の提供と利用の過程にたいする事業実施機関や第三者機関による評価、苦情対応制度の整備など、援助の品質と量を一定の水準に維持するための方策を導入することが求められている。

援助の提供が期待された成果をもたらさなかったり、利用者に満足してもらえていないということになれば、援助提供機関の変更もまたやむをえない。援助開始の時期のみならず援助提供過程においても、成果や満足がえられないのであれば、利用者に援助提供機関にたいする忌避権と再選択権が認められる必要がある。

7) 援助効果の評価

援助提供の過程においては、援助が期待された成果があがっているかどうか、不断に点検と評価（エバリュエーション）が行われなければならない。成果があがっていないということであれば、要生活支援状態の評価（アセスメント）からはじまるすべての過程について点検が求められる。その結果、必要があれば、援助計画が練り直され、援助提供機関の再選択が行われる。

援助効果の測定にはさまざまの困難が付随する。すなわち、援助の効果は利用者のどこをみればよいのか、どのような変化をみればよいのか、援助利用の契機となった生活支援ニーズの内容や性格によって異なってくる。成果を短期的なスパンで捉えるのか、中長期的スパンで捉えるのかによっても異ならざるをえない。たとえば、介護サービスにおける援助効果の評価は、どうしても高齢者の日常的な動作能力の変化を中心に行われることが多い。介護サービスにおいては、要介護性や要介護度の認定が利用希望者のＡＤＬの状況を中心に行われているからである。

しかし、要養護児童、母子家族、知的障害者などにたいする援助の領域においては、利用者のADL的な変化を手がかりに評価するというのでは不十分である。要養護児童、母子家族、知的障害者などの領域においては、援助計画も評価も中長期的な見通しをもって行われなければならない。なかでも、要養護児童などの場合、援助が効果的に提供されたかどうかを最終的に評価するためには、時として彼らが社会的に自立し、家族を形成する時期まで待たなければならないのである。

8) 見守り活動

援助が期待された効果をあげ、これ以上継続する必要がないと判断されると、援助は終結の時期を迎える。援助の終結は、利用者の状況を評価するとともに、利用者の意向を確認しつつ行われる。ただし、児童福祉サービスのように利用可能な年齢があらかじめ制限されている場合もあれば、全面的に利用者の意思による場合もある。

援助提供機関は、通常、援助終結後においても一定の期間見守り活動（アフターケア）を行う。見守り活動は援助提供機関が直接行うこともあれば、民生委員や隣人に協力を依頼し、インフォーマルなサポートネットワークを組織して行うこともある。

第4節　社会福祉援助の技術

すでにみたように、ソーシャルワークは社会福祉の援助活動において一つの領域を構成するとともに、広く援助活動の全体を通じて、時には社会福祉の範囲を超えて、多彩に活用される社会的技術としての性格をもっている。つぎには、ソーシャルワークのそのような側面について若干の考察を試みる。

1.　社会福祉援助技術の体系

技術という用語は、簡潔にいえば、経験的にえられた知識（経験的知識）や科学的に体系化された知識（理論的知識）を実際に適用し、自然的事物に改変を加え、あるいはそれを加工して、人間の生活に役立てる〝わざ（技）〟、たくみを意味している。すなわち、技術は、農業、漁業、産業などの領域において、自然的事物に働きかけ収穫、漁獲、道具や武器の製作などを行うに際してもちいられるわざとして発展してきたものである。そのようなわざは、社会的な事象に働きかけ、それらを改変しあるいは加工して人の生活に役立てようとするときにも形成され、一般に社会的技術とよばれている。

われわれは先に、ソーシャルワーク（社会福祉援助技術）は社会的技術としての性格をもつといったが、その意味するところはすでにあきらかであろう。われわれは、ソーシャルワークを、社会福祉という領域において、社会的事象としての生活支援ニーズやその担い手である生活主体の根幹に位置する人間的自然にたいして働きかけ、人＝利用者の生活を改善向上させることをめざして動員される社会的な技術として捉えるということである。

表10－1の社会福祉援助技術の体系は、そのような社会的技術としてのソーシャルワークに一定の整理を与えたものである。

ソーシャルワークはまず、ソーシャルワークを構成する個々の技術のもつ利用者との位置関係を基準にして、媒介調整技術、直接援助技術、間接援助技術に分類することができる。媒介調整技術に対応するのはマネジメントワークであり、直接援助技術に対応するのはケースワーク、グループワーク、コミュニティワークである。一般にコミュニティワークは間接援助技術に分類されるが、ここでは地域住民にたいする直接的援助の側面を重視して直接援助技術として分類する。間接援助技術に対応するのがソーシャルアドミニストレーション、ソーシャルリサーチ、ソーシャルプランニング、ソー

表 10-1　社会的援助技術の体系　　古川孝順　作成

媒介調整技術	マネジメントワーク
直接援助技術	ケースワーク グループワーク コミュニティワーク
間接援助技術	ソーシャルアドミニストレーション ソーシャルリサーチ ソーシャルプランニング ソーシャルアクション

シャルアクションである。

ここでは、媒介調整技術であるマネジメントワーク以外の個々の援助技術に関する議論には深入りしない。残りの援助技術について個別に言及し、紹介しようとすれば、その内容は第3節で試みた領域としてのソーシャルワークに関する紹介と重複することになる。領域としてのソーシャルワークと技術としてのソーシャルワークは重なりあっているという事柄の性格からいって、そうならざるをえない。以下、ここでは、マネジメントワークに限定して考察する。

2. 社会的生活支援ニーズとサービスの媒介調整

わが国におけるマネジメントワーク――ここではケアマネジメントあるいはケースマネジメントを総称していう――概念の一般化が介護保険の導入と結びついていることはたしかである。しかし、こんにちでは、それは、介護保険の領域を超え、障害者福祉や児童福祉の領域においても一般的にもちいられる傾向にあり、社会福祉の援助活動に欠かせない技術となっている。

1) 受理面接・送致とマネジメントワーク

わが国にマネジメントワークに関する議論が紹介されはじめたとき、まず関心をよんだのはケースワークとの異同であった。一部の議論においては、マネジメントワークとケースワークは同一物であるか、後者の一部分を発展させたものとみなされた。

たしかに、マネジメントワークはケースワークでインテーク（受理）面接やリファー（送致）とよんできた部分を発展させた技術として理解することも不可能ではない。しかし、マネジメントワークとケースワークは同一物ではないし、マネジメントワークの発展によってケースワークが消滅することにはならないであろう。なぜなら、ケースワークにおける受理面接や送致は、援助活動の導入段階において、利用希望者のもつ社会的生活支援ニーズの内容が援助者（ケースワーカー）の所属する機関――援助の実施機関や提供機関――の提供する機能に照らして対応可能なものであるかどうかについて判断を下し、対応不可能な場合には対応可能な機能をもつ機関に紹介するという過程を意味している。ここまでは、マネジメントワークとケースワークは共通している。

しかし、ケースワークには、利用者の社会的生活支援ニーズの内容について適切に評価するとともに、その充足、軽減緩和に有効性をもつと考えられる社会的生活支援サービス、さらには援助提供機関（施設や事業所）を選択的に紹介し、利用者と援助者を結びつけるという媒介調整の機能は含まれていない。

マネジメントワークの特徴は、なによりも、利用者の社会的生活支援ニーズと援助提供機関（援助者）の提供する社会的生活支援サービスとのあいだを媒介し、調整するという機能のうちに認められる。その意味で、マネジメントワークは社会福祉援助活動の導入段階において核をなす技術であり、またその過程を構成する要素として位置づけられる。

マネジメントワークがいかに発展しても、そのことによってケースワークが消滅することはありえない。ケースワークは、マネジメントワークが社会福祉全般において効果的な技術として活用されるようになったとしても、多様多種なサービスメニューのなかで独自の領域と技術をもつ援助方法として存続することになろう。

2）媒介調整機能への純化

さて、マネジメントワークを社会福祉における援助活動全般の導入段階において中心となる技術として、またその過程として位置づけるためには、マネジメントワークを介護サービスという枠組みから解放する必要がある。わが国では、マネジメントワークが介護保険の導入と結びつけられるかたちで紹介されたこともあり、マネジメントワークの有効性を介護サービスの領域に限定する議論も見受けられる。

そうした見解においては、マネジメントワークの機能が要介護認定が実施されてのち、認められた介護費用の範囲で援助計画を作成し、利用者と援助提供者との媒介調整を行うことに限定されている。たしかに、マネジメントワークの先進国であるアメリカのケアマネジメント概念には、一定の費用の範囲で最適の効用をあげることのできるサービスの提供をめざすという色彩が強い。しかし、マネジメントワークをそのような枠組みのなかに閉じ込めてしまえば、マネジメントワークは経費節約技術に矮小化されてしまう。そうした枠組みのなかにおいては、マネジメントワークはもっぱらサービスメニューのバッテリーのなかに利用者を追い込む技術を意味することになる。

マネジメントワークを社会福祉援助活動に不可欠の技術として位置づけ、その発展をはかるには、ひとまずマネジメントワークを費用の制約から解放し、利用可能なあらゆる領域の生活支援サービスを選択の可能性のある素材として捉えることはもとより、利用者の生活支援ニーズに応じて必要とされるサービスを新たに開発すること、すなわち所与の社会資源の範囲で利用者のニーズとサービスを結びつけるということのみならず、必要に応じて新たに社会資源を開発・創出することを含む活動ならびに技術として捉え直す必要がある。

3) 媒介調整の前提条件

もとより、マネジメントワークの機能を十分に発展させるためには、何よりもその前提条件としてサービスメニューの質量両面における拡大充実が必要とされる。

すでに高齢者福祉や障害者福祉の領域においては、不十分であるとはいえ、それなりにマネジメントワークを展開する前提条件が整備されつつあるといってよい。しかし、児童福祉の領域においては、生活支援サービスのサービスメニューそれ自体に限界がある。たとえば、児童養護の領域では、児童養護施設によって提供されるサービスと里親制度以外には選択の対象になりうるようなサービスはほとんど存在しない。部分的に代替機能をもちうるショートステイサービスやトワイライトサービスなどを実施している児童養護施設は全体のおよそ一〇%程度といわれている。

この状況では、児童養護の領域ではマネジメントワークの前提条件が欠けているというほかはない。多様なサービスのなかからもっとも適合的なサービスを選択し、個々のこどものもつ状況に応じた独自の援助計画を作成し、その実現をはかろうにもサービスメニューそれ自体が少なければ、選択は成り立ちえないのである。

しかし、この事実は、児童養護の領域におけるマネジメントワークの可能性を否定するものではない。むしろ、児童養護施設への入所か里親委託かという限られたサービスに依存してきた児童養護の領域においてこそ、サービスメニューを拡大し、生活支援ニーズの適切な評価から利用資格の認定、援助計画の作成、援助提供機関の選択にいたる過程を支える媒介調整活動の充実が求められるのである。

3. 社会福祉援助の技法

社会福祉の援助技術は、生活支援ニーズを理解し、援助の方向性を定め、援助関係とそこにおこる状況を制御するために必要とされる価値規範、一定の知識、そしてそれを実地に適用する際に必要とされる技法（スキル）から構成されている。以下、援助技術の技法的な側面について簡潔に言及しておきたい。

1）自己決定の支援

社会福祉の援助活動における自己決定は、権利のレベルでいえば、利用者のサービスメニューや援助提供機関に関わる選択権と自己決定権を意味している。援助技法のレベルでいえば、利用者の態度や行動の変容を導きやすい状況の設定に関わっている。強制や説得による態度や行動の変容は、それが実現したとしても、表層的なものにとどまり、永続性をもたない。永続性をもつ態度や行動の変容をもたらすためには、利用者の自己決定を尊重し、それに委ねることが必要とされる。

2) 個別化

利用者の担っている生活支援ニーズは、相互に類似しているようにみえても、それぞれに異なっている。客観的には同一にみえる事物であっても、その意味づけは利用者によって違っている。援助活動においてもっとも重要なことは、利用者の生活支援ニーズを利用者のもつ個々の条件に即して個別的に捉え、それが利用者にとってもつ意味を読み解き、適切な援助を提供することである。個別化は社会福祉援助のもっとも重要なキー概念である。

3) 総合化

利用者の生活支援ニーズはなによりも個別的に捉えられなければならない。しかし、個々の利用者の担うニーズのなかに入り込んでみると、その影響は利用者の多様な生活の領域に及んでおり、したがってそれに照応する多様な社会制度や保健医療、住宅などの関連するサービスに関わっている。援助者には、利用者のうえに起こっているそうした問題状況を総合的に捉えるとともに、利用者がそのような複合的に錯綜した問題状況にたいして適切に対応することができるように、側面から支援することが求められる。

4) 受容

利用者が自分自身の複雑な問題状況に対処する過程を支援するには、援助者は利用者にたいして非審判的態度をとり、利用者の感情、思考をあるがままに受け容れ、その自己決定による問題状況の解決や軽減緩和を側面から促すことが求められる。

ただし、受容するということは、利用者の感情や思考をそのまま肯定することではない。援助者は、利用者が思わず親を殴りたいという衝動にかられるという感情の表出を受容する。しかし、そのことは、親を殴るという利用者の行為を現実の世界において容認することを意味するわけではない。受容とは、利用者に非審判的な態度をとり、利用者の感情を受け入れつつ、自己決定を尊重し、自主的主体的にその態度や行動を変容することのできるような、脅威のない状況を醸成するということである。

5）感情表現の支援

利用者の思考や判断は、そこに怒りや悲しみ、苦しみなどの強い感情が結びついているとき、しばしば停滞したり、誤った方向に向かう。極端な場合には、考えることはおろか睡眠や食事という日常的な活動さえ妨げられてしまう。そうした利用者の状況は、その強い感情の吐露を支援するだけでも、かなりのところまで軽減される。いわゆるカタルシスとよばれる効果である。そのとき援助者に求められることは、非審判的な態度をもってただ耳を傾ける（傾聴する）ということだけである。

6）自制的援助関係の維持

援助活動を展開するなかで、利用者が援助者にたいして否定的な感情を抱いたり、逆に好意的な感情をもつことがある。また、逆に、援助者が利用者にたいして同様の感情をもつことがある。転移や逆転移とよばれる現象である。こうした状況はしばしばみられることであり、必ずしも珍しいということではない。援助者はそのことによって自己にたいして否定的になる必要はない。

しかし、援助者は利用者の友人や恋人であることはできず、そのような感情にたいして自分自身を制御し、専門職としての態度を堅持することが求められる。援助者に求められることは、援助関係のなかでしばしば起こってくる状況を的確に把握し、担当者の交代ということを含め、専門職として冷静に対処する能力を身につけるということである。

7) 秘密保持

援助者は利用者を援助する過程において知りえた秘密を他にもらしてはならない。それは、まずなによりも利用者のプライバシー権を護るためである。秘密が漏洩され、利用者の利益が損なわれるようなことになれば、援助者にたいする信頼は損なわれ、援助関係を維持することは困難になろう。

つぎに、利用者の秘密は社会にたいしても保持されなければならない。専門職がその業務によって知りえた秘密を漏洩するということになれば、その専門職にたいする社会的な信用は失墜することになろう。また、秘密の漏洩は、専門職に従事する人びとが自分たち自身にたいして課している倫理規程にもとる行為であり、厳に慎まれなければならない。

第5節 援助技術の社会的性格

社会福祉援助における技術はどのような性格や位置づけをもつのであろうか。社会福祉援助における技術の重要性については誰しもが認めるところである。しかし、それがどのような性格をもつ技術であるかということについては、必ずしも十分に考察されてきたとはいえない。ここであらためて考察してみたい。

1. 社会的技術としての社会福祉援助技術

先行研究のなかで社会福祉援助技術について社会的技術という側面を強調して論じているのは、社会福祉の三元構造論で著名な真田是である。

真田は社会福祉における技術の性格を論じるにあたり、技術を一般的に物質的生産に関わる労働手段の体系として捉える所説にも言及しつつ、しかしそれとは区別されるものとして、すなわち社会組織や人間の行動に関わる社会的技術の一つとして捉えることを提案している。真田の提案のこの部分——社会福祉における技術を社会的技術として捉える見解——を援用し、第9章において論じたサービスの提供手段という概念を、物質的な提供手段のほかに、社会組織や人間の行動にかかわる社会的技術を包摂するより広い概念として再構成してみよう。そうすると、社会福祉における技術は、サービスの提供を支える社会的技術のひとつとして、サービスの提供手段のうちに位置づけられることになる。

ただし、社会的技術としての社会福祉の技術は機材や建造物のような物質的なサービス提供の手段とは顕著にその性格を異にしている。物質的なサービス提供手段はサービス提供主体（援助者）の骨格や筋肉の延長として、あるいはそれらを補い、強化する素材としていわば外在的に、道具的・手段的に機能する。これにたいして、社会的技術としての社会福祉の技術は、一度サービス提供主体の骨肉のなかに内在化され、そのうえでサービス提供主体の労働能力ないしその一部としての技能を支え、方向づけるというかたちで機能するのである。

たしかに、社会的技術といえども、物質的技術と同様に、道具的・手段的にもちいられる。その意味では社会的技術と物質的サービス提供手段とは同列にあるといってよい。しかし、社会的技術は、物質的なサービス提供手段とは違って、いわばサービス提供主体の骨肉のなかに内在化されることなしにはその機能を発揮しえないのである。そこに社会的援助技術の、そして社会福祉における技術の特徴が存在する。

2. 人間的技能としての社会福祉の技術

社会福祉における技術はすぐれて人間労働の一部分であり、いわばそこから抽出されたものである。真田らの見解を援用していえば、技術とは、もともと人間の労働能力を意味する技能のうち、一定の範囲で経験的な法則性が認められる部分について体系化が試みられる、その過程において個々のサービス提供主体（援助者）から分離され、客観化・外在化されたものである。したがって、技術は、それが活用されるためには、個々のサービスの提供主体のなかに埋め戻され、具体的な場面に適用されうる技能として再生させられなければならない。社会的技術としての社会福祉の技術は、物質的な提供手段のように完全に外在的な道具や手段として活用されうるものではない。

技術が技能として再生させられる過程においては、サービス提供主体の人格、人間性、知性、さらには思想性の影響はこれを免れえない。ただし、サービス提供主体がすぐれた人格、人間性、知性、思想性の持ち主であれば、それだけで直ちにすぐれたサービスを提供しうるかといえばそうではない。それらは必要条件ではあるが決して十分条件ではありえない。また、サービス提供主体のおかれた職場環境や労働条件もサービスの源泉としての人間労働を外側から規制する外形的な要因であり、その意味で重視されるべき条件である。しかし、より基本的、根源的な問題としていえば、社会福祉におけるサービスの源泉である人間労働の内容や質、それを支える技術や知識のありようは、何よりもそれ自体として追求されなければならない課題である。サービスの提供主体とサービスの源泉としての人間労働を区別するいま一つの理由がここにある。

真田は、政策と技術を結ぶ環として福祉労働をおき、そのことによって政策論と技術論の対立を克服しようとしている。その議論は十分に示唆的である。しかし、真田の社会福祉の技術にたいする評価は、総じていえば、かなり消極的である。真田は社会福祉における技術の重要性を認めてはいる。批判されるべきは、一部にみられる技術主義や技術に社会福祉の本質をみようとする技術論のありようであって、技術そのものではない、と主張する。しかし、それでもなお、議論の全体をみる限り、真田の技術にたいする評価は消極的というほかはない。

真田の関心は、技術よりも福祉労働者の人格や人間性、知性、そして思想性に向けられている。別の観点からいえば、福祉労働者たちが対象としての生活問題やその解決・緩和をめざすサービスを社会批判的な文脈のなかで捉える視点と方法をもっているかどうかに向けられている。たしかに、福祉労働者たち、すなわちわれわれのいうサービスの提供主体（援助者）がその任務を遂行するうえで社会批判的な視点と方法をもちえているかどうか、それはわれわれにとっても重要な関心事である。援助活動のありようをそのような角度から点検し続ける努力が日常的に継続されなければならない。

しかし、それだけでは不十分である。よりよい援助活動を展開するには、経験則を超える技術の蓄積が不可欠とされる。わが国における援助活動の実践に立脚した技術の発展に寄与する、実際的でかつ理論的な研究の積み重ねが必要とされている。

第6節　社会福祉援助におけるソーシャルとケースのあいだ

最後に、社会福祉における援助活動についての議論を締めくくるにあたって、一〇〇年前の二〇世紀初頭のアメリカにおいて展開された論争を手がかりにしながら、社会改良運動と個別的援助活動との関係について、さらに抽象化すればそこに含まれている社会と個人との関係について考察しておきたい。

1.　社会の改良と社会への適応

一九世紀の末から二〇世紀への転換期、アメリカにおいては慈善組織協会運動とセツルメントハウス運動が発展したが、両者はその理念や活動の方法を異にし、ことあるごとに反目しあった。なかでも、慈善組織協会に依拠する活動家たちは、時間的には自分たちよりもやや遅れて発展しながらもやがて時流に乗り、アメリカにおける社会改良運動である革新主義運動の主要な原動力の一つとなったセツルメントハウス運動にたいして、強い対抗心をもつにいたった。もう一度、両者の反目の経緯とその意味を考えてみよう。

1）社会改良への熱意——セツルメントハウス運動

すでにみたように、アメリカのセツルメントハウス運動に結集した人びとは、イギリスのトインビーホールを嚆矢とするセツルメント運動にならって、大学の教授や学生を中心とする知識人たちであり、彼らはシカゴやその周辺の大都市にうまれた新移民を中心とするスラム街に住み込み、住民と生活をともにする経験を踏まえ、住民を組織し、市やカウンティや州の政府に働きかけ、居住環境や衛生環境の改善、保育所の設置、英語学校の運営などに努力したことで知られている。

セツルメントハウス運動は社会改良をめざし、そのねらいは、スラムやそれを含む地域社会、市、カウンティ、州、さらには連邦（国）を視野に入れ、それぞれの社会のレベルにおいて生活習慣、生活様式、行政、政治、法を改善し、改革すること、そしてそのことを通じて個人や家族のかかえる問題を解決緩和し、生活を改善することにあった。

これにたいして、慈善組織協会の援助活動は貧困な個人や家族に焦点を絞っていた。そのねらいは、一人ひとりの個人や家族をそれぞれに異なった生活の履歴や背景、性格、生活習慣や生活様式をもって存在する個別のケースとして捉え、そのような個人や家族のになう貧困その他の問題を個別的に解決緩和することにあった。

社会改良と援助活動、すなわちソーシャルリフォームとケースワークは、互いに人びとの貧困その他の生活上の困難や障害を解決し、緩和軽減することを意図しつつも、そのめざす方向は相反し、援助の方法も異なっていた。

2）小売り的な方法と卸売り的な方法

慈善組織協会による援助活動から出発し、ケースワークの科学化・体系化をめざしてきたリッチモンドは、こうしたソーシャルリフォームとケースワークの対立関係を憂慮し、両者のあいだに和解をもたらそうと努力した。リッチモンドによれば、ソーシャルリフォームとケースワークは、基本的には共通の目的を追求している。しかし、そこに到達する方法は相互に異なっている。そうした観点から、リッチモンドは、ソーシャルリフォームを卸売り的方法に、ケースワークを小売り的方法に例え、そのうえで二つの方法は連続しているのだと説いた。

リッチモンドは、社会改革が健全に推進されるためには、小売り的な方法から始め、その蓄積のなかから卸売り的な方法に向かい、そこであげられた一定の成果をもとにもう一度小売り的な方法に戻ってこなければならないと主張した。リッチモンドは、小売り的な方法から卸売り的な方法への上向と卸売り的方法から小売り的方法への下降、そしてそこにうまれる円環的な運動が持続されることの重要性を強調したのである。

このようなリッチモンドの考えかたはかたちを変えてこんにちのソーシャルワークのなかにも継承されている。それは、ソーシャルワークのなかにケースワークとともにソーシャルアクションが含まれているところに現れている。

2. 社会と個人――連続と非連続

こんにちの分類法を加味していえば、ケースワークは直接援助技術であり、ソーシャルアクションは間接援助技術である。両者は手法は異なるが、援助技術としては同列に扱われている。しかし、リッチモンドのいう小売り的な方法と卸売り的な方法、こんにちの分類でいうケースワークとソーシャルアクションは、はたして目的を共通にしつつ手法において は相異なる援助技術として同列に位置づけられうるものであろうか。

1) 社会と個人のはざま

実は、小売り的な方法と卸売り的な方法との関係をどのように位置づけ、理解すればよいのかという問題の奥底には、社会をどのように捉えるのか、個人をどのように捉えるのか、そして社会と個人との関係をどのように捉えるのか、という魅惑的でありながらも容易には超えがたい困難な主題が横たわっている。

この主題は、別の観点に置き直していえば、社会のありようを基本的に健全なものとして捉え、そこに生起しているさまざまな社会問題を現在の社会のなかでも解決可能な課題とみなすのか、それとも社会のありようそのものに問題性をみいだし、社会問題の解決には社会そのものの変革が必要であると考えるのか、という問題として論じられてきた。前者の立場に立てば、小売り的な方法と卸売り的な方法は連続的、円環的な手法でありえよう。しかし、後者の立場に立てば、小売り的な方法と卸売り的な方法とのあいだには超えようとして超えがたい深い谷が横たわっている。

リッチモンドやそのケースワーク論をうみだしたアメリカの社会は、基本的には前者の立場に立つ社会である。環境（社会）と人間（個人）の調整、個人の社会にたいする適応、それを通じての個人のパーソナリティの発展という連続的、円環的な循環という仮説が受け入れられやすい社会である。それとは対照的に、ヨーロッパの社会は、むしろ人間（個人）の環境（社会）にたいする適応よりも、環境（社会）のもつ条件を改善することのほうに関心を寄せ、その歴史をみれば明らかなように、しばしば社会革命というドラスティックな対応のしかたを選択してきた。

第二次世界大戦以後、わが国においても、多数の人びとが後者の立場によりながら社会福祉の理論的実証的な研究を展開してきた。社会福祉を資本主義社会がその特有の構造によってうみだす社会問題に対処しようとして展開する施策の体系として理解する立場をとる人びとは、社会問題の担い手として社会構造の犠牲になった人びとにたいする援助活動とともに、社会構造それ自体の変革を求める社会運動を重視してきた。しかし、近年、資本主義経済の停滞、社会主義体制と冷戦構造の崩落、市場原理の復活と活性化、さらには脱規制化の推進などによる社会変動のなかで、環境（社会）と人間（個人）の調整、個人の社会にたいする適応、そしてそれらを通じての個人のパーソナリティの発展を重視する人びとがむしろ増加してきている。

2) 社会と個人の統合的把握——遥かなる課題

社会福祉に携わる人びとは、その立ち向かう仕事の性格に関わって、社会をどう捉えるのか、そしてそのような社会と人間との関係をどう捉えるのか、そのことについてつねに熟考することが求められる。

われわれ人間は、それを構成する一員として社会に属し、その社会が自己運動し、歴史を構成する過程に参加している。しかし、一人びとりの人間が、すなわち個人としての人間が社会の進むべき方向に影響力を行使する機会もその成果も限られたものである。むしろ、個々の人間は社会による規定をうける立場にあり、社会の一員としてその影響を避けて通ることは困難である。

貧困観の発展について論じたことを思い起こしてみたい。一九世紀には、貧困は、もっぱら貧困者個人の能力、性格、生活習慣に起因する問題とみなされた。しかし、やがて一九世紀から二〇世紀へという世紀転換期において、貧困の原因は社会の構造にかかわる諸条件のうちにあるという見解が登場し、貧困調査を通じてその正しさが実証された。たしかに、総体的には、貧困は社会構造的諸条件に起因するといってよい。しかし、実際に貧困状態にある人びとの生活は、基本的には社会による規定のもとにありながらも、同時にそこには個人的な要因も関与している。そのような貧困問題をどのように理解し、その解決のために、どの方向にむけてどのように働きかけ、援助すればよいのか。

このことは、社会福祉の世界においてこんにちなお繰り返し問われている問題であり、今後とも問われ続ける問題であろう。そして、その奥底には、社会と人間をどう捉えるのかという主題が横たわっている。貧困の問題のみならず、児童、高齢者、障害者のかかえるさまざまな生活問題に関しても、同様の問いかけがなされている。

社会と個人との関係は単純に連続線上において捉えられる問題ではない。社会と個人とのあいだには深く、広い、そして緊張を孕んだはざまが存在している。社会福祉が対応しようとしているさまざまな生活問題あるいは生活支援ニーズは、そのような社会と人間とのかかわりのなかからうみだされてきている。

社会福祉に携わる人びとには、すぐれて個別的な状況として現れている利用者たちの生活問題や生活支援ニーズを社会と人間という緊張を含んだ規定関係のなかで解き明かし、その結果にもとづいて必要かつ適切な援助の方法を探求することが期待されている。社会と個人のそれぞれについて、そしてまた社会と個人の関係をどのように理解するかという問題、それは社会福祉に携わる人びとの前に常にアルファにしてオメガの問題として屹立《きつりつ》しているのである。

第11章 社会福祉の情報・職員・財政

これまで、われわれは、第7章、第8章において社会福祉の運営について論じ、第9章、第10章において援助活動について論じてきた。しかしなお、社会福祉の構成要素として重要な意味をもつ情報システム、職員システム、財政システムにかかわる諸問題が検討課題として残されている。

第1節 社会福祉における情報

現代はまさに情報の時代である。ビジネスの世界では、情報をどれだけもっているか、収集できるか、そしてそのために必要とされるIT機器の取り扱いにどれほど習熟しているかによって、どれだけの成果をあげられるかが決まるといわれている。

この状況はそのまま社会福祉の領域にもあてはまる。

1. 社会福祉における情報

いま社会福祉にかかわる各種の情報を総称して福祉情報といえば、そのありようや取り扱い方法は社会福祉の政策、運営、援助というそれぞれのレベルにおいて重要な意味をもっている。

こんにちの社会福祉にかかわる政策・制度の総数・種類は、公的なセクターに限定しても相当な数にのぼり、それぞれの政策・制度の策定、運営に関連する法令・省令・政令・通達・通知・条例等の数も多い。そこに含まれる情報は膨大な分量に達している。これに民間福祉セクター、インフォーマルセクター、民営福祉セクター、さらには市場的に提供される生活支援サービスを含めれば、社会福祉にかかわる情報の分量はさらに飛躍的に増大する。

援助のレベルでいえば、そこでは利用者にかかわる情報が収集分析されるとともに、社会福祉のサービスに関するそれを含め、多様な社会資源についての情報が必要とされる。また、近年における社会福祉基礎構造改革のなかで、選択利用方式が導入される前提として、事業者に財務関係の帳簿を含め、社会福祉法人の経営、提供するサービスの種類や内容などに関する情報の提供や開示を行うことが義務づけられた。

さらに、社会福祉の領域に限定せず、医療、保健、心理、教育、リハビリテーションなどの関連する領域も視野に含めるとなれば、社会福祉に関連する情報の量は個人のレベルで掌握しうる範囲をはるかに超えているといっても過言ではない。情報を収集し、分析するにしても、検索し、活用するにしても、それなりの知識や技術が必要となる。ＩＴ機器についての知識や修練が求められることになる。

以下、そのような社会福祉における情報の問題を、政策関連情報、運営関連情報、利用者関連情報、情報の管理、情報の公開に分けて検討する。

2. 政策関連情報

ここで政策情報というのは、政策の企画・立案・策定さらにはその運用の過程において収集分析され、活用される情報のことである。この政策関連情報は、ニーズ情報、運用情報、援助情報、要員情報、財源情報、社会資源情報、審議情報などに区分することが可能である。

1) ニーズ情報

ここでいうニーズ情報は、社会的施策としての社会福祉が対応する対象、すなわち潜在的顕在的な利用者、利用者の担う生活上の障害や困難（生活問題）、あるいは利用者のもつ福祉ニーズ――ここでは社会的生活支援ニーズのみならず、その前提になる生活支援ニーズ、ならびに所得維持ニーズ、医療保障ニーズを含む――にかかわる情報であり、それは国・都道府県・市町村、専門的諸機関による社会福祉調査、事業実施機関や援助提供機関・施設・事業者による事業報告や改善要望、利用当事者の組織や関係諸団体による施策要求などを通じて把握される。

国・都道府県・市町村に限らず、民間の組織であっても、政策の立案・企画・策定を行うには、この種の情報が適切かつ正確に収集されなければならない。それがなければ施策の発展は期しがたい。すでに言及したように、一九八〇年代末以降、社会福祉においては計画行政が重視されるようになり、市町村に社会福祉にかかわる各種計画の策定の主体となることが期待されている。ニーズ情報に敏感な市町村とそうでない市町村ではその施策に大きな格差が生じることは明らかである。市町村は、その区域内のニーズ情報のみならず、都道府県さらには全国的な規模でその動向に留意することが求められる。

2) 運用情報

運用情報は、政策運用の過程で必要とされ、また取得される情報である。より具体的にいえば、それは政策の制度化、事業化にかかわる情報、効果や成果、限界、利用者の反応等にかかわる情報である。政策の企画・立案・策定において必要とされる情報のうち、もっとも重要な情報の一部は、政策の運用過程において発生する各種情報のフィードバックによってもたらされる。

政策運用にかかわる情報は、事柄の性格上、国や都道府県による社会福祉行政の内部において発生することが多い。そのため、これらの情報は、末端の援助提供機関・施設や利用者にはなかなか届かない。一般市民にはなおのこと手の届きにくい情報である。国や都道府県の関係部局によって独占的に収集管理され、利用されることになりやすい。社会福祉にたいする利用者、さらには一般市民の参加・参画を促進するには、この種の情報の積極的な公開が必要とされる。

3) 援助情報

援助情報は、直接的間接的な援助活動の組織や過程にかかわって発生し、取得される情報である。利用者の福祉ニーズについての個別的な情報、援助組織のありよう、援助活動の効果と限界、利用者にたいする影響などに関する情報である。援助の最先端における情報であり、同時に政策の効果や限界を物語る情報である。

すなわち、援助の組織や過程についての情報は、社会福祉のありようを考えるうえできわめて重要な意味をもっている。ニーズに関する情報とならんで、社会福祉の政策策定にかかわる情報のなかでもっとも重要な情報であるといっても過言ではない。しかし、援助活動に関わる情報はなかなか政策の立案・企画・策定の過程に達しない。政策の立案・企画・策定の場と援助活動の場との距離は著しく遠い。

今後における社会福祉のありようを考えれば、政策の立案・企画・策定に関与する人びとには、援助の組織や過程に関わる情報により敏感に反応することが求められる。逆に、援助の組織や過程に関与する人びとには、政策の立案・企画・策定に関与する人びとにたいして積極的にみずからの情報を発信する努力が求められる。

4) 要員情報

要員情報——社会福祉の人材あるいはマンパワーに関する情報——は、政策的な関心からいえば、事業実施システム、援助提供システム、援助展開システムを担う職員に関する情報である。職員の種類と数量、資格要件、必要とされる専門的知識や技術、養成、資格制度、職員組織、労働条件、労務管理などに関する情報がその内容となる。

後述するように、社会福祉に有為の人材を集めるという趣旨で、福祉人材に関する情報交換の場として全国及び都道府県レベルの社会福祉協議会に福祉人材センターが、市町村レベルの社会福祉協議会に福祉人材バンクが設置されている。この福祉人材センターや福祉人材バンクに登録することを通じて、社会福祉の職場に勤務することを希望する求職者は就職希望先の事業内容や雇用条件についての情報をえることができ、逆に有為の人材を雇用しようとする求人側は求職者についての情報をえることができる。

5) 財源情報

財源情報には、国・都道府県・市町村の一般的財政状況、社会福祉の経常的予算、新規事業に振り向けられる予算に関する情報、補助金交付に関する情報、共同募金・寄付金、民間団体による助成金などに関する情報などが含まれている。

社会福祉が社会福祉法人への措置委託を含めて公設公営型中心に運営されていた時代とは異なり、供給主体の多元化・多様化が促進されるにつれて、民間や民営部門を含め、事業に必要とされる財源や資金獲得の方法に関する情報は一層重要性を増している。

6) 社会資源情報

社会資源情報は、社会福祉の政策を立案・企画・策定し、運用するにあたって有用な社会資源に関する情報で、たとえば社会福祉にとって有用な物財やサービスに関する情報や国内における関連施策に関する情報等である。外国における類似施策に関する情報、社会福祉に関する学術情報、民間のシンクタンクの提供する情報等もこれに含まれる。

7) 審議情報

審議情報は、政策の立案・企画・策定の過程で活用される審議会や、委員会における審議内容にかかわる各種の情報や議会の審議に関連する情報である。従来、最終的に報告書というかたちで提供される情報を除き、審議会や委員会の審議過程における資料、発言や議論に関する情報は公開されてこなかった。しかし、近年情報公開の機運が拡大するなかで、この種の情報についてもインターネットなどを通じて提供されるようになっており、それだけ政策決定過程の透明性が高まってきたといえよう。

3. 運営関連情報

1) 制度情報

社会福祉の運営の過程を担う職員、なかでも事業実施や援助提供の過程を担当する窓口職員（第一線職員）にとってもっとも重要な課題の一つは、どのようにして活用すべき制度の内容や利用の資格要件や手続きに関する情報、すなわちここでいう制度情報を的確に掌握し、利用者に提供することができるかということである。この職員の必要とする情報の収集や管理については、法令通知集や規程集の整備はもとより、先進的な地域では近年ではコンピュータネットワークによる情報の管理を含め、それなりの工夫が凝らされるようになってきている。

しかし、職員による制度情報の収集と管理について改善が必要とされるのはもとよりのことであるが、さらに重要なのはその情報を利用者にたいしてどのように提供し、活用して貰うかということである。一般に、顕在的潜在的な利用者にたいする社会福祉制度に関する情報の提供は、市民を対象にする広報紙への掲載というかたちでなされている。この種の情報は、通常年度の変わり目や資格要件にかかわる諸条件の変動について報告が求められる時期にあわせて掲載されている。しかし、それも、市民にとって利用可能な政策・制度のすべてを網羅するものではない。すでに一部の市町村においては、市民にたいしてコンピュータを活用して制度情報を提供するという試みも行われている。たしかに、コンピュータによる制度情報の提供という方法は、提供しうる情報の量を飛躍的に増大させるということでは大変優れている。しかし、それですべての問題が解決されるというわけではない。

2) 情報利用の支援

情報が網羅的に提供されたからといって、市民がそのなかから必要な情報を適切に選択し、より効果的な制度の利用を実現しうるとは必ずしもいえないからである。潜在的顕在的な利用者である一般の市民が、膨大な制度情報のなかからみずからの福祉ニーズの充足に必要とされる制度に関する情報を的確に抽出し、制度の内容や利用に関する資格要件を読み取り、利用を実現するのは容易なことではない。

たとえば、制度情報をコンピュータによって提供するという方法を導入する場合、情報の検索を完全に利用者の判断に委ねるということでは、十分な成果を期待することはできない。コンピュータの操作についての知識や習熟の程度は問わないとしても、情報の検索をスムーズに行うためには、制度情報を閲覧するためのキーワードについての知識が必要とされるからである。

コンピュータによる検索という方法で目的とする制度情報を入手するためには、利用者の側に社会福祉の制度についての一定の知識が必要とされる。コンピュータの提示する複数のメニューのなかからどれかを選択するという場合にも、それぞれのメニューについての一定の予備的な知識のあることが不可欠の要件となる。しかし、そうした知識を社会福祉の利用者に期待することは必ずしも現実的であるとはいえない。

コンピュータによる制度情報の管理や検索という方法をよりよいかたちで活用することができるかどうかは、利用者と直接的に対応する窓口職員（ストリート官僚）の力量いかんにかかっている。利用者にとって頼りになるのは窓口職員であって、コンピュータそのものではない。コンピュータによる制度情報の管理や検索は、そのような窓口職員の業務遂行の過程を改善し、よりよいものにするために必要とされるのである。「誰でも、いつでも、どこでも、自由に」利用できる福祉サービスを具体化するうえで、その鍵になるのは、制度情報そのものやそのコンピュータによる管理や検索という技術的手段にかかわる諸問題ではない。それらを活用して窓口業務に当たる第一線職員とその資質である。

4. 利用者関連情報

社会福祉にかかわる情報の収集管理と活用ということに関連してかねてから注目されてきたのは、社会福祉の利用者に関する個人的情報、すなわち利用者関連情報をどのように収集管理し、活用するかという問題である。

1) 利用者情報

社会福祉における援助活動を効果的に展開するうえでまず必要とされるのは、利用者に関する情報である。利用者に関連する情報のうち、もっとも重要であり、かつ援助活動の出発点となるのは、利用の申請者ないし希望者による利用の申請あるいは利用の申し出である。利用の申請や申し出には当然その事由が存在するが、この事由は相談機関などにおいては主訴とよばれる。

利用の申請や申し出の事由＝主訴は、援助活動の契機となるものであり、その背景には社会的生活支援ニーズが存在する。第10章で論じたように、申請や申し出は、基本的に自発的な性格をもっており、利用の申請者や利用者がそのように感じ、考えている事柄の表出である。したがって、申請や申し出の事由は第一義的に尊重されなければならない。しかし、申請や申し出の事由は、その反面において主観的なものであり、つねにその背景にある社会的生活支援ニーズと一致するわけではない。意識的、無意識的な防衛機制がはたらき、もともとの事由が覆い隠されているようなこともまれではない。また、表出された事由だけでは、その背景にある社会的生活支援ニーズの全体像を把握し、理解することは困難である。そのため、援助活動を展開するにあたっては、利用者にかかわってさまざまな情報を収集し、分析することが必要となる。

必要とされる情報は、利用の申請や申し出の事由の内容、それが形成される経緯、家族的背景、生育歴、病歴を含む健康状態、生活歴、学歴、職歴、医療をうけたことのある者については受診歴、社会福祉援助を利用したことのある者については援助利用歴など広い範囲にわたる。もとより、これらの情報をすべての利用希望者について網羅する必要はない。利用申請や申し出の内容その他の事情によって必要な情報は限定されることになる。しかし、それにしても必要とされる情報量はかなりのものとなり、それらを収集することは利用希望者＝情報の提供者にとっても、また事業実施機関や援助提供機関・施設＝情報収集者にとっても少なからぬ負担となる。

2) 情報共有化の必要性

そこで、近年、コンピュータと磁気記憶カードを利用した利用者情報の共有化、すなわち利用者にかかわる情報を広く収集するとともに、一括して管理し、必要に応じてそれを引き出して利用するという情報管理システムの構築が試みられるようになっている。その背景にはつぎのような二通りの要因がかかわっている。

第一には、高齢者の領域を中心に保健・医療と福祉との連携の必要性が重視されるようになったことである。実際、現代は、ひとりの高齢の利用者が保健・医療そして福祉という異なった領域におけるサービスを一定の時間差をもちながら、あるいは同時的に、利用するという時代である。このため、それぞれの領域において、その利用者がどのようなニーズをもち、どのような保健・医療サービスや福祉のサービスをうけてきたのか、また現にうけているのか、そうしたことについての情報がきわめて重要な意味をもつようになっている。類似のサービスの重複や必要なサービスの遺漏を防止し、相互に関連しあうサービスの全体としての効率と効果を向上させるためには、それぞれの領域における情報を相互に関連づけ、共有することが必要とされる。

第二に、そのことは、社会福祉の制度運営システムと援助提供システムとが分離される傾向にあることに関連している。すなわち、近年在宅福祉サービスを中心に公的福祉サービスを民間に委託して実施するという形態が増加するなかで、利用者は利用の意思やその背景にある社会的生活支援ニーズに関する情報を事業実施機関と援助提供機関・施設に申し出あるいは説明するという二重の手間を求められるようになってきている。公的福祉サービスの実施を民間の機関・施設に委託するといっても、委託されるのは福祉サービスの具体的な提供に関わる部分のみであり、利用申請者による福祉サービスの利用の可否を決定する権限は移譲の対象にはなりえないからである。その結果として、利用者は、事業実施機関の窓口と援助提供機関・施設の窓口において再三個人情報の提供を求められることになる。

3) 利用者関連情報の一括管理

このような利用者による二重の負担を回避するため、各地で一定の利用が予想される保健医療サービスや福祉サービスについて市民にあらかじめ利用の申請を求めるとともに、利用の可否について審査し、その結果をＩＣカード（磁気記録カード）に登録しておき、実際にサービスの提供と利用が必要になった段階で、既存の申請と援助提供の記録に基づいて新たな援助の提供を開始するという手法が導入されている。

先ほどの、複数の領域にまたがるサービス利用の増加と事業実施システムと援助提供システムの分離という二通りの背景は実際には重なりあっている。このため、利用者情報のＩＣカードによる管理を実施する場合には、関連領域の連携の推進ならびに情報の事前登録・利用システムの構築という目的が同時的に追求されることになる。

なるほど、このような利用者情報の集中的、効率的な管理と利用は大変便利である。サービスを利用する側にとってもサービスを提供する側にとっても、それだけ負担が少なくなる。しかし、個人情報としてどの範囲の情報を登録するのか、それを閲覧することのできる者の範囲と閲覧できる情報の範囲をどのように設定するのか、またどのようにして利用者のプライバシーを保護するかなど、そこにはさまざまの難問が存在する。

4) 五色町保健・医療・福祉ICカードシステム

ここでは、そのような情報管理システムの一例として兵庫県五色町の保健・医療・福祉ICカードシステムを紹介しておきたい。

五色町では、在宅医療、訪問看護、独り暮らし老人対策、痴呆老人対策、特別養護老人ホーム、ショートステイサービス、入浴サービス、給食サービスなどの諸事業を推進するにあたり、あらかじめ利用者の身体状況、健康状態や受診歴などの情報があきらかになっていれば、利用希望者は速やかに適切なサービスをうけることができ、サービスの実施・提供者側も安心して業務を推進することができるという観点から、一九八八（昭和六三）年から地域保健医療カードシステムの地域実験を開始し、現在では成人用の「健康カード」と子ども用の「すこやかカード」で一生涯を管理するシステムが構築されている。

表11－1は、それぞれのカードのなかに登録されている情報の種類を示している。いずれのカードについても、個人基本情報にはじまる多彩な情報が入力されている。それらの情報の一部については新たな入力（書き込み）と照会（読み出し）が可能であり、一部については照会のみが可能である。登録されている情報は多様であるだけではない。個人のプライバシーにかかわり、利用のありようによっては人格の尊厳が損なわれ、重大な不利益や健康の破壊にもつながりかねない情報が多数含まれている。

そのため、**表11－2**にみられるように、健康カードと子ども用のすこやかカードを照会あるいは入力できる人びとの職種とそのレベル（深さ）はセキュリティカード（オペレーションカード）と暗証番号によって構築されているセキュリティシステムによって保護されている。カードにアクセスすることが認められている職員のうちすべての情報にアクセスできるのは医師のみであり、社会福祉職がアクセスできるのは成人用の健康カードの社会福祉関連の情報に限定されて

表 11-1　カードシステムの内容

No.	健康カードシステム	No.	すこやかカードシステム
1	個人基本情報入力照会	1	個人基本情報
2	救急情報入力照会	2	救急情報
3	診療記録照会	3	現病歴情報
4	現病歴入力照会	4	家族歴情報
5	既往歴入力照会	5	検査情報
6	家族歴入力照会	6	投薬情報
7	検査結果入力照会	7	検診履歴情報
8	検査結果履歴照会	8	メッセージ情報
9	投薬入力照会	9	歯科診療情報
10	処方箋メモ発行	10	診療記録
11	薬歴台帳照会	11	出生児発育経過入力照会
12	慢性疾患指導文書発行	12	1 カ月児健診入力照会
13	慢性疾患経過観察グラフ	13	4 カ月児クリニック入力照会
14	検診結果入力照会	14	母子相談入力照会 5 M
15	検診結果履歴照会	15	〃　7 M
16	各種テーブルメンテナンス	16	〃　10 M
17	看護・ＡＤＬ評価情報	17	〃　14 M
18	在宅援護回数	18	1 歳 6 カ月児健診入力照会
19	施設利用情報	19	3 歳児健診入力照会
20	福祉サービス受給情報	20	身長・体重追加入力照会
21	身体状況	21	五色発達検査履歴照会
22	精神状態	22	身長・体重成長グラフ
23	食事・嗜好	23	胸囲成長グラフ
24	生活習慣	24	頭囲成長グラフ
25	居住状況	25	学校健診結果入力照会
26	生活歴情報	26	すこやかメッセージ
27	ボランティア実績時間	27	予防接種情報

（高齢者保健福祉政策研究会）

表 11-2　セキュリティカードの種類とエリア別アクセス範囲

情報名＼種類		医師校医	医療従事者	福祉管理者	福祉従事者	救急隊員	保健婦	事務職員	養護教諭
健康カード	個人基本情報	○	○	△	△	△	○	○	△
	救急情報	○	○	×	×	△	○	×	△
	病歴情報	○	△	△	△	×	△	×	×
	薬剤情報	○	×	×	×	×	△	×	×
	検査情報	○	×	×	×	×	△	×	×
	検診情報	○	×	×	×	×	○	×	×
	メッセージ情報	○	×	×	×	×	○	×	×
	福祉基本情報	○	△	○	○	×	△	×	×
	ＡＤＬ情報	○	△	○	○	×	○	×	×
	福祉ケア情報	○	△	○	○	×	○	×	×
	生活総合情報	○	△	○	○	×	○	×	×
	ボランティア情報	○	×	○	×	×	×	×	×
すこやかカード	個人基本情報	○	○	×	×	△	○	○	△
	救急情報	○	○	×	×	△	○	×	△
	病歴情報	○	△	×	×	×	○	×	×
	薬剤情報	○	△	×	×	×	△	×	×
	検査情報	○	△	×	×	×	○	×	○
	学校検診情報	○	△	×	×	×	○	×	△
	検診履歴情報	○	△	×	×	×	○	×	△
	メッセージ情報	○	△	×	×	×	○	×	×
	歯科診療情報	○	△	×	×	×	△	×	△
	母子手帳情報	○	○	×	×	×	○	×	×
	すこやかメッセージ	○	○	×	×	×	○	×	△
	予防接種情報	○	○	×	×	×	○	×	×

○入力照会可　△照会可入力不可　×入力照会不可

(高齢者保健福祉政策研究会)

いる。

利用者情報を集中的に管理するシステムの導入は、利用者を含め、関係者に大きな利益をもたらすが、情報の管理については細心の配慮が必要とされる。

5. 情報公開の推進と誇大広告の禁止

つぎに、情報公開の推進と誇大広告の禁止という問題に言及しておきたい。いずれも、利用者による福祉サービス選択の促進という社会福祉基礎構造改革以来の課題にかかわる問題である。

1) 情報の提供

情報の公開という用語には、情報の提供、情報の開示という類似の用語が存在し、しかもかなり互換的に使用されるという状況がみうけられる。ここでは、情報の公開をより包括的な用語として把握し、そのなかに情報の提供と開示が含まれるという理解を前提に検討する。

情報の提供と情報の開示の違いは相対的なものであるが、情報の提供には情報提供者による主体的積極的な情報の提示というニュアンスが含まれている。逆に、情報の開示という場合には、請求されれば求めに応じ、該当する情報を提示するという受け身的なニュアンスが含まれている。

さて、提供と開示の区別はそれとして、二〇〇〇（平成一二）年の社会福祉事業法等の改正にもとづき、利用者による福祉サービス事業者やサービスメニューの適切な選択を可能にし、かつ促進するために、事業者にたいして、提供している福祉サービスについての情報を積極的に提供する責務が課せられた。また、事業者にたいしては、利用希望者からの申し込みがあった場合には、当該事業者の提供している福祉サービスを利用するための契約の内容及びその履行に関する事項について説明することが求められている。

契約にかかわる事項を別にすれば、社会福祉法人や施設はかねてから広報紙やパンフレットというかたちで、設立の経緯、事業展開の理念、事業の概要などについて情報の提供を行ってきた。しかし、これらの情報提供は施設の訪問者や後援会の会員地域住民などの関係者を情報の受け手に想定したものであり、利用者にたいする情報の提供ではなかった。社会福祉基礎構造改革のなかで求められたのは、利用者による活用を想定した利用者のための情報の提供である。この点は従来なかった要請であり、契約利用方式の導入にともなう措置であるとはいえ、画期的なことであった。

ちなみに、利用の契約が成立した場合、福祉サービス提供事業者には以下の事項について記載した書面を公表することが義務づけられている。契約の内容を明確にし、利用者が不利益を被らないようにするための手続きである。これも広い意味では情報の提供である。参考までに書面に記載すべき事項を紹介しておこう。

①当該社会福祉事業の経営者の名称及び主たる事務所の所在地
②当該社会福祉事業の経営者が提供する福祉サービスの内容
③当該福祉サービスの提供につき利用者が支払うべき額に関する事項
④福祉サービスの提供開始年月日
⑤福祉サービスに係る苦情を受け付ける窓口

2) 情報の開示

以上のような情報の提供とは別に、福祉サービス事業者には財務諸表等の開示が義務づけられている。ここでいう開示は、社会福祉法人の提供するサービスの利用希望者その他の利害関係人から請求があった場合には、請求権の濫用と認められるような場合を除き、原則として閲覧に供するという意味である。ちなみに、社会福祉法人に開示が求められる文書は、事業報告書、財産目録、貸借対照表、収支計算書とこれに関する監事の意見を記した書面、である。

これらの文書の開示が義務づけられているのは、第一には社会福祉法人の経営の透明性を確保するためであり、第二に利用者の選択に資するためである。従来、社会福祉法人は措置委託費の使途に関して経理、事業の両面について所轄官庁による監査をうけることを除けば、この種の情報を外部に開示することはなかった。社会福祉法人や施設の広報紙などに予算決算の報告が掲載されている場合にもその内容は大まかな概要であり、広報紙が配布される範囲も限定されていた。そのことからすれば、利用者を含む利害関係人が経理と事業の両面について情報の開示を請求することができるようになったことは重要な意味をもっている。

3) 誇大広告の禁止

広告は不特定多数の人びとにたいする情報の提供であり、ある意味ではもっとも積極的な情報の公開であろう。経営の安定を支えていた措置委託費制度のかなりの部分が廃止され、選択と競争の時代になれば、福祉サービス提供事業者にとって広告は顧客（利用者）獲得の有力な手段となる。しかし、利用者の側からみれば、広告のなかに、顕著に事実と相違する表示、実際のものより著しく優良であるとか有利であるとか誤認させるおそれのある不当な表示（いわゆる誇大広告）が含まれているということになれば、適切な選択が損なわれることになる。誇大広告禁止の対象になる事項は以下のようなものである。

①提供される福祉サービスの質その他の内容に関する事項
②利用者が事業者に支払うべき対価に関する事項
③契約の介助に関する事項
④事業者の資力又は信用に関する事項

⑤事業者の事業の実績に関する事項

これらの事項に言及する広告に虚偽や誇張が含まれているということになれば、そこに含まれている情報を判断の根拠にした利用者は、その資産や心身に重大な損害を被る危険性に直面させられることになる。判断能力の低位な利用者にとっては特にそうである。誇大広告が禁止されなければならないのは、何よりもそのような被害から利用者を護るためであり、同時に福祉サービス提供事業者による不公正な競争を防止するためである。

第2節　社会福祉の職員システム

第9章、第10章においてみたように、社会福祉援助の中核的な部分は人的サービス、すなわち専門的職員による人間労働＝サービス労働である。そのことからいえば、社会福祉の職員システムこそ社会福祉の中核的なシステムであるといってもあながち過言ではないであろう。

ここでは、社会福祉に関わる職員の組織、資格、養成などに関わる問題について考察する。

1. 職員組織

社会福祉には多種多様な職員が関与している。政策システム、運営システム、援助システムには、それぞれのシステムを担う職員が存在するとともに、その職種構成、資質、キャリアなどはシステムごとに異なっている。

社会福祉の政策システムや運営システムを担う職員は中央官庁の職員、すなわち厚生労働省の社会福祉関係部局の職員や自治体の社会福祉関係部課の職員である。しかし、社会福祉の分権化や地域化がすすむなかで、国や都道府県の職員もさることながら、今後は市町村における社会福祉関係職員のもつ意味が一層重要性を増すものと考えられる。

一般に社会福祉の職員組織という場合には、援助システムを構成する各種の相談機関、施設、社会福祉協議会、各種支援センターなどに勤務する職員とその組織をさしていることが多い。いわゆる現業部門を中心にその周辺部分に関与する職員とその組織である。公的福祉セクターの場合、福祉事務所、児童相談所その他の現業機関の職員の種類、資格、人員数などについては関連する法令の施行規則や社会福祉施設の最低基準（あるいは運営基準）、また各種在宅サービスの運営要綱などによって定められている。ただし、これらの施行規則、最低基準などによって規定されている職種は社会福祉の専門職ばかりではない。むしろ、職種の多様性が社会福祉にかかわる職員組織の大きな特徴になっている。

ちなみに、このところ、公的福祉セクターの業務に関与する社会福祉従事者は年々増加の一途をたどっており、一九九九（平成一一）年現在、その総数は一二四万三五三一人に達している。その内訳は、社会福祉施設職員九三万六〇五八人、ホームヘルパー一七万六四五〇人、その他（福祉事務所、児童相談所、社会福祉協議会などの職員）一三万一〇二三人である。

ただし、この総数一二四万三五三一人のすべてが社会福祉を専門とする職員（いわゆる社会福祉プロパーの職員）というわけではない。ここにいう社会福祉従事者の職種は、社会福祉専門職といってよい施設長、児童指導員・生活指導員等の各種指導員、保育士、寮母、社会福祉主事、児童福祉司などを中心に、医師、保健師・看護師、栄養士、理学療法士（PT）・作業療法士（OT）・言語療法士（ST）、心理判定員・職能判定員、事務職員、調理人など多岐にわたっている。このことは、多様性という意味で類似の特徴をもつ保健医療領域の職員組織と同様に、職員の資格、人材の確保、労働条件、職員管理などの面においてさまざまな問題をうみだすことにもなっている。

ちなみに、**表11－3**は一九九九（平成一一）年現在の社会福祉施設の種類別にみた職種別職員数の内訳を示したものである。縦軸は社会福祉施設職員の職種を示し、横軸は社会福祉施設の種類を示している。施設職員のうち、社会福祉の専

表 11-3　施設の種類別にみた職種別職員

（平成 11 年 10 月 1 日現在）

	総数	保護施設	老人福祉施設	身体障害者更生援護施設	婦人保護施設	児童福祉施設	保育所	知的障害者援護施設	母子福祉施設	精神障害者社会復帰施設	その他の社会福祉施設等
	従事者数（人）										
総数	936,058	6,761	305,878	36,000	590	83,745	396,019	69,630	560	2,913	33,962
施設長	68,024	270	21,820	1,668	51	10,361	22,275	2,884	91	473	8,131
生活・児童指導員、児童自立支援専門員	69,443	908	21,837	3,667	162	10,776	·	29,731	5	919	1,438
職業・作業指導員	18,074	272	312	2,969	20	356	·	12,945	11	471	718
保育士・児童生活支援員	279,450	·	·	·	·	15,506	261,094	·	22	·	2,828
児童厚生員	13,152	·	·	·	·	13,152	·	·	—	·	·
母子指導員	538	·	·	·	·	538	·	·	—	·	·
医師	50,655	285	7,853	1,444	37	3,442	33,219	2,712	—	377	1,286
セラピスト	7,471	18	2,841	1,376	—	2,773	·	164	—	139	160
理学療法員	3,514	10	1,619	703	—	1,046	·	52	—	–	84
作業療法員	1,804	6	546	345	—	708	·	58	—	112	29
その他	2,153	2	676	328	—	1,019	·	54	—	27	47
心理・職能判定員	287	9	26	145	10	·	·	64	·	28	5
保健婦（士）・助産婦・看護婦（士）	48,161	338	30,143	2,307	20	7,611	4,363	2,026	5	70	1,278
寮母	155,279	2,703	136,391	11,646	15	·	·	288	·	19	4,217
栄養士	19,215	202	7,467	755	24	1,419	6,973	1,979	4	25	403
調理員	97,443	868	31,690	3,126	111	5,456	45,921	7,992	51	47	2,181
事務員	40,947	501	18,474	2,947	76	4,302	4,929	5,095	162	169	4,292
その他の職員	67,919	387	27,024	3,950	64	8,053	17,281	3,750	209	176	7,025

（注）1. 保護施設には医療保護施設を、児童福祉施設には助産施設を、その他の社会福祉施設には無料低額診療施設を含まない。
2. 児童福祉施設には保育所を含まない。
3. 保育所の「保育士・児童生活支援員」は保育士のみである。
4. 知的障害者援護施設及び精神障害者社会復帰施設の「生活・児童指導員、児童自立支援専門員」は生活指導員のみである。

（厚生労働省大臣官房統計情報部「社会福祉施設等調査」）

門職とみなされる職種は、その他を除き施設長以下一四種に及ぶが、施設間の比重は、当然のことながら施設の種別によって異なっている。施設職員のうち、社会福祉の専門職とみなされるのは、施設長、生活・児童指導員、児童自立支援専門員、職業・作業指導員、保育士・児童生活支援員、児童厚生員、母子指導員、寮母であるが、その合計数は六〇万三九六〇人であり、職員総数の六四・五％にあたっている。この数字に前出のヘルパーの約一七万五〇〇〇人、その他の一三万一〇〇〇人を加えると、社会福祉プロパーの専門職員は約九一万人である。

2. 福祉人材の確保

このように多数にのぼる社会福祉専門職員（福祉人材）を確保し、養成するために、福祉人材センター・福祉人材バンクが設置されている。福祉人材センターは、全国社会福祉協議会に設置されている中央福祉人材センターと都道府県（指定都市）社会福祉協議会に設置されている福祉人材センターがあり、福祉人材バンクは都道府県福祉人材センターの支所として位置づけられ、市町村社会福祉協議会によって運営されている。**図11－1**福祉人材センターの組織と機能はそのような福祉人材センター・福祉人材バンクの組織と機能の概略を示したものである。

福祉人材センターの事業は、①福祉人材無料職業紹介、②施設などにおける人材確保の条件整備、③社会福祉従事者の資質向上の支援、から構成されている。それぞれの事業の内容については**図11－1**を参照されたい。

福祉人材センターにおける人材養成はホームヘルパーの養成や現職者の研修などを中心としたものであるのにたいし、基幹的職員の後継者養成は社会福祉学部、社会福祉学科などの学部学科をもつ大学、大学院、短期大学、専門学校、厚生労働省の指定する養成施設などによって担われている。先駆的な事例を除いて、わが国において大学レベルの社会福祉専門職養成がはじまるのは第二次世界大戦以後のことであるが、社会福祉学部、社会福祉学科などをもつ大学の数は高度成長期の頃から徐々に増加し、一九八七（昭和六二）年に社会福祉士及び介護福祉士という国家資格が誕生をみて以来一挙

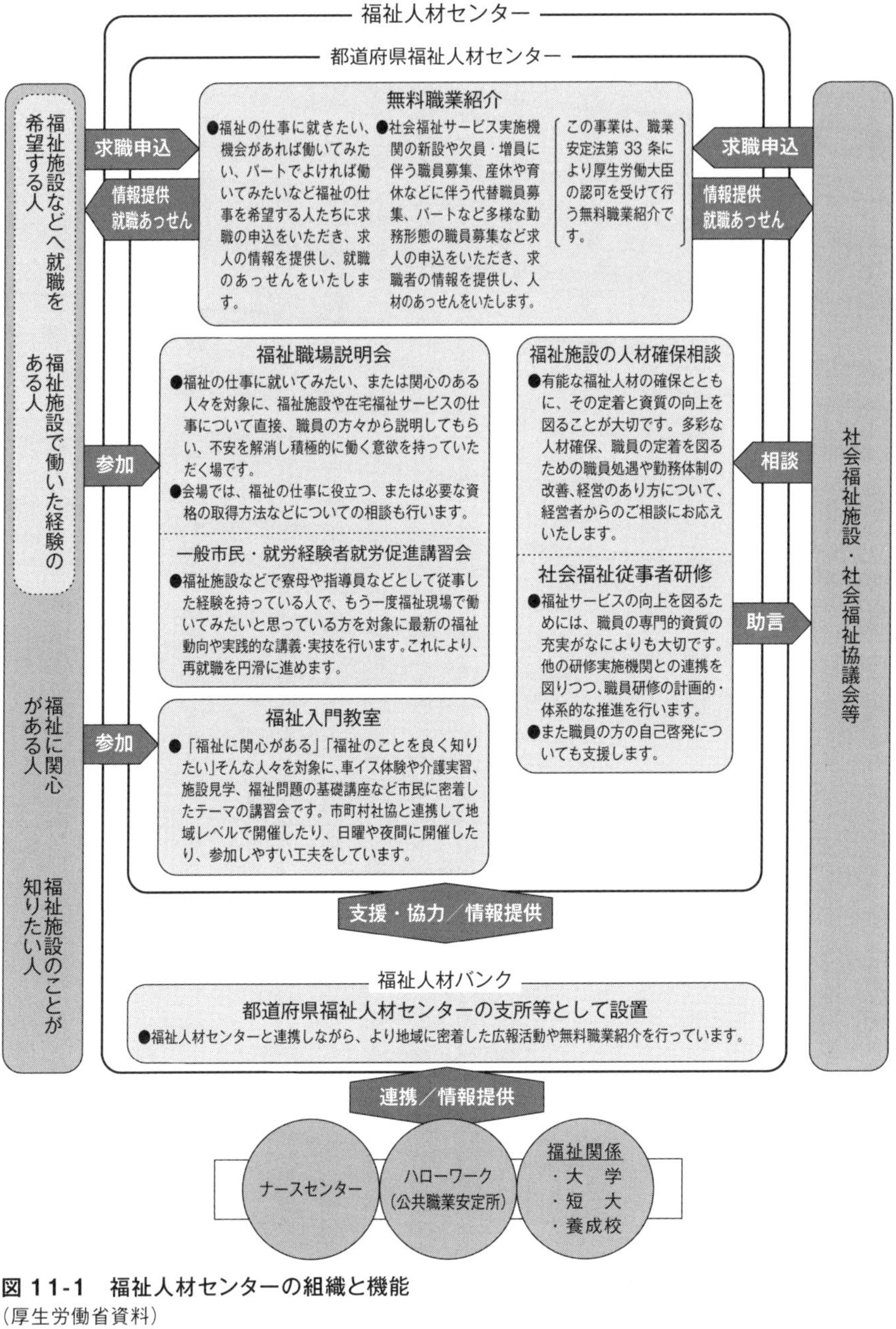

図 11-1　福祉人材センターの組織と機能
（厚生労働省資料）

に拡大した。

現在、社会福祉専門職養成に関連する大学や専門学校を組織した団体として、日本社会事業学校連盟、社団法人日本社会福祉士養成校協会、社団法人日本介護福祉士養成施設協会、日本保育士養成協議会がある。

3. 社会福祉職員の資格

このように、多数の大学・養成施設において社会福祉の専門職が養成され、社会福祉の機関・施設で働いているにもかかわらず、同一の職場に勤務する医師、保健師・看護師、栄養士・調理師、ＰＴ・ＯＴなどに比較し、社会福祉専門職の資格には曖昧なものが多い。社会福祉主事、児童相談所長、児童福祉司、児童指導員、生活厚生員、保育士などについては、第二次世界大戦後のかなり早い時期から、社会福祉事業法や児童福祉法など関係する法令や最低基準によって、一定の資格要件が規定されてきた。しかし、生活指導員、寮母、職業指導員などについては最低基準（運営基準）によってその設置が求められているものの、こんにちにおいても資格についての規定は特に存在しない。

1）社会福祉主事の任用資格

そうしたなかで、伝統的に、専門職資格に近い性格をもってきたのは、社会福祉主事の任用資格である。社会福祉主事の任用資格は、沿革的には福祉事務所に勤務する職員の任用資格として誕生したものである。その限りでは、社会福祉主事の任用資格は、福祉事務所の現業員という職位を離れて属人的な資格としての意味をもつものではない。

しかし、社会福祉主事の任用資格は、相談機関等の職員の任用に際しても、任用するにあたっての要件の一つとして位置づけられてきた。また、近年では民間福祉セクターにおいても、たとえば施設長就任のための資格要件の一つとして、社会福祉主事任用資格の取得が求められる傾向にある。その意味では、いまでは社会福祉主事任用資格はなかば属人的な資格としての意味をもちつつあるといってよい。国・都道府県・市町村も社会福祉主事の任用資格の認定講習会を通じて社会福祉主事任用資格の取得を勧奨している。

2) 社会福祉士と介護福祉士

社会福祉の領域における属人的な専門職の資格として最初に登場したのは、社会福祉士と介護福祉士の資格である。社会福祉士及び介護福祉士法によれば、社会福祉士とは「登録を受け、社会福祉士の名称を用いて、専門的知識及び技術をもって、身体上若しくは精神上の障害があること又は環境上の理由により日常生活を営むのに支障がある者の福祉に関する相談に応じ、助言、指導その他の援助を行うことを業とする者」をいい、介護福祉士とは「登録を受け、介護福祉士の名称を用いて、専門的知識及び技術をもって、身体上若しくは精神上の障害があることにより日常生活を営むのに支障がある者につき入浴、排せつ、食事その他の介護を行い、並びにその者及び介護者に対して介護に関する指導を行うことを業とする者」をいうと規定されている。

社会福祉士と介護福祉士という国家資格は、それぞれ社会福祉士国家試験、介護福祉士国家試験に合格し、登録した者にたいして認められる。先にも言及したように、それは一九八七（昭和六二）年に制度化されたものであるが、医師免許や弁護士資格とは異なって名称の独占は認められるものの、業務の独占は認められていない。すなわち、社会福祉士や介護福祉士でない者が社会福祉士や介護福祉士の名称を使って業務を行えば処罰の対象となる。しかし、社会福祉という職業に携わる者についてこれを社会福祉士や介護福祉士の資格を保有している者に限定するという規定は存在しない。医師や弁護士などの専門職資格に比較していえば、もっぱら社会福祉にかかわる専門職でありながら、社会福祉士や介護福祉士は専門職としてまだ十分に成熟していないということになろう。

もとより、社会福祉における援助活動の性格からいえば、業務独占が必要かつ妥当であるといえるかどうかということに疑問の余地がないわけではない。社会福祉の外縁部分には民生委員・児童委員やボランティアによる活動、さらには一般市民の参加によって支えられている領域が広がっており、それらがなければ専門職の関与する援助活動の発展も期待できないからである。その意味では社会福祉士や介護福祉士による業務独占を追求することは現実的とはいえず、かえって社会福祉の発展を妨げるようなことにもなりかねないであろう。

ただし、その一方においては、社会福祉士や介護福祉士の資格を取得していることが採用の条件になったり、資格取得が昇給や昇格をもたらすという事例も報告されるようになってきている。半専門職者や非専門職者の参加を前提とするなかで、社会福祉士や介護福祉士の専門職としての一層の成熟が期待されるところである。

3) 精神保健福祉士

一九九九（平成一一）年には、社会福祉の国家資格として精神保健福祉士が誕生した。精神保健福祉士法によれば、精神保健福祉士とは「精神障害者の保健及び福祉に関する専門的知識及び技術をもって、精神病院その他の医療施設において精神障害の医療を受け、又は精神障害者の社会復帰の促進を図ることを目的とする施設を利用している者の社会復帰に関する相談に応じ、助言、指導、日常生活への適応のために必要な訓練その他の援助を行うことを業とする者」をさしている。

精神保健福祉士の専門職資格としての性格は、基本的には、社会福祉士や介護福祉士と同様であるが、これまで医療的な視点が優先されてきた精神障害者援助の活動にたいして、社会福祉の立場から寄与することが期待される。精神保健福祉士制度の創設にあたっては社会福祉士制度との関係や一般医療の領域における医療ソーシャルワーカーの資格との異同が議論の対象となった。将来的には医療ソーシャルワーカーを含めて、社会福祉士、介護福祉士、精神保健福祉士という相互に密接に関連する諸資格の統合一本化ということも視野に入れる必要があろう。

4) 保育士

二〇〇一（平成一三）年には保育士も国家資格となった。従来の保育士の資格は、国家資格としての明確な規定がないまま、都道府県レベルの資格試験によって付与されていた。資格が公開された試験の合格者にたいして付与されるという側面においては、保育士は社会福祉主事や児童指導員などの任用資格とは異なっていた。保育士はより専門職に近い性格を与えられていたといってよい。保育士の国家資格化は、その専門職としての性格をさらに明確化したものである。

しかし、その保育士資格もまた業務独占的な効果をもつ免許ではない。保育士の資格を所有していないものも、従来通り、保育所その他の児童福祉施設に勤務することが可能である。

5) 資格取得者

このように、社会福祉の国家資格の現状は必ずしも十分にして必要な条件を備えているとはいえないものの、年々多数の人びとが国家資格を取得している。その状況を、社会福祉士、介護福祉士、精神保健福祉士についてみておきたい。表11－4は専門職試験合格者数の推移を示したものである。

社会福祉士試験の受験者数、合格者数ともに年々増加する傾向にあり、第一三回の受験者数、合格者数はそれぞれ第一回目の二二・二倍、三三・七倍になっている。受験者数の増加は、社会福祉士資格の認知度や専門職資格としての社会的評価の上昇を示すものであるといえよう。合格率は三〇％が最高であり、最近五年間の平均は二八・四％である。社会福祉士の試験はかなりの難関になっているといってよい。

介護福祉士についても、現職者が多数受験した第一、第二回目の試験を例外として、第三回目からは受験者、合格者ともに年々増加している。介護福祉士試験の合格率は五五・一％が最高であり、最近五年間の平均は四九・〇％である。

精神保健福祉士については回数が少ないが、社会福祉士や介護福祉士に類似した傾向をたどりそうである。しかし、合格率は第三回目までの平均が七五・九％であり、社会福祉士のそれの二・七倍になっている。

社会福祉士、介護福祉士、精神保健福祉士ともに、試験の合格者が社会福祉士、介護福祉士、精神保健福祉士として実

表 11-4　専門職試験合格者数

(1)　社会福祉士の試験結果

区　分	受験者数	合格者数	割　合	試験日
第 1 回	1,033人	180人	17.4%	平成元年3月26日
第 2 回	1,617	378	23.4	平成2年3月11日
第 3 回	2,565	528	20.6	平成3年2月24日
第 4 回	3,309	874	26.4	平成4年3月1日
第 5 回	3,886	924	23.8	平成5年3月7日
第 6 回	4,698	1,049	22.3	平成6年2月27日
第 7 回	5,887	1,560	26.5	平成7年1月22日
第 8 回	7,633	2,291	30.0	平成8年1月21日
第 9 回	9,649	2,832	29.4	平成9年1月26日
第 10 回	12,535	3,460	27.6	平成10年1月25日
第 11 回	16,206	4,774	29.5	平成11年1月24日
第 12 回	19,812	5,749	29.0	平成12年1月23日
第 13 回	22,962	6,074	26.5	平成13年1月28日

(注) 第 7 回については阪神・淡路大震災のために平成 7 年 7 月 23 日に実施した再試験の結果を含む。
(厚生労働省社会・援護局調べ)

(2)　介護福祉士の試験結果

区　分	受験者数	合格者数	割　合	試験日
第 1 回	11,973人	2,782人	23.2%	筆記　平成元年1月29日 実技　平成元年3月5日
第 2 回	9,868	3,664	37.1	筆記　平成元年12月3日 実技　平成2年2月18日
第 3 回	9,516	4,498	47.3	筆記　平成3年2月24日 実技　平成3年5月19日
第 4 回	9,987	5,379	53.9	筆記　平成4年3月1日 実技　平成4年5月17日
第 5 回	11,628	6,402	55.1	筆記　平成5年3月7日 実技　平成5年5月16日
第 6 回	13,402	7,041	52.5	筆記　平成6年2月27日 実技　平成6年4月24日
第 7 回	14,982	7,845	52.4	筆記　平成7年1月22日 実技　平成7年3月12日
第 8 回	18,544	9,450	51.0	筆記　平成8年1月21日 実技　平成8年3月10日
第 9 回	23,977	12,163	50.7	筆記　平成9年1月26日 実技　平成9年3月9日
第 10 回	31,567	15,819	50.1	筆記　平成10年1月25日 実技　平成10年3月8日
第 11 回	41,325	20,758	50.2	筆記　平成11年1月24日 実技　平成11年3月7日
第 12 回	55,853	26,973	48.3	筆記　平成12年1月23日 実技　平成12年3月5日
第 13 回	58,517	26,862	45.9	筆記　平成13年1月28日 実技　平成13年3月4日

(注) 第 7 回については阪神・淡路大震災のために平成 7 年 7 月 23 日 (筆記試験) 平成 7 年 8 月 27 日 (実技試験) に実施した再試験の結果を含む。
(厚生労働省社会・援護局調べ)

(3)　精神保健福祉士の受験者・合格者の状況

	第1回 (平成10年度)	第2回 (平成11年度)	第3回 (平成12年度)	合　計
受験者数 (人)	4,866	3,535	4,282	12,683
合格者数 (人)	4,338	2,586	2,704	9,628
合格率 (%)	89.1	73.2	63.1	75.9

(厚生労働省社会・援護局調べ)

際に活動するには指定された機関に登録する必要がある。試験合格者と登録者とのあいだには差異があり、若干登録者数が少なくなっている。第一回以来の社会福祉士の受験者総数は八万八八三〇人、合格者数は二万四五九九人（いずれも二〇〇〇〈平成一〇〉年四月現在）、登録者数は二万三八四六人（二〇〇〇〈平成一〇〉年五月末現在）である。介護福祉士の受験者総数は二五万二六二二人、合格者数は一二万二七四四人（いずれも二〇〇〇〈平成一〇〉年四月現在）である。介護福祉士の資格は国家試験合格者以外に介護福祉士養成施設修了者にも付与されるため、登録者数は二〇万八二四四人（二〇〇〇〈平成一〇〉年五月末現在）である。精神保健福祉士については、受験者数一万二六八三人、合格者数九六二八人（いずれも二〇〇一〈平成一三〉年四月現在）、登録者数九三一〇人（二〇〇二〈平成一四〉年二月現在）である。

4. 労働条件・職員管理

社会福祉の領域に就業する人びとの労働条件は決して恵まれたものではない。公務員として社会福祉の職に就いている人びとを別にしていえば、その労働市場は一般的に閉鎖的であり、賃金をはじめとする労働条件は恵まれているとはいい難い。

たとえば、一部の社会福祉法人経営の施設等においては、事業経営の親族による継承や縁故関係者の優先的採用という状況も少なからずみうけられる。社会的な関心は理念の高邁さに向かいがちであるが、実際には社会福祉事業の経営は容易ならざるものであり、職員個々に使命感や献身的な努力が求められることも事実である。その結果として、社会福祉法人と施設の経営が事業創設者の近親者によって継承される場合が少なくないという経緯も理解されえないことではない。しかし、そのような経営権の世代的な継承が、経営規模の小ささとも相まって、人事の停滞や職員のモラルの低下をうみだしやすいこともまた現実である。社会福祉基礎構造改革の契機の一つは明らかにそこにあった。

東京都など一部の自治体においては、行政による賃金の補塡（公務員と民間施設職員との賃金格差の是正）、就職希望者情報の共同管理、社会福祉法人どうしの人事交流など、社会福祉職員の労働条件を改善する試みがなされてきた。しかし、そのような試みのなかでも格差是正は財政難のために縮小される状況にある。他方、今後とも民間福祉施設における福祉人材の需要は拡大し続けることが予想されている。すでに言及したように、福祉人材センターの設置などすでに国による人材確保対策も講じられているが、必要とされる要員を確保するためには労働市場の開放、賃金や労働条件の改善、人事交流の促進など、抜本的な対応策が講じられなければならない。

社会福祉の職員組織における労働の特殊性は、職員管理という側面においても困難な状況をつくりだしている。社会福祉の仕事は単純化され画一化された労働の繰り返しではない。むしろ、それとは逆に、社会福祉の仕事は個別的で、多様性と一回性の強い労働である。そのうえ、社会福祉においては労働の質やアウトプットの評価にも、時間単位当たりの生産量の推移や生産物の品質向上のチェックというかたちで掌握される製造業に比較して、なにかと困難さがつきまとう。多様な資格や職能をもつ人びとから構成され、かつその生産性を把握するにも困難がともなう職員組織を適切に管理し、所期の目的を達成することは容易なことではない。社会福祉施設の職員管理という研究領域が独自に成立するゆえんである。

5. 社会福祉の専門職性

1) 専門職としての成熟度

社会福祉にかかわる職業活動が専門職といいうるものかどうかについては、部分的にはすでに言及してきたところである。社会福祉にかかわる専門職資格のうち、先行した社会福祉士、介護福祉士という二通りの制度が成立して一〇年以上になるが、社会福祉職の専門職業としての成熟度は、医師、看護師、理学療法士、作業療法士、言語療法士、弁護士、公認会計士など専門職業として確立している職業活動に比較して必ずしも高いものではない。

その理由について、しばしば活動内容についての社会的な認知や専門職としての評価が既成の専門職に及んでいないということが指摘される。たしかに現実その通りである。しかし、現実はそうであるとしても、それではある職業の専門職としての成熟度はどのようにして評価されるのであろうか。

ここではまず、専門職を構成する要件、つまり専門職としての成熟度を評価するうえで尺度となる要素について考察する。つぎに、専門職性の核となる職業活動の専門性と固有性について考察する。

2) 専門職の要件

専門職とは何かということについてはより一般には職業社会学の研究があり、社会福祉学の領域においてもしばしば論じられてきた。

社会福祉学の領域における専門職論の古典としてもっともよく知られているのは、グリーンウッド（Greenwood, A.）の所論である。グリーンウッドは、ある職業が専門職といえるかどうかを判断する要件として、それが①体系的な理論、②専門職的権威、③社会的承認、④倫理綱領、⑤専門職的文化を備えていることをあげている。

わが国においても多くの専門職論が提起されている。ここではそのうちから定藤丈弘の所論を取りあげる。定藤は、先のグリーンウッドの所論も含めいくつかの先行研究に触れながら、専門職として求められる条件を設定している。すなわち、定藤はまず、専門職に要請される条件を内的条件と外的条件に分類し、前者の内的条件に属するものとして、①体系的な理論と技術、②社会的承認、③倫理綱領、④専門職団体の組織化を、後者の外的条件に属するものとして⑤労働条件・労働環境の改善、⑥組織と運営の民主化、⑦研究・研修体制の整備をあげている。

職業社会学や社会福祉学の専門職業論でいう専門職の要件には、それぞれの専門職に内在している特徴と専門職として承認されている職業領域——たとえば、古典的専門職としての聖職者、法職者（裁判官、検察官、弁護士など）、医療職

——に共通して認められる特徴を抽出したものが混在している。専門職の特徴として社会的に認められている諸要件のうち、その職業に内在する特徴＝内在的要件はいわば専門職としての必要条件であり、社会の側からみた特徴＝外在的要件は十分条件である。その意味で、定藤が社会福祉に関わる職業活動が専門職でありうるための条件を内在的条件と外在的条件に分類したことは適切な判断であったといってよい。

われわれは、これらの先行する見解を参照したうえで、社会福祉の援助活動が専門職であるための内在的要件として、①体系的な理論と技術、②専門職的権威、③固有の価値規範、④専門職団体の組織化を、外在的要件として、⑤社会的承認、⑥労働条件・労働環境の整備、⑦組織と運営の民主化、⑧研究・研修体制の整備をあげておきたい。

3）要件の意義

これら八通りの要件のうち、職業活動のもつ専門性の核心をなす①体系的な理論と技術についてはつぎの項で取り扱う。

②専門職的権威：専門職的権威は、社会福祉にかかわる職業活動が専門職的な権威をもつ行為として承認されているかどうかということである。それは、社会福祉の職業活動に携わる人びとに援助活動のありように関してどの程度の自律的な決定権が認められているか、ということに関わっている。社会福祉に関する職業活動に付与される権威の内容や水準は、たとえば医師その他の専門職と協働する状況のなかで明らかになる。

③固有の価値規範：専門職に固有の価値規範の有無は一般的に倫理綱領の有無というかたちで捉えられている。しかし、倫理綱領は専門職に従事する人びとの行為を規制する価値規範を具象化したものであって、倫理綱領が存在していてもそれが内在化されていなければ無意味である。社会福祉専門職の価値規範としては、より個別的には職務上知り得た秘密の漏洩の禁止、利用者の人格の尊厳、自己決定権、最低生活権の尊重などが、より一般的には自由と平等など基本的人権の尊重、民主主義、平和主義の尊重、政治的中立性の堅持などがその内容となる。

④専門職団体の組織化：専門職団体の組織化は、社会福祉専門職が自立性と自律性を確保するうえで不可欠とされる。社会福祉専門職は、政治的社会的な中立性を維持するとともに、利用者の人権を擁護し、その最善の利益を確保するためには、相互に協力し、専門職としてのみずからの立場を護る拠り所となる専門職団体を必要とする。

⑤社会的承認：ある職業活動が専門職として成立するには、その職業活動が専門職として社会的に承認されていなければならない。わが国においては、社会的承認の最高の形態は、国家の立法措置によって専門職の資格が設定され、公開された試験を通じてその資格が付与されるという方式である。社会福祉士、介護福祉士、精神保健福祉士、保育士は、社会的にはこのレベルで専門職として承認されていることになる。ただし、資格の認定は国家によるものばかりではない。外国では専門職の資格認定が専門職団体によってなされることも例のないことではない。わが国でも、業界団体による認定を前提とする多数の専門的職種が存在している。

また、社会的承認という場合には、社会一般あるいは世の中一般による承認という意味が含まれており、むしろこの意味における社会的承認のほうが重要であるともいえる。国家試験による資格であっても社会一般にその存在や意義が認知されていなければ、専門職としての成熟度は低いといわざるをえないからである。

⑥労働条件・労働環境の整備：わが国における社会福祉専門職の労働条件や労働環境は恵まれたものとはいえない。そのことはすでに指摘したところである。安定した生活を維持しうる所得を保障し、よりよい雰囲気のなかで働ける労働条件を整備することは、専門職者の能力を全面的に引きだすうえでの必須の要件である。

⑦組織と運営の民主化：組織の運営と民主化も広い意味では労働条件に含まれるが、組織内における権限関係の明確化、権限の下方委譲、説明責任の遂行は専門職の機能を高めるうえで特に重要な意味をもっている。専門職の自立性と自律性を尊重するような組織と運営のありようが求められる。

⑧研究・研修体制の整備：専門職に携わる人びとには、つねに自己のもつ知識や技能をチェックし、その最善の状態において維持することが求められる。それは、専門職に求められる宿命といって過言ではない。そのため、専門職には日頃

から自己の知識や技能を向上させるための自己研修が求められる。同時に、専門職を雇用する機関や施設による研究・研修体制の整備、さらには専門職組織による研究・研修活動の推進が専門職発展の不可欠の要件となる。

6. 社会福祉の専門性

社会福祉に関する職業活動が専門職として発展し、成熟していくには、これまでみてきたような内在的、外在的な条件の整備や改善が必要とされるが、何といっても専門職性の中核に位置するのは、職業活動のもつ専門性の拠り所となる体系的な理論と技術である。

社会福祉に関する職業活動がその専門性を主張し、専門的職業としての社会的な認知と承認をうるためには、社会福祉とよばれる政策・制度とそれを枠組みとしつつ、その具現化として展開される援助活動、すなわち社会福祉にかかわる職業活動が医療・看護、教育、雇用などの領域にたいして独自固有の領域を構成し、それが遂行・運営・展開されるためには経験的な判断や熟練を超える専門的な理論と技術が必要なことを明らかにするとともに、そのことについての社会的な認知が成立していなければならない。

社会福祉という政策・制度が社会的生活支援ニーズに対応して政府や社会によって提供される多様な政策・制度（ソーシャルポリシーないしソーシャルサービス）のなかで相対的に独自固有の領域を構成していることについては、すでに第3章、第6章において論じてきた。また、社会福祉における援助活動の独自固有性についても、第3、5、8、9章において論じてきたところである。ここであらためてそのことを思い起こしておきたい。

要約的にいえば、社会福祉の政策・制度としての、また援助活動としての独自固有性は、現代社会に生きる人びとの生活を総体的に捉え、そこに生起するさまざまの生活上の困難や障害のうち、社会的生活支援ニーズを解決、緩和軽減するために、購買力や生活援助サービスその他の生活便益を提供することによって、人びとの自立生活を支援し、その自己実現と社会参加を促進しようとするところに求められる。

第3節　社会福祉の財政構造

社会福祉は戦後福祉改革以来、一貫して国や自治体の税収を財源とする租税負担方式によって維持されてきた。しかし、近年、社会保険方式をとる介護サービスの導入によって社会福祉の財政システムのあり方が改めて問われることとなっている。

最後に、租税方式と保険方式の違いを含めて、社会福祉の財政の仕組みや民間福祉セクターの財源問題について考察する。

1.　国家財政と社会福祉

すでにみてきたように、近年社会福祉の実施運営や具体的な援助の提供は自治体、なかでも基礎自治体である市町村によって担われる方向に移行しつつある。そして、そのことが望ましい方向であると考えられるようになってきている。また、社会福祉における民間福祉セクターや民営福祉セクターの役割も拡大しつつある。しかし、それを支える財源という観点に立てば、社会福祉に要する費用の概略三分の二以上は国庫によって負担されている。

そこでまず、国の一般会計に占める社会福祉関係予算の状況についてみておきたい。**図11―2**は一般会計のなかの社会福祉予算の割合を示したものである。まず、一般会計予算に占める社会保障費は一七兆五五五二億円で、全体の二一・二%であり、一般会計の費目のなかではもっとも大きい。その内訳をみると、社会保険費一三兆五八九六億円、社会福祉

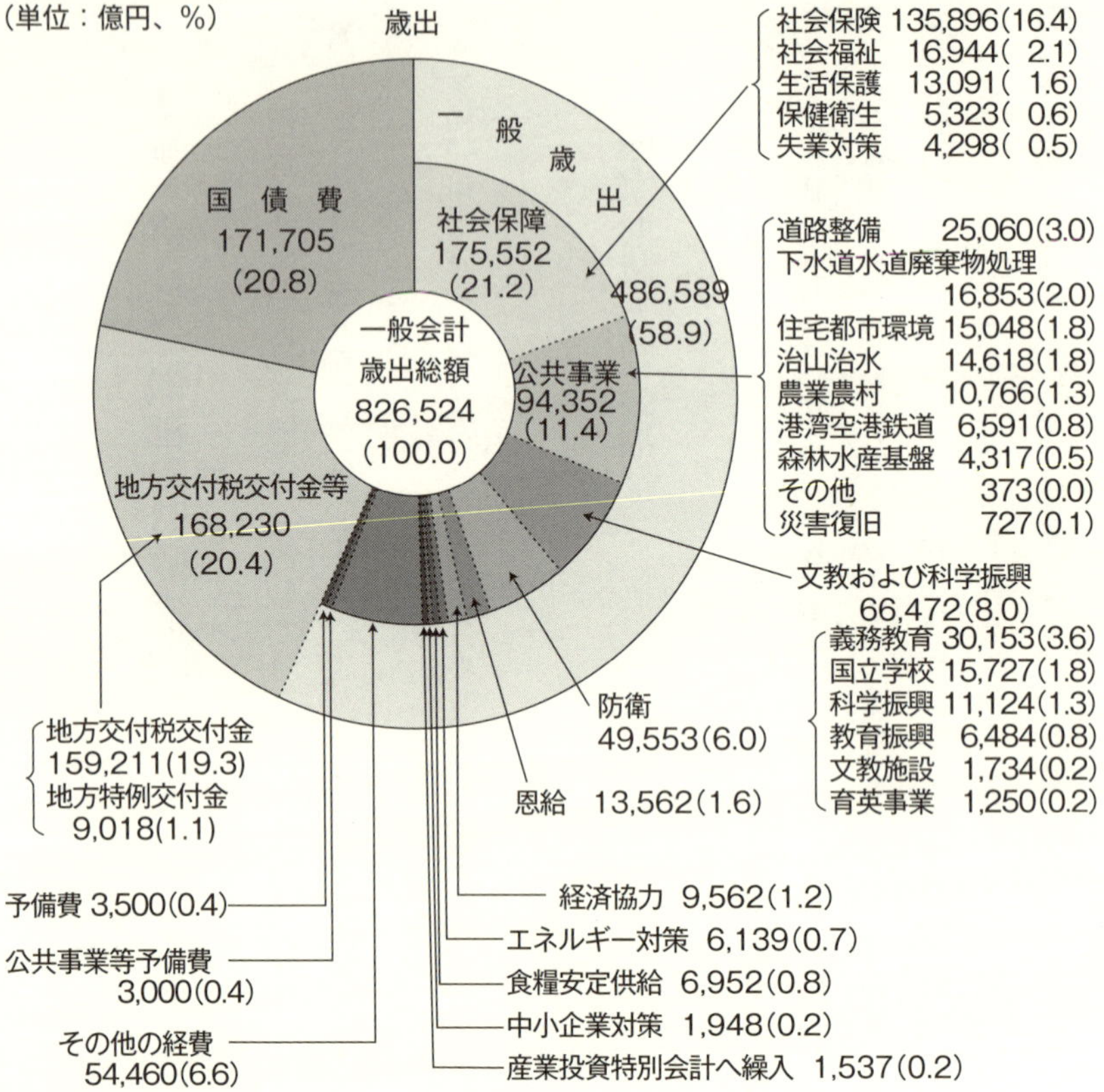

図 11-2 一般会計のなかの社会福祉予算（平成 13 年度）
（社会保障入門編集委員会、2001）

費一兆六九四四億円、生活保護費一兆三〇九一億円、保健衛生費五三二三億円、失業対策費四二九八億円で、それぞれ、一般会計にたいして、一六・四%、二・一%、一・六%、〇・六%、〇・五%を占めている。

図11－2でいう社会福祉は生活保護以外の福祉サービスをさしている。したがって、われわれのいう社会福祉は、**表11－5**でいう社会福祉と生活保護を合算したものであり、その額は三兆三五億円、一般会計の三・七%ということになる。この金額や比率をどのように評価するかについては議論のわかれるところである。同じ社会保障費のなかでは社会保険費の四分の一にも満たない。防衛費に比較するとその六〇%である。しかし、義務教育費の一般会計に占める割合よりも、社会福祉にかかわる費用の割合がわずかなが

表 11-5　国の予算における社会保障関係費の推移

（単位：億円・%）

区　分	1970年度（昭和45）	75（50）	80（55）	85（60）	90（平成2）	95（7）	99（11）	2000（12）	01（13）
社会保障関係費	11,413	39,282	82,124	95,740	116,154	139,244	161,124	167,666	175,552
生活保護費	2,172	5,348	9,559	10,816	11,087	10,532	11,524	12,306	13,091
社会福祉費	1,114	6,178	13,698	20,042	24,056	34,728	45,979	36,580	16,944
社会保険費	5,874	23,277	51,095	56,587	71,953	87,700	94,910	109,551	135,896
保健衛生対策費	1,406	2,738	3,981	4,621	5,587	6,348	5,273	5,434	5,323
失業対策費	847	1,741	3,791	3,674	3,471	2,936	3,438	3,795	4,298
厚生労働省予算	12,216	41,595	86,416	99,920	120,521	144,766	167,669	174,251	180,421
一般歳出	59,960	158,408	307,332	325,854	353,731	421,417	468,878	480,914	486,589

（注）1. 社会保険費には、福祉年金及び児童手当に要する費用が含まれ、労災保険に要する費用は含まれていない。また、雇用保険に要する費用は失業対策費に含まれている。
2. 平成13年度以前の厚生労働省予算は、厚生省予算と労働省予算の合計である。
（厚生労働省大臣官房会計調べ、一部修正）

ら高い。社会福祉にかかわる費用は、総体的にみて、わが国の国家予算のなかでそれなりの位置を占めているといってよいであろう。

しかし、もとより、社会福祉費がこのような水準に到達したのは近年のことである。**表11−5**は、国の予算における社会保障関係費の推移を示したものである。年次ごとの推移をみると、生活保護費については、一九七〇（昭和四五）年度以後増加し続け一九九〇（平成二）年度をピークとして減少に転じるものの、九九（平成一一）年度からは反転してまた増加する傾向にある。社会福祉費については、一九七〇（昭和四五）年から七五（昭和五〇）年にかけて一挙に六倍に増大し、以後九九（平成一一）年まで急速に増加したのち二〇〇〇（平成一二）年から減少に転じ、〇一（平成一三）年には九九（平成一一）年の三七％にまで大幅な減少を示している。このような社会福祉費の増減は一九七三（昭和四八）年の老人医療費支給制度の導入および二〇〇〇（平成一二）年四月の介護保険制度の導入と関連している。すなわち、二〇〇〇（平成一二）年以降、社会福祉費が減少しているが、逆にその分社会保険費は著しい増加を示している。

こうした制度の変化にともなう増減があるにしても、一九七〇（昭和四五）年において三二八六億円であった生活保護費と社会福祉費の合計額は、ピーク時の九九（平成一一）年で五兆七五〇三億円、〇一（平成一三）年で三兆三五億円となり、一九七〇（昭和四五）年を基準年とするとそれぞれ一七・五倍、九・一倍となっている。二〇〇〇（平成一二）年からはわれわれのいう社会福祉費は減少に転じているが、それは財源システムが社会保険方式に移行したために生じた表面上の減少である。介護サービスを含めた社会福祉費の一般会計に占める割合は今後ともさらに増加するものと推測される。

そのことは、はからずも、社会福祉という政策、制度そして援助活動がこんにちの社会のなかでもつ比重の大きさを指し示すものといえよう。

2. 国民負担率

ところで、社会福祉を含め社会保障の大きさや発展の度合いを示す指標として、一般会計における比重とは別に国民負担率とよばれるものがある。国民負担率は、国税、地方税を含めた租税負担額の国民所得にたいする割合である租税負担率と社会保険料その他の社会保障負担額の国民所得にたいする割合である社会保障負担率の合計として示されるが、**表11－6**はその推移を示したものである。それによれば、わが国における国民負担率は一九七五（昭和五〇）年から八〇（昭和五五）年にいたる期間に一つのエポックがあるといってよい。その後、九〇（平成二）年までは、少しずつ増加をしているものの、そこで反転し、九二（平成四）年以降の一〇年間は平均するとおよそ三六・五％の水準において推移している。

国民負担率については、この数値が五〇を上回ると経済の発展を阻害するという言説があるが、確固とした裏付けがあるわけではない。また、国民負担率は、社会保障の大きさや発展の度合いと連動しているという言説については、給付水準やその内容をみなければ一概にはいえないという批判がみられる。

そうした疑問に多少とも関わりをもつと思われるので、社会保障給付の国民所得比と国民負担率を国際的に比較してみたい。**図11－3**がそうである。年次は少しずつ異なるが、比較の対象になっている主要先進国六ヵ国のうち、国民負担率、

表 11-6　国民負担率の推移

年　度	国民負担率	租税負担率	社会保障負担率
昭和 30	22.2%	18.9%	3.3%
35	22.4	18.9	3.6
40	23.0	18.0	5.0
45	24.3	18.9	5.4
50	25.7	18.3	7.5
55	31.3	22.2	9.1
60	34.4	24.0	10.4
61	35.5	24.9	10.6
62	37.0	26.4	10.6
63	37.9	27.3	10.6
平成元	38.4	27.6	10.8
2	39.2	27.8	11.4
3	38.7	27.1	11.6
4	36.8	24.9	11.9
5	36.5	24.4	12.1
6	35.7	23.2	12.5
7	36.5	23.3	13.2
8	36.3	23.0	13.2
9	37.2	23.4	13.8
10	37.3	23.0	14.3
11	35.6	22.0	13.6
12	36.5	22.6	13.9
13	36.9	22.6	14.3

（注）1. 平成 11 年度までは実績、平成 12 年度は実績見込み、平成 13 年度は見通しである。
2. 国民負担率＝租税負担率＋社会保障負担率
（財務省調べ）

社会保障給付費の国民所得比のいずれもがもっとも高いのはスウェーデンであり、逆にもっとも低いのはアメリカである。わが国はそのアメリカに近接し、末位から二番目に位置する。ただし、二〇二五（平成三七）年には一九九六（平成八）年現在のイギリスを超え、中位に位置するものと予測されている。

将来の予測を別にしていえば、社会保障給付の国民所得比と国民負担率は正の相関を示している。また、上位三ヵ国のうちでもフランス、ドイツについていえば、経済の規模としてはアメリカ、日本、イギリスに劣るにしても、いずれも世界有数の経済大国であり、経済停滞に陥っているとはいえないであろ

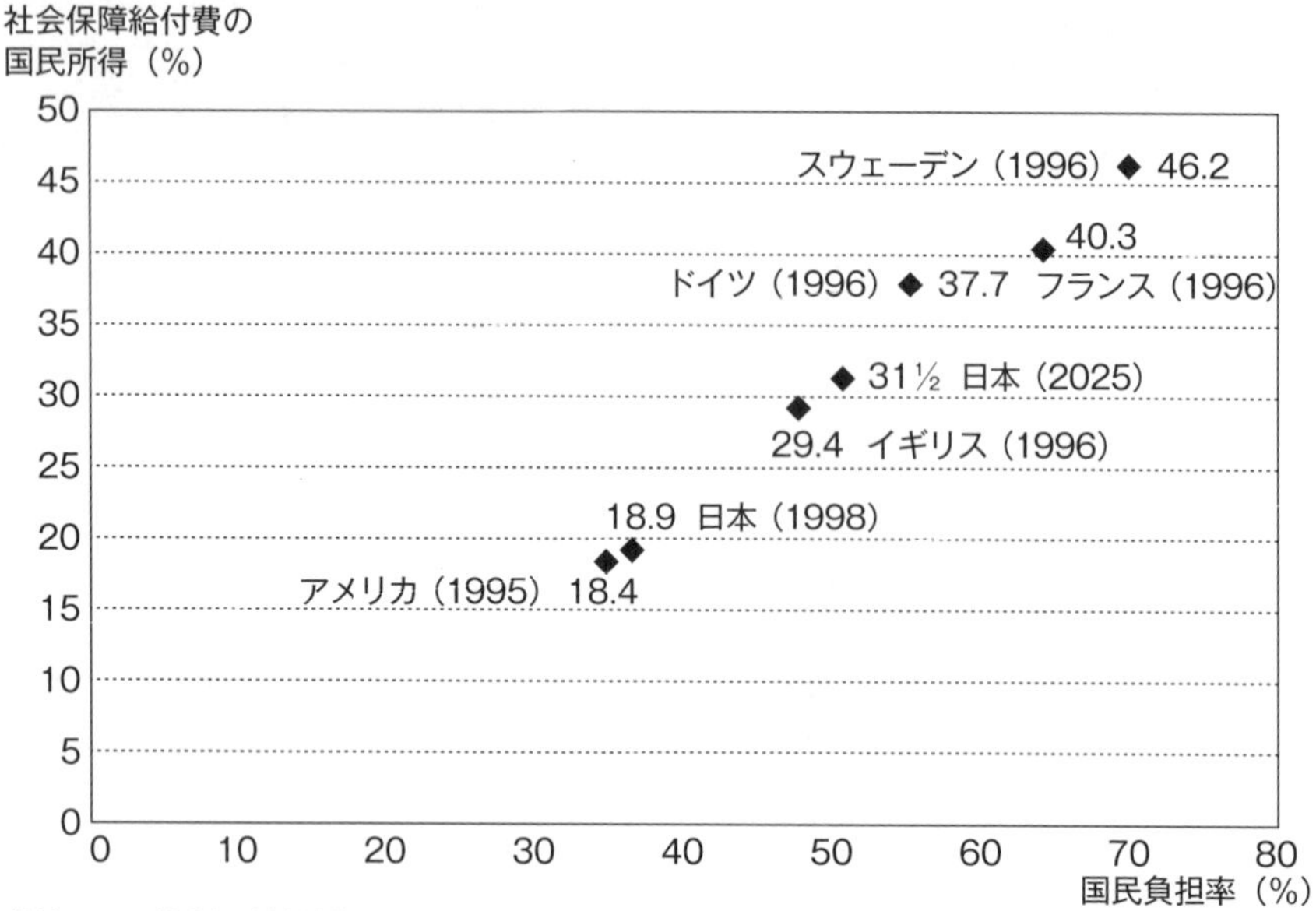

（注）1. 社会保障給付費の国民所得比は、日本・アメリカ・ドイツ・スウェーデンはILO"The Cost of Social Security（第19次調査）"、イギリス・フランスはOECD"Social Expenditure Database（2000年版）"による。

2. 日本の2025年の推計は厚生労働省推計（2000年10月）による。

図 11-3　社会保障給付費の国民所得比と国民負担率の国際比較
（『平成13年度版厚生労働白書』）

う。スウェーデンにしても、人口的には大国とはいえないが、競争力の強い産業を中心に、その経済力には定評のあるところである。

主要六ヵ国のうち最末位に位置するアメリカは政策思想として強固な自己責任主義をもつ国であるが、数値的にいえば、わが国はそのアメリカに近い。しかも、アメリカには児童手当が存在せず、六五歳以下で一般的な所得をもつ成人にたいする医療保険が欠落していることを考え合わせてみれば、わが国の場合にはアメリカ以上に自己責任主義が貫徹しているということになろう。そして、その自己責任主義も、わが国の場合には、市民社会の論理としての自己責任主義というよりも三世代家族の多さや扶養義務の重視に裏打ちされた伝統主義的ないし家父長主義的な自己責任主義という色彩が強いように思われる。

3. 財源調達方式――租税と保険

社会福祉にかかわる財源調達の方式は、当然、公的福祉セクターと民間福祉セクターとでは異なってくる。また、公的福祉セクターのなかでも都道府県・市町村が直接施設を経営する場合と、社会福祉法人が施設を運営したり、事業を受託している場合とでは、事情が違ってくる。ここでは、まず公的福祉セクターの財源問題について検討する。

社会福祉の財源は国、都道府県・市町村を問わず一般財源から支出されている。換言すれば国民から徴収された一般租税（法人税、所得税、住民税等）が財源である。社会福祉は、それが民間の慈善事業や社会事業への依存から離脱し、地方自治体や国、なかでも国をその主要な担い手とするようになってからは、おおむねこの方式によって維持されてきた。その点、社会福祉は、その誕生のとき以来ほぼ一貫して保険という社会的技術を利用してきた年金保険、医療保険、失業保険などの社会保険とは、全く異なった財源調達の方式をとってきたのである。

租税方式と保険方式の違いはかなり根源的なものである。租税方式は、簡潔にいえば、生活に困窮する、あるいは生活上の障害や困難を抱えた人びとについて、近代社会の基本的な生活原理である生活自己責任原則の適用を一定の範囲で解除ないし緩和し、社会を構成する残りの人びとの納入する租税を財源として、その生活を維持させようとする方式である。これにたいして、保険方式は、国民（雇用者ならびに自営者）による拠出のほかに事業主（雇用主）や国庫・自治体による拠出があるとはいえ、基本的にはそれは生活自己責任原則を前提とする保険加入者間における相互扶助のメカニズムである。

租税方式と保険方式を比較すると、それが相互扶助（共済）という生活自己責任原則に立脚しているという意味で保険方式のほうが現代社会、すなわち資本主義社会の基本的な組成になじみやすいといえよう。実際、わが国では一九五〇（昭和二五）年の社会保障制度審議会による勧告以後、租税方式による公的扶助（国家扶助）を中心に展開されてきたそれまでの困窮者対策を、「国民の理解を得やすい」（五〇年勧告）保険方式による社会保険を中心とする体系に切り換えてきたという経緯がある。

二〇〇〇（平成一二）年四月に施行された介護保険制度は、従来租税方式で提供されてきた介護サービス――特別養護老人ホームによる介護やデイサービス等の居宅福祉サービス――を保険方式で提供する仕組みに転換させた。介護保険の財源は、その五〇％を公費負担とし、残りの五〇％のうち一七％については第一号被保険者（六五歳以上の者）が、三三％については第二号被保険者（四〇～六四歳の者）が保険料として負担する。保険料の徴収方法は、第一号被保険者の場合には年金等からの天引き、第二号被保険者の場合には医療保険の保険者が保険料と合わせて徴収することになっている。

この新制度は、これまでのわが国の社会福祉の伝統のなかに保険方式による福祉サービスの提供という全く新しい方式を導入したものであり、わが国における社会福祉の財源システムにかつて前例をみないほどの大幅な変革を迫るものとなった。

ただし、保険方式により四〇歳以上の国民に介護サービス費の負担を求めるとしても、負担能力その他の理由から保険料や自己負担額を負担することができず、保険方式から離脱しあるいは脱落する人びとの出現することは避けられず、財源システムを全面的に保険方式による介護サービスに切り換えることは不可能である。実際、わが国の介護サービスは五〇％の公費負担を含む保険方式を中心にしながらそれを租税方式による介護扶助によって補足するという二重構造をとっている。

4.　国と地方の負担率

措置制度のもとでは、措置権者によって措置委託をうけいれた施設にたいして措置（委託）費が支給される。たとえば、要養護児童を児童養護施設に措置委託した場合、措置権者である都道府県は措置委託を受諾した児童養護施設にたいして子どもの衣食住に必要な費用である事業費と職員の人件費や施設の運営管理に必要な費用などの事務費が支給される。児童養護施設の場合、この事業費と事務費の合計が措置費である。

措置費は措置権者によって支給されるが、国は措置権者としての都道府県や市町村が支弁した措置委託費について一定の割合において補助金を交付する。その結果、措置費は国と措置権者である都道府県、市町村によって分担されることになる。この措置費負担割合は、戦後福祉改革以来、措置権が都道府県にある場合、国が一〇分の八、都道府県が一〇分の二、措置権が市町村にある場合、国が一〇分の八、都道府県が一〇分の一、市町村が一〇分の一とされてきた。

しかし、この負担割合は、一九八五（昭和六〇）年以後改められ、こんにちでは**表11－7**にみるような負担の割合になっている。すなわち、措置権が都道府県（指定都市・中核都市）の場合には国が二分の一、都道府県が二分の一、措置権が市町村の場合には国が二分の一、都道府県が四分の一、市町村が四分の一となっている。ただし、生活保護については国が四分の三、都道府県もしくは市が四分の一となっている。施設委託等に比べ国の負担率が高いのは、生活保護が国民にたいして普遍的に最低限度の生活を保障するという日本国憲法第二五条にいう生存権の精神を具現化する制度だからである。

このように国と自治体のあいだにおける負担の割合が改定された直接的な契機は、国の財政的逼迫にもとづく財政支出の地方転嫁である。この改定によって、国の負担は、福祉サービスの場合、一〇分の八から二分の一と大幅に減額されたが、自治体の負担は逆に従来の二・五倍に拡大し、自治体の財政を圧迫する措置として強い批判を招いた。それをうけ、一九八六（昭和六一）年以後、社会福祉のうち福祉サービスに関わる事務は国の機関委任事務から自治体の団体（委任）事務に改められた。こんにちでは、生活保護に関する事務は法定受託事務、福祉サービスに関する事務は自治事務として位置づけられている。八五（昭和六〇）、八六（昭和六一）年における福祉改定はわが国における行政改革（地方分権化）の先駆けとなった。

表 11-7　社会福祉施設の措置費負担割合

施設種別	措置権者（※ 1）	入所先施設の区分	措置費支弁者（※ 1）	費用負担			
				国	都道府県指定都市中核市	市	町村
保護施設	知事・指定都市長・中核市長	―――――	都道府県・指定都市・中核市	3/4	1/4	―	―
	市長（※ 2）		市	3/4	―	1/4	―
老人福祉施設（※ 3）	指定都市長・中核市長	―――――	指定都市・中核市	1/2	1/2	―	―
	市長（※ 2）		市	1/2	―	1/2	―
	町村長		町村	1/2	1/4	―	1/4
身体障害者更生援護施設	指定都市長・中核市長	―――――	指定都市・中核市	5/10	5/10	―	―
	市長（※ 2）		市	5/10	―	5/10	―
	町村長		町村	5/10	1/4	―	1/4
知的障害者援護施設	知事・指定都市長・中核市長	―――――	都道府県・指定都市・中核市	5/10	5/10	―	―
	市長（※ 2）		市	5/10	―	5/10	―
婦人保護施設	知事	―――――	都道府県	5/10	5/10	―	―
児童福祉施設（※ 4）	知事・指定都市長	―――――	都道府県・指定都市	1/2	1/2	―	―
母子生活支援施設 助産施設	市長（※ 2）	都道府県立施設	都道府県	1/2	1/2	―	―
		その他の施設	市	1/2	1/4	1/4	―
	知事・指定都市長・中核市長	―――――	都道府県・指定都市・中核市	1/2	1/2	―	―
保育所（※ 5）	市町村長	都道府県立施設	都道府県	1/2	1/2	―	―
		その他の施設	市町村	1/2	1/4	1/4	―

（注）　※ 1. 母子生活支援施設、助産施設及び保育所は、児童福祉法が一部改正されたことに伴い、従来の措置（行政措置）がそれぞれ母子保護の実施、助産の実施及び保育の実施（利用契約関係）に改められた。

※ 2. 福祉事務所を設置している町村の長を含む。福祉事務所を設置している町村の長の場合、措置費支弁者及び費用負担は町村となり、負担割合は市の場合と同じ。

※ 3. 特別養護老人ホームは、介護保険法が平成 12 年 4 月より施行されたことに伴い、運営費は従来の措置費から介護報酬に改められた。

※ 4. 保育所、母子生活支援施設、助産施設を除いた児童福祉施設。

※ 5. 指定都市及び中核市が保育の実施を行った場合の当該指定都市及び中核市の費用負担は、1/2 となる。

（『平成 13 年度版厚生労働白書』）

5. 費用の支弁・徴収・負担

社会福祉援助の措置・決定権をもつ都道府県や市町村が、利用申請者に関して措置や決定を行ったことにともない、必要とされる費用を支出することを支弁という。この費用の支弁は、都道府県や市町村がその設置・運営する施設や機関に利用者の保護やサービス提供を行った場合はむろんのこと、社会福祉法人の設置する施設や機関に保護やサービス提供を委託した場合にも同様に行われる。

つぎに、都道府県や市町村等の措置・決定権者によって支弁された費用は、その措置・決定に基づいて保護やサービス利用等の利益を享受した利用者自身又は保護者等によって負担されるべきものとみなされる。いわゆる受益者負担主義である。したがって、国庫から交付される補助金の金額は、支弁された金額と利用者から徴収された金額の差額について負担の割合を掛け合わせて算出された金額である。

その場合、国は利用者本人や保護者・扶養義務者などから徴収すべき金額を前年度の住民税や所得税の納入額に対応させるかたちで、すなわち税額転用方式とよばれる基準にもとづいて決定する。そして、この徴収すべき金額を決定するのは国の権限であるが、実際に費用を徴収するのは都道府県・市町村の自治事務とみなされている。

このため、都道府県や市町村がその差額について補填を行うことを前提にすれば、利用者から徴収すべき金額を国の定める金額よりも低い金額に設定することも可能である。ここに発生するのが、都道府県や市町村によるいわゆる超過負担の問題である。多額の超過負担を実施している自治体の住民はそうでない自治体の住民よりも低額の費用で内容的には同等の福祉サービスを利用することができる。ただし、その場合は利用者の享受する利益と負担との関係に地域間による格差が生じることになる。

6. 応能負担主義と応益負担主義

社会福祉に適用されている受益者負担主義は、一般には、公共の費用によって運営・提供される営造物や公共サービスによって特別の利益をえた市民は、公平の原則に基づき、その営造物や公共サービスを運営・提供するのに必要とされる費用の一部又は全部を負担すべきであるとする考え方である。

利用者（受益者）負担のあり方については、応能負担主義と応益負担主義という二通りの考え方が存在する。応能負担主義は費用の負担は利用者の負担能力に応じて負担すべきとする考え方である。前述の税額転用方式はこの応能負担主義を前提としている。そこでは、前年度における納税額が利用者の負担能力を示す指標として利用されている。これにたいして、応益負担主義は負担すべき費用の額は享受した利益に応じて均等負担すべきであるという考え方である。その背景にあるのは、同等の利益享受には同等の費用負担が公平かつ公正であるとする考え方である。

これまでわが国の社会福祉は、徴収額を差別化する階層の刻み方に変更はあっても、戦後福祉改革以来一貫して応能負担主義をとってきた。社会福祉に所得の垂直的再分配の機能を期待されてきたのである。これにたいして、近年においては、所得水準の上昇と負担の不公平感への配慮を理由に応益負担主義への移行の必要性が強調される傾向にある。一九九七（平成九）年の児童福祉法の改正にともなう保育料設定の簡素化は、長期的にはこのような方向に移行するものとして導入されている。介護保険についてはさらに一歩先行するかたちで応益負担主義が適用され、定率の自己負担金が課されている。

7. 社会福祉法人の財源問題

社会福祉法人はその主体性、自立性の確立ということからすれば、本来的には独自の財源をもち、それによって運営されるというのが筋であろう。しかし、その実態をみる限り、社会福祉法人は戦後福祉改革以来一貫して措置委託費制度に依存してきたといって過言ではない。

措置委託費制度は、敗戦直後の混乱のなかで、公立施設の不足や予算の不足を補うために、GHQ（連合国軍総司令部）のいう公私分離の原則や日本国憲法第八九条にいう公金支出の禁止を回避し、かつ大衆的窮乏にたいする対応を民間に依存せざるをえないという政府の窮状を打開するために導入されたある種の便法という性格をもっている。そのような措置委託費（保育所の場合には運営費負担金）制度の内容は、簡略にいえば、国や都道府県・市町村が社会福祉法人等の運営する施設に利用者の保護を委託するにあたり、利用者の一人ひとりについて最低限度の生活水準の保障とその属性に応じて必要とされる日常生活の援助を行うために要する費用（事業費及び事務費）を日割り、もしくは月割りで支弁する制度のことである。

国や都道府県はこのような措置委託費が適正にもちいられているかどうかを監督するために経理と事業の両面にわたって監査を実施してきたが、その過程において社会福祉法人が利用者との自由な契約に基づいて、すなわち措置権者による措置委託以外のルートで独自に利用者を受け入れ（自由契約を行っ）たり、公益事業、収益事業を行うことを厳しく制限してきた。

その結果として、戦後五〇年の歴史のなかで、社会福祉法人のうちには、その設置する施設を全面的に措置委託費に依存して経営するという依存的、受動的体質がうみだされることになった。また、現実に措置委託費のみによる経営が可能であった。さらに、施設の設立についても、土地さえあれば各種の補助金や助成金、融資等を活用することでそれが可能になるという状況が存在している。近年、福祉改革のなかで、自由契約による利用者の受け入れや公益事業、収益事業等についての一定の規制緩和策が導入されてきた。しかし、社会福祉法人の現状は、その設置する施設を実質的には措置委託費のみによって経営している法人が大多数を占めている。

国や自治体による措置委託費や事業委託費を除けば、社会福祉法人の財源としては、篤志家による寄付金、施設の後援団体や支援団体を通じて募集される寄付金、共同募金の配分金、民間の助成団体による資金助成というところであろう。このような独自の資金がどの程度集積されているかを示す明確な統計的資料はみあたらない。今後とも、社会福祉法人がわが国の社会福祉援助提供システムのなかで独自の地歩を維持し、活動を展開していくためには、その基盤となる財政基盤の自主的な確立が不可欠の要件となろう。

なお、最後になるが、社会福祉法人に限らず、多くの社会福祉施設が小型船舶協会や小型自動車協会等の公益助成団体による助成を得て、設備、器具、車両等を整備している実態についても留意しておかなければならない。

8. 民間福祉セクターの財源問題

社会福祉法人を除いた民間福祉セクター（行政関与型及び市民組織型の援助提供組織）の場合、その財源は、基本的には、会員による会費（出資金）と利用者（利用会員）による利用料によって賄われているといってよい。行政による在宅福祉サービス等の事業委託をうけていれば、その委託料がこれに加わることになる。

近年、このタイプの援助提供組織のはたす役割にたいする期待が高まっているが、生活協同組合や農業協同組合の直営やそれらが後援をしている組織の場合を除けば、その財政基盤は必ずしも整備されているとはいいがたい。なかでも、互助団体型の援助提供組織は、一般に規模も小さく、組織としての継続性や安定性が危惧されるような状況もままみうけられる。いわゆるサービス提供会員にたいする支払いの方法として時間預託制や切符制を導入しているような場合も含めて、事業の継続性、安定性を担保するうえで必要とされるだけの財政的ならびに組織的な基盤を確保することが民間福祉セクターの最大の課題であろう。

第12章 社会福祉学の視点と方法

欧米における社会福祉の研究は、慈善事業や救貧法の歴史を中心に、一九世紀後半にはじまるといってよい。わが国における社会福祉の研究は、明治の中葉から、欧米における慈善事業、救貧制度、監獄制度についての見聞録や関連する議論の紹介というかたちをとりながら発展してきた。

社会福祉原論の最終章を迎えるにあたって、ここでは、社会福祉学の存立根拠や科学としての性格に関する議論、欧米のそれを含めて社会福祉の発展（展開）の過程について論じた研究と戦後のわが国における社会福祉に関する理論的研究の一端に触れ、社会福祉学研究の現状を探るとともに、これからの課題について展望する。

第1節 社会福祉学のアイデンティティ

1. 研究者世代論

われわれの世代からみて、戦後のわが国における社会福祉学研究者の世代論を試みるとすれば、それはおよそつぎのようなものになろう。

戦後の第一世代は、戦前から活躍してこられた人びとを含め、以下順不同に列挙すれば、竹内愛二、岡村重夫、孝橋正

一、吉田久一などによって代表されることになろう。若干若いが仲村優一もこの世代に含めておこう。いずれも戦後日本における社会福祉学研究を代表する理論家なり歴史家である。第二世代を代表するのは、一番ヶ瀬康子、高島進、真田是、三浦文夫、というところであろうか。窪田暁子、右田紀久恵、田端光美なども、この世代に位置づけておこう。

第三世代は年齢的には微妙であるが、おおむね一九六〇年前後以降の時期に大学を卒業した研究者である。現在の社会福祉学研究の主流は、この第三世代に属する人びとによって担われている。この世代の研究者の特徴はいろいろあるが、その一つはいわゆる関連領域から参入してきた研究者よりも最初から社会福祉学の領域において薫陶をうけた研究者が多数を占めるということであろう。われわれもこの世代に属する者であるが、この世代に属する研究者には社会福祉学に固有の視点や枠組みを構築するということに結構こだわりをもっている人が多い。そして、そのことは、社会福祉学で最初の学問的な洗礼をうけたことと結びついているように思われる。

つまり、こういうことである。ここでいうところの第三世代に属する研究者が薫陶をうけた社会福祉学の先達たち、すなわち第一世代の研究者たちの大多数は、まず経済学、歴史学、法律学、社会学、心理学などの既成科学の領域で教育をうけ、その延長線上において社会福祉学の研究に関与してきた人びとである。そういう第一世代の研究者たちは、社会福祉学のアイデンティティを、そしてその研究者としてのアイデンティティをどこに求めるかということについて思い悩むという経験をあまりもたれていないのではないかと思われる。それに比べると、その教えを受けた第三世代の研究者たちは、濃淡の違いはあるにしても、研究においても教育においても、社会福祉学やその研究者としてのアイデンティティをどこに求めればよいのか日常的に思い悩んできたといってよい。

先に、現在の社会福祉学研究の主流は第三世代であると書いたが、実際には主流はすでに一九七〇年代以降に社会福祉学の教育を受けた第四世代に移りつつある。しかも、そのような第四世代にとっては、社会福祉学の存立根拠、その固有の視点や方法、枠組みの存在は、疑問の余地のない、既成の事実のようにみえる。社会福祉学やその研究者のアイデンティティなどという問題はすでに存在していないかのようにさえみえることがある。しかし、それでよいのであろうか。

第三世代に属する研究者として考え込まされることも多い。別の表現をすれば、第三世代は、自分たち自身で立てた課題を克服しえたのであろうか。自分たち自身に課した、社会福祉学とその研究者としてのアイデンティティを確立するという役割を、的確に追究してきたであろうかという思いが強いのである。

2. 社会福祉学のアイデンティティ

1) 総合と複合の科学としての社会福祉学

事柄をもう少し一般化してみよう。社会福祉学を含め、こんにちの社会では、学際的な総合科学や複合科学とよばれる研究の領域が確実に増えつつある。むしろ、人文科学、自然科学を問わず、科学の趨勢は、伝統的な方法論（メソドロジー）中心の科学から、必然的に学際的、複合的な研究方法にならざるをえない課題ないし問題中心型（ミッションオリエンテッド）の科学に比重を移してきているというべきかもしれない。比較的新しく設置された大学や学部のパンフレットをみれば、その趨勢は一目瞭然ともいうべきであろう。社会福祉学を含め、国際関係学、情報学、生命科学、人間工学など課題ないし問題中心的な学問領域の名称が所狭しとばかりに並んでいる。

ここでの関心に引きつけていえば、われわれにとっての関心事は、新しい学問領域の多様性ではない。そのような課題中心科学の研究や教育において、それぞれの領域に固有の視点や方法、枠組みが存在しうるのであろうか、あるいは一個の学問領域としての存立の可能性という問題がどのように取り扱われているかということである。新設大学や学部のパンフレットをみると学際科学的な、あるいは複合科学的なアプローチの必要性やその効用に関する、そして学生に提供される新しい教育の方法と内容に関する美辞麗句が並んでいる。それはそれで魅力的である。

しかし、われわれはついつい、新設大学や学部の能書きはそれでいいとして、そういう能書きのもとで教育をうける学生たちは自分たちに学習し、身につけることが期待されている新しい総合的、複合的な科学の領域やその方法論に関わるアイデンティティを、どのようにして獲得することになるのであろうかと考えてみる。仮に、そのような領域で薫陶をうけた学生たちの誰かが研究者としてのキャリアを選択することになったとき、われわれのいうアイデンティティの問題はどうなるのか、興味はさらに尽きない。

たとえば、総合科学、複合科学の領域にある科学としてすでに相当の蓄積をもつと考えられる国際関係学（論）においては、この問題はどのように取り扱われているのであろうか。なかでも、最初から国際関係学の学生として学問的な薫陶をうけ、やがて国際関係学の研究者としてのキャリアをもつ人びとのなかでは、このような問題はどのようにうけとめられているであろうか。

われわれの体験を一般化して推測すれば、最初に国際関係学の教鞭をとられた先達たちにとっては、国際関係学は、まず法律学、政治学、経済学、社会学など基礎になる学問が存在し、その前提のもとでの学際科学的な研究や実務上の経験を基礎にする研究であり、そのうえでの教育ではなかったかと思う。しかし、国際関係学部（学科・専攻）の学生からすれば、基礎になる科学を会得する機会をもたないままのいきなりの学際的、総合的な研究である。そこに、われわれ社会福祉学研究の第三世代につながるような学問的アイデンティティに関わる悩みはなかったのであろうか、と推測することになる。

多少日常的な話題に類することにもなったように思うが、実はこのことは社会福祉学にとってかなり深刻な問題である。総合科学的、複合科学的な、課題ないし問題中心的な研究領域で最初に学問的な薫陶をうけた学生たちにとって学問的アイデンティティに関する問題は避けて通れない性格のものだと考えられるからである。研究者としてのキャリアを志向することになった学生にとってはなおのことである。

繰り返しになるが、社会福祉学研究の主流は早晩そのようなアイデンティティ問題をあまり意識することのない、あるいは意識する必要のない第四世代に完全に移行することになる。まさに、社会福祉学研究は曲がり角にさしかかっている。戦後日本における社会福祉学の研究と教育に関わる特有な状況のなかで、第三世代は、否応なしに、この社会福祉学の、そしてその研究者としてのアイデンティティという問題にたいして何らかの回答を準備せざるをえないという状況におかれてきた。それはまた、第三世代としてのわれわれがみずから設定した課題であった。しかし、第三世代の状況は、われわれを含め、この課題を達成しえているとは到底思えない。われわれはいまだに、そのことの重要性を強調するというレベルにとどまっている。

2) 隣接諸科学との関係

社会福祉学の周辺には、哲学、社会学、経済学、経営学、法律学、心理学、教育学、歴史学、宗教学、さらには医学、保健学など、多数の隣接科学が存在している。そのほかにも、文化論や文明論、情報学、住居学、建築学、人間工学なども社会福祉に関する理解を深めたり、社会福祉の援助に関わる実際的な問題の解決をめざしたりするうえで重要性を増してきている。われわれは、このような隣接諸科学の重要性をいささかも否定するものではない。しかし、いわゆる社会福祉学プロパーの研究者という立場からすれば、われわれは、このような隣接諸科学とどのようにつきあえばよいのであろうか。それは、われわれにとって避けて通れない課題である。しかし、たとえある程度のものであれ、整理されたかたちで回答を示そうとすれば、事柄はそれほど簡単ではない。

戦後の社会福祉学研究に限定してみても、多数の隣接科学の研究者たちが直接間接に社会福祉学の研究に関与され、顕著な業績をあげておられる。社会福祉学研究の発展に多大の貢献をされた研究者も少なからず存在する。その限りでは、隣接領域の研究者による社会福祉研究への参入とその業績は高く評価されてよい。

しかし、社会福祉学プロパーの研究者からみると、これら隣接領域の研究者たちのもつ強みと弱みは、彼らによる社会福祉研究がみずからの基盤とする科学の単なる応用領域として捉えられているというところに起因している。隣接科学の研究者たちの大多数は、社会福祉学の固有の視点とか方法とかという問題にほとんど関心を示さない。これは、社会福祉学プロパーの研究者からみると、こうした研究者たちのもつ強みである。しかし、それは同時に弱みであり、隣接領域のあれこれの科学の応用的研究として社会福祉研究が進められてしまうと、そこにどうしても取り残しがうまれてくる。つまり、社会学なり経済学なり政治学なりの視点や方法で社会福祉の研究が進められると、その視点や方法になじまない部分は取り残されてしまうことになる。いってみれば、そこで進められるのは社会福祉学の立場からみれば秩序のない、もっぱらそれぞれの学問領域のもつ関心に先導される研究となる。社会福祉の領域は、隣接関係にある諸科学のいわば草刈り場的状況に陥ってしまうのである。社会福祉学プロパーの研究者の立場からいえば、そのような草刈り場的アプローチでは社会福祉の全体像を把握することは覚束ない、ということになる。

もとより、このようにいうことは隣接領域からの社会福祉研究を否定することを意味しない。むしろ、社会福祉は、そして社会福祉学は多様な隣接科学の成果に期待することが多い。それなしの進歩は考えられない。それは、社会福祉の課題が何よりも現実に生きている人びとの生活とそこに発生する複雑多様な内容をもつ生活問題を解明すること、さらにはその解決なり緩和なりに必要とされる支援（援助）を社会的に提供することにあるからである。どうしても学際的、総合科学的な取り組みが必要とされる。それでは、社会福祉に関わる研究、教育、支援活動は隣接諸科学の知識なり技術なりを寄せ集めればそれで可能なのかというと、そうではない。

3) 社会福祉学の基本的スタンス

人びとの生活とそこに発生する複雑多様な生活問題の解明と支援のために、隣接諸科学からどのような知識や技術を援用すればよいのであろうか。また、それらの知識や技術をどのように組み合わせ、支援活動というかたちに成形し、提供すれば意図された成果を効果的かつ効率的に達成することができるのであろうか。社会福祉が改善され、人びとの生活の安定が確保されるためには、こうした種類の問題を考察し、解決する独自の科学が必要とされる。端的にいえば、そのような役割をもつ科学、それがすなわち社会福祉学である。

一般に科学は、研究対象として措定した事象のなかから法則的な因果関係を抽出し、その事象の生成発展の過程や運動展開の原理を追求する法則定立型の科学とそのようにして定立された法則を援用して具体的な課題の解決を追求する問題解決型の科学に分類することができる。社会福祉学は明らかに後者の問題解決型科学の一つである。

社会福祉学が問題解決型の科学に属するということは、法則定立的な研究を必要としないということでは決してない。社会福祉の領域に限らず、自分自身の領域に生起している事象を客観的に観察、分析し、その結果を普遍化するという手続きを経験することがなければ、問題解決のためにどのような科学領域の、いかなる知識と技術が必要とされるのか、そのことを的確に判断することはできないからである。

問題解決型科学の発展は、最初は目前の問題を解決するためにいかなる隣接諸科学を動員すればよいのか、その知識や技術をどのように応用すればよいか、そのことに知恵を絞ることからはじまる。つぎには、その応用の過程と結果を分析し、その効果や成果を評価するために法則定立型の研究の手続きが必要とされる。そして、後者の法則定立型の研究が積み重ねられ、そこから独自の知識や技術の体系が構築されるとき、その問題解決の試みは科学の一領域として成立する。

このように、問題解決型科学の発展の過程を想定したとき、わが国の社会福祉学の現実はどのレベルにあるかということである。

3. 社会福祉学の構想力・構築力

1) 隣接諸科学の応用

社会福祉学はあれこれの隣接科学の単なる応用領域ではない、独自の領域と方法をもつ科学の一領域であるという主張は、なかなか隣接科学の側の同意がえられない。

隣接諸科学のなかでも、社会学との関係は特殊である。一般的に、社会福祉の研究は社会学の応用部門として扱われている。実際、わが国の大学世界においては、社会福祉学科は伝統的に社会学部の一部門、専攻として位置づけられてきたし、学術機関のなかにおける扱いもそうである。

このような社会福祉学と隣接科学との関係は、特に社会学との関係において特有というわけではない。社会福祉学と経済学の関係についても多かれ少なかれあてはまる。そのことは、戦後のわが国における社会福祉学研究のなかで、一つの、そして有力な潮流を形成した孝橋正一以来の「社会福祉政策論」の立論の方法を思い起こしてみれば、誰しもが容易に理解しうることである。

伝統的な社会福祉政策論の拠って立つところの科学方法論は経済学、そのなかでもマルクス主義経済学である。もう少し限定的にいえば、それはマルクス主義経済学による社会政策論である。孝橋の社会事業理論の基本を理解するためには、マルクス主義的経済学とその社会政策論に関する理解が不可欠とされる。それがなければ、孝橋の社会事業論を理解することはできないし、その系譜に属する一番ヶ瀬康子、高島進、真田是などの「社会福祉運動論」を理解することは難しい。

それでは、このような社会福祉学と隣接科学との関係は宿命的なものであろうか。社会福祉学は、社会学や経済学の、あるいは心理学や精神分析学の応用領域にとどまり続けなければならないのであろうか。

2) 隣接諸科学の援用

社会福祉学の研究は、しばしば隣接諸科学の研究者から科学的研究としての水準が低いとか概念の使い方が甘い、間違っているという批判をうける。

研究としての水準が低いという指摘については、残念なことながら、社会福祉学の研究のなかにそう批判されてやむをえない部分がないわけではない。細かくみれば、そのような批判には誤解もあるし、批判する側の自分自身の学問領域にたいする過信もあろうかと思われる。しかし、ここではそれらのことは取りあげない。概念の使い方が甘い、間違っているという指摘についても、社会福祉学の研究のなかに思いあたる例が少なくない。ただ、この後者の批判は、それに該当する事実があるかどうかを超えて、社会福祉学と隣接諸科学との関係をどのように理解し、位置づけるかという問題に関わるきわめて重要な意味をもつものであり、この際特に一言しておきたい。

社会福祉学における概念の使い方が甘い、間違っているという批判の前提には、隣接諸科学のなかで開発され、発展させられてきた概念については、それぞれの領域においてもちいられるのと同様の厳密性をもってもちいられるべきであるとする見解がある。たしかに、社会福祉学の議論のなかで隣接領域の概念を援用するときには、その概念の形成される過程やそこに込められている多様な意味内容を知ってもちいる必要がある。先行諸科学の成果にたいする十分な配慮が必要とされる。そのことは重要である。

しかしながら、社会福祉学の展開の過程において援用する隣接科学における概念のすべてについて、その形成の過程から意味内容の多義性にいたるまで事細かに理解することが求められ、隣接科学の要請する厳密性においてもちいることが求められるとすれば、社会福祉学の研究は成り立ちえない。それは、問題解決型の科学である社会福祉学が必要とする隣接諸科学に関わる知識と技術の幅の広さを考えれば容易に納得されるであろう。隣接諸科学の知識や技術について、それぞれの領域における専門家と同等の水準において理解することが要請されるとすれば、社会福祉学の研究は日暮れてなお道遠しの状況にとどまらざるをえない。

このようにいうことは、社会福祉学研究における概念の曖昧さや隣接領域からみて誤った使い方になっているという批判について、これを不問に付すということではない。社会福祉学の研究者が隣接諸科学の概念を援用する場合には、その内容について十分に理解するとともに、その援用のしかたについても可能な限り厳密を期さなければならない。それは当然のことである。

3) 社会福祉学固有の概念装置

しかし、実はそのこと以上に重要なことは、社会福祉学がそれに固有の概念を十分に形成し、確定しえていないという事実である。社会福祉学が一個の科学としてその成立を主張しうるためには、固有の研究対象が措定されるとともに、その分析、評価、総合、一般化などの一連の過程に関する記述が社会福祉学に固有の概念群によって完結されていなければならない。それができてはじめて、社会福祉学は独自の対象と方法をもつ科学として自己を主張しうるのである。

残念なことであるが、社会福祉学の現状はそこに達していない。社会福祉学の現状は、少なからず隣接諸科学の知識や技術に頼らざるをえないという状況にある。そうしたなかで、社会福祉学の研究者に求められることは、隣接領域においてもちいられている概念を援用する場合には、それを社会福祉学に固有の概念として的確に再構成するということである。隣接領域の概念と同一の用語をもちいるにあたっては、その用語が個別科学の領域を超えて普遍化している場合を除き、そこに社会福祉学に固有の意味内容を与えておかなければならない。そのような手続きを通じて、社会福祉学はそれに固有の概念群を、すなわち社会福祉学に固有の語彙を増やしていかなければならない。

社会福祉学が遅れてきた科学であることは現実である。隣接諸科学に学ぶべきことが多いのは当然である。しかし、そのレベルにとどまっていては社会福祉学の学としての発展は覚束ない。わが国の社会福祉学研究には、社会福祉学の議論を社会福祉学によって独自に意味づけされた概念装置を中心に展開しうる状況を可及的速やかに現実のものとすることが求められている。

4) 先行研究の批判的継承

それでは、わが国の社会福祉学研究の第三世代は、そのような社会福祉学に独自の概念装置を構想し、構築するという作業をどこまで意識的に追究してきたであろうか。第三世代はその努力を十分に行ってきたとはいいがたいように思われる。なかでも、社会福祉原理論研究の領域ではそうである。

第三世代による原理論の研究はこんにちにおいてなお、第一世代、第二世代の理論水準に及んでいない。誤解を恐れず、しかもいささか粗野な表現のしかたをすれば、第三世代による原理論研究には、第一世代、第二世代の固有名詞付きで呼称される社会福祉理論の祖述であるか、その偉大さを再確認するというものが少なくない。ここで、みずからの能力を過信してお釈迦様の掌から飛び立った孫悟空が結局はお釈迦様の掌から外へでることができなかったという有名な寓話を引用することは適切でないかもしれない。しかし、この寓話に託していえば、第三世代の研究者に期待されていることは、実はお釈迦様の掌、つまり第一世代、第二世代の固有名詞付き社会福祉理論の広さや奥深さを再発見し、感嘆することではない。それを乗り越え、隣接諸科学にたいしてその存在を明確に主張しうるだけの、社会福祉学に独自固有の理論体系を構築することであったはずである。

戦後日本の社会福祉学研究を彩ってきたあれこれの原理論的研究のうち、後世に残るのは、孝橋正一の社会事業理論と岡村重夫の社会福祉学であろう。そのことについてはまず異論のないところであろう。しかし、いわゆる孝橋理論も岡村理論もその初出は四〇余年以上も昔のことである。孝橋理論は、その初出の時期とこんにちとでは社会経済的な背景も社会福祉そのものの質量も顕著に変化していることもあり、すでに歴史的古典という位置づけに変わりつつある。それにたいして、岡村理論はなかば現役である。方法論研究者による議論も含め、一部の第三世代の研究者が最後に理論的拠り所として頼るのは岡村理論である。彼らの議論は、岡村理論の応用編あるいは活用編とでもいえばよいであろうか。なかには、自己流に解釈した岡村理論の受け売りに類する議論もみうけられる。一部の研究者の提起した理論が固有名詞付きで呼称されるということも含めて、こういう例は隣接諸科学においては例のない事態であろう。

理論研究に限らず、先行研究の研究史的な整理は不可決とされる。その意味では、戦後社会福祉理論の研究史的整理は、理論構築の前提である。いわば、先行研究の胸を借りるということである。研究の方法としても記述の方法としても、研究史的整理は不可欠の前提である。しかし、そうすること自体が目的ではない。

5）構想力と構築力

重要なことは、その作業を通じて、新たな理論の創造とその体系化がどこまで実現されているかということである。残念ながら、第三世代による原理論的研究の実態をみると、必ずしもそのような成果は現れてきていない。多くの原理論の展開は先行研究の胸を借りるというレベルであり、それを乗り越えるというレベルにはほど遠い。その原因は、多分に第三世代における構想力と構築力の不足にあるというべきであろう。

第一世代や第二世代の理論には、現実の社会福祉の幼弱性ということもあってか、表現は悪いがやや理論倒れという側面が認められる。たとえていえば、理論が空中に浮いているという印象がある。逆に、第三世代による議論には、現実の社会福祉制度の拡大や社会福祉にたいする社会意識の変化に災いされてのことか、社会福祉制度の実態についての解説的記述、政府による政策の解釈や啓蒙やそれについての定型的な批判、そしてマニュアル的な解説というレベルが少なくない。われわれ自身も含め、第三世代に属する研究者たちは、みずからの構想力と構築力——想像し、創造する力といってもよい——をあらためて問い直し、第三世代としての歴史的な役割を遂行しなければならない。

4. 喫緊の理論問題

それにしても、社会福祉学にとって克服されるべき課題は多い。二〇世紀の最後の二〇年間における世界史的な社会経済や政治の変化、そしてそのなかで推進されてきた社会福祉改革は、社会福祉学にたいして、さまざまなかたちをとりながら、その将来像を構想するにあたって避けて通ることのできない重要な課題を投げかけている。ここでその一端にふれておきたい。

1) 転換期を前提とする社会福祉理論の再構築

われわれのいう社会福祉学にとっての重要な課題、それは簡潔にいってしまえばこういうことである。二〇世紀の最後の二〇年間を通じて、一方において①ソビエトロシア社会主義体制が崩落し、冷戦構造が終焉を迎えたこと、他方において②資本主義体制の内部において新保守主義あるいは市場原理至上主義が拡大したこと、その基底において③少子高齢化による人口構造の不可逆的な変化が進行していること、そしてそうしたなかで④先進資本主義諸国で市場セクターの参入を含む社会福祉改革が追求されてきたこと、これらの変化を社会福祉学の理論枠にどのように組み込むかという問題である。

こんにち、世界史は明らかに転換期に入っている。そのもとで社会福祉もまた深刻な転換期を迎えている。起こっている変化の特性からいえば、それは転換期というよりもトランスフォーメーションという意味で転型期というべきかもしれない。この転換期あるいは転型期が、中世封建社会から近代市民社会への転換がそうであったように、二〇〇年あるいは三〇〇年を超える歳月を必要とするのか、あるいは数十年で済むのか、それはわからない。社会福祉のこれからについても、基本的には同様である。しかし、そうしたなかにおいても、はっきりしているのは、今後に構築されるであろう社会福祉学の理論には、このような世界史的な過渡期的状況とその将来展望についての一定の認識が方法論的枠組みのなかに明確に組み込まれていなければならないということ、そのことである。

もとより、こうした作業を全うするには、まずもって先行研究についての批判的な検討を試みることが前提となる。第三世代についていえば、すでに言及したように、戦後日本における社会福祉学の研究を拓り開いてきた第一、第二世代による研究の成果と限界を明らかにしつつ、自分たち自身のこれまでの研究をどのように反省、評価し、これからの研究についてどのような展望をもつのかということである。

これからの社会福祉学の研究は、伝統的な理論枠の継承とその部分的修正で済むのか、大幅な組み替えが必要とされるのか、あるいは全面的に新しい理論枠を構築することが必要なのか、その判断は個々の研究者によって異なるであろう。しかし、いずれの道を選択するにしても、第三世代の研究者にとっては深刻このうえない課題である。ちなみに、この課題に対応する過程においては、かつて冷戦構造が終焉した折、副田義也がその論文「社会主義の不在と社会福祉の行方」（『社会福祉研究』鉄道弘済会、一九九一年、第五二号）で試みた理論的挑発に、直接的であるか間接的であるかは別として、回答を試みることも必要となろう。

2) 社会福祉本質論の決着

つぎに、政策と技術、あるいは政策論と技術論の統合、という社会福祉学研究にとっての長年の懸案事項に言及しておきたい。

周知のように、政策と技術、そのいずれに社会福祉の本質が存するかいう問題は、一九五〇年代を通じて戦後のわが国を代表する理論が構築される過程において提起された理論問題である。そして、その後こんにちにいたるまで、社会福祉学の研究者であれば一度ならず関心をよせ、その解を求めて果たしえなかった課題である。しかし、二一世紀にふさわしい社会福祉学の理論を構築するためには、この問題についてもそろそろ決着をつけておかなければならない時期にきているように思われる。

さて、社会福祉の本質が政策的側面にあるか技術的側面にあるかという問題は、論争の当初は二項対立的、二者択一的な問題として設定され、後には政策と技術の両者を調和的に統合する理論を構築することが求められてきた。それ以来、こんにちにいたるまで、多数の研究者がさまざまなかたちで政策論と技術論の統合という問題に解を出そうと試みてきた。いまそれらを整理すると、そこに四通りの方向性をみいだすことができる。

第一の方向は、社会福祉の本質を政策に求める立場＝政策論と技術に求める立場＝技術論の一方が正しく他方が誤っているという議論を継承することである。第二の方向は、政策論と技術論のいずれに力点を置くかを別にすれば、政策と技術は二項対立的なものではありえず、政策論と技術論は統合されなければならないとする立場に立つことである。第三の方向は、政策論と援助活動論（この場合、技術は援助活動の一部となる）は拠って立つ科学が異なり、政策論と援助活動論は別の理論領域として論じられる必要があるとする立場である。第四の方向は、社会福祉の政策と援助活動は本来的に一体のものであり、それを総体的に把握する必要があるとする議論である。

さて、第一の方向は、多少表現を変えれば、社会福祉をめぐる政策の問題と技術の問題を、ある種の科学方法論にもとづき一元論的に把握するということである。論争当初の状況を思い起こしていえば、孝橋正一のマルクス主義経済学の立場か竹内愛二のアメリカ社会学の立場かを継承して政策と技術を一元的に把握するということである。しかし、こんにちの時点でいえば、この方向で決着を求めようとする試みはまず不毛な結果に終わることになろう。この方向は、政策か技術のどちらかを議論のなかから切り捨ててしまうことになり、政策と技術の両面をあわせもつ社会福祉の現実から目をそらすことになる。

第二の方向は、政策論と技術論の相剋を回避し、社会福祉における政策と技術を統合的に論じようとする立場である。この方向での試みには、政策論を機軸とする統合と援助論を機軸とする統合の二つがある。前者の試みに該当するのは一番ヶ瀬康子による運動論や真田是による三元構造論であり、後者の試みに該当するのが岡村重夫の社会福祉固有の視点である。

これらの試みはそれなりに説得力をもっているが、難点も残されている。一番ヶ瀬康子や真田是による試みは、政策という側面についていては一定の成功を収めているといってよいであろうが、技術それ自体といおうか、その内的な世界にたいする踏み込みは十分ではない。一番ヶ瀬や真田の試みている技術に関する議論は、援助の理念や思想というレベルではそのまま受け入れることができるし、また評価すべき内容が含まれている。しかし、そうした技術に関する議論を社会福祉援助の実際的な場面において適用することが可能かといえば、それは難しい。他方、岡村の技術に関する議論は、実際的な援助場面において適用することは可能であるが、政策や制度なかでも政策についての議論としてはかなり問題が残っている。これが大方の評価であろう。

こうして、政策と技術を統合的に把握するという課題はこんにちにおいても見果てぬ夢として、また理論の不十分さを追究する批判の修辞として存在し続けている。しかし、政策と技術の統合的把握が実現されていないと指摘し、あるいは批判する人びとの脳裏に政策と技術を統合的に把握する理論としてどのような内容をもつ理論体系が想定されているのであろうか。そのことは必ずしも明確ではない。もとより、そのような構想が明確になっていれば統合理論の構築はなかば完成したようなものである。そう簡単にいかないという状況のなかで、政策論と技術論の統合が求められているのである。その現実に鑑みれば、政策論と技術論の統合がなされていないという批判は、理論構築の困難さ、あるいはその停滞にたいするエクスキューズになっているという印象は否めない。

第三の方向は、社会福祉の本質が政策と技術いずれの側にあるかという問題の立てかたや政策論と技術論を直接的に統合しようとする方向を回避し、政策と技術は別の学問範疇に属するものとして位置づけようとする試みである。この方向をとる研究者は三浦文夫、岡田藤太郎、星野信也などである。三浦は、本質論や統合論が提起されていた時代に、政策と技術（援助活動）はそれぞれ別の科学方法論によって論じるべきものであり、統合がありうるとすればそれは歴史的な過程のなかにおいてのみ可能であると指摘している。岡田や星野は、三浦とは別に、政策の問題と技術の問題はソーシャルポリシーとソーシャルワークの問題として論じるべきものとし、星野などはそのような議論のしかたこそが国際標準であると主張している。この方向をとる研究者たちは政策論と技術論を統合しようという試みそのものが無意味であり、無用の混乱をもたらしているという。

こうした第三の方向は、その前提に立ってしまえば事柄は簡単である。理論問題としては政策論（ソーシャルポリシー）と援助活動論（ソーシャルワーク）はそれぞれ別個の存在となり、両者の接合を考える必要はない。しかし、それにもかかわらず、社会福祉の現実は、政策としての側面ももてば援助活動としての側面ももっている。実際、政策は援助活動という形態以外にはみずからを実現することができず、逆に援助活動は政策による規定、方向づけを免れることはできない。現実のレベルでいえば、両者は分かち難く結びつき、一体のものとして存在しているのである。

われわれの立場は、この事実に着目し、より実際的、具体的なレベルで、政策と援助活動――技術はその一部である――とのあいだがどのように結びついているのか、その構造と過程を解明し、それらを規定する論理を明らかにするという方向である。これが第四の方向である。

われわれの立場はこの第四の方向である。この方向は、簡略にいえば、政策と技術、換言すれば政策と援助活動の分立という問題を、社会福祉における政策と援助活動がどのように結びついているかを明らかにするという作業に戻りつつ、両者を含め社会福祉の全体を総合的に把握する道筋を追究するという立場である。その詳細については第3節においてあらためて言及する。

3) 社会福祉援助論に関わる課題

近年、社会福祉基礎構造改革が推進される過程において介護保険におけるケアマネジメントの導入、サービスの質的向上のための第三者評価システムや苦情対応システムの導入、精神保健福祉士などの新たな専門職制度の導入などが行われ、あらためて社会福祉の援助論にたいする関心が高まっているように思われる。そのこと自体は歓迎されるべきことであるが、その反面において援助論万能主義的な傾向もうまれているかに思われる。

わが国では伝統的に、施策制度の立案運営にあたる関係者や機関・施設の経営にあたる関係者のなかに、教育機関にたいして現場で役に立つ、さらにいえばすぐ役に立つ社会福祉専門職員の養成を期待するような傾向がみられる。近年の保健医療、教育、住宅、福祉機器など関連領域との連携や調整の必要性が強調されるという状況のなかで、この傾向に一層の拍車がかかっているように思われる。

たしかに、多職種の専門家がチームを構成して仕事をしたり、関連する専門機関とのあいだで連絡や調整を行おうとすれば、社会福祉援助の固有性が問われることになる。専門職相互における援助の視点や方法の違いについての認識が前提にあってはじめて、多職種間の調整や連携は効果的に行われうる。そのことは事実であろう。しかし、多職種間の調整や連携に関心が集中するあまり、社会福祉援助が歴史的に継承してきた、それゆえにそれに本来的な特性がややもすれば軽視されるような傾向がみうけられる。

社会福祉専門職の効果的な養成という課題が設定されれば、関係者の関心はおのずとソーシャルワークに向かうことになる。それはある意味では当然であるが、しかしソーシャルワークの存在こそが社会福祉が他の関連領域にたいして固有性を主張しうる社会福祉の特性であるということになれば、事柄の意味するところは異なってくる。ソーシャルワークは社会福祉の一部分であり、ソーシャルワークが社会福祉を代表するわけではない。

ソーシャルワークは、もともと社会改良や社会変革という施策制度に関わる概念と結びつけられて、あるいは貧困者や社会的弱者という固有の対象に関わる概念と結びつけられて発展してきた。その意味で、ソーシャルワークはすぐれて社会的な援助の技術である。先にも言及したように、こんにちの社会は、そして社会福祉は、まさに世界史的な転換期の状況におかれている。それだけに、ソーシャルワークの研究や教育においても、そうした時代感覚や時代認識が不可欠の要件たらざるをえない。

他方、社会福祉基礎構造改革の理念の中心は、人びとの地域社会における自立生活を支援することにおかれている。また、社会福祉基礎構造改革の過程を通じて、国や自治体の役割は調整介入的あるいはパターナリスティックなものから条件整備的なそれに転換されようとしている。このような理念や施策に底流しているのは、自助的な市民、みずからの問題をみずから解決する姿勢と能力をもつ自立的な市民というイメージである。成年後見制度や福祉サービス利用援助事業による支援が予定されているとしても、その前提は自助の努力をいとわず、またそれが可能な市民である。

ソーシャルワークにおける近年の関心事はコーピングやエンパワーメントの概念に向けられているが、その奥底にはアメリカ社会における自助的な市民、欠落している条件が与えられれば自己自身の力によって成長することのできる市民の育成という理念が伏流している。ソーシャルワークによる援助の方法がコーピングやエンパワーメントだけでないことはいうまでもないことである。しかし、社会福祉が援助しようとしている人びとのうちどれほどの人びとが、そのような自助的な市民、強い市民に成長しうるのか、あらためて考えてみることも必要であろう。

それにしても、わが国における社会福祉援助の理論は一体いつになればアメリカやイギリスのソーシャルワークの研究、理論から自立できるのであろうか。なかでも、アメリカにおけるソーシャルワーク論の場合にそうみえるのであるが、隣接諸科学によって開発された概念を援用することによってつぎからつぎに新しい援助理論のパラダイムが構想され、展開されている。そして、それがそのまま、一定のタイムラグをもって、わが国に紹介されている。

こうして、アメリカの理論状況が変化すればわが国のそれも変化する。これは戦後一貫した傾向のようにみえる。さすがに往時のアメリカ製理論の受け売り的な紹介がソーシャルワーク研究の中心になるような状況は影を潜めたとはいえ、わが国における援助活動の経験に根ざした援助論体系の構築に真剣に取り組むべき時期にきているように思われる。ソーシャルワークを導入しうる領域は拡大し、研究の厚みも増している。それだけの条件はすでに整っている。それにもかかわらず、現実には、援助論研究の一部ではいまなおアメリカ製の理論をわが国に適用すること、その可能性について論じることに力点がおかれている。すぐれた理論はより高い普遍性をもっている。その意味ではすぐれたアメリカ製の理論をわが国に適用する試みは重要である。しかし、そのこと以上に重要なことは、わが国における社会福祉援助の経験を理論化し、その体系化を追究することによって日本製の援助理論を構築する試みである。

第2節　社会福祉学研究の展開

社会福祉学の研究の歴史は決して短いものではない。それは、すでに触れたように、イギリスやアメリカでは社会改良運動と結合している。イギリスでは一九世紀の初頭から救貧法に関する研究がはじまり、世紀後半になると貧困調査が実施されているが、これらは社会福祉学の萌芽として捉えることができる。アメリカでは、アメリカ社会学協会の存在が社会福祉学のみならず社会学の揺りかごとして指摘される。一方、わが国においては、明治二〇年代の後半あたりから、アメリカやイギリスの監獄制度や救貧制度の紹介と研究がはじまっている。

このように社会福祉学の研究は萌芽的にはかなり早い時期にはじまっており、イギリスやアメリカでは二〇世紀の前半期までのあいだに一定の体系化も試みられている。わが国においても、大正デモクラシーの時期あたりから社会福祉学のそれなりの体系化が行われている。社会福祉学の理論研究をレビューするとすれば、こうした国外、国内における発展を回顧する必要があるが、ここでは戦後のわが国における社会福祉学研究に大きな影響をもった内外の理論について概観し、今後の理論課題を整理しておきたい。

ここでとりあげる理論は、アメリカ、イギリス、そしてわが国における社会福祉の発展段階論と戦後のわが国における社会福祉理論ならびにそれについての評価である。

1. 社会福祉の発展段階論

まず、社会福祉の歴史的な発展ないし展開の過程や社会的な性格について理解を深める手掛かりとして、三組の概念モデルについて検討し、さらに現代における社会福祉の基盤となっている福祉国家（政策）の動向について考察する。

1) ウィレンスキーとルボーの発展段階論

第一の概念モデルはウィレンスキー（Wilensky, H.L.）とルボー（Lebeaux, C.N.）によって提起されたモデルである。ウィレンスキーとルボーは、社会福祉の分析を試みるに際して、レジデュアル（残余的）な社会福祉とインスティテューショナル（制度的）な社会福祉という概念モデルを設定した。人びとの生活は通常、家族と市場という自然的な資料獲得の水路を通じて営まれている。しかしながら、その過程は常に平坦、平穏無事というわけにはいかない。家族はしばしば家族員の失業、傷病、障害、老齢などによって生活に必要なだけの所得や家事サービスを確保することが困難になる。市場は一定のリズムのもとに経済の波動に見舞われ、失業の増大、生活資料の欠乏や物価の高騰がもたらされるようなこともまれではない。

レジデュアルな社会福祉（残余的社会福祉）とは、そのような緊急事態において活性化し、家族や市場が通常の機能に復帰したときには縮小し、社会の背景のなかに後退してしまう、そのような社会福祉である。これにたいしてインスティテューショナルな社会福祉（制度的社会福祉）とは、産業化の進展にともなう家族の構造的・機能的変化、市場の硬直化、失業と不況の慢性化、物価の恒常的上昇など、家族や市場そのものの質的な変化を前提に、一定の規模をもって社会のなかに常駐するようになり、社会の第一線の機能として制度化されることになった社会福祉のことである。

このようなウィレンスキーとルボーの概念モデルは、もともとは一九五〇年代のアメリカにおける社会福祉の現状分析を試みるための概念装置として構想されたものである。しかしながら、そのこととは別に、レジデュアルな社会福祉とインスティテューショナルな社会福祉という概念モデルは、今日においてなお、社会福祉の歴史的な発展の過程やその現代社会における位置づけ、さらにはその社会的な構造や機能を分析し、理解するために援用しうる概念装置としてその有効性を失っていない。ただし、ウィレンスキーとルボーの概念モデルは、発展段階に関する理論というよりも、レジデュアルな社会福祉とインスティテューショナルな社会福祉それぞれについての理念型という色彩が強い。しかも、現実の社会福祉の発展はレジデュアルな社会福祉からインスティテューショナルな社会福祉に一足飛びに移行するわけではない。実際には、その間に多様な移行段階が存在することに留意しておかなければならない。

2) ティトマスの発展段階論

第二の概念モデルは、イギリスのティトマス（Titmuss, R.M.）によって設定されたモデルである。ティトマスは、イギリスにいう社会政策の分析を試みるにあたって、残余的福祉モデル、産業的業績達成モデル、制度的再分配モデル、という概念モデルを設定した。これらの類型のうち、残余的福祉モデルはウィレンスキーとルボーのいうレジデュアルな社会福祉にそのまま重なりあっている。具体的には、イギリスの救貧法や慈善事業がこれに該当する。つぎの産業的業績達成モデルと制度的再分配モデルは、ウィレンスキーとルボーのインスティテューショナルな社会福祉に照応する関係にである。

産業的業績達成モデルと制度的再分配モデルは、それらが社会のなかに制度化され、構造化されているという意味では同列に扱うことができる。しかしながら、制度化の趣旨や政策思想という視点に立てば、両者の位置関係は同列ではない。産業的業績達成モデルに該当するのは、たとえば、高齢者に所得保障を提供するにあたってそれをそれぞれの高齢者が国家、社会、企業などにおいて達成した業績の程度に応じて配分しようとする制度である。その典型は、官吏や軍人にたいする恩給、社会的・文化的功労者にたいする年金、企業による功労者年金などである。産業的業績達成モデルの根底にあるものは明らかに資本主義に底流するメリットシステムの思想である。そこには、高齢者の生活の実態についての関心や社会的な平等や公正についての配慮はほとんど介在していない。

これにたいして、制度的再分配モデルは、第一次的分配にともなう社会的富の不平等を社会的平等や社会的公正の見地から再分配し、その均等化、平準化をはかろうとする制度を意味している。制度的再分配モデルは、社会的統合を志向するモデルであり、資源の支配のなかに再分配のシステムを組み込んだモデルである。実際、第二次世界大戦後の福祉国家成立期以降一九七〇年代までのイギリスの社会政策は、社会福祉を含めて、そのいずれもが多かれ少なかれこのような意味での制度的再分配を志向する制度として発展させられてきたといってよい。

3) 資本主義の展開と社会福祉

第三の発展段階論として、わが国では一九六〇年代後半を中心に、社会福祉の発展の過程を資本主義（社会）の発展の過程に結びつけて論じる研究が登場している。この種の発展段階論は幾人かの研究者によって試みられているが、ここではそのなかから一番ヶ瀬の研究をとりあげておきたい。表12－1がそうである。

このような一番ヶ瀬の研究に類する研究は、一定の時期やその特徴を表現する用語に多少の違いはあるものの、いずれも資本主義（社会）の発展をその生成期、発展期、没落（爛熟）期前期（金融資本主義期）、没落期後期（国家独占資本

表 12-1　生活問題の発達段階

社会体制			主要な対象者	対象者自体の反発	対象者の意識、思想	方法
古代奴隷制、中世農奴制 （自給自足経済、身分制）			共同体脱落者	（あきらめ）	善行の手段	慈善
近代資本体制（商品経済、民主制）	初期資本主義 （原始的蓄積段階）		共同体解体のもとで生じた窮民の浮浪化	（消極的反抗）	危険視 惰眠視	救貧法
	盛期資本主義 （産業資本主義段階）		労働者の貧窮	相互扶助活動	劣等視 自助の促進	最低の救貧法 慈善組織化
	末期資本主義（独占資本主義段階）	前　期 （金融独占期）	労働者階級の貧困	社会運動	環境への注目 社会連帯主義	社会改良活動 社会事業
		後　期 （国家独占期）	国民諸階層の生活不安	権利闘争としての国民運動	福祉国家	社会保障 社会福祉事業 専門技術

（一番ヶ瀬康子、1964）

主義期）に分類し、生成期と発展期に慈善事業と救貧法、没落期前期に社会事業、没落期後期に社会福祉をそれぞれ対応させるという構成がとられている。生成期に慈恵事業・救貧法が対応させられ、発展期の慈善事業・救貧法と区別されていることもある。

資本主義の発展と社会福祉の発展ないし展開を対応させるという方法は社会福祉の歴史を大枠として理解するうえではかなり有効である。しかし、その半面、社会福祉の発展ないし展開を資本主義の発展の道筋に押し込めるという決定論的な隘路に陥りやすい。さらに、この研究方法のもっとも重要な課題は、資本主義没落期後期（国家独占資本主義期）以降の資本主義と社会福祉の展開をどのように捉え、結びつけるかという問題である。具体的にいえば、福祉国家批判が始まる一九七〇年代後半以降をどのように捉えるかという問題である。資本主義の発展と社会福祉の発展ないし展開を対応させる研究方法には、そこまでの射程は組み込まれていない。あるいは、資本主義および社会福祉が発展段階論の予想を超える展開を示したというべきであろうか。

議論が先行しすぎたかもしれない。社会福祉という領域を通じて戦後五〇年を回顧するとすれば、われわれは、第二次世界大戦以後、冷戦構造のなかで福祉国家の理念とそれを具現化する一連の政策体系が成立し、一九七〇年代の後半に至るまでその発展が期待されてきたという事実に言及しなければならない。

4) ポスト福祉国家の地平

福祉国家の理念と政策は、第二次世界大戦直後のイギリスにおいて、一九世紀の最後の四半世紀から二〇世紀の初頭、第一次世界大戦前夜に至る社会改良の伝統を継承しつつ、一九四二年のベヴァリッジ報告を具体化するかたちで誕生した。その限りでは、福祉国家はまぎれもなくイギリスを母国とする特有の理念であり政策の体系である。しかし、その理念と政策は、東西両陣営、社会主義陣営と資本主義陣営間の緊張が高まるなかで、冷戦構造を外枠として、短期間のうちに先進資本主義諸国のあいだに浸透していった。

福祉国家とは何か。これを明確に規定することには困難がつきまとうが、一般的、最大公約数的にいえば、それは、経済的には資本主義、政治的には民主主義を基盤とし、完全雇用政策、公教育制度、住宅保障政策その他の関連する諸施策を整備し、所得保障、医療保健保障、福祉サービス保障をその構成内容とする生活支援システムの構築を国政の基幹的な政策として位置づけ、広く国民にたいして基本的な諸権利を保障し、社会的な平等と公正の実現をはかろうとする施策体系さらには国家体制として理解することができる。

わが国を含めて、先進資本主義諸国は、個々にみれば理念の内実や政策の形態に少なからぬ違いがみられたとはいえ、戦後一貫して、一様に福祉国家の形成を国政における最重要の課題として位置づけ、その実現を目指してきた。そして、このような努力は国民生活の安定と社会的緊張の緩和をもたらすなど、一定の成果をもたらすことになった。

しかしながら、福祉国家の理念と政策が先進資本主義諸国の政策体系のなかでプライオリティを維持しえたのは資本主義のケインズ主義的な繁栄がその頂点に達した一九六〇年代までのことであった。七〇年代初頭のオイルショック以後、景気の低迷が長期化するなかで、福祉国家の理念と政策は新自由主義者や新保守主義者たちによる強い批判に直面させられることになった。さらに、八〇年代後半から九〇年代初頭にかけて冷戦構造が終焉を迎えるなかで、福祉国家はそれを外側から規定し、支えてきた枠組みを喪失することになった。

こうして、福祉国家はその誕生から五〇年を経過するなかで、その理念はゆらぎ、すでに初期の熱意は放棄されつつある。しかし、福祉国家は、その前史的な過程を含めて、二〇世紀一〇〇年間の歴史を通じて人類が手にした偉大な資産である。これを過去の遺物として葬り去ることではない。福祉国家の歴史と現実に学びながら、その理念を二一世紀に発展的に継承する道を探っていかなければならない。

2. 戦後日本の社会福祉理論

戦後に限定しても、わが国では、これまで数多くの論者が、それぞれの視座、視点、枠組によりながら、社会福祉に関する理論研究を展開してきている。そのような研究の系譜は、孝橋正一をもって嚆矢とする「政策」論、竹内愛二を中心とする「技術」論、岡村重夫による「固有」論、一番ヶ瀬康子、真田是、高島進らによる「運動」論（あるいは「新政策」論）、三浦文夫に始まる「経営」論などとして類型化することが可能である。ここでもそのような戦後社会福祉研究の追体験を試みることにしよう。

1) 政策論の形成

戦後逸速《いちはや》く、後日政策論的研究とよばれる特有の視座、視点、方法によって社会福祉研究の再生と発展に先鞭をつけたのは、孝橋正一であった。孝橋は経済学をもってその社会福祉（孝橋の用語法によれば社会事業であるが、以下ここでは社会福祉に統一する）研究の基礎科学とする。すなわち、孝橋の社会福祉研究の基底に横たわり、その前提となっているのは資本主義社会の構造と運動についてのマルクス主義経済学の知識である。

孝橋は、戦前期に執筆された大河内一男の社会政策論の立場からする社会事業理論を批判し、克服するかたちで、独自の社会福祉研究を展開しようと試みた。孝橋の社会福祉研究の特徴は、まずなによりも、孝橋が社会福祉の社会的施策制度としての位置を社会政策との関係において措定し、その基本的な性格、すなわち社会福祉の本質を解明しようとしたところにある。孝橋の立場は、その限りでいえば、孝橋がその出発点において批判の対象とした大河内とその軌を一にしているのである。

孝橋によれば、資本主義社会はその特徴的な組成のゆえに多様な社会的問題をうむが、それらの社会的諸問題のうちもっとも基本的で根源的なものは労働問題であり、それが狭義にいう社会問題である。社会政策が対応しているのは、この意味での社会問題である。社会福祉は、そのような社会問題から関係的・派生的に形成されてくる社会的問題に対応する方策施設である。社会福祉は、社会政策の理論的ならびに実際的な限界のゆえに、登場の余地が与えられる特有の方策施設である。

したがって、孝橋によれば、社会福祉の本質は社会政策を補完・代替するところに求められなければならない。このような孝橋の社会福祉研究の方法は、いわば社会福祉を社会政策という鏡に反映させ、そこに写し出された鏡映像を抽出し、整序する、というかたちで体系化をはかるという手法によるものであった。すなわち、孝橋の社会福祉研究の基本的な方法は、社会福祉の本質を、社会政策を媒介項としながら、資本主義社会におけるもっとも基本的な社会関係である資本――賃労働関係、すなわち資本主義的生産関係に結びつけて分析し、解明しようとするものであり、そのことが孝橋の社会福祉論のもっとも基本的な特徴となっていた。

2) 技術論と固有論

戦後社会福祉研究の第二の系譜、すなわち社会福祉技術論は、孝橋によって再三批判の対象とされた竹内愛二の専門社会事業論である。竹内は、戦前のアメリカにおいてソーシャル・ワークの研究にふれるところから社会福祉研究者としての経歴を形成しはじめている。竹内は、援助者と被援助者とのあいだに取り結ばれる特有の人間関係を基盤に展開される援助関係と、そのような関係を醸成し、方向づけ、展開する過程に関与する専門職としてのソーシャル・ワーカーによって活用される専門的援助技術の体系を基軸に、社会福祉を理解しようとした。竹内が展開した専門社会事業論は社会福祉における援助技術の理論であり、その基底にあるものは心理学的・社会学的な人間関係論であった。竹内にとっては、社会福祉の本質は人間関係論を基盤とする援助技術のうちに存在していた。

一九五〇年代から六〇年代中頃までのわが国の社会福祉研究を特徴づけていたものは、これまでみてきたような政策論と技術論の分立と鋭い拮抗という構図であった。政策論と技術論の論争は二者択一論的、相互排除論的な議論として推移した。政策論も技術論もともに、みずからの視座と枠組に依拠して一元論的に社会福祉の全体像を描き出そうとしたのである。

そうしたなかで独自の見解を提起し、その後の社会福祉研究に重要な影響力を及ぼしてきたのは、岡村重夫の固有論である。岡村は、社会的諸制度と生活者とのあいだに切り結ばれる社会関係の主体的な側面を照射するという視座こそが、社会福祉をもって固有の社会制度とみなしうる唯一の根拠であり、同時に社会福祉学が既成の諸科学にたいしてみずからの固有性を主張しうる唯一の論拠であると主張した。岡村によれば、社会的諸制度は本来人びとの基本的ニーズを充足するために創出されてきたものである。しかし、一度それが成立してしまえば、既成の社会的諸制度によってすべての人びとの基本的ニーズがひとしなみに過不足なく充足されうるというものではない。既成の社会制度は、制度と個人との関係、すなわち社会関係のなかでニーズ充足の前提として個々の生活者にたいして一定の役割行動をとることを要請するが、それぞれ個別的な生活条件をもつ生活者は常にその要請に対応しうるわけではない。岡村によれば、社会福祉固有の機能は、そうした社会関係の主体的側面に焦点を絞り込み、社会的諸制度がその成立の過程において捨象してきた個々の生活者の基本的ニーズのもつ個別性や多様性を充足させるように、社会的諸制度と生活者のあいだを調整・媒介し、あるいは社会的諸制度の改善を求めるところに認められる。

政策論の立場からいえば、このような岡村の固有論は、社会福祉を資本主義社会の歴史的かつ基本的な社会関係――資本家と労働者との関係――に結びつけて論じるという視点を欠き、到底社会福祉の本質理解に到達しうるものではない。しかし、岡村の固有論は、一九六〇年代以降、先行する技術論の系譜を吸収しつつ、その支持基盤を広げ、こんにちにおいてもなお重要な影響力の源泉であり続けている。

3) 運動論への展開

一九六〇年代後半から七〇年代にかけて、わが国の社会福祉が水平的・同心円的に拡大していくなかで、やがて運動論とよばれることになる一連の新しい研究の手法が展開されていった。この系譜を構成する中心的な論者は、一番ヶ瀬康子、真田是、高島進などである。一番ヶ瀬、真田、高島らの社会福祉研究は、それぞれに濃淡の違いはあるものの、そのいずれもが、①社会福祉を国家独占期の資本主義社会における国家の政策として位置づけ、②六〇年代以降における社会福祉の対象の拡大と質の変化を認め、③社会福祉を国民の権利を保障するための施策として把握するとともに、④社会福祉の政策形成やその運用の過程における社会福祉運動の意義を重視し、⑤社会福祉の援助過程を担う社会福祉労働の重要性を強調するという共通点を有している。

この新しい波の旗手であった一番ヶ瀬は、先行する政策論の蓄積を継承しつつ、特有の生活問題論を軸芯にしながら、社会福祉理解に独自の境地を開拓した。一番ヶ瀬は、政策論にいう社会的問題を生活問題として捉え直し、それを規定する固有の条件と論理を解明することを通じて、社会福祉の相対的な独自性、固有性を主張しようとした。さらに、一番ヶ瀬は、社会福祉政策の形成と運用の過程における社会福祉運動の意義を幅広く承認するとともに、社会権的生存権保障の視点を導入して社会福祉政策に積極的な意義を付与するなど独自の展開を試みているが、やがてその見解は六〇年代後半から七〇年代にかけて理論、実際の両面に幅広い影響力をもつことになった。

真田の社会福祉理解の最大の特徴はその三元構造論にある。真田によれば、社会福祉のありようは、「対象としての社会問題」「社会問題からの脱出もしくは解決を求める運動」「以上の二つに影響されながら支配権力が支配階級の立場から打ち出す政策」という三通りの要素の質と量、それら相互の関連によって規定される。これら三通りの要素のなかで最終的に規定力をもつものは政策、すなわち資本主義国家の、さらに遡及すれば資本総体の意図を体現する政策である。しかしながら、その一方において、社会問題の対象化の範囲や施策の方向・内容は運動による規定を免れえない。むしろ、社会福祉の歴史的な展開の過程は、対象化の範囲や施策の内容が運動の力量や質によってかなりの程度まで方向づけられ、規定されてきたことを物語っている。つぎに真田が重視する社会福祉労働は、政策と援助過程を媒介する環であり、同時に政策を批判し変革する触媒として機能する。真田がこのように社会福祉運動や社会福祉労働を重視するのは、孝橋らの政策論が決定論的な色彩の濃い体系になっていることへの異議申し立てを意味していた。

高島による社会福祉理解の特徴はその三段階発展論にみられる。高島によれば、社会福祉の第一の段階は救貧法と慈善事業の時代である。第二の段階は社会事業の時代である。そして、第三の段階が社会福祉の時代である。このような社会福祉の段階的な発展は、資本主義のもたらす貧困・生活問題と階級闘争の発展に応じて歴史的・法則的にうみだされてきたものである。高島の社会福祉理解においては、社会福祉運動の位置づけは一層強化されている。高島によれば社会福祉運動は畢竟するところ階級闘争にほかならない。それは、対象としての貧困・生活問題とならんで、社会福祉のありようを規定するもっとも基本的な要因の一つである。

4) 経営論の提起

このような政策論や運動論に拮抗するかたちで三浦文夫による経営論が顕著な影響力をもちはじめたのは、一九七〇年代の後半以降のことであった。経営論の最初の契機は、社会福祉研究を先にみたような政策論と技術論の不毛な相剋から解放することにあった。三浦は、従来の政策か技術か、制度か処遇かという二者択一論的な議論のあり方を批判するとともに、政策（制度）はその論理に適合的な方法によって、技術（処遇）もまたその論理に適合的な方法によって、それぞれ別個に研究される必要があると提案した。

経営論の第一の課題は、政策論や運動論の中核にある政策概念を相対化するということであった。政策という概念は、政策論や運動論のなかでは、社会福祉に関わって資本主義国家ないし総資本の導入する一定の方針であり、その具体化としての方策手段の体系を意味していた。その内容についていえば、政策は、資本主義社会に不可避的な歪みや弊害を是正・緩和し、資本主義体制の維持存続をはかることを目的に、国家ないし総資本によってなされる追加的もしくは人為的な経済過程への介入を意味していた。

三浦は、このような意味での政策概念を排除するとともに、政策概念それ自体を相対化させた。すなわち、政策は、国や総資本の専有物ではない。地方自治体も政策をもち、民間の団体や組織も自立した団体や組織として独自の政策をもっている。都道府県や市区町村、社会福祉協議会、民間施設は、国家意思の単なる執行機関ではない。それぞれが政策の主人公でなければならない。こうして、経営論においては、政策は所与の目標を達成することを目的として設定される一定の方針、さらにはその具体化としての方策施設の体系という意味においてもちいられるようになり、この用語法は徐々に一般化していった。

経営論の第二の課題は、社会福祉の研究を社会福祉本質論という抽象的でメタフィジカルな水準から具体的でプラクティカルな水準に引き下げることにあった。三浦は、社会福祉研究の焦点を、社会福祉政策に伏在する国家や総資本の政策意図の研究から、政策の具体的な形成と運用の過程についての実際的な研究に移行させることを提案したのである。また、三浦は、社会福祉政策の運用過程についての研究を現状分析の範囲にとどめず、将来展望までを含めた研究として展開しようと考えた。三浦の経営論には、社会福祉政策の運用過程の分析とともに、将来の社会福祉を規定する政策のあり方についての研究が含まれている。ここにいう政策はもはや政策論や運動論にいう政策と同一のものではない。すでに三浦のいう政策は、ほとんど計画という用語によって置き換えることのできるようなものに転化させられている。三浦は、政策概念を相対化しただけでなく、同時にそれを技術化したのである。こうして、三浦の社会福祉供給システム論を基軸とする経営論の理論的な基盤と枠組が形成されていった。

3. 戦後社会福祉学研究の評価

これまでみてきたように、わが国の戦後における社会福祉研究は幾つかの理論を形成してきているが、これを時系列的にみれば、それぞれの理論が登場し、発展するにはそれなりの必然性が認められる。そうした観点から、戦後の社会福祉研究について若干の評価を試みることにしたい。

1) 社会福祉の被規定性

戦後のわが国における社会福祉研究を大きく方向づけた理論の一つは、明らかに孝橋正一の社会福祉政策論であった。そして、孝橋の政策論の最大の特徴は、社会福祉を資本主義社会の基本的な社会関係である資本—賃労働関係に結びつけ、その存立の経済合理性、すなわち合目的性を論証することにあった。このような孝橋の政策論は、社会福祉の研究を社会科学的な研究の領域として位置づけることに一応の成功を収めている。しかしながら、そこには一定の限界が含まれていた。孝橋の限界は、第一には、社会福祉の社会的経済被規定性を過度に強調したことである。第二に、そのこととも関連するが、孝橋が社会福祉をもっぱら社会政策との関係において、しかも社会政策を補完代替する存在として位置づけようとしたことである。

孝橋の政策論は、社会福祉を資本主義社会における国家の政策として位置づけ、社会福祉の研究を孝橋のいわゆる社会福祉の愛情論的理解や行政論的理解から解き放つことに貢献している。それまでの社会福祉研究のすべてが社会福祉事業家の社会福祉に携わる動機について論じたり、社会福祉に関わる行政の解説に終始していたわけではない。社会福祉を資本主義と結びつける言説自体にしても、孝橋に始まるわけではない。すでに昭和初期にマルクス主義的な社会事業論が提起されているし、何よりも孝橋が批判の対象とした大河内一男の社会事業論が存在する。その意味では、孝橋の貢献は、社会福祉を資本主義の論理と結びつけたというよりも、その結びつきを理論的に精緻化したことにある。

周知のように、孝橋は、社会福祉と資本主義社会とを関連づけるにあたって基本的な社会問題としての労働問題とそれにたいする資本主義国家の政策としての社会政策を媒介項として設定している。社会福祉は、労働問題から関係的派生的にうみだされる社会的問題に対応する政策であるが、それが登場せざるをえないのは資本主義社会において社会政策が容易に成立しえず、また社会政策が成立しえたとしてもそれによって労働問題が全面的に解消されることにはならないからである。こうして、社会福祉は社会政策の代替物ないし補充物として登場することになる。

このような孝橋の社会福祉理解の前提に大河内の「社会政策の以前と以後に存在する」という社会事業論が存在することは、あらためて指摘するまでもない。ここでの孝橋の貢献は、大河内が社会政策の対象を経済秩序内的存在としての労働者（厳密には労働力）、社会事業の対象を経済秩序外的存在としての生活者として二分して把握したのにたいして、社会政策の対象を社会問題（労働問題）の担い手としての労働者、社会事業の対象をその労働問題から派生する社会的問題の担い手としての労働者国民大衆とし、両者を連続する存在として把握したことにあるといってよい。大河内の社会事業論はいわば社会政策論の余禄であるが、それにたいして孝橋の社会福祉論は社会福祉それ自体を正面から捉えようとしている。そのことについては孝橋は十分に評価されてよいし、その業績は政策論的社会福祉論の源流として位置づけるにふさわしいものであったといえよう。

しかしながら、孝橋の功績はその限界でもあった。孝橋の社会福祉の把握は、①資本主義社会の基本的社会関係としての資本―賃労働関係が必然的に労働問題を形成し、②やがて資本主義の維持存続をはかる政策としての社会政策が登場する、しかし③その社会政策も労働問題の全面的な解決をもたらすことができず、④社会的問題とそれに対応する社会福祉を成立させるが、⑤その社会福祉の基本的な性格は社会政策を代替し補充するところに求められる、という方法手順によって行われている。そのことを前提に、そして論理を極度に単純化してしまえば、孝橋の社会福祉は、社会政策が存在しなければ存立しえず、さらには資本主義社会の基本的な社会関係である資本—賃労働関係がなければ存立しえない、ということになろう。しかし、社会福祉は、その前駆形態としては資本主義社会以前にも存在しているし、社会福祉は社会政策にたいしてのみ代替したり補充したりする関係にあるわけではない。

孝橋は、社会福祉を資本主義社会を前提に、そのもっとも基本的な社会関係によって規定される存在として、また労働問題という資本主義社会のもっとも基本的な社会問題とそれへの政策的対応である社会政策のありようによって規定される存在として把握する社会科学的な方法を提起し、それなりの説得力をもつことができた。しかしながら、そのような孝橋の社会福祉理解は、社会福祉をそれ自体として存立する存在、すなわち自存的な存在として把握するという側面において説得力を欠いていた。社会福祉はたしかに資本主義的な社会関係によって、また社会政策によって規定される存在、すなわち被規定的な存在である。しかし、それは同時に、それ自体として存立する自存的存在である。そのことを考慮せずに社会福祉の全体像を把握することは不可能である。

2) 社会福祉の主体化

少し別の観点から社会福祉の被規定性に関わる議論を続けたい。政策論にはさらに重要な限界が内包されていた。政策論の理論的意図とは別に、それが社会福祉を資本主義社会の基本的な社会関係である生産関係の構造的な矛盾に由来する社会問題の一部としての社会的問題に対応し、資本主義体制の維持存続をはかるための方策施設として描き出そうとするかぎりにおいて、その論理を単純に逆転させれば、社会福祉の充実を求めそれに邁進することは資本主義体制の維持存続に積極的に与し、これに加担する行為であると考えられた。実際、一九六〇年代の後半から七〇年代の初頭にかけて、そうした政策論の論理を単純に逆転させた社会福祉解体論が提起された。社会福祉解体論の論理は、社会福祉の対象となる社会問題は資本主義社会がうみだす社会問題であり、社会福祉に携わり解決・緩和に寄与することは資本主義社会のもつ問題性を温存させることになる。むしろ、社会福祉を解体し、資本主義社会の自壊を促進する方が問題の完全な解決につながる、というものであった。

一番ヶ瀬康子を始めとする社会福祉の運動論的研究には、そうした形式論理的で一面的な社会福祉理解にたいして社会福祉を擁護し、積極的な意義を強調するべくして登場してきたという側面があった。それは、政策論的社会福祉理解のもつ決定論的な枠組みを克服し、社会福祉とその理論を主体化しようとする試みであった。社会福祉の運動論的な理解にしたがえば、社会福祉は基本的には資本主義国家による政策であり、社会福祉が資本主義社会を前提とする限り、そのような性格を克服することは不可能である。社会福祉は資本の論理による支配を免れることはできない。

しかしながら、社会福祉運動論の論理によれば、社会福祉の政策は資本の利害のみによって形成され、方向づけられるわけではない。議会の立法過程における野党の影響力や院外における社会運動の圧力を高めることによって、部分的にであれ社会福祉政策を修正させることができる。すなわち、社会福祉運動論は、社会福祉運動を発展させ、資本の論理に対抗しうるような論理と圧力行動を展開することができれば、社会福祉の政策を修正させ、そこに国民の要求を反映させることが可能であると主張した。

実際、社会福祉運動論は、一九六〇年代の後半から七〇年代の初頭にかけての高度経済成長によるパイ（税収）の拡大という経済的状況と保革伯仲・革新自治体の拡大という政治的状況のなかで、社会福祉運動を指導し、社会福祉の政策形成の過程に大きな影響力をもつことになった。後には批判の対象になったとはいえ、一九六〇年代の後半から七〇年代初頭における革新自治体による社会福祉単独事業の拡大や児童手当制度や老人医療費支給制度（老人医療の無料化）にみられるような一部社会福祉単独事業の国施策化は、国民のあいだに社会福祉を自分たちの施策として受けとめ、影響力を行使しようとする素地を形成することに大きく貢献したといってよい。理論的なレベルの問題としていえば、このような経験を反映しながら、社会福祉政策論のもつ被規定性が希薄化され、その分社会福祉の主体化が促進されたのである。

社会福祉運動の重視と同様の意図と効用は、運動論的社会福祉論における社会福祉労働の位置づけにも認められる。運動論、なかでも真田の社会福祉理論においては、社会福祉労働は政策と運動を接合する環の位置に存在する。政策論の文脈でいえば、社会福祉それ自体は政策主体の資本主義体制の維持存続という政策意図を実現するための方策手段であり、社会福祉の利用者がそれによって享受しうる効果は第二義的なものである。

しかしながら、社会福祉政策の意図はそのままのかたちで実現されるとは限らない。社会福祉政策の意図は、その実現過程を担う社会福祉労働によって媒介されることなしには具体化されえない。そして、そのような社会福祉労働の担い手である社会福祉従事者は労働者としての性格をもっている。公的社会福祉の領域における社会福祉従事者は公務労働者である。民間社会福祉の領域における社会福祉従事者は、一般の賃金労働者のなかでも零細企業に働く低賃金労働者としての性格をあわせもっている。運動論は、そのような社会福祉労働者の意識を改革し、社会変革の主体として形成することを通じて社会福祉政策の資本の論理による被規定性を克服しようとしたといってよい。ここでも、社会福祉の主体化が意図されていたのである。

社会福祉政策論と社会福祉運動論との相違は、政策論が社会福祉の資本主義的の論理による被規定性を強調したのにたいし、運動論は社会福祉運動の発展をはかり、かつ政策と運動を接合する環としての位置にある社会福祉労働の担い手を変革の主体として形成することを通じて、社会福祉の資本主義的な政策としての意図（いわゆる社会制御的・社会統合的機能）を希薄化させ、利用者の自立生活の支援という社会福祉の積極的な機能（福祉的機能ないし即時的機能）の拡大をはかるという契機を内包させていたことにある。

3）社会福祉経営論の効用と限界

さて、一九七〇年代後半以後、なかでも八〇年代に強い影響力を発揮したのは三浦文夫を中心とする社会福祉経営論である。あらためてその効用と限界について論じておかなければならない。

経営論の効用の第一は、わが国における社会福祉の研究を、不毛というほかないような展開になりつつあった本質論争の軛から解放したことである。三浦は、すでにみたように、あれかこれかの二者択一論的な議論ではなく、社会福祉を相互に別々の論理をもって展開する政策過程と技術過程という二通りの要素から構成される一つの総体として把握することを提起した。効用の第二は、社会福祉研究における政策の概念を相対化・技術化させ、そのことによって政策論の守備範囲を拡大させたことである。効用の第三は、社会福祉研究の焦点を従来の抽象的でメタフィジカルな政策論や技術論の議論から具体的でプラクティカルな政策形成や運用過程についての議論に大幅に移行させたことである。

一九五〇年代後半の社会福祉本質論争の時代には、社会福祉の実体が質量ともに限られていたこともあり、その議論は現実から遊離したものになりがちであった。それに比較すれば、七〇年代に発展した経営論には現実的な基盤があった。そうであればこその経営論の成功ともいえるであろう。

効用の第四は、社会福祉概念の拡大である。三浦は政策概念を相対化・技術化させたが、そのことはとりもなおさず社会福祉を国家の政策としてのみ把握するという枠組みの放棄を意味していた。政策概念の相対化・技術化は、社会福祉概念の拡大に道を開くものであった。

効用と限界は時として表裏の関係にある。経営論もその例外ではありえない。その限界の第一は、三浦が一度分離した政策過程に関する研究の成果と技術過程に関する研究の成果を一つの総体として再統合するという発想と、そのための枠組みが準備されていないということにある。第二の限界は、それが社会福祉の問題をその外部環境である総体社会の動向と関連づけながら分析するという視座を軽視ないし忌避する傾向にあるという事実のうちにある。経営論の効用は、ある意味では運動論の意図した社会福祉の主体化をさらに推進したということも可能である。経営論は、社会福祉が自存的存在であることを認め、社会福祉をそれに固有の論理をもつ独自の方策施設と活動の体系として把握しようとしたといってよい。運動論は社会福祉運動や社会福祉労働という概念を導入することを通じて社会福祉の主体化をはかった。それにたいして、経営論は社会福祉の政策そのものを計画という概念に置き換えることを通じて社会福祉の主体化を一層推進したといってよいであろう。そして、逆にその分だけ、社会福祉政策の被規定性にたいする関心が希薄化したのである。

経営論の第三の、そして最大の限界は、社会福祉の範囲に関わる議論にある。経営論は明らかに社会福祉概念の拡散・流動化現象を助長した。社会福祉概念の同心円的拡大は社会福祉概念の求心力を弱体化させてきた。なかでも、シルバービジネスやチャイルドビジネスなどの福祉産業を不用意に社会福祉の範疇に取り込むことは社会福祉概念の雲散霧消すら招きかねないであろう。経営論の効用を認めたうえで、改めて社会福祉の本質、あるいはその基本的な性格について、考えてみなければならない。

第3節 岐路に立つ社会福祉学研究

かつて一九九〇年代の初頭において、われわれは、わが国の社会福祉学の研究、なかでも理論的研究は、閉塞状況にあると指摘したことがあるが、ここ数年、そうしたなかにも一定の動きがうまれてきている。そのこと自体はよろこばしいことである。閉塞状況を打破する重要な契機ともなりうるかもしれない。しかし、その内容をみれば、二一世紀を迎えたわが国の社会福祉学研究は、かつての九〇年代の初頭とはまた別の意味で、岐路に立たされているように思われる。

1. ソーシャルポリシーとソーシャルワーク

1) ソーシャルポリシーとソーシャルワークの分離

一九九〇年代このかた、わが国の社会福祉学研究はある種のエアーポケットに陥っていたような観がある。この間、第一世代、さらには第二世代も、徐々に第一線を退き、第三世代に属する研究者を中心に社会福祉学の研究が継承されてきた。しかし、第三世代による社会福祉学研究もまた、個々にみれば濃淡の違いはあれ、おおむね第一世代、第二世代によって敷設された路線を継承するものであったといって過言ではない。すなわち第三世代の研究者もまた、政策論の解明を中心とする研究者群と援助の解明を中心とする研究者群に分化しつつ、同時に政策と援助活動を統合的に理解することを社会福祉に関わる理論研究の課題として設定してきたといってよい。高澤武司、岡本民夫、宮田和明、松井二郎、高田真治、京極高宣などの研究がそうであり、われわれの研究もそうした潮流の一部を構成する。

これにたいして、近年、すでに第1節において言及しておいたように、星野信也によって社会福祉における政策と援助活動（技術）の統合的把握などありえず、社会福祉の研究はソーシャルポリシーとソーシャルワークの研究として把握されるべきであり、それが国際標準であるという見解があらためて提起されている。また、星野の議論とは別に、社会福祉の独自性はソーシャルワークにあり、わが国の社会福祉はいまこそソーシャルワークを展開する態勢が整いつつあるという指摘もなされ、ソーシャルワークというタームで全体を統一した入門書シリーズの刊行もなされている。大橋謙策や高橋重宏による試みである。そこでは、これまで援助論や技術論とよばれることの多かった領域がソーシャルワークというタームであらためて捉え直されようとしている。さらには、近年社会学者を中心にしながら、社会福祉を社会学的に捉え直された社会政策（ソーシャルポリシー）の一部分として位置づける研究が提起されている。

このような新しい議論の提起には、個々の議論を提起している人びとの意図がどこに存在しているかということとは別に、相互に重なりあい、響きあう部分がある。そこには、やや強調していえば、戦後日本における社会福祉学研究の伝統とは明らかに一線を画すような新たな潮流が誕生しつつあるといっても過言ではないような状況がうまれつつある。そして、この潮流に親和性を感じる若手研究者も少なくないように思われる。

われわれにしてもイギリスやアメリカにおける社会福祉の研究がソーシャルポリシーあるいはソーシャルアドミニストレーションの研究とソーシャルワークの研究——時によっては、ソーシャルウェルフェアーとソーシャルワークの研究——に分化したかたちで行われていることを知らないわけではない。それが、国際的な傾向であるという指摘も間違ってはいないであろう。しかし、それだからといって、わが国の社会福祉学を含め、世界中の社会福祉学研究がそれと同じスタイルで行われなければならないとする必要はないであろう。世界標準と違った研究のスタイルであっても、それで社会福祉の現実にたいする研究と理解が深まるのであれば、それでいっこうに構わないはずである。

2) 一体的存在としての社会福祉

さて、実際問題として、社会福祉の研究をソーシャルポリシーとソーシャルワークの研究に分離したほうが社会福祉についての理解がそうでない場合に比較してより深まると主張しうるであろうか。事柄はそれほど簡単ではないであろう。岡田藤太郎は、社会福祉の政策論と援助活動（技術）論を結びつけようとして努力を重ねてきた。しかし、その結果行き着いたところはソーシャルポリシーとソーシャルワークを別の体系として論じるイギリス流の方法であったと述懐している。たしかに、社会福祉の政策論と援助論を結びつける作業は簡単なものではない。現在のところ、成功しているといえるような研究は出現していない。無駄に時間を過ごさず、ソーシャルポリシー論とソーシャルワーク論を並立させる路線に変更したほうが賢明であるかもしれない。

しかしながら、社会福祉には政策としての側面と援助活動としての側面があり、しかも両者が一体のものとして存在するという客観的事実に留意することは、それ以上に重要なことである。

もとより、そのような社会福祉の現実、すなわち政策としての側面と援助活動としての側面をもつ社会福祉を経済学であれ、社会学であれ、あるいは心理学であれ、単一の科学によって解明し尽くすことは不可能である。社会福祉の全体像を把握するためには学際的に多様な科学を動員し、その成果を総合することが必要となる。その意味で、社会福祉の全体像を把握することを目指す社会福祉学は学際的な総合科学であり、複合科学であるほかはないであろう。

しかし、社会福祉の政策は最終的には援助活動として実現されるほかはないし、少なくとも現代日本における援助活動は、社会福祉政策の動向を離れては展開されえない。われわれは、そのような社会福祉の現実に着目し、その全体像を解明すること——政策から援助活動にいたり、援助活動から政策にいたる全過程を解明すること——にこだわり続けなければならない。その課題が従来の研究方法によって達成されえないというのであれば、新しい方法を追究しなければならない。そのような努力が不毛であり、混乱をもたらすだけのものであるかどうか、いまだ判断を下す時期ではないであろう。

この問題についてのわれわれの立場は、すでに先行する関連各章における議論から明らかなように、社会福祉を政策と援助活動を一つの統合的な体系として把握し、その構造、機能、過程を総合的に分析することを通じて、現代社会における社会福祉の基本的な性格を明らかにしようとするものである。その際特に留意するのは、相互に規定的な政策と援助活動の接点、すなわち政策が制度を通じて援助活動に展開され、また援助活動の過程や結果が政策にフィードバックされる道筋とその機序を明らかにするということである。ソーシャルポリシーとソーシャルワークというタームをもちいていえば両者が出会い、接合する領域に留意しつつ社会福祉の全体像を明らかにするということである。それは、社会福祉の内部構造を内在的に解明することであるといってもよい。

これまで社会福祉における政策と援助活動があたかも二項対立的な存在として扱われるなかで、この、われわれのいう社会福祉の内部構造の内在的解明は不十分なものにとどまっていた。政策と援助活動の接点部分は、社会福祉の行財政の組織や機能というかたちで部分的、紹介的に記述されるのが通例であり、社会福祉の理論体系のなかに積極的な位置づけを与えられてこなかったといってよい。端的にいえば、われわれが運営システムという概念のもとに行っている試みは、そのような接合部分を内在的に解明しようとする試みにほかならない。そのような運営システムについての議論を深めることによって、政策から援助活動にいたる、あるいは援助活動から政策にいたる社会福祉の全体像の掌握と解明が可能となるのである。

3）社会福祉教育

つぎに、社会福祉の全体像の解明ということと関連して、政策と援助活動の統合的理解という問題設定の立てかた自体が不適切であり、社会福祉教育の現場でも無用な混乱を招いているとする星野信也の指摘についても一言しておきたい。星野によれば、社会福祉における政策（ソーシャルポリシー）の解明には政治学、経済学などの動員が必要であり、援助活動（ソーシャルワーク）の解明には心理学、社会学、医学などの動員が必要とされる完全に別個の学際的な研究分野であり、したがって別個の教育課程において教育されなければならない。わが国に一般的にみられる社会福祉学部や社会福祉学科という教育組織は、本来的に異なった研究の領域であるソーシャルポリシーとソーシャルワークを同時に教育しようという国際標準から逸脱した無謀な試みであり、ソーシャルポリシーの教育としてもソーシャルワークの教育としてもはなはだ中途半端な教育しか与えていない。その結果、学生は戸惑い、混乱するばかりで、専門教育をうけたという達成感ももちえない。わが国の社会福祉学部や社会福祉学科は、可及的すみやかにソーシャルポリシーを教育する学部や学科とソーシャルワークを教育する学部や学科に分離されるべきである。要約すれば、星野の見解はこうである（星野信也「社会福祉学の失われた半世紀――国際標準化を求めて」鉄道弘済会『社会福祉研究』第八三号、二〇〇二年）。

われわれにしてもイギリスやアメリカにおいてソーシャルポリシーとソーシャルワークが別々の範疇として形成されてきた経緯について、それを歴史的事実として承認することにやぶさかではない。また、それらが同様に学際的アプローチを前提に成り立っている研究の領域であり、しかもバックグラウンドとなる学問領域に違いがあることも事実として承認することができる。しかし、同時に、われわれは、ソーシャルポリシー――の一部分としての社会福祉政策――とソーシャルワークが一体となって存在していること、両者は一つのものの異なった側面として存在している事実を認識しなければならない。

イギリスにおいてもアメリカにおいても、そしてわが国においても、主としてソーシャルポリシーに関心をもつ研究者と、主としてソーシャルワークに関心をもつ研究者が併存していることは事実であり、またソーシャルポリシーかソーシャルワークか一方にしか関心をもたない研究者がいることもその通りである。しかし、それはソーシャルポリシーとソーシャルワークが別のものだからというわけではない。むしろ、研究における社会的分業の結果として、そうなっているとみるのが妥当であろう。

したがって、教育という側面においても、ソーシャルポリシーとソーシャルワークが別の授業科目として展開されることはありうるであろうし、そのほうが効率的かつ効果的であるかもしれない。しかし、教育においては、ソーシャルポリシーとソーシャルワークが一体のものとして存在していること、それぞれが一つのものの別の側面であることを明確に認識させる必要があり、ソーシャルポリシーとソーシャルワークを内在的に連接する過程として一体的に捉える視点と方法を身につけさせる必要がある。

星野は、ソーシャルポリシーとソーシャルワークを一体のものとして教育することによる混乱を指摘するが、逆にいえばソーシャルポリシーとソーシャルワークを別個のものとして教育することによってうまれる混乱を考えなければならない。学部や学科において社会福祉学教育をうけた学生たちは、卒業後はまさに社会福祉がソーシャルポリシーとソーシャルワークという両方の側面をもって存在し、展開されている現場に身をおいて日々の職業活動に従事することになる。われわれは、そのような状況のなかで卒業生たちが日々の職業活動を支え、方向づけることができるような、すなわち日々の職業活動を科学的に展開し、かつその職業活動をそこから新しい理論や技術を構築する科学的労働として展開することのできるような社会福祉の捉え方、そのための視点と方法を教授しなければならないのである。

2. ソーシャルポリシーと社会福祉

他方、ここ四、五年のあいだに社会福祉学の研究に一定の影響力をもつようになってきたものに社会学者たちによる社会福祉の研究がある。小林良二、平岡公一、武川正吾などによる研究がそうであるが、これらの研究者たちによる社会福祉研究の特徴は、戦後日本における社会福祉学の伝統とは別に、社会福祉を社会学的に捉え直された社会政策の一部分として把握しようとするところにある。そして、そこには、主としてイギリスにおけるソーシャルポリシー研究の伝統と成果が摂取されている。

われわれは、このような社会学的な社会政策論が従来の経済学でいう社会政策論の伝統に風穴を開け、現代社会における社会政策的事象を新たな視点と方法で把握しようとしていることを評価したい。しかし、そこにおいて、しばしば、社会政策（ソーシャルポリシー）と社会福祉政策とが同義的なものとして扱われていることについては、少なからず疑問を呈さざるをえない。ただし、このような社会福祉政策の位置づけ方は、ここでいう社会学的社会政策論にのみみられるわけではない。社会福祉学の研究者のなかでも、岡田藤太郎のようにソーシャルポリシーと社会福祉政策を同義的に扱う例がある。そのことはすでに本章の第1節において指摘しておいた。

もとより、われわれの立場においても、第3章において「社会福祉のL字型構造」として論じておいたように、社会福祉をソーシャルポリシーないしソーシャルサービスの一部分を構成するという側面をもつ方策・制度として、位置づけている。しかし、われわれの立場は、社会福祉とソーシャルポリシーを同義とするものではない。社会福祉を多様に存在するソーシャルポリシーの一つであり、かつそれ以外のソーシャルポリシーを部分的に補充し、あるいは代替するものとして位置づけるという立場である。

われわれは、その概略をいえば、ソーシャルポリシー（ソーシャルサービス）を現代社会における社会的生活支援ニーズに対応するために、中央・地方の政府を含む社会・公共によって提供され、展開される一連の施策として理解している。社会福祉は、保健医療保障、所得保障、雇用保障、教育保障、更生保護政策、住宅政策、都市計画などの施策とともに、そのように理解されるソーシャルポリシーを構成する施策の一つである。

われわれは、このように社会福祉をソーシャルポリシーの一部分に位置づけることを通じて、社会福祉を単独の研究対象として捉える視点では把捉することができないような、社会福祉の普遍的な特徴を抽出することができる。ソーシャルポリシーを横に串刺しにする普遍的な特徴に照しあわせ、あるいはソーシャルポリシーを構成する諸施策と比較対照することによって、社会福祉をより広く、かつ深く理解することができる。これは社会福祉をソーシャルポリシーの一部分に位置づけることによってもたらされる大きなメリットである。しかし、それにもかかわらず、社会福祉に関する議論をソーシャルポリシーについての議論のなかに収斂させ、解消してしまうわけにはいかない。

その根拠は、まず、社会福祉のもつパーソナルソーシャルポリシーとしての側面と他の施策を補充代替するという側面の二つに求めることができる。社会福祉の特徴の第一は、それが対象とする事象＝社会的生活支援ニーズを、政策のレベルにおいても、また援助活動のレベルにおいても、パーソナルに、すなわち個別化して（あるいは個別的に）扱おうとするところにある。他の施策、たとえば所得保障——ここでは、社会保険や社会手当——の領域においては、給付の資格はあらかじめ定型化・類型化されており、受給申請者がその資格に合致すればそのまま給付手続きが実施される。その過程において申請者の個別的な生活状況が問われるようなことはありえない。社会福祉においては、むしろそのような利用申請者の個別的な状況こそが問題とされる。社会福祉の第二の特徴は、ソーシャルポリシーを構成する他の諸施策は、多くの場合その淵源を社会福祉（慈善事業や社会事業を含む）のなかにもち、あるいはこんにちにおいても個別的な対応を必要とする部分については社会福祉の一部分として展開されているところに認められる。逆に、社会福祉の側からいえば、社会福祉はそのような他の施策を補充し、代替するという関係にある。

社会福祉の議論をソーシャルポリシーの議論のなかに解消できないもう一つの理由は、社会福祉は政策としての側面と援助活動としての側面を一体的にもつ施策であるという事実にある。すでに再三指摘してきたところであるが、社会福祉における政策（ソーシャルポリシー）の意義や効用は、利用者にたいする援助活動（ソーシャルワーク）を抜きにしては確定できず、逆に援助活動はその制度化、政策化という側面を抜きにしては成り立ちえない。医療保健保障や教育を別にすれば、ソーシャルポリシーに属する他の施策において、利用者にたいする個別的な援助活動が必要とされることはまずないであろう。たとえば、社会保険において個別的な生活状況にたいする援助活動が行われることはないし、給付を担当する職員に援助活動のための技術が求められることもない。その限りでは、社会保険についての議論は政策・制度論の水準で事足りるのである。

医療保健保障という領域は、最終的には利用者（地域住民や患者）にたいする個別化された援助活動（診療行為や保健活動）が必要とされるという意味では、社会福祉と同列にある。しかし、医療保健の政策的側面と援助活動の側面を一体的に捉えようとする試みは社会福祉の領域ほどにはなされていない。そこには、医療保健における援助活動の特殊性ということが関わっているように思われる。しかし、そのことは医療保健の政策的側面と援助活動の側面を別の領域として論じていいということを意味するものではない。保健医療政策の研究者には、保健活動や医療行為に携わる必要はないにしても、保健活動や医療行為についての理解やその基盤となる保健・看護学や医学についての理解を深める必要があるし、逆に保健医療領域の専門的な援助活動や医療活動に従事する人びとは医療保健にかかわる政策・制度についての理解を深める必要がある。実際、保健医療にかかわる議論のなかには、相互に保健医療政策や援助活動についての理解が不足しているために、的外れの議論になっているものも少なくないのである。

以上、ソーシャルポリシーとソーシャルワークという問題設定を前提に両者の位置づけ方や捉え方をめぐってさまざまに議論を展開してきた。そのことを前提にしていえば、社会福祉にたいする理解を深めるうえで必要なことはいたずらに分業論に走ることではない。われわれにいま求められていることは、社会福祉のソーシャルポリシーとしての側面やソーシャルワークとしての側面の研究に必要とされる学際的な視点や援用すべき科学の違いに留意しつつ、両者を社会福祉として一体的に捉える視点や方法を追究し続けることである。われわれは、その一つの方向として、ソーシャルポリシーとソーシャルワークの接点となる局面を社会福祉の運営システムとして抽出するとともに、社会福祉の全体像を価値システム、対象システム、施策システム（政策システム、運営システム、援助システム）、利用支援システム、そして社会行動システムから構成される一体的な存在として把握分析し、再構成するという手法を導入してきた。本書『社会福祉原論』はそのような試みからうまれたささやかな成果である。

参考文献

本書を執筆するにあたって多数の先学による業績を参照したが、網羅的にそのすべてを掲載するだけの紙幅の余裕はない。また、その必要性もないであろう。ここでは、われわれが参照した文献のうち、社会福祉学専攻の専門的課程に在籍する学生諸君や大学院前期（修士）課程に在籍する院生諸君に役立ちそうな重要な文献に限定して掲載する。学生諸君や院生諸君が議論を深めるうえで参考になれば幸いである。

青井和夫・松原治郎・副田義也編『生活構造の理論』有斐閣、一九七一年
阿部志郎・井岡勉編『社会福祉の国際比較――研究の視点・方法と検証』有斐閣、二〇〇〇年
阿部志郎・右田紀久恵・宮田和明・松井二郎編『戦後社会福祉の総括と二一世紀への展望Ⅱ　思想と理論』ドメス出版、二〇〇二年
一番ヶ瀬康子『社会福祉事業概論』誠信書房、一九六四年
一番ヶ瀬康子『現代社会福祉論』時潮社、一九七一年
一番ヶ瀬康子編『二一世紀社会福祉学』有斐閣、一九九五年
一番ヶ瀬康子・真田是（編著）『社会福祉論』有斐閣、一九六八年
一番ヶ瀬康子・高島進・高田真治・京極高宣編『戦後社会福祉の総括と二一世紀への展望Ⅰ　総括と展望』ドメス出版、一九九九年
伊藤周平『福祉国家と市民権』法政大学出版局、一九九六年
右田紀久恵編『自治型地域福祉の展開』法律文化社、一九九三年
右田紀久恵編『地域福祉総合化への途――家族・国際化の視点をふまえて』ミネルヴァ書房、一九九五年
右田紀久恵・秋山智久・中村永司編『二一世紀への架け橋――社会福祉のめざすもの1　社会福祉の理論と政策』中央法規出版、二〇〇〇年
右田紀久恵・上野谷加代子・牧里毎治編『二一世紀への架け橋――社会福祉のめざすもの2　福祉の地域化と自立支援』中央法規出版、二〇〇〇年
右田紀久恵・小寺全世・白澤政和編『二一世紀への架け橋――社会福祉のめざすもの3　社会福祉援助と連携』中央法規出版、二〇〇〇年
大河内一男『増補社会政策の基本問題』日本評論社、一九五四年
太田義弘『ソーシャル・ワーク実践とエコシステム』誠信書房、一九九二年
太田義弘ほか『ジェネラル・ソーシャルワーク――社会福祉援助技術総論』光生館、一九九九年
大山博・炭谷茂・武川正吾・平岡公一編『福祉国家への視座――揺らぎから再構築へ』ミネルヴァ書房、二〇〇〇年

小笠原祐次・福島一雄・小国英夫編『これからの社会福祉⑦　社会福祉施設』有斐閣、一九九九年
岡田藤太郎『社会福祉学汎論』相川書房、一九九八年
小川政亮『社会事業法制（第四版）』ミネルヴァ書房、一九九二年
岡本民夫・高橋紘士・森本佳樹・生田正幸『福祉情報化入門』有斐閣、一九九七年
岡村重夫『社会福祉学総論』柴田書店、一九五六年
岡村重夫『社会福祉原論』全国社会福祉協議会、一九八三年
長田浩『サービス経済論体系』新評論、一九八九年
河野正輝『社会福祉の権利構造』有斐閣、一九九一年
木村忠二郎『社会福祉事業法の解説』時事通信社、一九五一年
京極高宣『現代福祉学の構図』中央法規出版、一九九〇年
京極高宣『社会福祉学とは何か——新・社会福祉原論』全国社会福祉協議会、一九九五年
グリフィス（小田兼三訳）『コミュニティ・ケア——行動のための指針』海声社、一九八九年
小林昭彦・大鷹一郎編『わかりやすい新成年後見制度〔新版〕』有斐閣、二〇〇〇年
小松隆二『公益学のすすめ』慶応義塾大学出版会、二〇〇〇年
孝橋正一『全訂社会事業の基本問題』ミネルヴァ書房、一九六二年
高齢者保健福祉政策研究会編『高齢者保健福祉政策実践事例集』第一法規、加除式
坂田周一『社会福祉政策』有斐閣、二〇〇〇年
佐藤豊道『ジェネラリスト・ソーシャルワーク研究——人間：環境：時間：空間の交互作用』川島書店、二〇〇一年
定藤丈弘・岡本栄一・北野誠一編『自立生活の思想と展望——福祉のまちづくりと新しい地域福祉の創造をめざして』ミネルヴァ書房、一九九三年
定藤丈弘・坂田周一・小林良二編『これからの社会福祉⑧　社会福祉計画』有斐閣、一九九六年
真田是『現代の社会福祉理論』労働旬報社、一九九四年
白澤政和『ケースマネジメントの理論と実際』中央法規出版、一九九二年
社会福祉法令研究会編『社会福祉法の解説』中央法規出版、二〇〇一年
社会保障研究所編『福祉国家の政府間関係』東京大学出版会、一九九二年
社会保障研究所編『社会福祉における市民参加』東京大学出版会、一九九六年
社会保障審議会事務局編『社会保障の展開と将来——社会保障制度審議会五十年の歴史』法研、二〇〇〇年
社会保障入門編集委員会『社会保障入門』中央法規出版、二〇〇一年
ジャック、R編（小田兼三ほか監訳）『施設ケア対コミュニティケア——福祉新時代における施設ケアの役割と機能』勁草書房、一九九九年

新藤宗幸『福祉行政と官僚制』岩波書店、一九九六年
タタラ、T（菅沼隆・古川孝順訳）『占領期の福祉改革――福祉行政の再編成と福祉専門職の誕生』筒井書房、一九九七年
全国社会福祉協議会編『在宅福祉サービスの戦略』、一九七九年
高澤武司『社会福祉のマクロとミクロの間』川島書店、一九八五年
高澤武司『現代福祉システム論――最適化の条件を求めて』有斐閣、二〇〇〇年
竹内愛二『専門社会事業研究』弘文堂、一九五九年
武川正吾『福祉社会の社会政策』法律文化社、一九九九年
武川正吾『社会政策のなかの現代』東京大学出版会、一九九九年
武智秀之『行政過程の制度分析――戦後日本における福祉政策の展開』中央大学出版部、一九九六年
田中滋監修／野村清『サービス産業の発想と戦略』電通、一九八三年
トラットナー、W（古川孝順訳）『アメリカ社会福祉の歴史』川島書店、一九七八年
仲村優一『社会福祉概論（改訂版）』誠信書房、一九九一年
仲村優一・一番ヶ瀬康子編『世界の社会福祉④　イギリス』旬報社、一九九九年
仲村優一・一番ヶ瀬康子編『世界の社会福祉⑨　アメリカ・カナダ』旬報社、二〇〇〇年
仲村優一・窪田暁子・岡本民夫・太田義弘『戦後社会福祉の総括と二一世紀への展望Ⅳ　実践方法と援助技術』ドメス出版、二〇〇二年
藤村正之『福祉国家の再編成――「分権化」と「民営化」をめぐる日本的動態』東京大学出版会、一九九九年
古川孝順『子どもの権利――イギリス・アメリカ・日本の福祉政策史から』有斐閣、一九八二年
古川孝順『児童福祉改革』誠信書房、一九九一年
古川孝順『社会福祉学序説』有斐閣、一九九四年
古川孝順『社会福祉改革』誠信書房、一九九五年
古川孝順『社会福祉のパラダイム転換』有斐閣、一九九七年
古川孝順『社会福祉基礎構造改革』誠信書房、一九九八年
古川孝順『社会福祉の運営』有斐閣、二〇〇一年
古川孝順『社会福祉学』誠信書房、二〇〇二年
古川孝順編『社会福祉供給システムのパラダイム転換』誠信書房、一九九二年
古川孝順編『社会福祉二一世紀のパラダイムⅠ』誠信書房、一九九八年
古川孝順編『社会福祉二一世紀のパラダイムⅡ』誠信書房、一九九九年
古川孝順編『子どもの権利と情報公開』ミネルヴァ書房、二〇〇〇年
古川孝順・庄司洋子・定藤丈弘『社会福祉論』有斐閣、一九九三年
古川孝順・岩崎晋也・稲沢公一・児島亜紀子『援助するということ』有斐閣、二〇〇二年

古川孝順・庄司洋子・三本松政之編『社会福祉施設―地域社会コンフリクト』誠信書房、一九九三年
古川孝順・社本修・松原一郎編『これからの社会福祉① 社会福祉概論』有斐閣、一九九五年
ブルース、M（秋田成就訳）『福祉国家への歩み』法政大学出版局、一九八四年
堀勝洋『現代社会保障・社会福祉の基本問題――二一世紀へのパラダイム転換』ミネルヴァ書房、一九九七年
丸尾直美『日本型福祉社会』NHKブックス、一九八四年
丸尾直美『市場指向の福祉改革』日本経済新聞社、一九九六年
牧里毎治・野口定久・河合克義編『これからの社会福祉⑥ 地域福祉』有斐閣、一九九五年
正村公宏『福祉社会論』創文社、一九八九年
正村公宏『福祉国家から福祉社会へ』筑摩書房、二〇〇〇年
松下圭一『政策型思考と政治』東京大学出版会、一九九一年
松下圭一『日本の自治・分権』岩波書店、一九九六年
三重野卓・平岡公一編『福祉政策の理論と実際』東信堂、二〇〇〇年
三浦文夫『社会福祉経営論序説』硯文社、一九八〇年
三浦文夫『社会福祉政策研究――社会福祉経営論ノート』全国社会福祉協議会、一九八五年
三浦文夫『増補版 社会福祉政策研究――社会福祉経営論ノート』全国社会福祉協議会、一九八七年
三浦文夫『増補改訂版 社会福祉政策研究――福祉政策と福祉改革』全国社会福祉協議会、一九九五年
三浦文夫・高橋紘士・田端光美・古川孝順『戦後社会福祉の総括と二一世紀への展望Ⅲ 政策と制度』ドメス出版、二〇〇二年
湯沢雍彦ほか編『社会学セミナー三 家族・福祉・教育』有斐閣、一九七二年
吉田久一『社会事業理論の歴史』一粒社、一九七四年
吉田久一『全訂版日本社会事業の歴史』勁草書房、一九九四年
吉田久一『日本の社会福祉思想』勁草書房、一九九四年
吉田久一『日本社会福祉理論史』勁草書房、一九九五年
ルバヴ、R（古川孝順訳）『アメリカ社会保障前史』川島書房、一九八二年

索引

■さ行

■ま行

■や行

■ら行

古川孝順社会福祉学著作選集　第5巻
社会福祉原論
二〇一九年二月二五日　発行

編　著　古川　孝順
発行者　荘村　明彦
発行所　中央法規出版株式会社
〒110-0016　東京都台東区台東三-二九-一　中央法規ビル
営　業　TEL　〇三-三八三四-五八一七
FAX　〇三-三八三七-八〇三七
書店窓口　TEL　〇三-三八三四-五八一五
FAX　〇三-三八三七-八〇三五
編　集　TEL　〇三-三八三四-五八一二
FAX　〇三-三八三七-八〇三二
https://www.chuohoki.co.jp/

装幀・本文デザイン　株式会社ジャパンマテリアル
印刷・製本　株式会社アルキャスト

セット定価　本体四六、〇〇〇円（税別）
全七巻　分売不可
落丁本・乱丁本はお取り替えいたします。